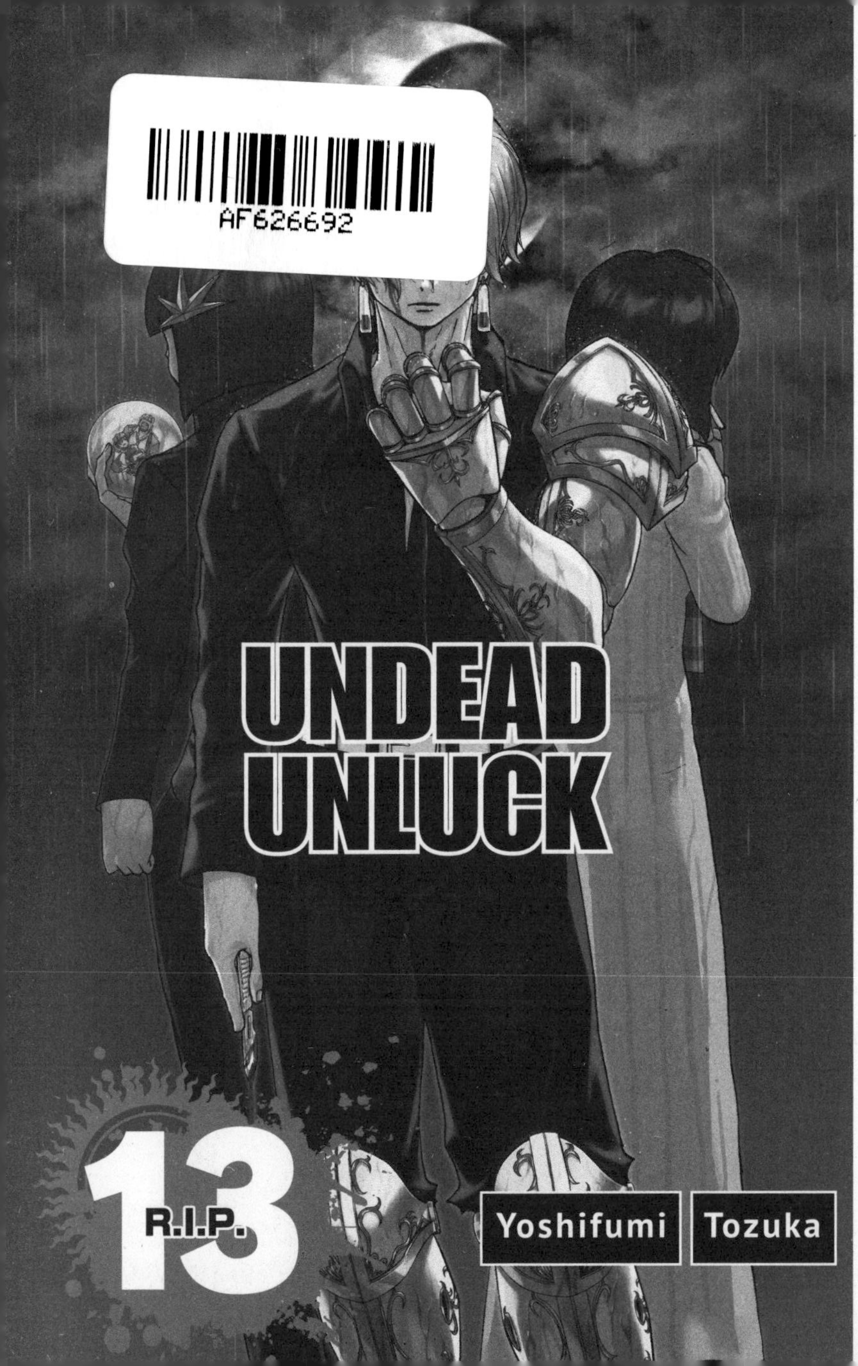
UNDEAD
UNLUCK
13
R.I.P.
Yoshifumi Tozuka

UNDEAD UNLUCK

CHARAKTERE

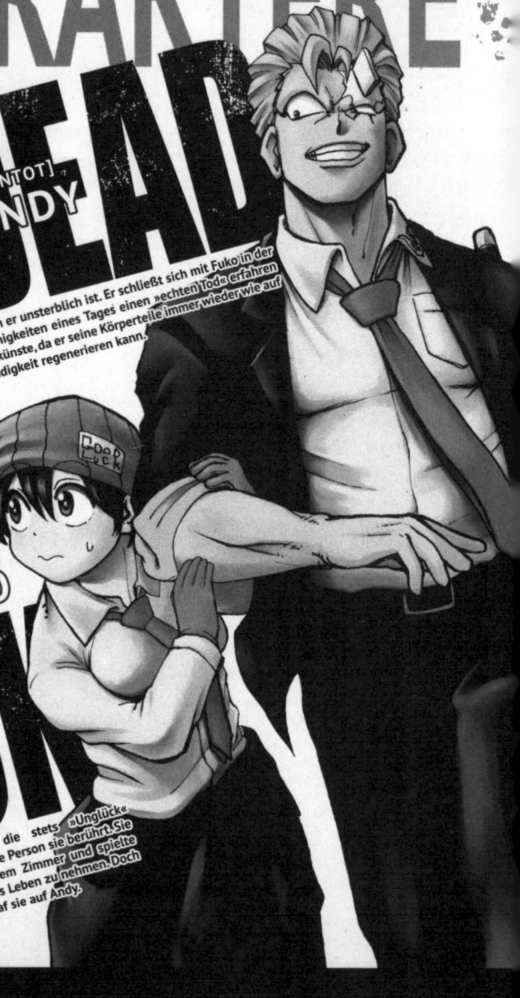

UNDEAD

[UNTOT]
ANDY

Besitzt die Fähigkeit »Undead«, wodurch er unsterblich ist. Er schließt sich mit Fuko in der Hoffnung zusammen, mithilfe ihrer Fähigkeiten eines Tages einen »echten Tod« erfahren zu können. Besitzt erstaunliche Kampfkünste, da er seine Körperteile immer wieder wie auf Knopfdruck und in rasender Geschwindigkeit regenerieren kann.

UNLUCK

[UNGLÜCK]
FUKO

Besitzt die Fähigkeit »Unluck«, die stets »Unglück« heraufbeschwört, sobald eine andere Person sie berührt. Sie lebte lange zurückgezogen in ihrem Zimmer und spielte bereits mit dem Gedanken, sich das Leben zu nehmen. Doch bevor es dazu kommen konnte, traf sie auf Andy.

STORY

Da sie anderen Menschen mit ihrem »Unglück« ungewollt Pech beschert, hatte sich Fuko eigentlich vorgenommen, ihrem Leben ein Ende zu setzen. Doch nach der kuriosen Begegnung mit Andy, einem mysteriösen Kerl mit einem unsterblichen Körper, gewinnt sie ihren Lebenswillen zurück und schöpft neuen Mut. In der Zwischenzeit erfahren die beiden von der Existenz einer Organisation, der Union, welche sogenannte UMA (unidentifizierte, mysteriöse Arten) und andere unbekannte Phänomene aufspürt und in Gewahrsam nimmt. In der Union gibt es einen runden Tisch, der auf zehn Mitglieder begrenzt ist und an dem sich die Negatoren versammeln. Andy und Fuko beschließen, der Union beizutreten, und besiegen dafür zwei der bisherigen Mitglieder, um sich einen Platz am besagten Tisch zu sichern. Dort erfahren sie auch den Grund für die Existenz der Union: Es gilt, die vom Schöpfer auferlegten Quests zu lösen und gegen ihn zu rebellieren. Andy macht sich allein auf den Weg, um Fukos Seele zurückzuholen, die Ruin mit sich genommen hat. Doch auf einmal erscheint Seal, ein strenger Apostel Gottes! Während Andy sich gegen Ruin und Seal einen Kampf liefert, erscheint wie aus dem Nichts auch noch Rip und das Schicksal nimmt seinen Lauf!

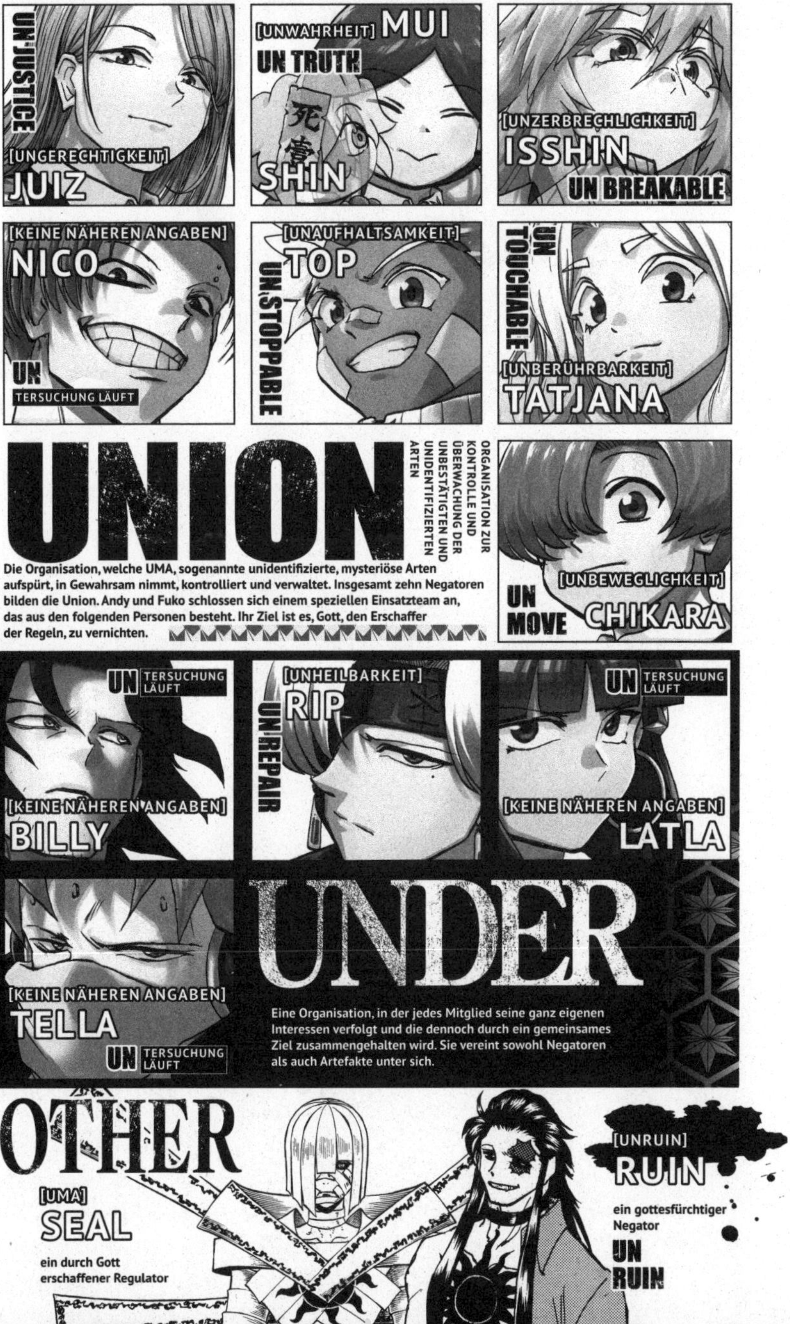
UN JUSTICE
[UNGERECHTIGKEIT]
JUIZ
[UNWAHRHEIT] MUI
UN TRUTH
SHIN
[UNZERBRECHLICHKEIT]
ISSHIN
UN BREAKABLE
[KEINE NÄHEREN ANGABEN]
NICO
UN
TERSUCHUNG LÄUFT
[UNAUFHALTSAMKEIT]
TOP
UN STOPPABLE
UN TOUCHABLE
[UNBERÜHRBARKEIT]
TATJANA
UNION
ORGANISATION ZUR KONTROLLE UND ÜBERWACHUNG DER UNBESTÄTIGTEN UND UNIDENTIFIZIERTEN ARTEN
Die Organisation, welche UMA, sogenannte unidentifizierte, mysteriöse Arten aufspürt, in Gewahrsam nimmt, kontrolliert und verwaltet. Insgesamt zehn Negatoren bilden die Union. Andy und Fuko schlossen sich einem speziellen Einsatzteam an, das aus den folgenden Personen besteht. Ihr Ziel ist es, Gott, den Erschaffer der Regeln, zu vernichten.
[UNBEWEGLICHKEIT]
UN MOVE
CHIKARA
UN TERSUCHUNG LÄUFT
[KEINE NÄHEREN ANGABEN]
BILLY
[UNHEILBARKEIT]
RIP
UN REPAIR
UN TERSUCHUNG LÄUFT
[KEINE NÄHEREN ANGABEN]
LATLA
[KEINE NÄHEREN ANGABEN]
TELLA
UN TERSUCHUNG LÄUFT
UNDER
Eine Organisation, in der jedes Mitglied seine ganz eigenen Interessen verfolgt und die dennoch durch ein gemeinsames Ziel zusammengehalten wird. Sie vereint sowohl Negatoren als auch Artefakte unter sich.
OTHER
[UMA]
SEAL
ein durch Gott erschaffener Regulator
[UNRUIN]
RUIN
ein gottesfürchtiger Negator
UN RUIN

UNDEAD UNLUCK

アンデッドアンラック

INHALT

13 R.I.P.

No. 107 Confuse

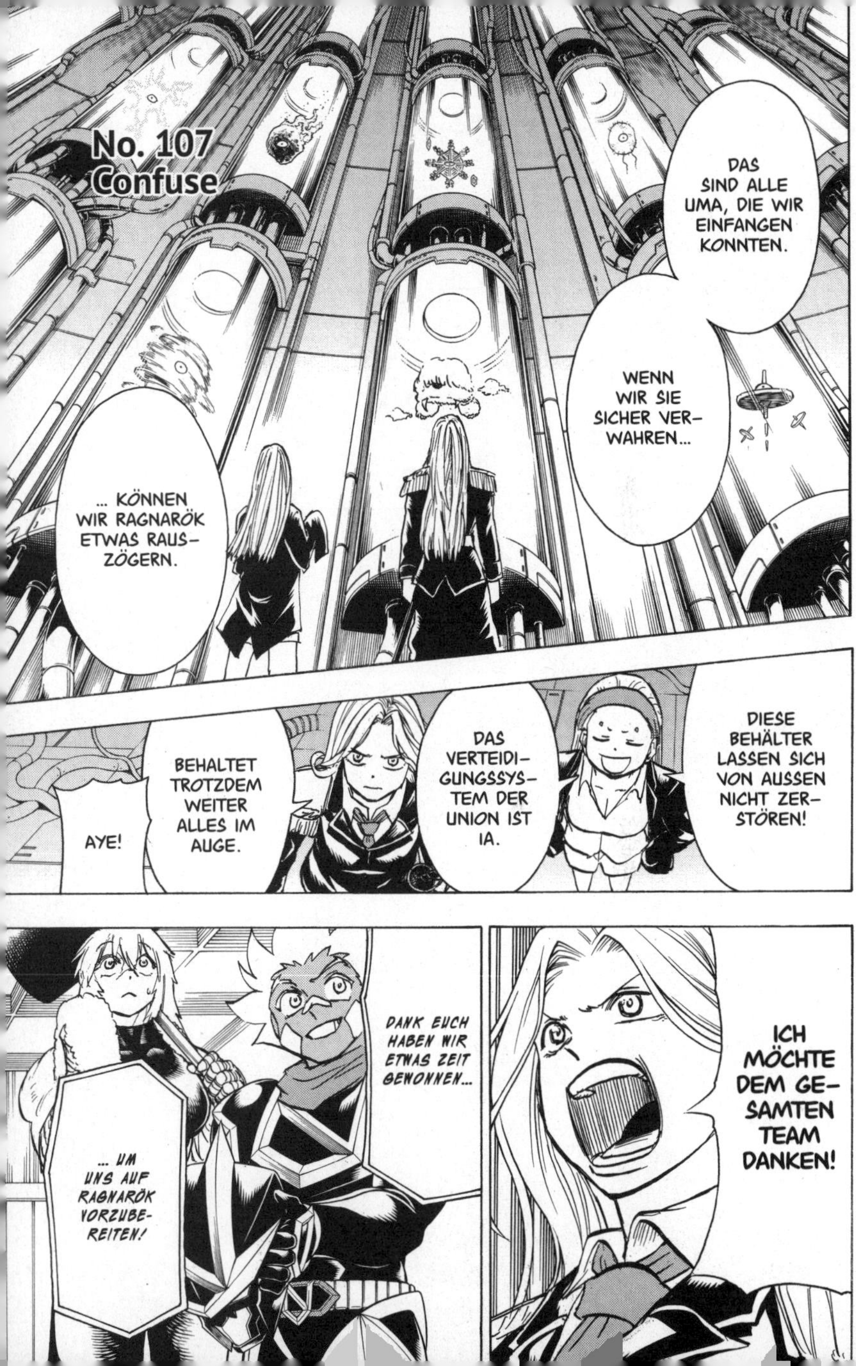

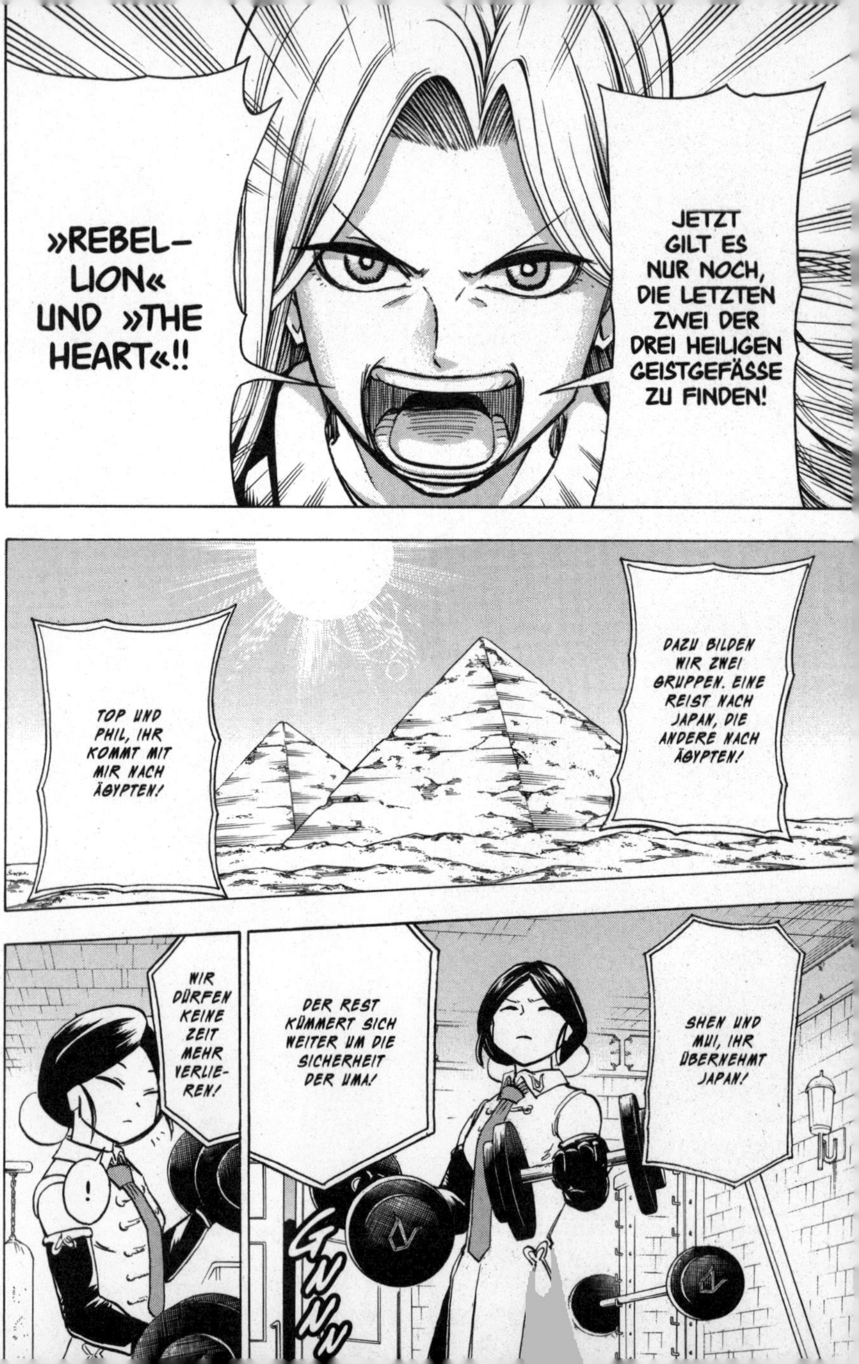
JETZT GILT ES NUR NOCH, DIE LETZTEN ZWEI DER DREI HEILIGEN GEISTGEFÄSSE ZU FINDEN!
»REBEL-LION« UND »THE HEART«!!
DAZU BILDEN WIR ZWEI GRUPPEN. EINE REIST NACH JAPAN, DIE ANDERE NACH ÄGYPTEN!
TOP UND PHIL, IHR KOMMT MIT MIR NACH ÄGYPTEN!
SHEN UND MUI, IHR ÜBERNEHMT JAPAN!
DER REST KÜMMERT SICH WEITER UM DIE SICHERHEIT DER UMA!
WIR DÜRFEN KEINE ZEIT MEHR VERLIE-REN!
GNNNN
!

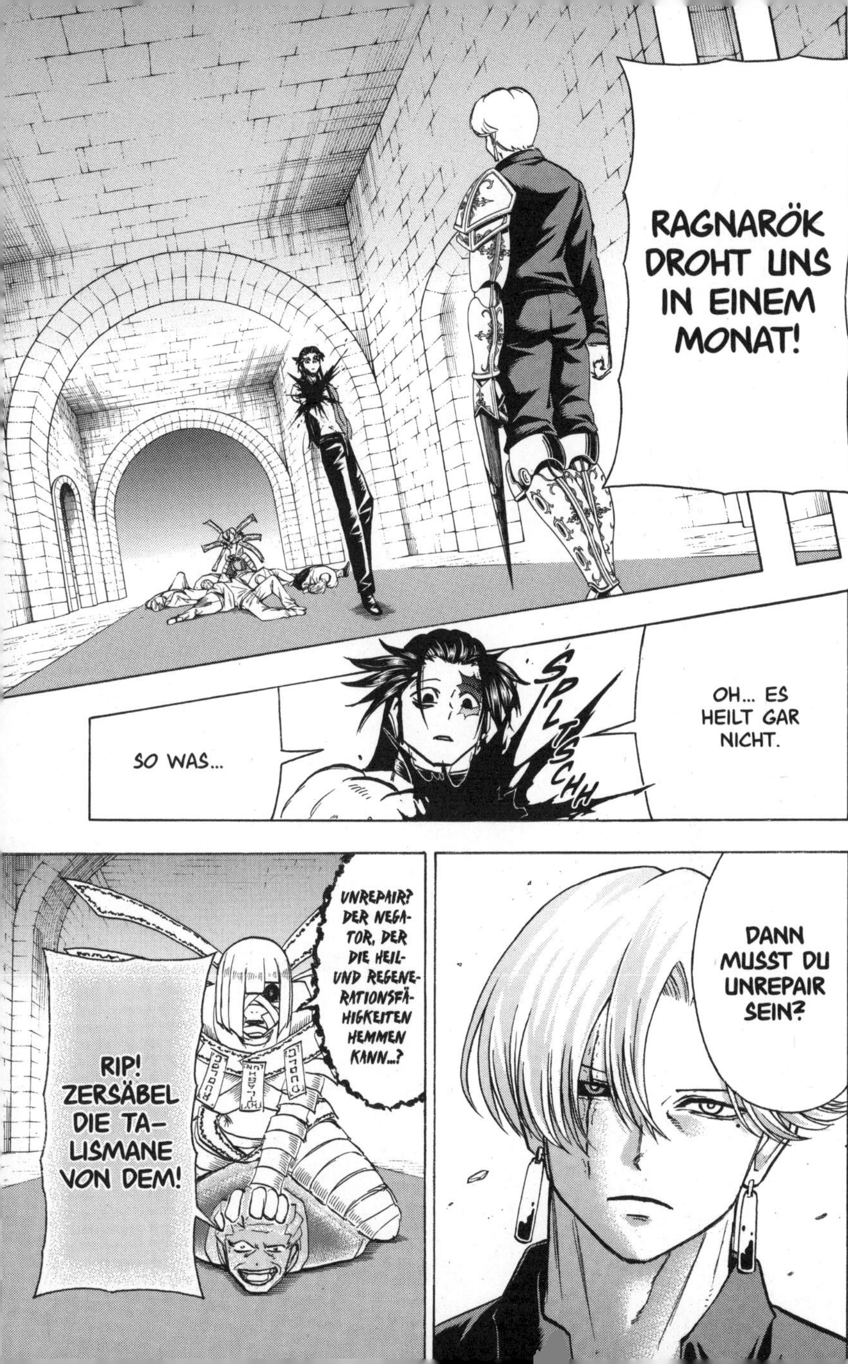
RAGNARÖK DROHT UNS IN EINEM MONAT!
OH... ES HEILT GAR NICHT.
SPLITSCHH
SO WAS...
DANN MUSST DU UNREPAIR SEIN?
UNREPAIR? DER NEGATOR, DER DIE HEIL- UND REGENERATIONSFÄHIGKEITEN HEMMEN KANN...?
RIP! ZERSÄBEL DIE TALISMANE VON DEM!

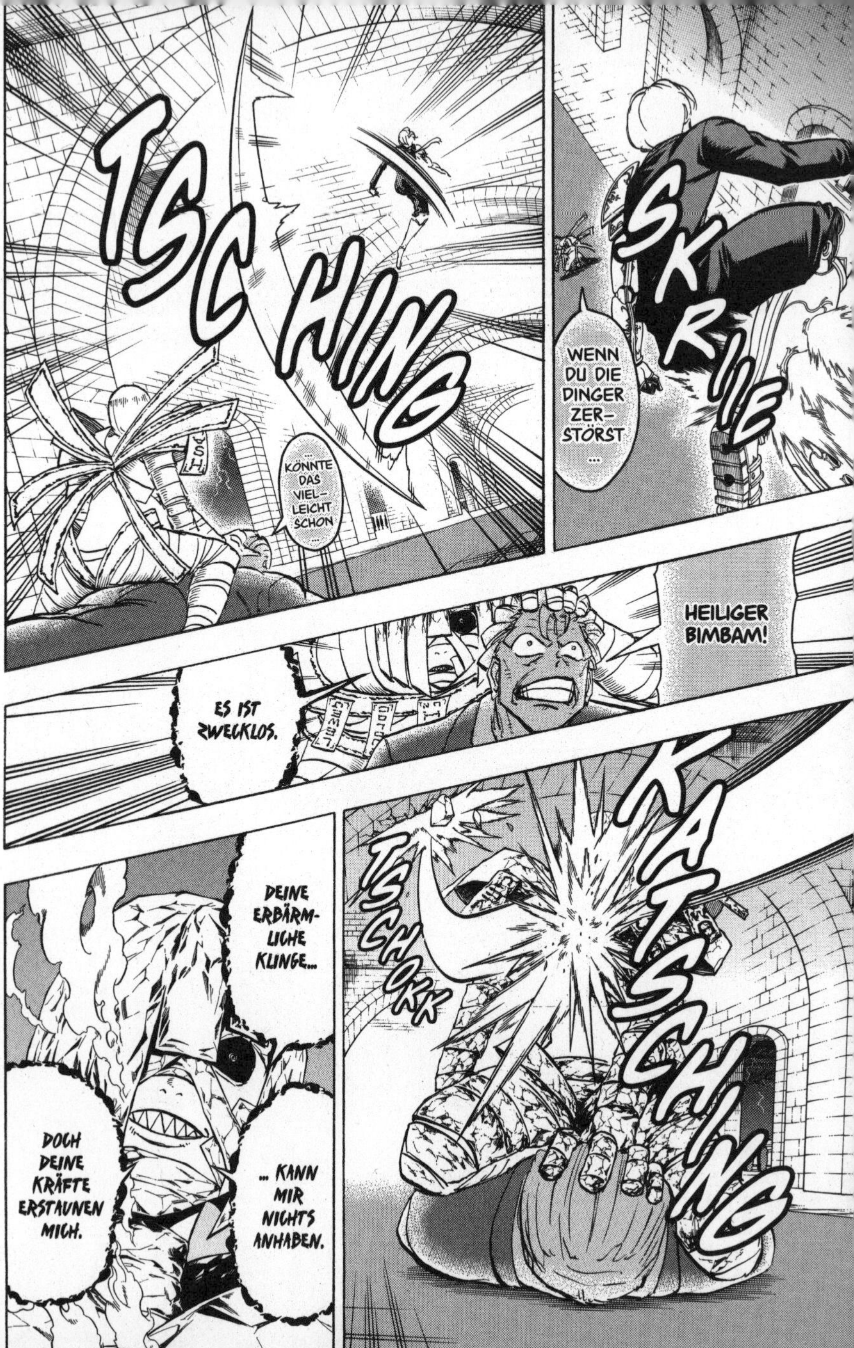
SKRIEE
WENN DU DIE DINGER ZERSTÖRST ...
TSC HING
... KÖNNTE DAS VIELLEICHT SCHON ...
HEILIGER BIMBAM!
ES IST ZWECKLOS.
KATSCHING
TSCHOKK
DEINE ERBÄRMLICHE KLINGE...
... KANN MIR NICHTS ANHABEN.
DOCH DEINE KRÄFTE ERSTAUNEN MICH.

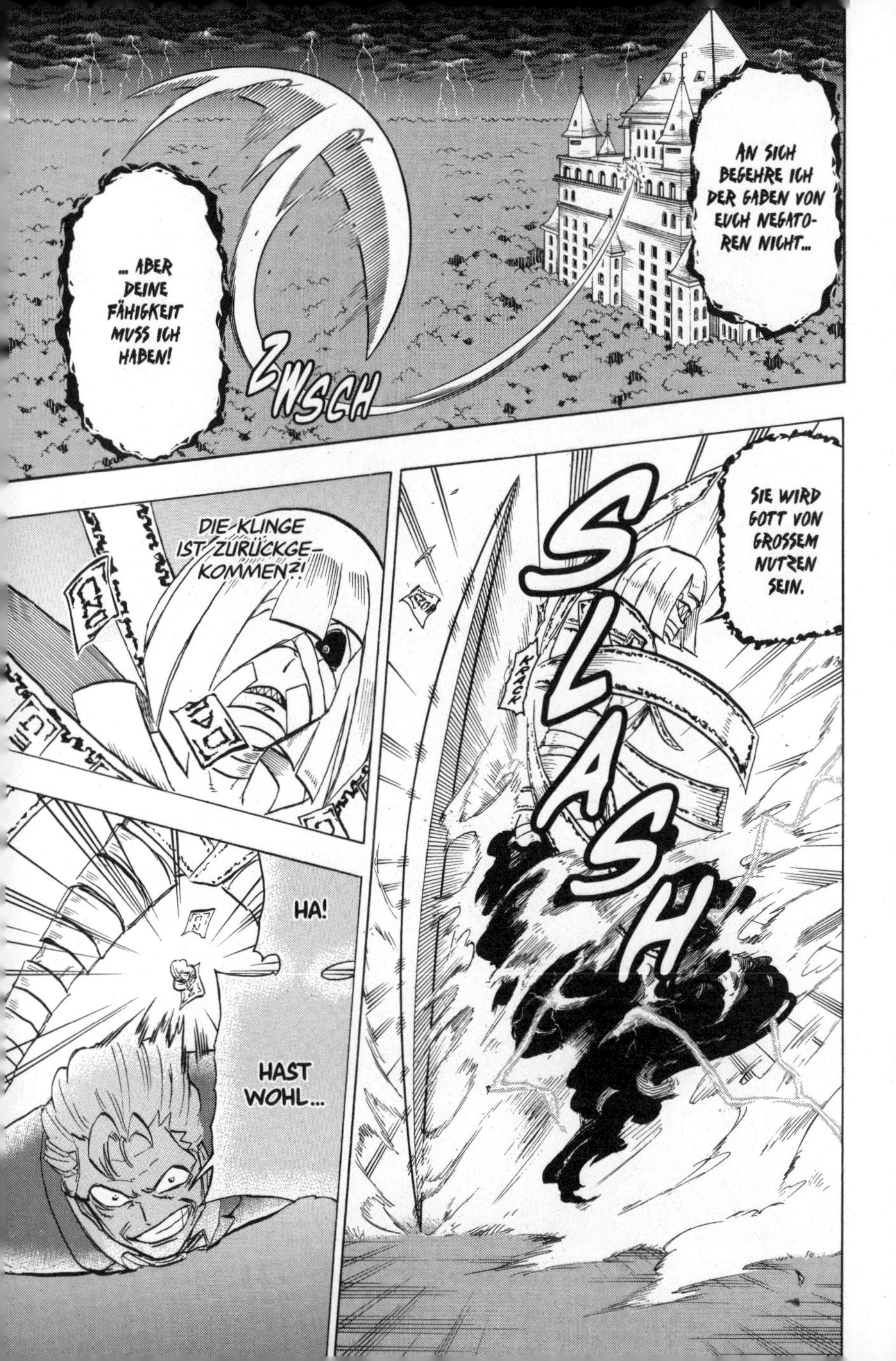
AN SICH BEGEHRE ICH DER GABEN VON EUCH NEGATOREN NICHT...
... ABER DEINE FÄHIGKEIT MUSS ICH HABEN!
ZWSCH
SIE WIRD GOTT VON GROSSEM NUTZEN SEIN.
SLASH
DIE KLINGE IST ZURÜCKGEKOMMEN?!
HA!
HAST WOHL...

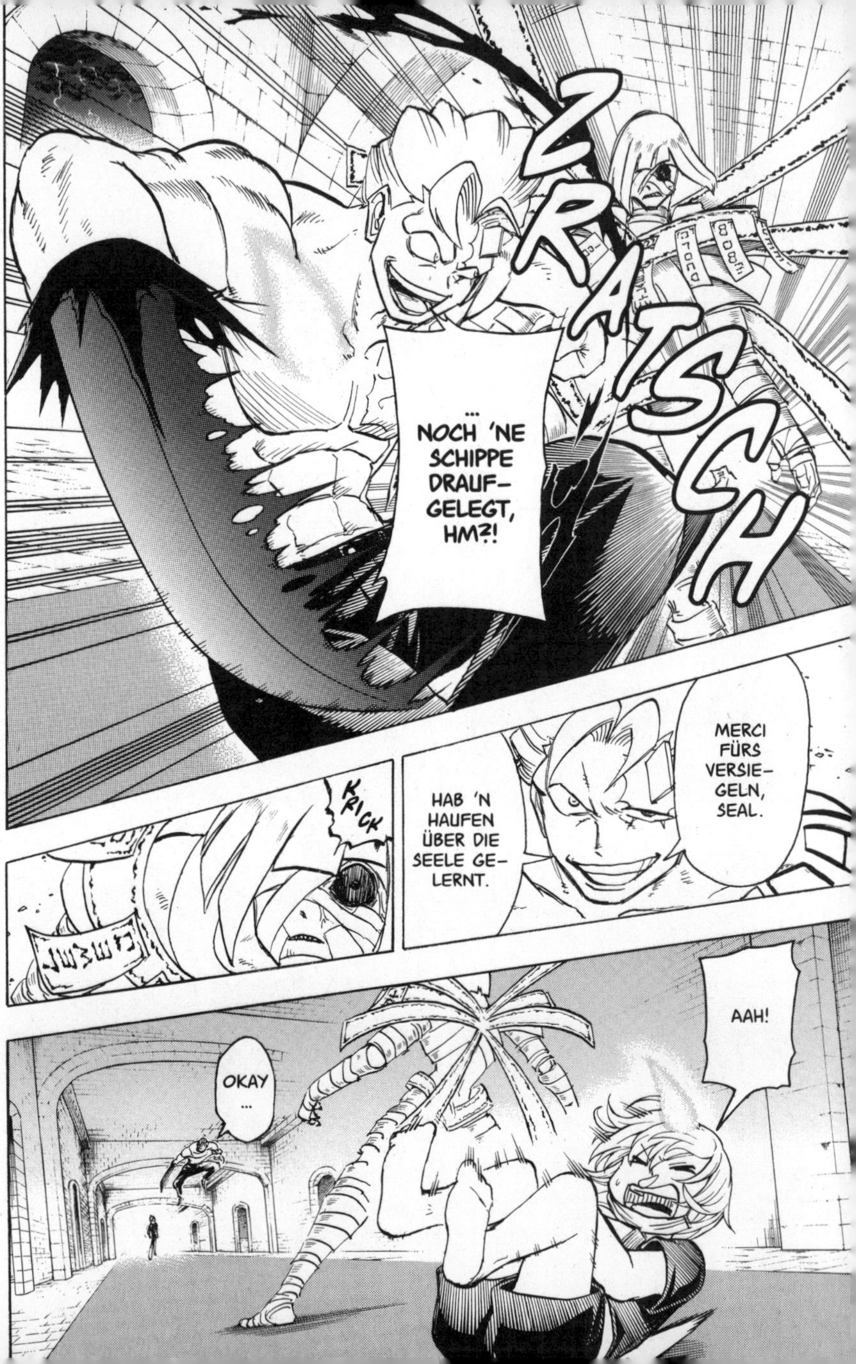
ZRATSCH
... NOCH 'NE SCHIPPE DRAUF-GELEGT, HM?!
MERCI FÜRS VERSIE-GELN, SEAL.
HAB 'N HAUFEN ÜBER DIE SEELE GE-LERNT.
KRICK
AAH!
OKAY ...

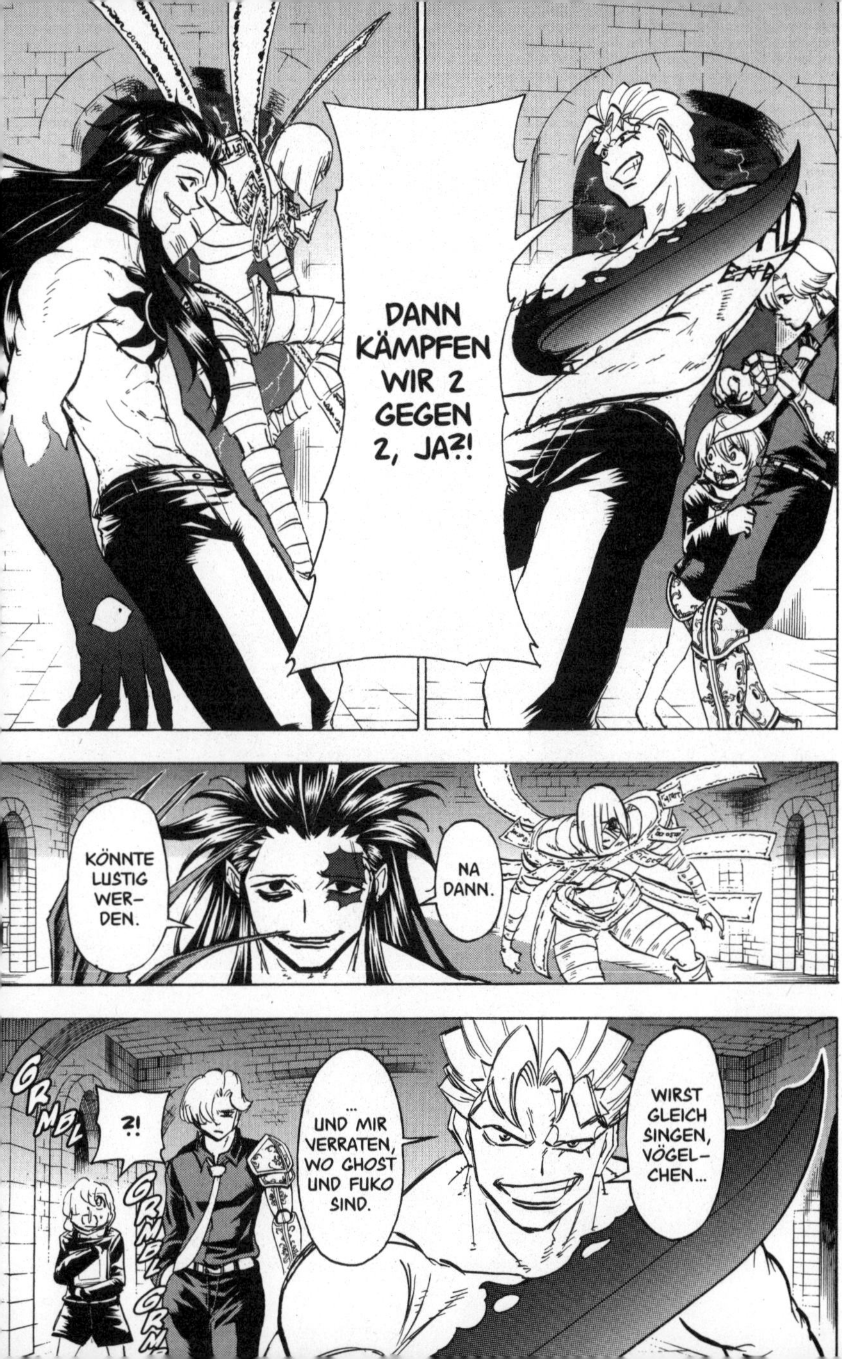
DANN KÄMPFEN WIR 2 GEGEN 2, JA?!
NA DANN.
KÖNNTE LUSTIG WER-DEN.
WIRST GLEICH SINGEN, VÖGEL-CHEN...
... UND MIR VERRATEN, WO GHOST UND FUKO SIND.
?!
GRMBL
GRMBL
GRMBL

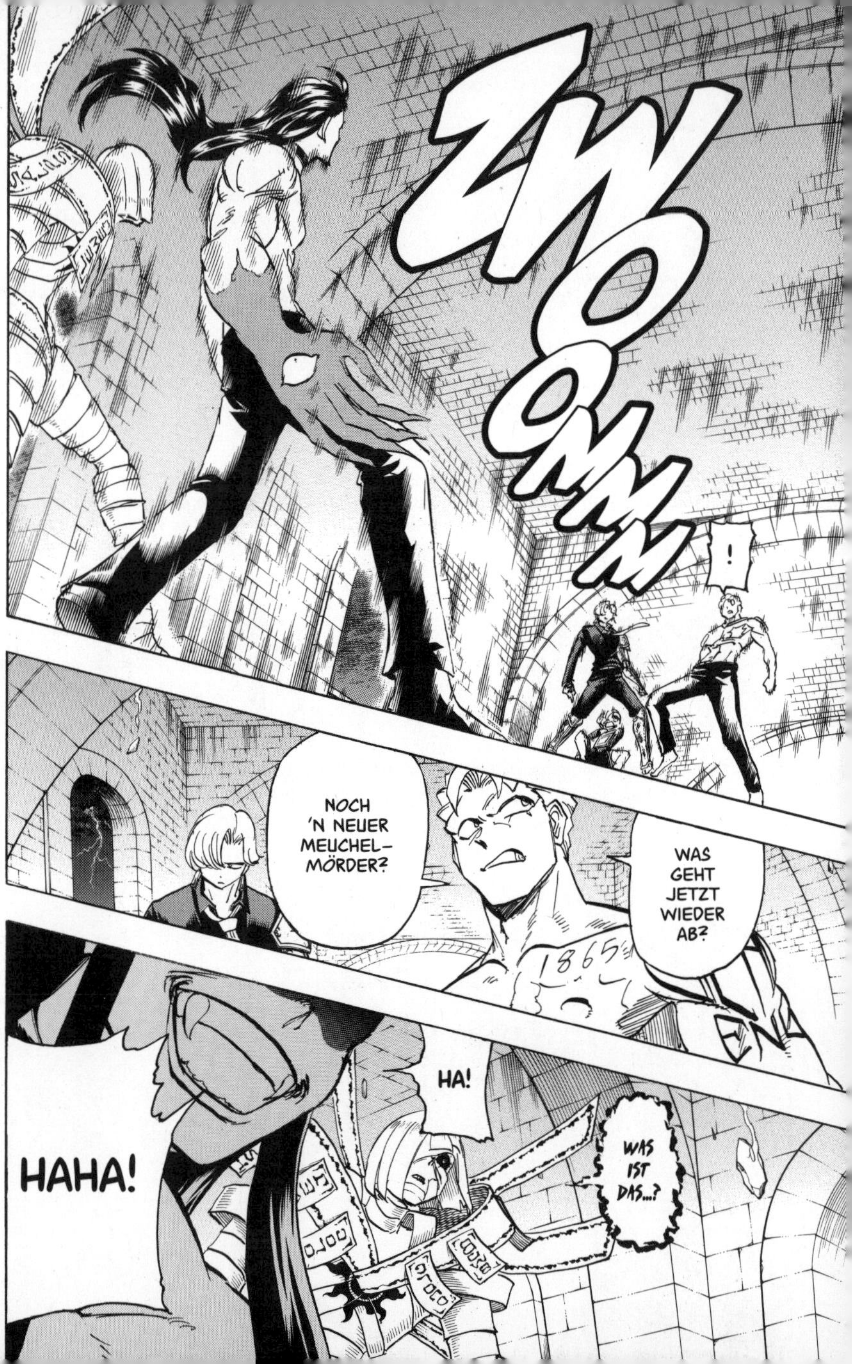
ZWOOMMM
!
WAS GEHT JETZT WIEDER AB?
NOCH 'N NEUER MEUCHEL-MÖRDER?
HA!
WAS IST DAS...?
HAHA!

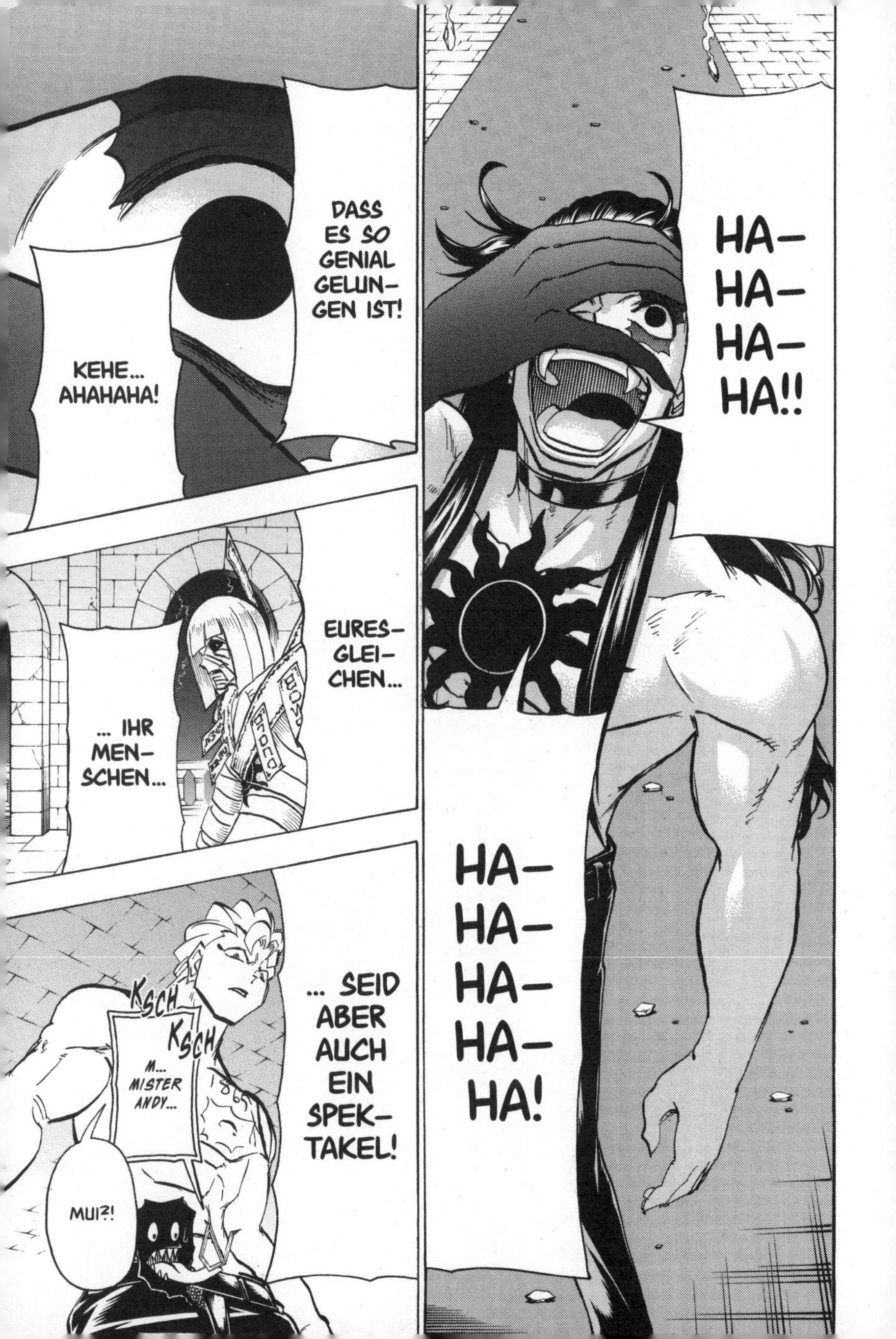
DASS ES SO GENIAL GELUN-GEN IST!
KEHE... AHAHAHA!
EURES-GLEI-CHEN...
... IHR MEN-SCHEN...
... SEID ABER AUCH EIN SPEK-TAKEL!
KSCH
KSCH
M... MISTER ANDY...
MUI?!
HA-HA-HA-HA!!
HA-HA-HA-HA-HA-HA!

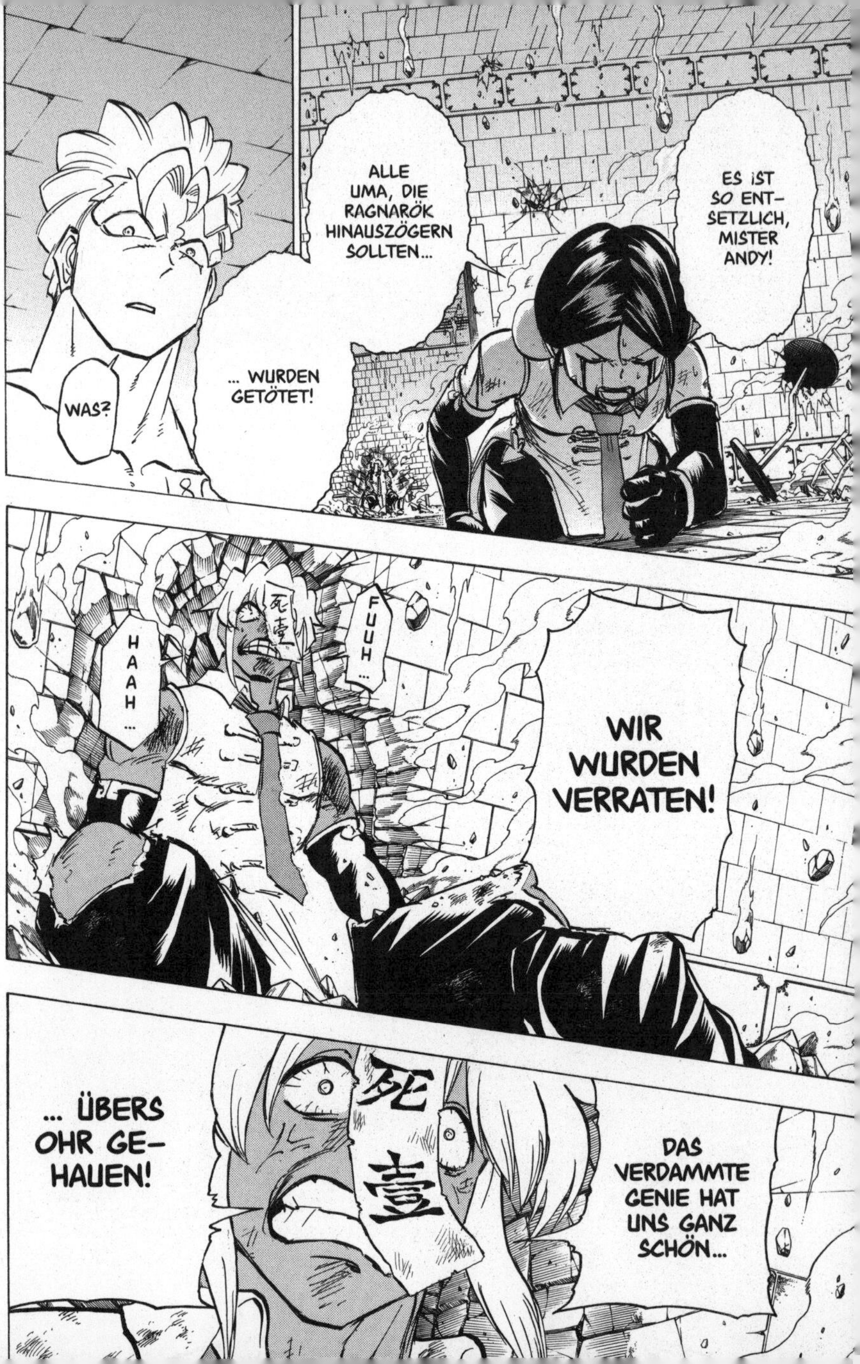
ES IST SO ENT-SETZLICH, MISTER ANDY!
ALLE UMA, DIE RAGNARÖK HINAUSZÖGERN SOLLTEN...
... WURDEN GETÖTET!
WAS?
WIR WURDEN VERRATEN!
FUUH...
HAAH...
死壹
DAS VERDAMMTE GENIE HAT UNS GANZ SCHÖN...
... ÜBERS OHR GE-HAUEN!
死壹

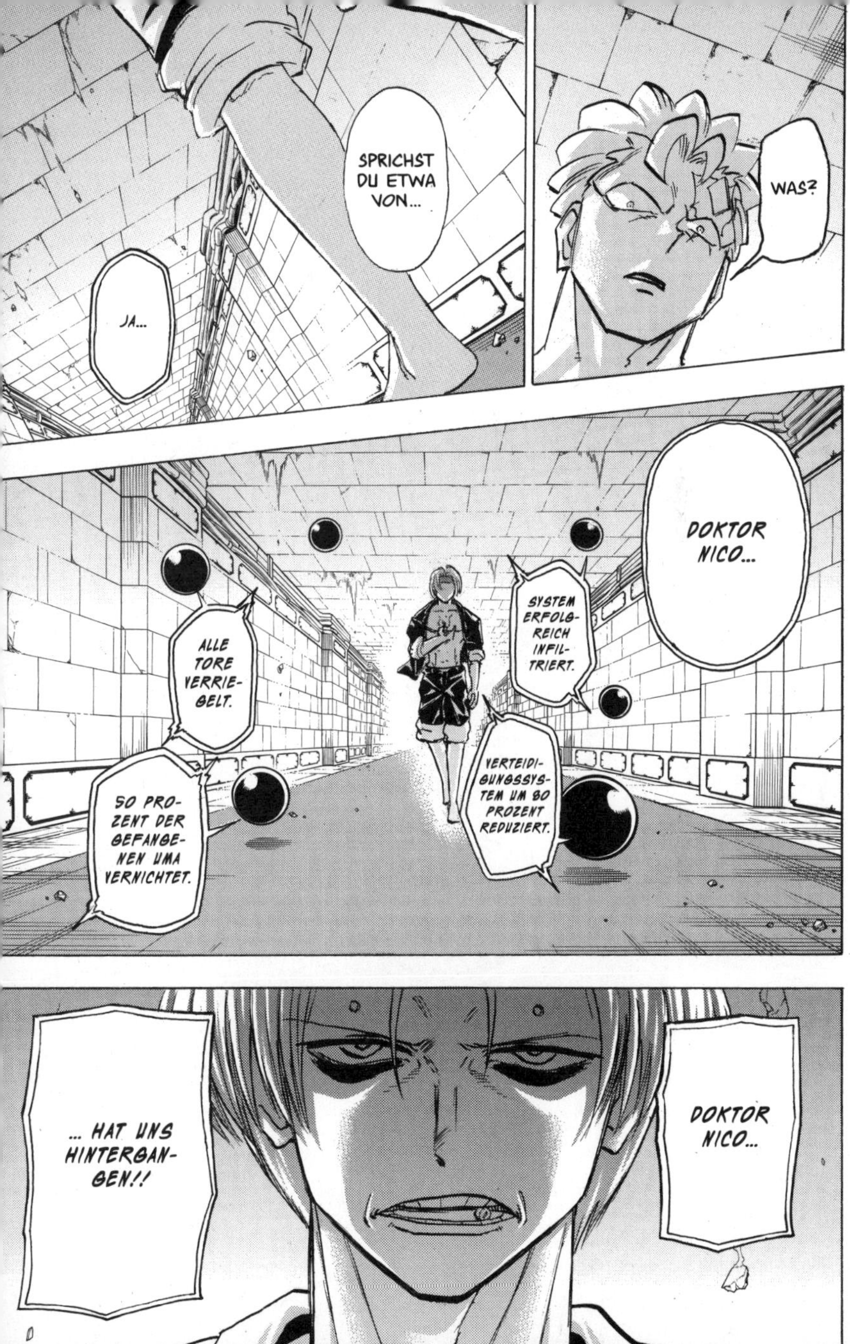
WAS?
SPRICHST DU ETWA VON...
JA...
DOKTOR NICO...
SYSTEM ERFOLGREICH INFILTRIERT.
ALLE TORE VERRIEGELT.
VERTEIDIGUNGSSYSTEM UM 80 PROZENT REDUZIERT.
50 PROZENT DER GEFANGENEN UMA VERNICHTET.
DOKTOR NICO...
... HAT UNS HINTERGANGEN!!

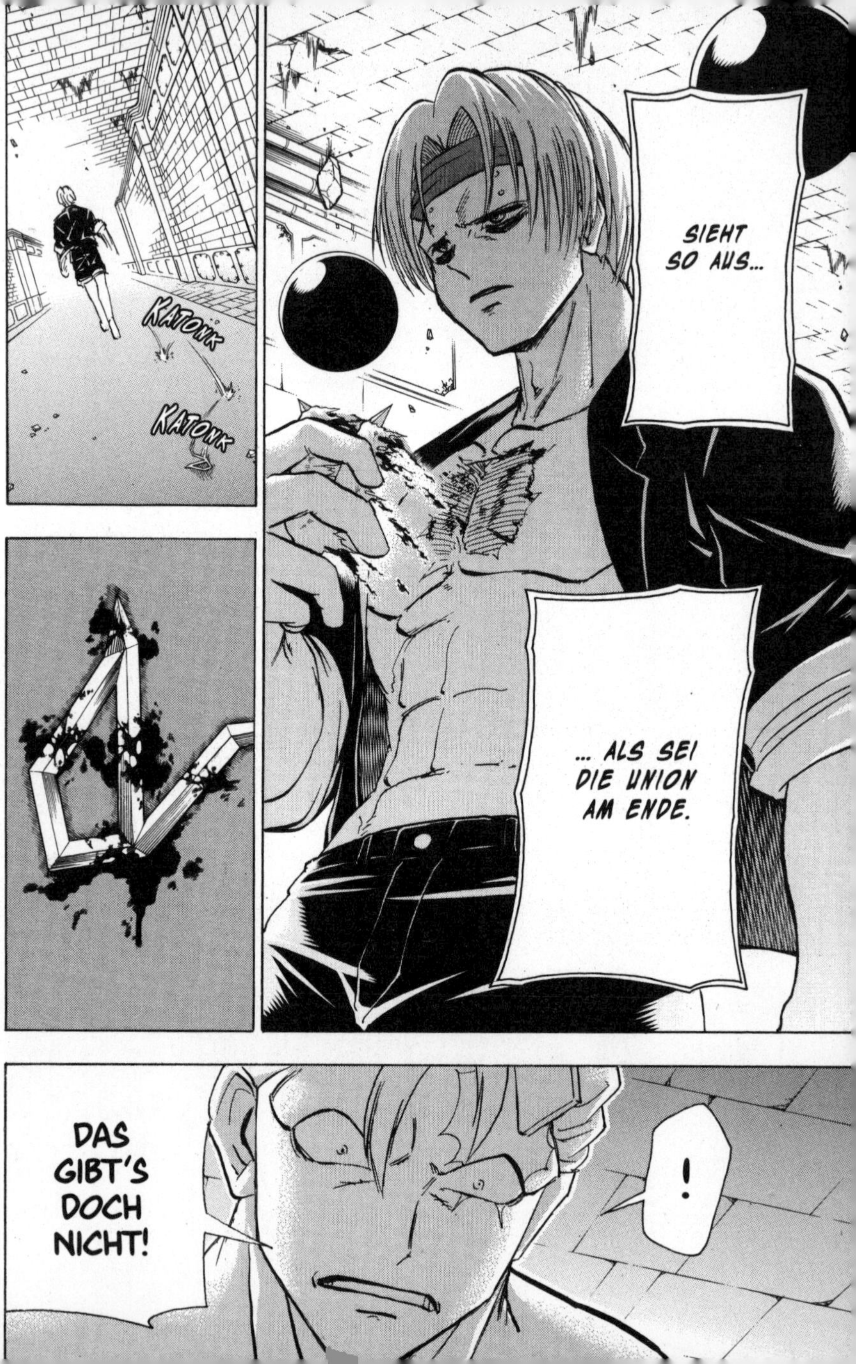
KATONK
KATONK
SIEHT SO AUS...
... ALS SEI DIE UNION AM ENDE.
!
DAS GIBT'S DOCH NICHT!

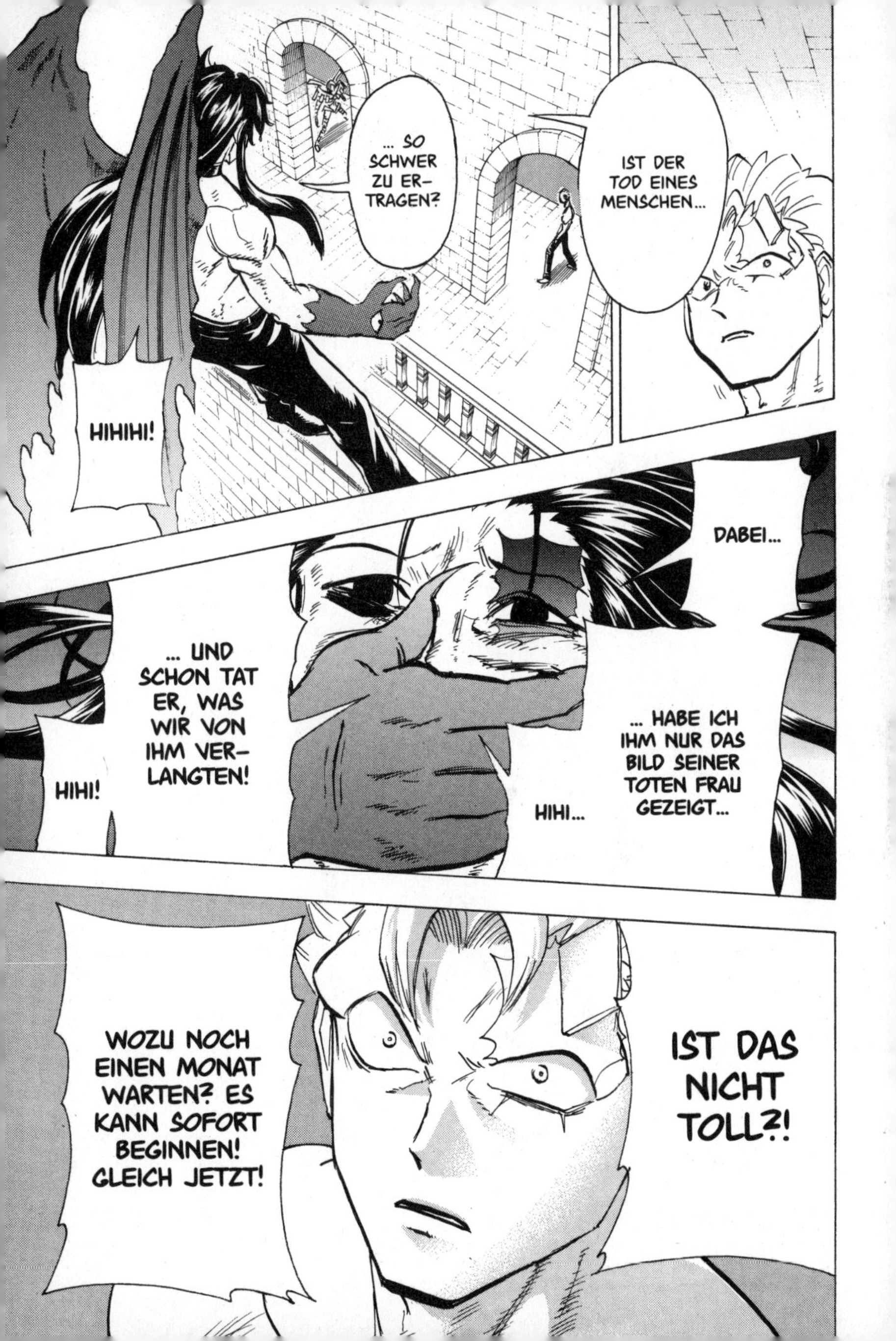
IST DER TOD EINES MENSCHEN...
... SO SCHWER ZU ER-TRAGEN?
HIHIHI!
DABEI...
... HABE ICH IHM NUR DAS BILD SEINER TOTEN FRAU GEZEIGT...
HIHI...
... UND SCHON TAT ER, WAS WIR VON IHM VERLANGTEN!
HIHI!
IST DAS NICHT TOLL?!
WOZU NOCH EINEN MONAT WARTEN? ES KANN SOFORT BEGINNEN! GLEICH JETZT!

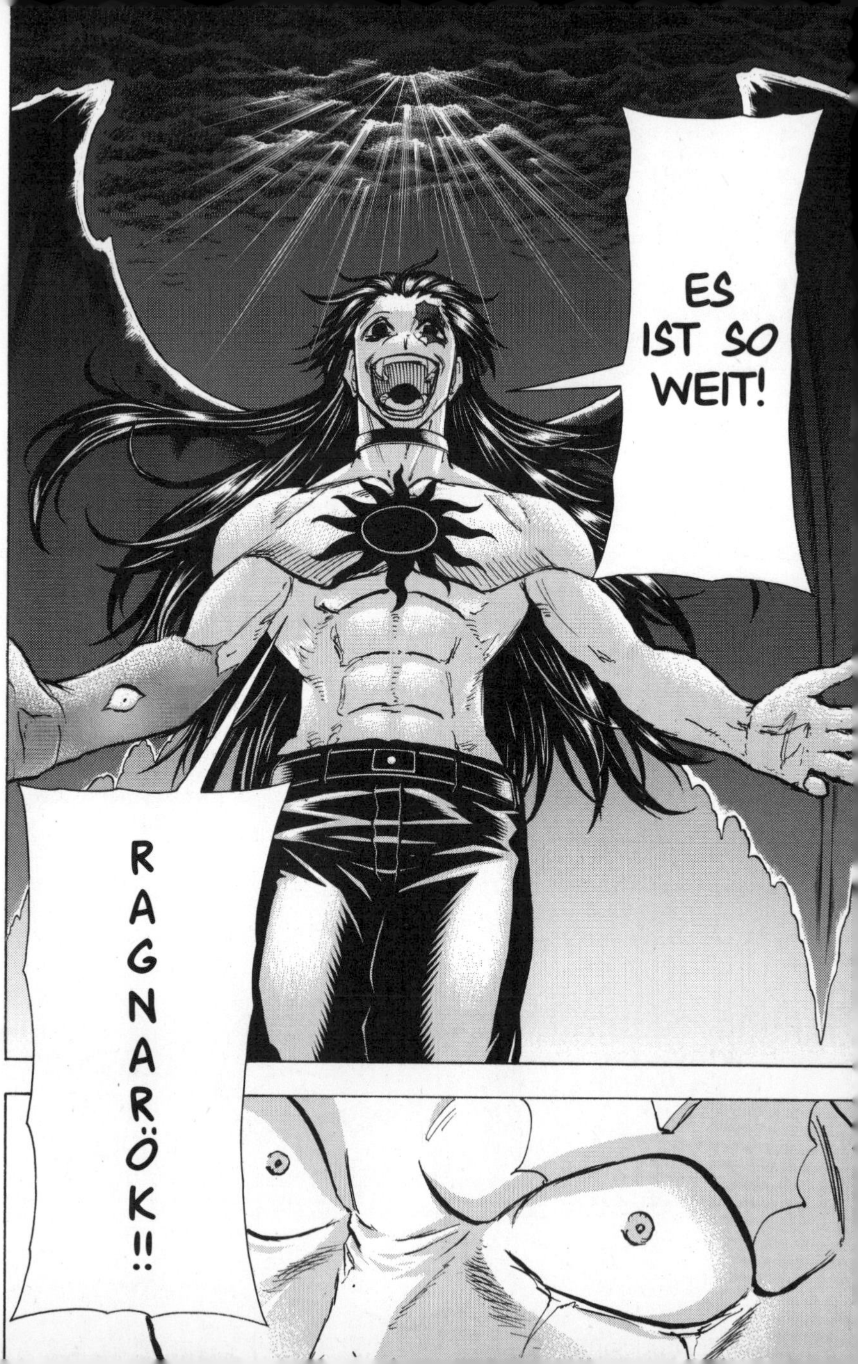
ES IST SO WEIT!
RAGNARÖK!!

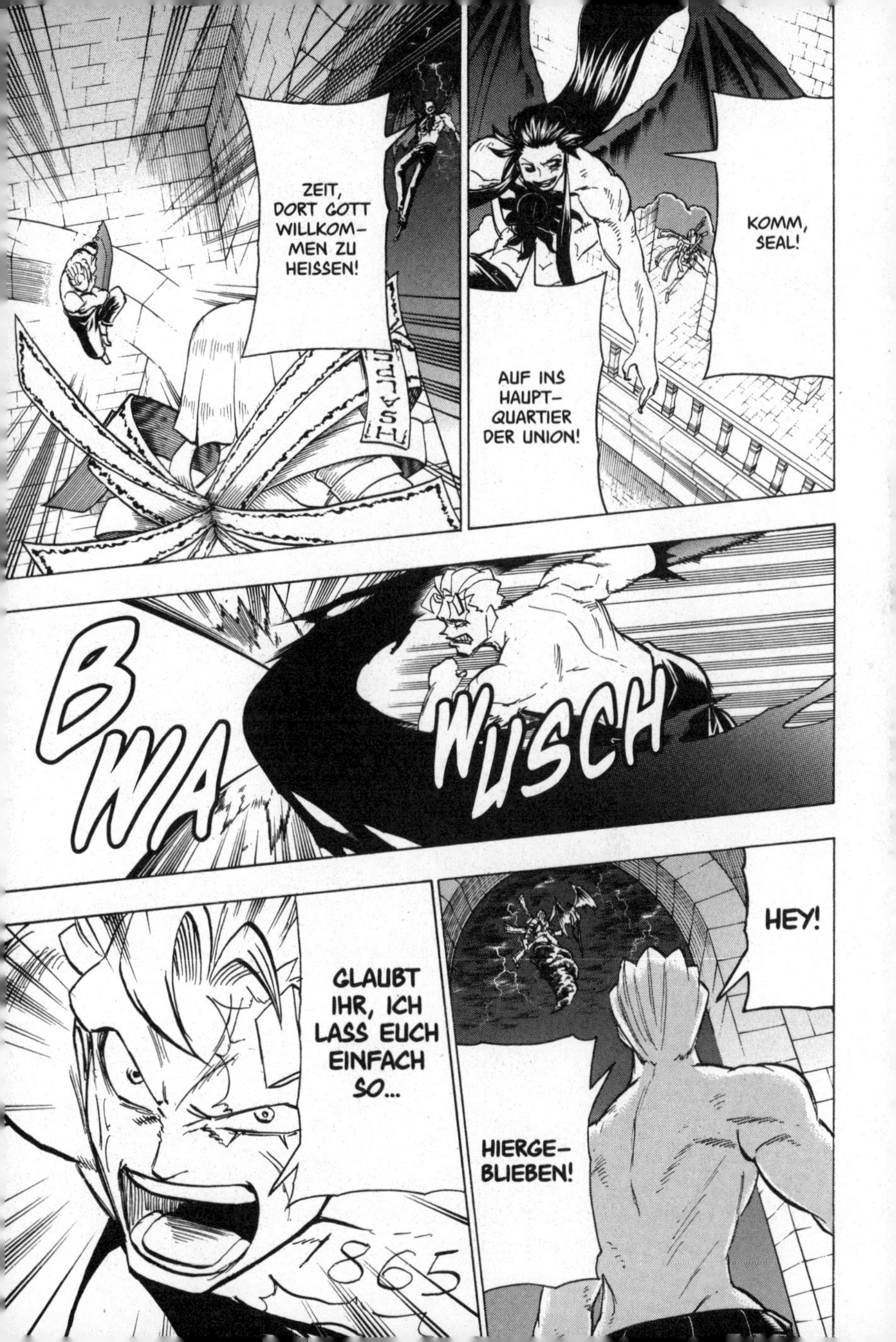
KOMM, SEAL!
AUF INS HAUPT-QUARTIER DER UNION!
ZEIT, DORT GOTT WILLKOM-MEN ZU HEISSEN!
BWA
WUSCH
HEY!
HIERGE-BLIEBEN!
GLAUBT IHR, ICH LASS EUCH EINFACH SO...

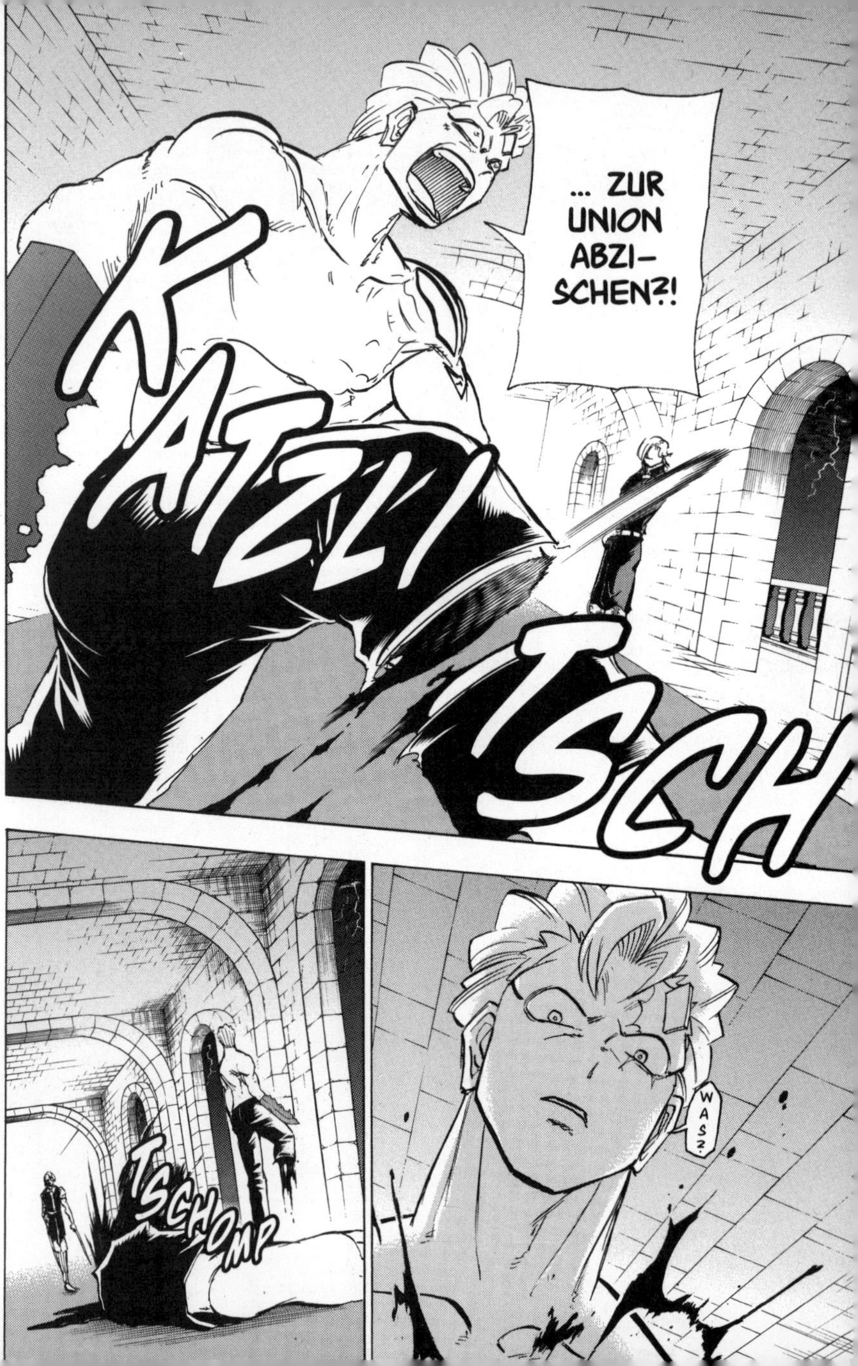
... ZUR UNION ABZI-SCHEN?!
KATZUI
TSCH
TSCHOMP
WAS?

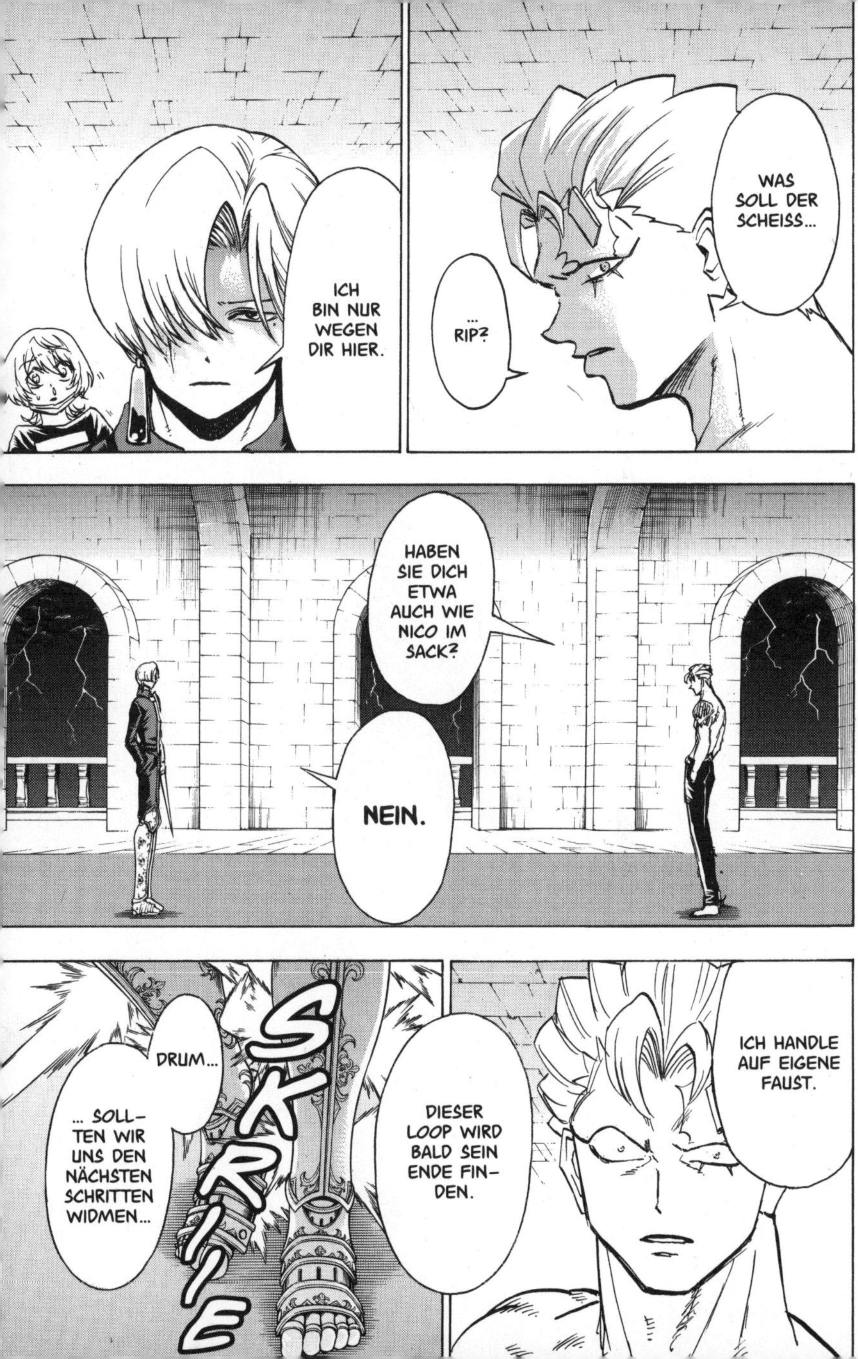
WAS SOLL DER SCHEISS...
... RIP?
ICH BIN NUR WEGEN DIR HIER.
HABEN SIE DICH ETWA AUCH WIE NICO IM SACK?
NEIN.
ICH HANDLE AUF EIGENE FAUST.
DIESER LOOP WIRD BALD SEIN ENDE FINDEN.
SKRIIE
DRUM...
... SOLLTEN WIR UNS DEN NÄCHSTEN SCHRITTEN WIDMEN...

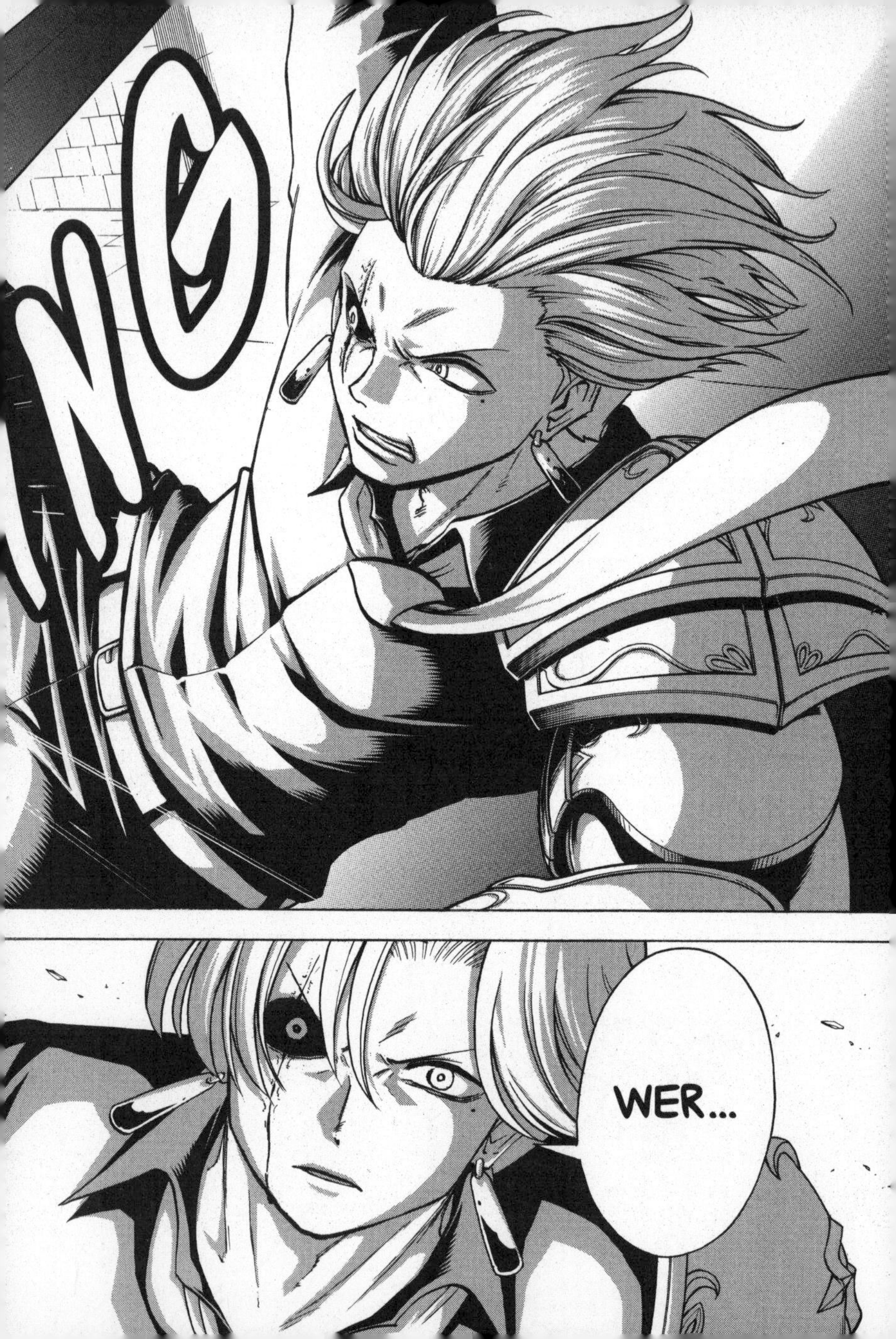
WER...

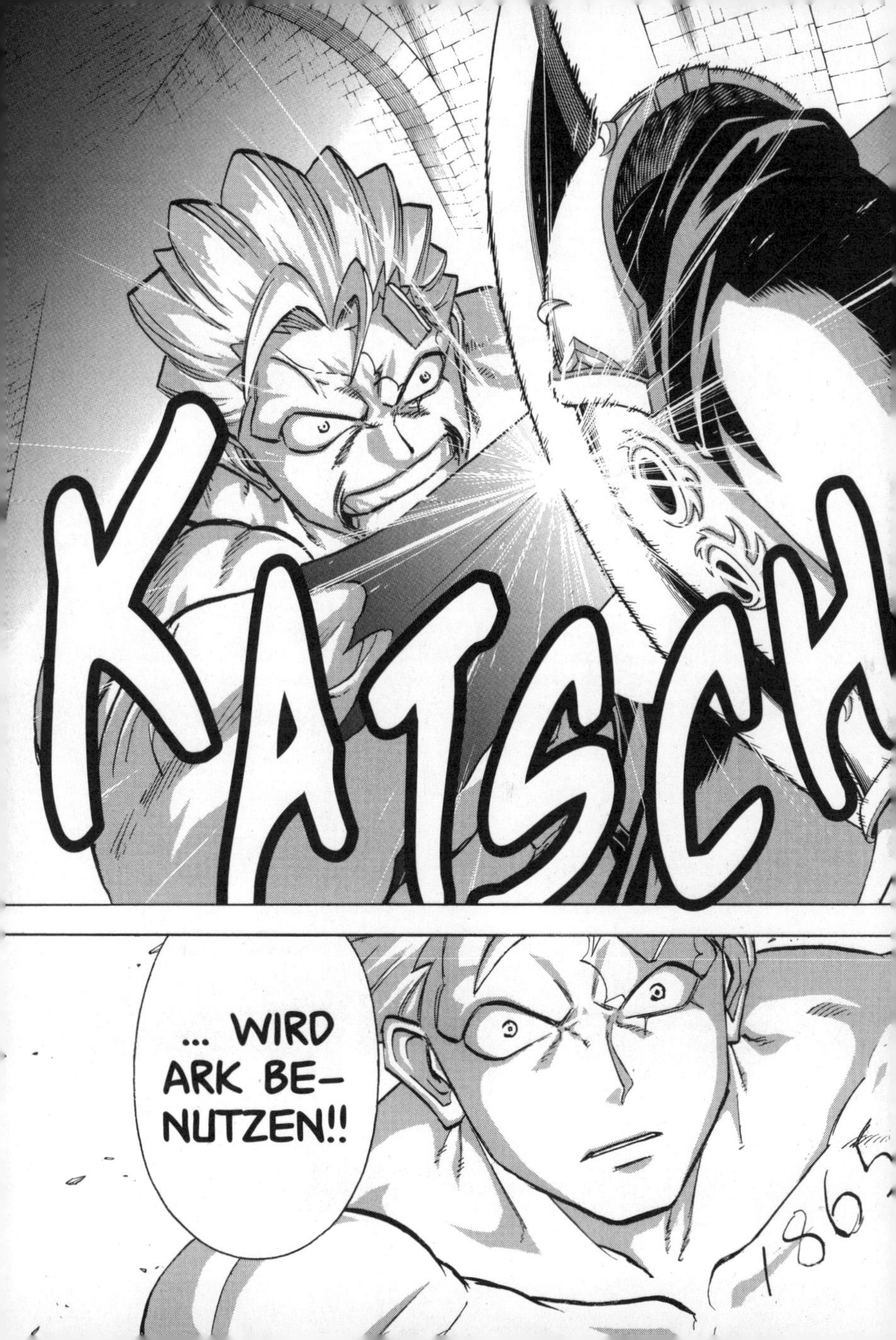
KATSCH
... WIRD ARK BE-NUTZEN!!

UNDEAD UNLUCK 2nd Anniversary

UNDEAD UNLUCK

GLÜCKWUNSCH!

ZUM ZWEIJÄHRIGEN BESTEHEN!

NICE! UND HIER DIE HAMMERMÄSSIGEN ERGEBNISSE ZUR UMFRAGE »WER STELLT DAS BESTE DUO?«!

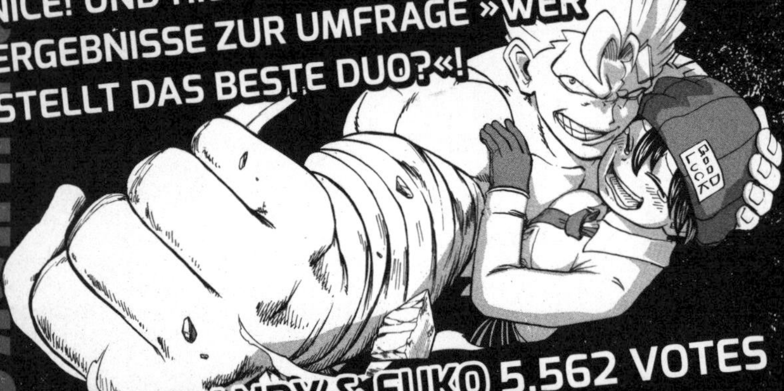

PLATZ 1: ANDY & FUKO 5.562 VOTES

PLATZ 2: SHEN & MUI 2.078 VOTES

PLATZ 3: JUIZ & VICTOR 1.146 VOTES

PLATZ 4: BILLY & TATJANA 914 VOTES

PLATZ 5: RIP TRISTAN & LATLA MIRAH 772 VOTES

PLATZ 6: TOP BULL SPARX & HARUKA YAMAOKA 579 VOTES

PLATZ 7: ANDY & GINA 396 VOTES

PLATZ 8: ANDY & SHEN 391 VOTES

PLATZ 9: TOP BULL SPARX & CHIKARA SHIGENO 362 VOTES

PLATZ 10: FENG & SHEN 338 VOTES

PLATZ 11: TATJANA & FUKO IZUMO 227 VOTES

PLATZ 12: RIP TRISTAN & ANNO UN 220 VOTES

PLATZ 13: ANDY & RIP TRISTAN 214 VOTES

PLATZ 14: TELLA & BILLY 181 VOTES

PLATZ 15: NICO VORGEIL & PHIL 161 VOTES

PLATZ 16: JUIZ & BILLY 159 VOTES

PLATZ 17: CLOTHES & FUKO IZUMO 158 VOTES

PLATZ 18: SPOIL & BURN 149 VOTES

PLATZ 19: ANDY & VICTOR 148 VOTES

PLATZ 20: ANDY & CLOTHES 145 VOTES

Ich habe diese Farbseite zur Feier unseres Jubiläums so gezeichnet, als wären alle verabredet und würden sich einen gemütlichen Tag in der Stadt machen. Als hätten sie ihre Negatoren-Skills mal für einen Tag abgelegt, denn irgendwie scheinen sie sich ja auch zu amüsieren. Ich weiß nicht, das hat mich sehr zum Nachdenken angeregt. Denn eigentlich haben sie sich ja alle erst durch ihre Negatoren-Skills kennengelernt. Na ja, das hat mich 'ne Zeit lang echt beschäftigt! Mein Favorit ist auf jeden Fall Tatjana in ihrem schicken Kleid!

Danke für eure Votes!!

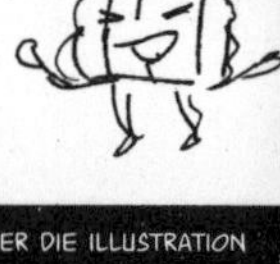

IN DER GEDRUCKTEN AUSGABE IST DIE ABBILDUNG IN SCHWARZ-WEISS! TUT MIR ECHT LEID! ABER DIE ILLUSTRATION UNSERER GEWINNERDUOS FINDET IHR AUF DER NÄCHSTEN SEITE!

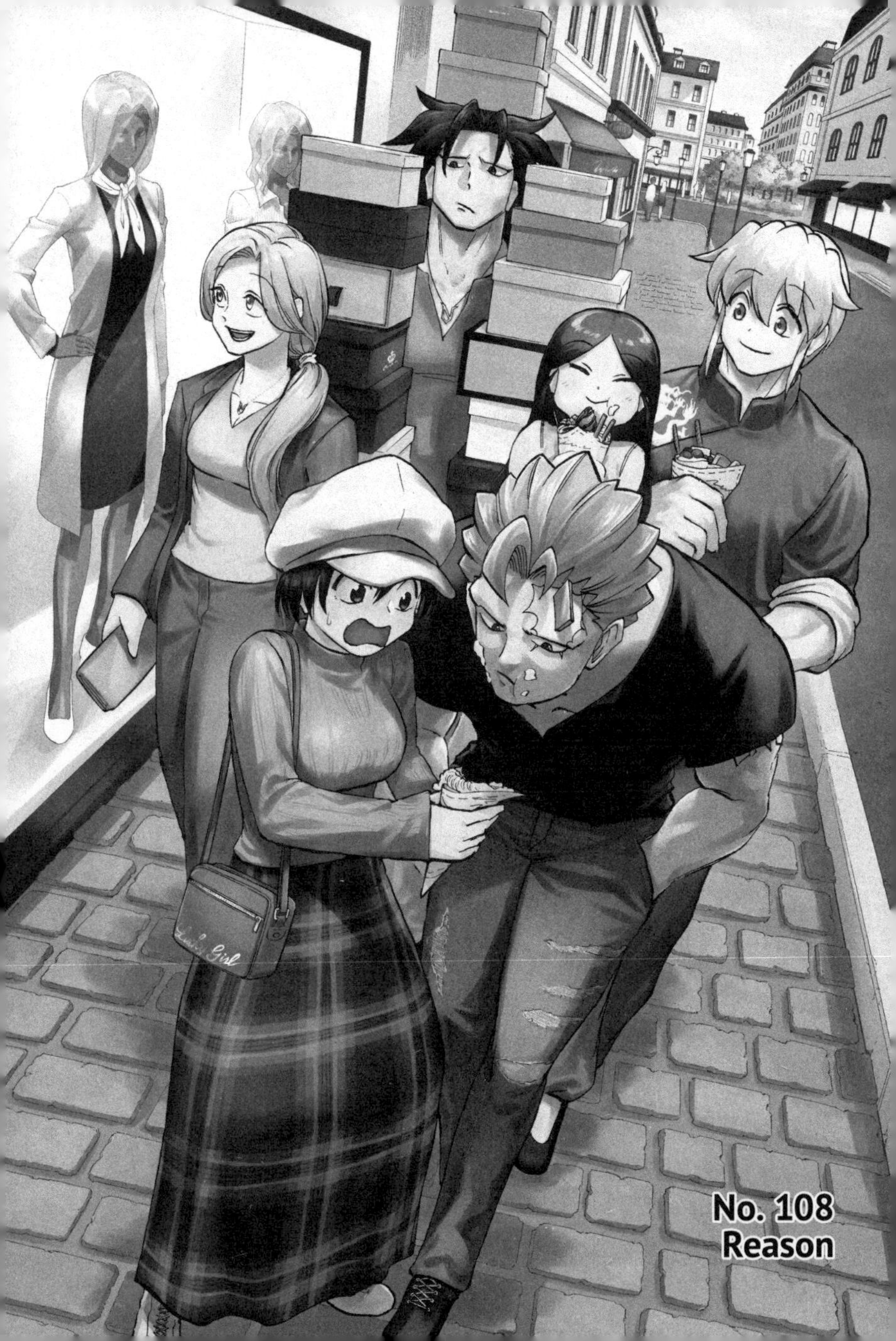

No. 108
Reason

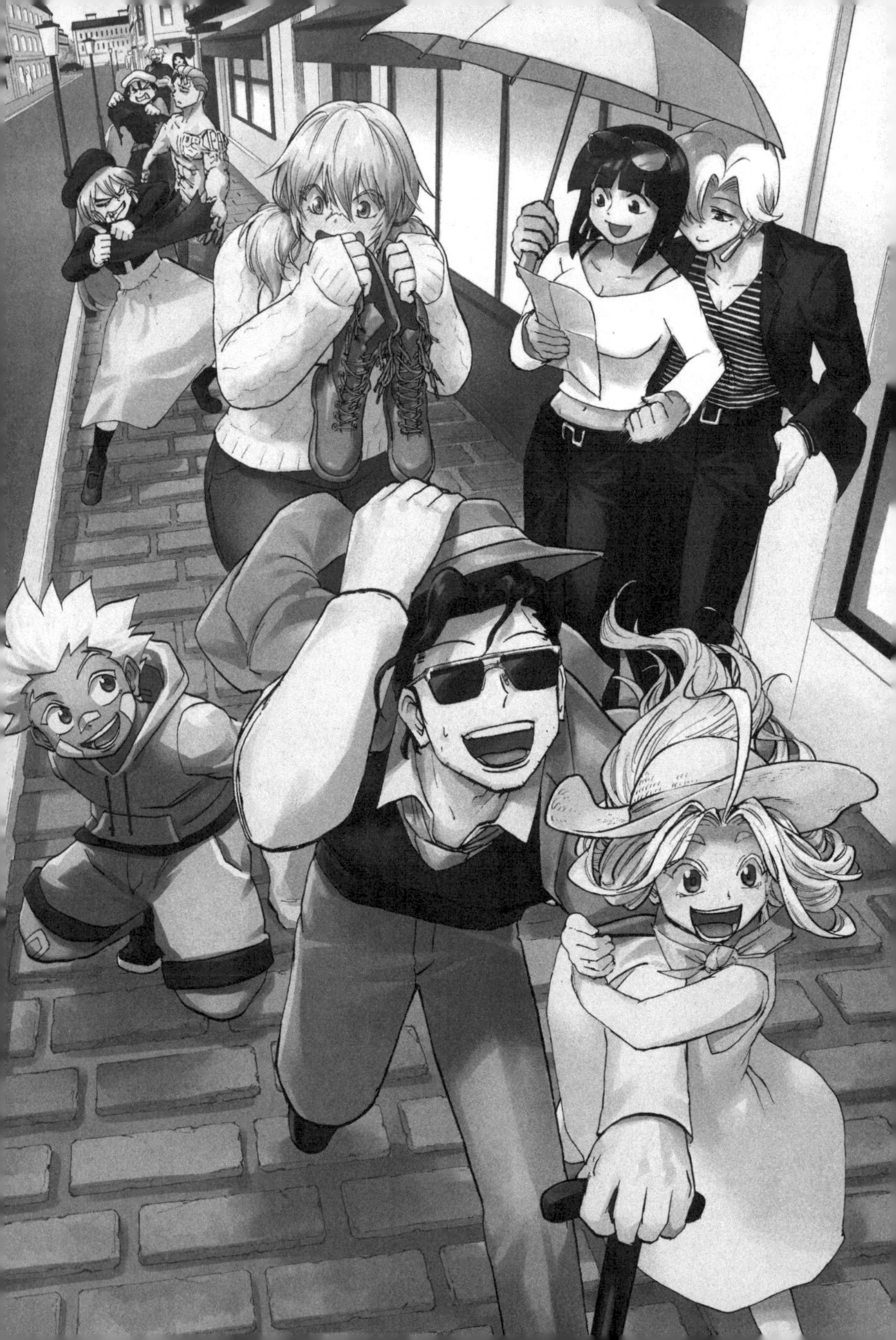

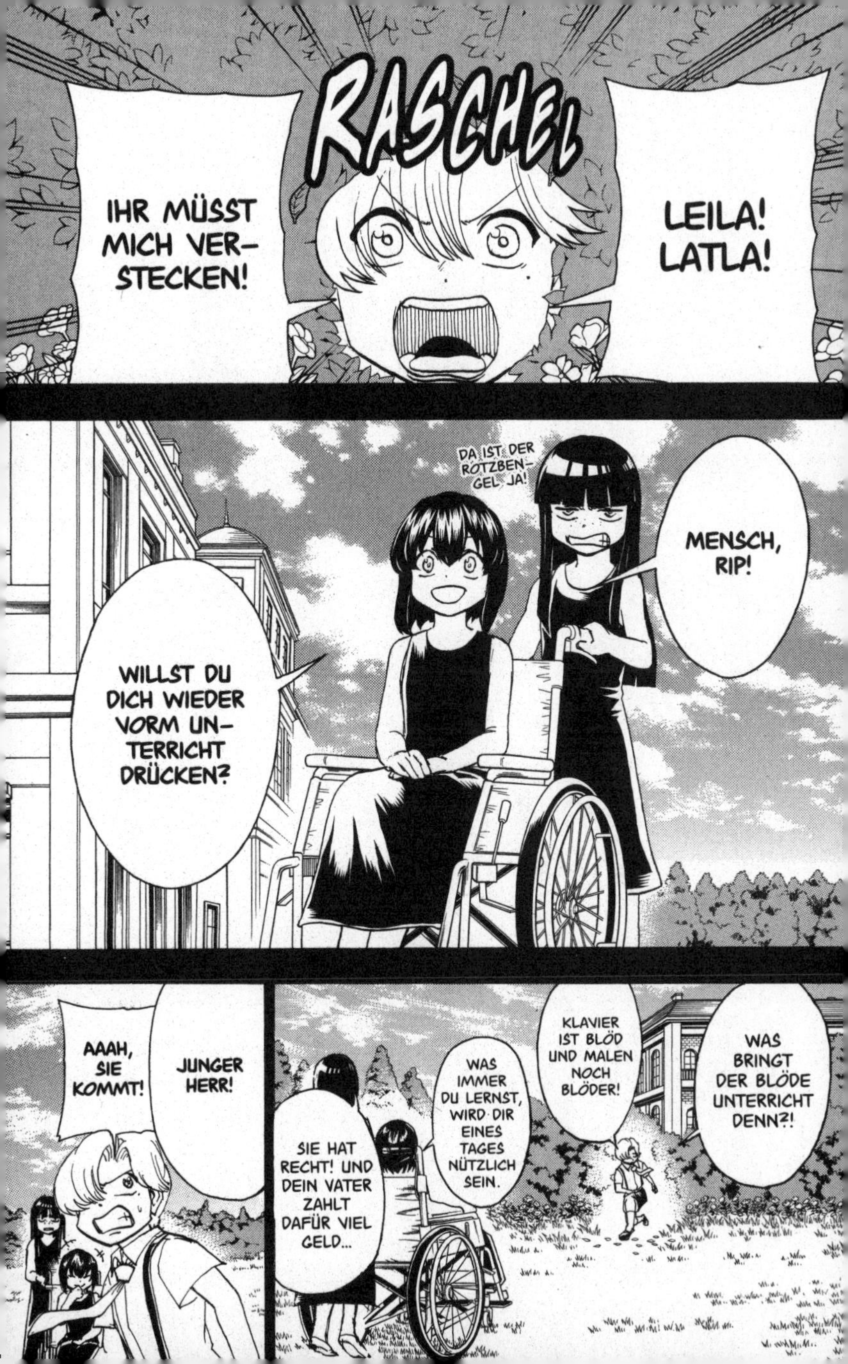
LEILA! LATLA!
RASCHEL
IHR MÜSST MICH VERSTECKEN!
MENSCH, RIP!
DA IST DER ROTZBENGEL JA!
WILLST DU DICH WIEDER VORM UNTERRICHT DRÜCKEN?
WAS BRINGT DER BLÖDE UNTERRICHT DENN?!
KLAVIER IST BLÖD UND MALEN NOCH BLÖDER!
WAS IMMER DU LERNST, WIRD DIR EINES TAGES NÜTZLICH SEIN.
SIE HAT RECHT! UND DEIN VATER ZAHLT DAFÜR VIEL GELD...
JUNGER HERR!
AAAH, SIE KOMMT!

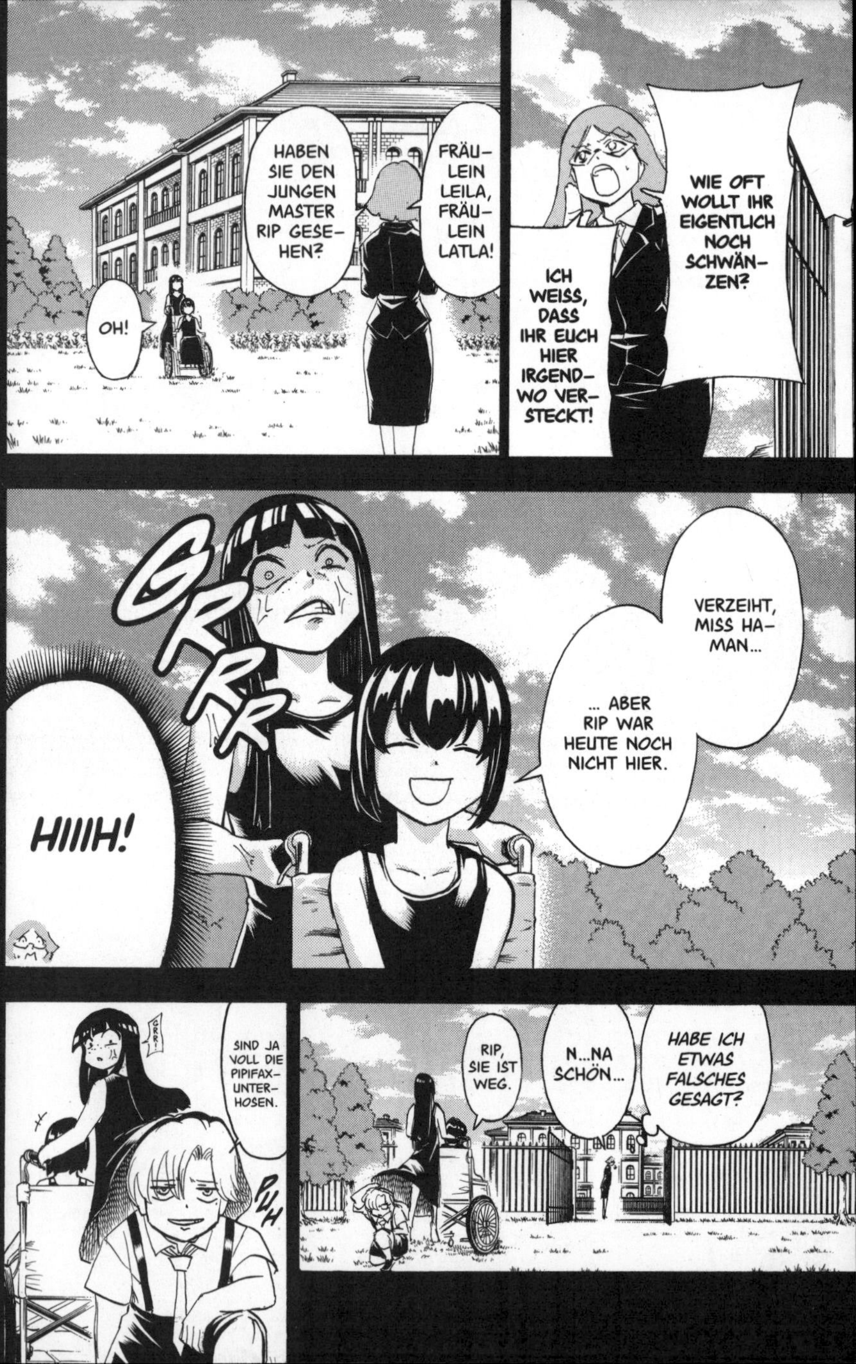
WIE OFT WOLLT IHR EIGENTLICH NOCH SCHWÄNZEN?
ICH WEISS, DASS IHR EUCH HIER IRGENDWO VERSTECKT!
FRÄULEIN LEILA, FRÄULEIN LATLA!
HABEN SIE DEN JUNGEN MASTER RIP GESEHEN?
OH!
VERZEIHT, MISS HAMAN...
... ABER RIP WAR HEUTE NOCH NICHT HIER.
GRRR
HIIIH!
HABE ICH ETWAS FALSCHES GESAGT?
N...NA SCHÖN...
RIP, SIE IST WEG.
SIND JA VOLL DIE PIPIFAX-UNTERHOSEN.
GRR!
PUH

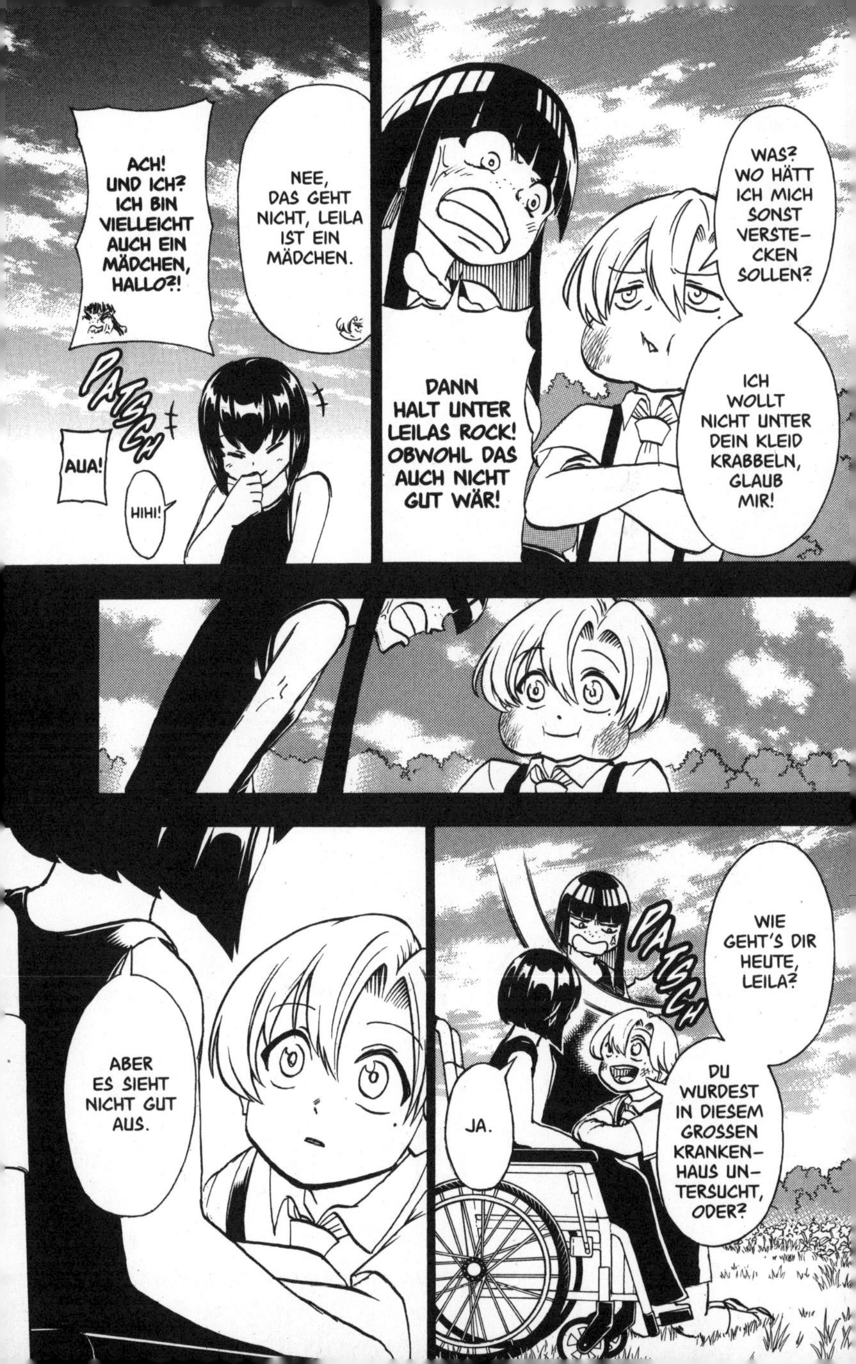
WAS? WO HÄTT ICH MICH SONST VERSTE-CKEN SOLLEN?
ICH WOLLT NICHT UNTER DEIN KLEID KRABBELN, GLAUB MIR!
DANN HALT UNTER LEILAS ROCK! OBWOHL DAS AUCH NICHT GUT WÄR!
NEE, DAS GEHT NICHT, LEILA IST EIN MÄDCHEN.
ACH! UND ICH? ICH BIN VIELLEICHT AUCH EIN MÄDCHEN, HALLO?!
PATSCH
AUA!
HIHI!
WIE GEHT'S DIR HEUTE, LEILA?
PATSCH
DU WURDEST IN DIESEM GROSSEN KRANKEN-HAUS UN-TERSUCHT, ODER?
JA.
ABER ES SIEHT NICHT GUT AUS.

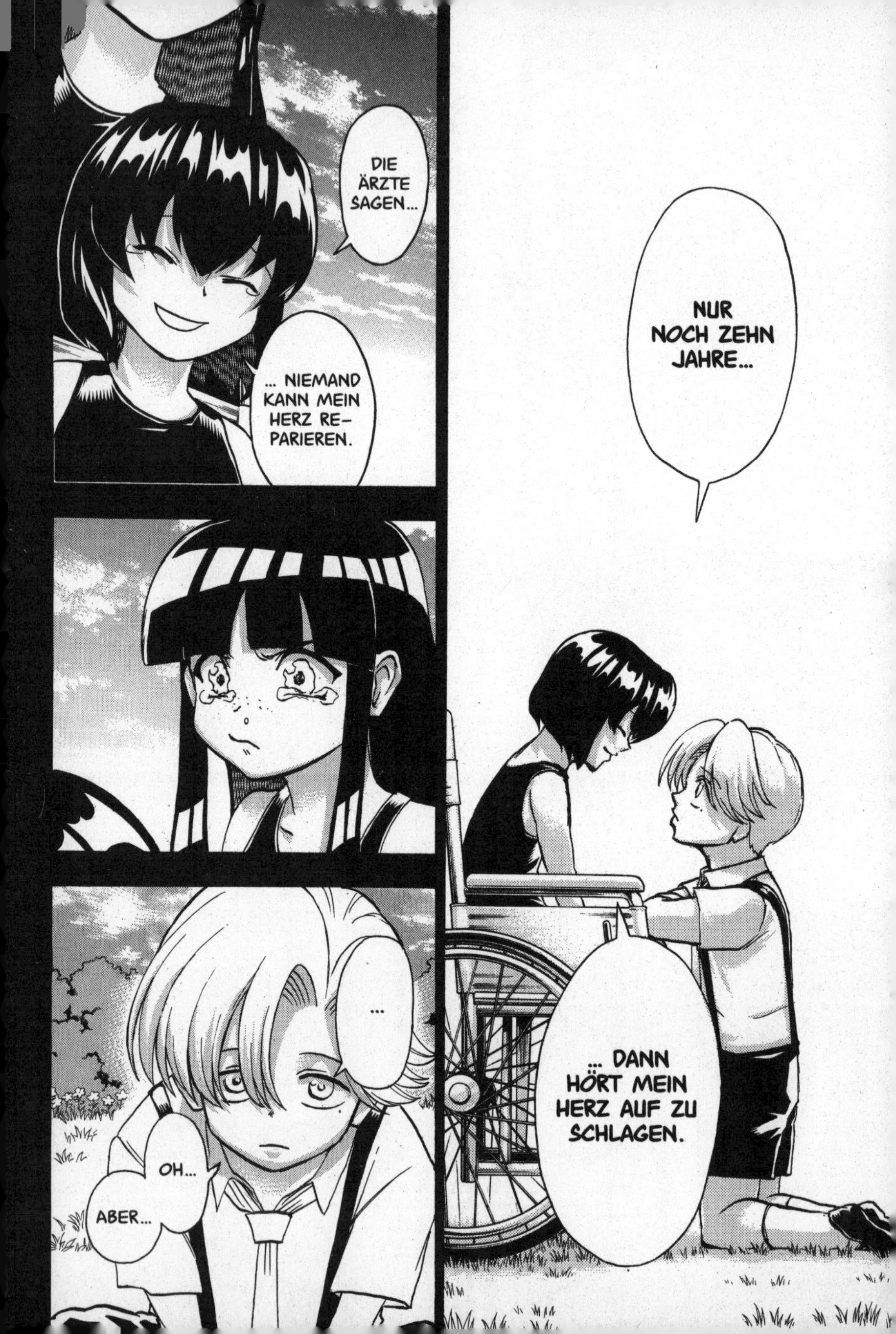
DIE ÄRZTE SAGEN...
... NIEMAND KANN MEIN HERZ RE-PARIEREN.
NUR NOCH ZEHN JAHRE...
... DANN HÖRT MEIN HERZ AUF ZU SCHLAGEN.
...
OH...
ABER...

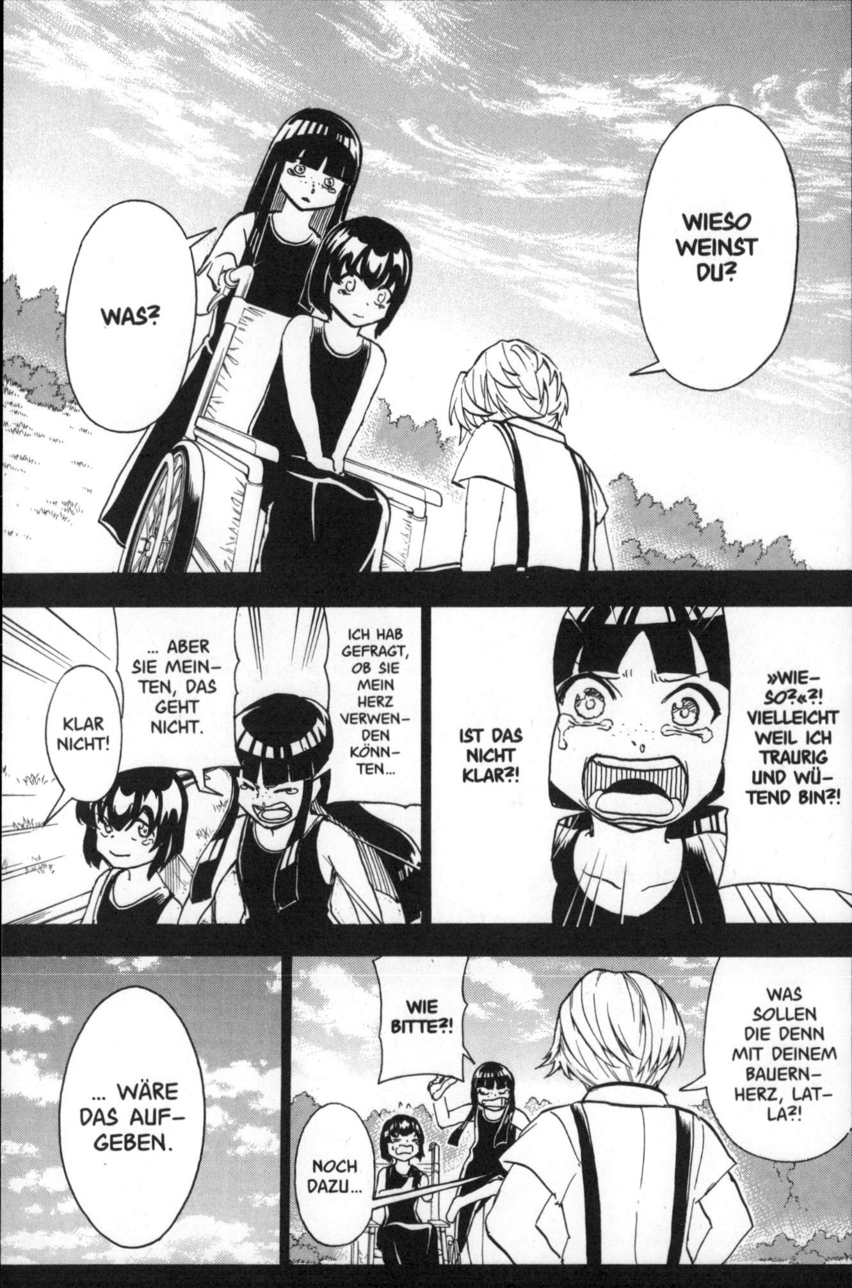
WIESO WEINST DU?
WAS?
»WIESO?«?! VIELLEICHT WEIL ICH TRAURIG UND WÜTEND BIN?!
IST DAS NICHT KLAR?!
ICH HAB GEFRAGT, OB SIE MEIN HERZ VERWENDEN KÖNNTEN...
... ABER SIE MEINTEN, DAS GEHT NICHT.
KLAR NICHT!
WAS SOLLEN DIE DENN MIT DEINEM BAUERNHERZ, LATLA?!
WIE BITTE?!
NOCH DAZU ...
... WÄRE DAS AUFGEBEN.

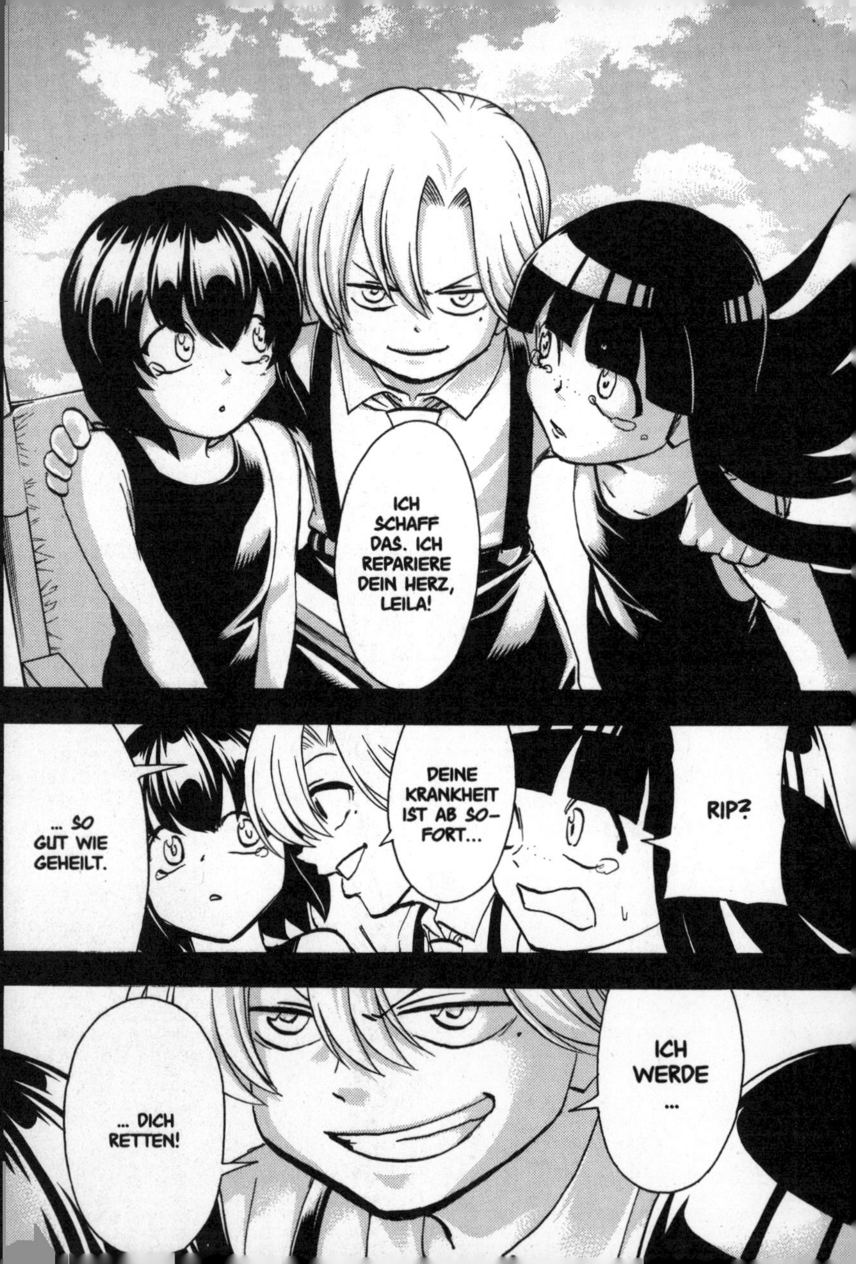
ICH SCHAFF DAS. ICH REPARIERE DEIN HERZ, LEILA!
RIP?
DEINE KRANKHEIT IST AB SO-FORT...
... SO GUT WIE GEHEILT.
ICH WERDE ...
... DICH RETTEN!

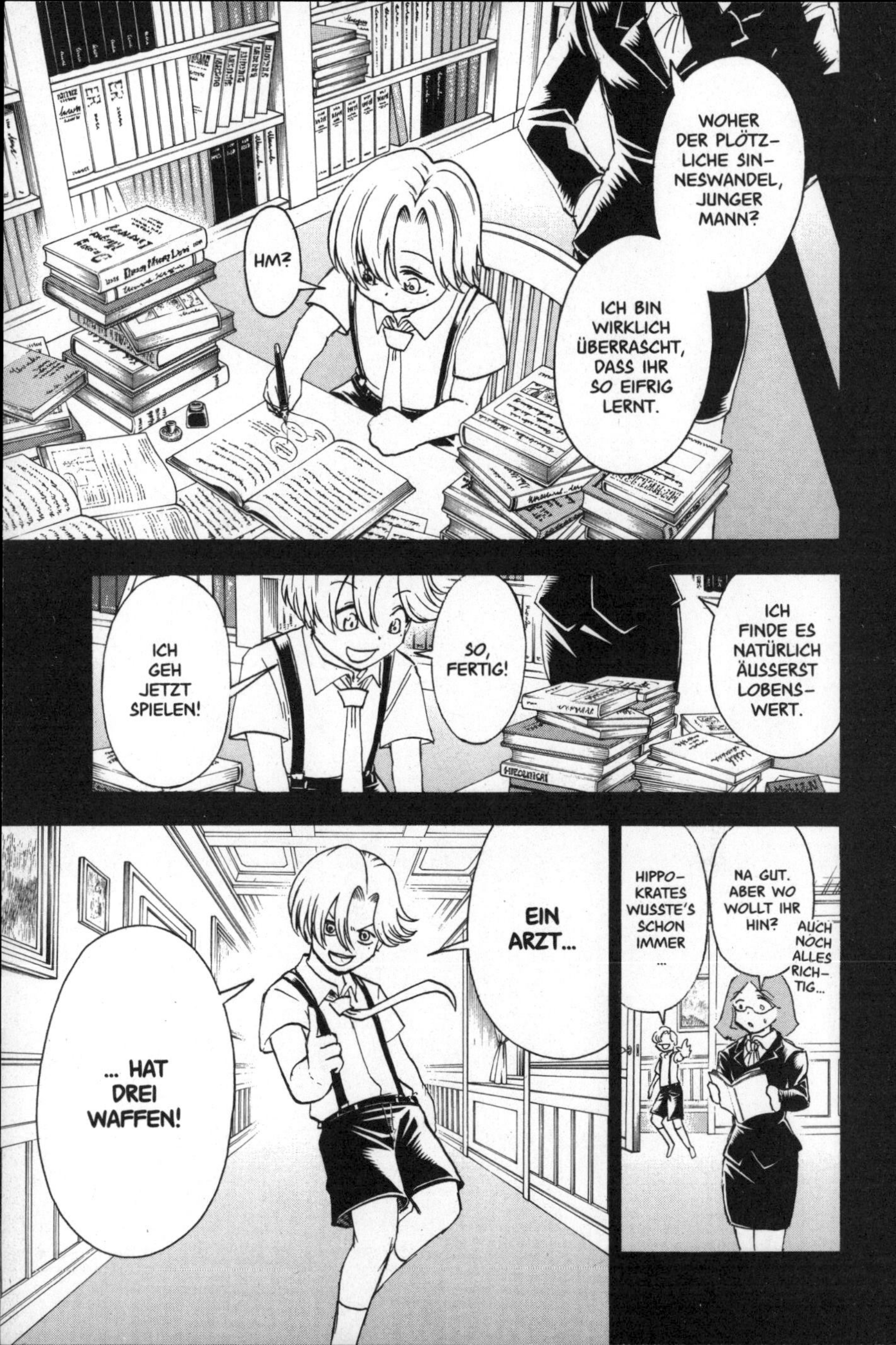
WOHER DER PLÖTZLICHE SINNESWANDEL, JUNGER MANN?
ICH BIN WIRKLICH ÜBERRASCHT, DASS IHR SO EIFRIG LERNT.
HM?
ICH FINDE ES NATÜRLICH ÄUSSERST LOBENSWERT.
SO, FERTIG!
ICH GEH JETZT SPIELEN!
NA GUT. ABER WO WOLLT IHR HIN?
AUCH NOCH ALLES RICHTIG...
HIPPOKRATES WUSSTE'S SCHON IMMER ...
EIN ARZT...
... HAT DREI WAFFEN!

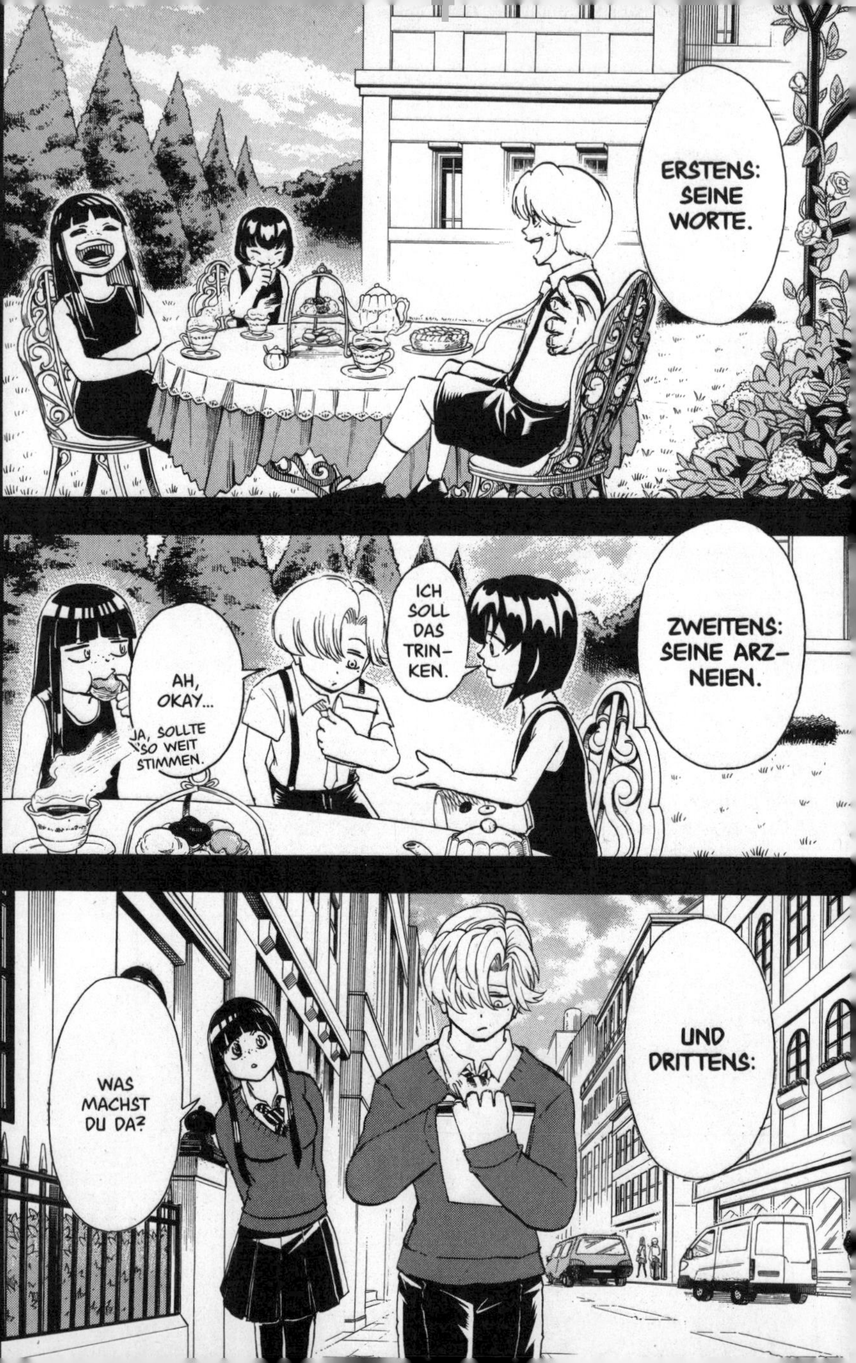
ERSTENS: SEINE WORTE.
ZWEITENS: SEINE ARZ-NEIEN.
ICH SOLL DAS TRIN-KEN.
AH, OKAY...
JA, SOLLTE SO WEIT STIMMEN.
UND DRITTENS:
WAS MACHST DU DA?

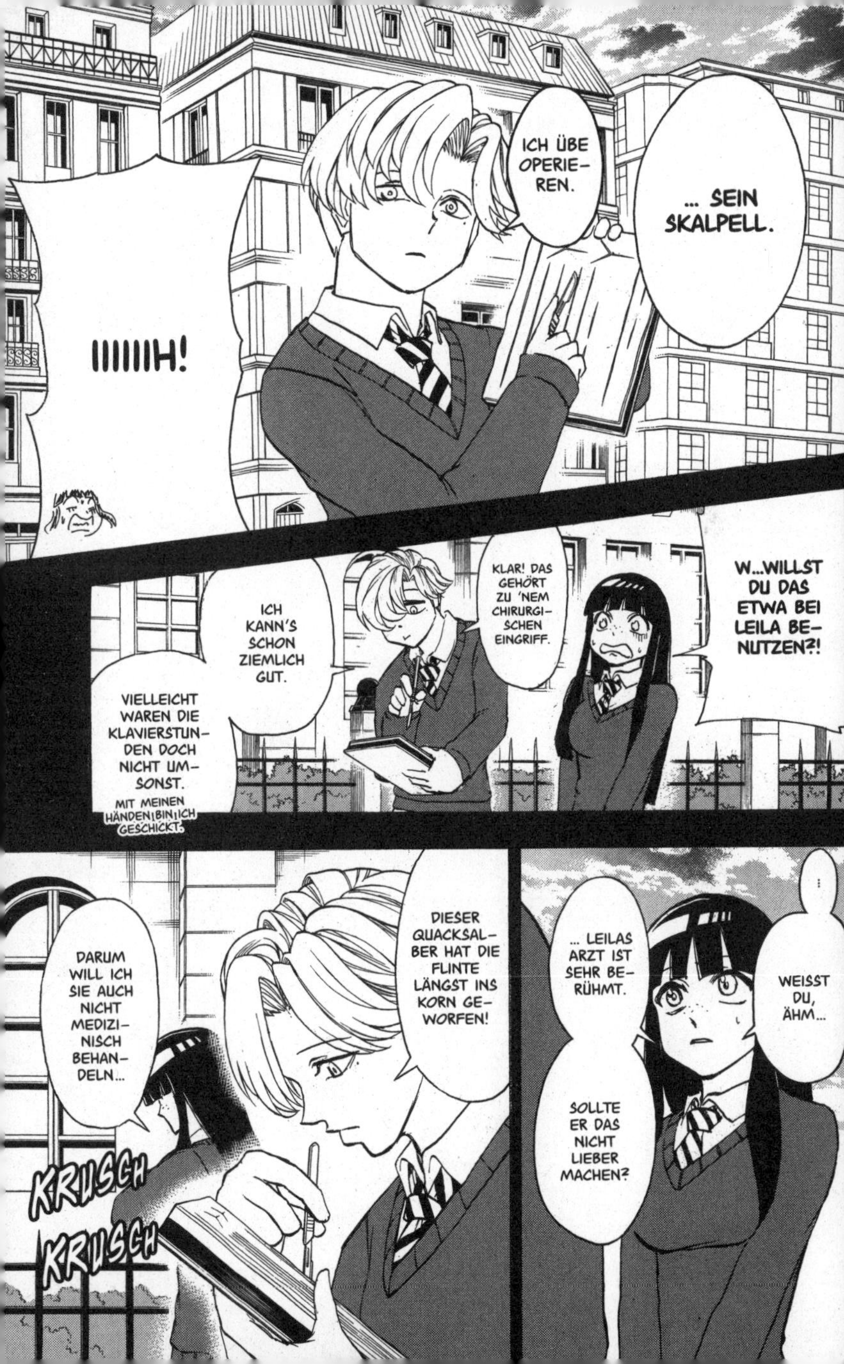
... SEIN SKALPELL.
ICH ÜBE OPERIEREN.
IIIIIIH!
W...WILLST DU DAS ETWA BEI LEILA BENUTZEN?!
KLAR! DAS GEHÖRT ZU 'NEM CHIRURGISCHEN EINGRIFF.
ICH KANN'S SCHON ZIEMLICH GUT.
VIELLEICHT WAREN DIE KLAVIERSTUNDEN DOCH NICHT UMSONST.
MIT MEINEN HÄNDEN BIN ICH GESCHICKT.
...
WEISST DU, ÄHM...
... LEILAS ARZT IST SEHR BERÜHMT.
SOLLTE ER DAS NICHT LIEBER MACHEN?
DIESER QUACKSALBER HAT DIE FLINTE LÄNGST INS KORN GEWORFEN!
DARUM WILL ICH SIE AUCH NICHT MEDIZINISCH BEHANDELN...
KRUSCH
KRUSCH

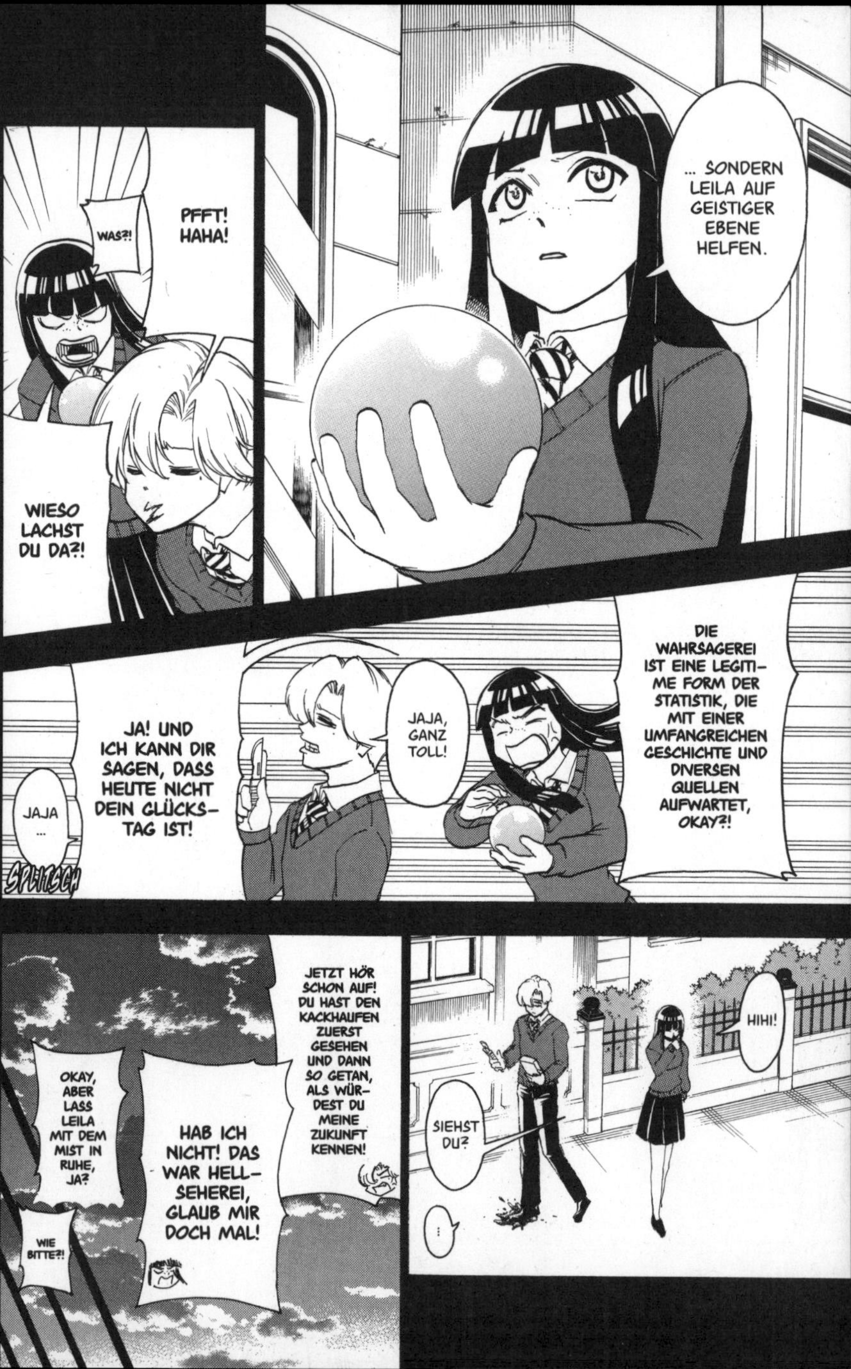

... SONDERN LEILA AUF GEISTIGER EBENE HELFEN.
PFFT! HAHA!
WAS?!
WIESO LACHST DU DA?!
DIE WAHRSAGEREI IST EINE LEGITI- ME FORM DER STATISTIK, DIE MIT EINER UMFANGREICHEN GESCHICHTE UND DIVERSEN QUELLEN AUFWARTET, OKAY?!
JAJA, GANZ TOLL!
JA! UND ICH KANN DIR SAGEN, DASS HEUTE NICHT DEIN GLÜCKS- TAG IST!
JAJA ...
SPLITSCH
HIHI!
SIEHST DU?
...
JETZT HÖR SCHON AUF! DU HAST DEN KACKHAUFEN ZUERST GESEHEN UND DANN SO GETAN, ALS WÜR- DEST DU MEINE ZUKUNFT KENNEN!
HAB ICH NICHT! DAS WAR HELL- SEHEREI, GLAUB MIR DOCH MAL!
OKAY, ABER LASS LEILA MIT DEM MIST IN RUHE, JA?
WIE BITTE?!

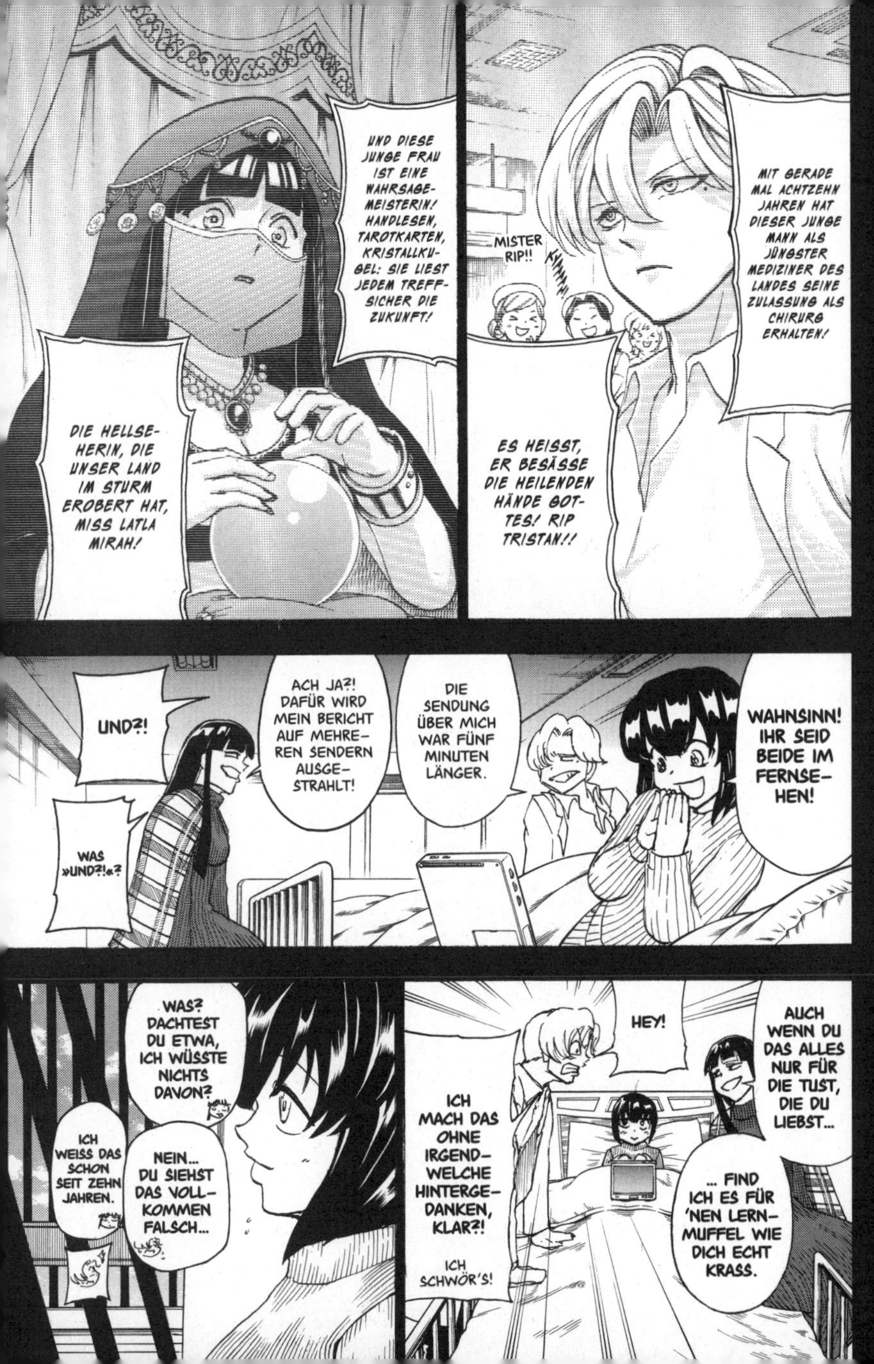
MIT GERADE MAL ACHTZEHN JAHREN HAT DIESER JUNGE MANN ALS JÜNGSTER MEDIZINER DES LANDES SEINE ZULASSUNG ALS CHIRURG ERHALTEN!
MISTER RIP!!
ES HEISST, ER BESÄSSE DIE HEILENDEN HÄNDE GOTTES! RIP TRISTAN!!
UND DIESE JUNGE FRAU IST EINE WAHRSAGEMEISTERIN! HANDLESEN, TAROTKARTEN, KRISTALLKUGEL: SIE LIEST JEDEM TREFFSICHER DIE ZUKUNFT!
DIE HELLSEHERIN, DIE UNSER LAND IM STURM EROBERT HAT, MISS LATLA MIRAH!
WAHNSINN! IHR SEID BEIDE IM FERNSEHEN!
DIE SENDUNG ÜBER MICH WAR FÜNF MINUTEN LÄNGER.
ACH JA?! DAFÜR WIRD MEIN BERICHT AUF MEHREREN SENDERN AUSGESTRAHLT!
UND?!
WAS »UND?!«?
AUCH WENN DU DAS ALLES NUR FÜR DIE TUST, DIE DU LIEBST...
HEY!
... FIND ICH ES FÜR 'NEN LERNMUFFEL WIE DICH ECHT KRASS.
ICH MACH DAS OHNE IRGENDWELCHE HINTERGEDANKEN, KLAR?!
ICH SCHWÖR'S!
WAS? DACHTEST DU ETWA, ICH WÜSSTE NICHTS DAVON?
NEIN... DU SIEHST DAS VOLLKOMMEN FALSCH...
ICH WEISS DAS SCHON SEIT ZEHN JAHREN.

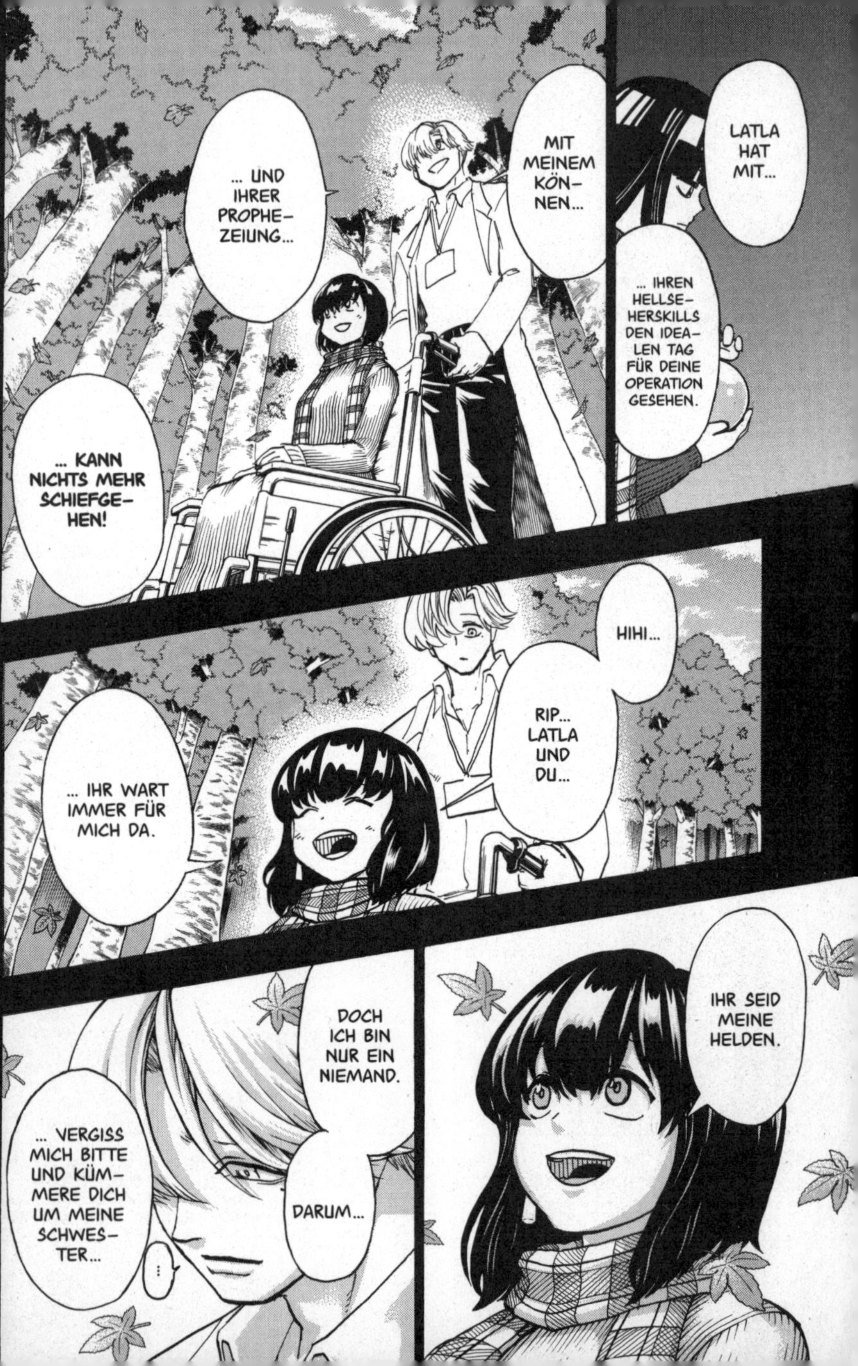
LATLA HAT MIT...
... IHREN HELLSEHERSKILLS DEN IDEALEN TAG FÜR DEINE OPERATION GESEHEN.
MIT MEINEM KÖNNEN...
... UND IHRER PROPHEZEIUNG...
... KANN NICHTS MEHR SCHIEFGEHEN!
HIHI...
RIP... LATLA UND DU...
... IHR WART IMMER FÜR MICH DA.
IHR SEID MEINE HELDEN.
DOCH ICH BIN NUR EIN NIEMAND.
DARUM...
... VERGISS MICH BITTE UND KÜMMERE DICH UM MEINE SCHWESTER...
...

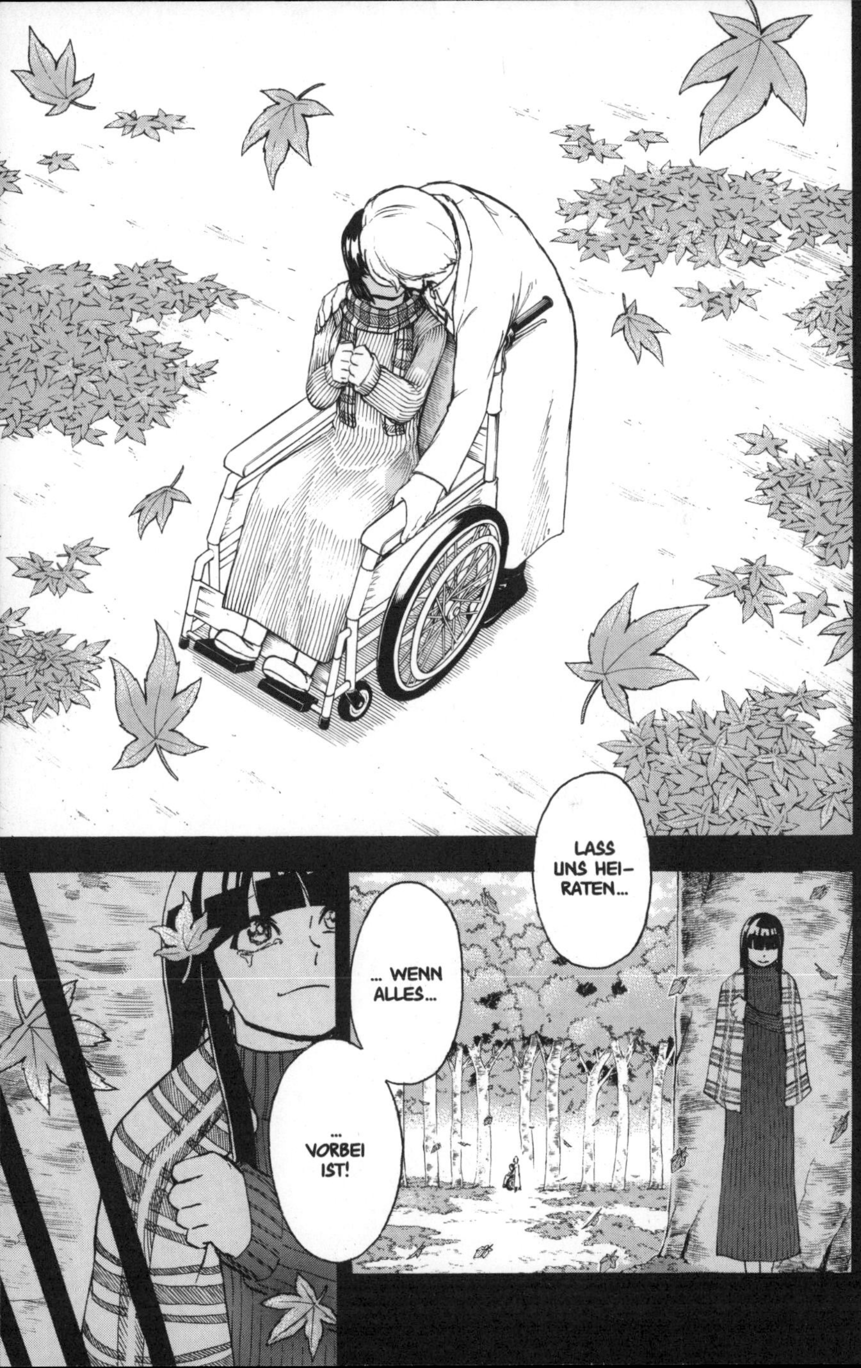
LASS UNS HEI-RATEN...
... WENN ALLES...
... VORBEI IST!

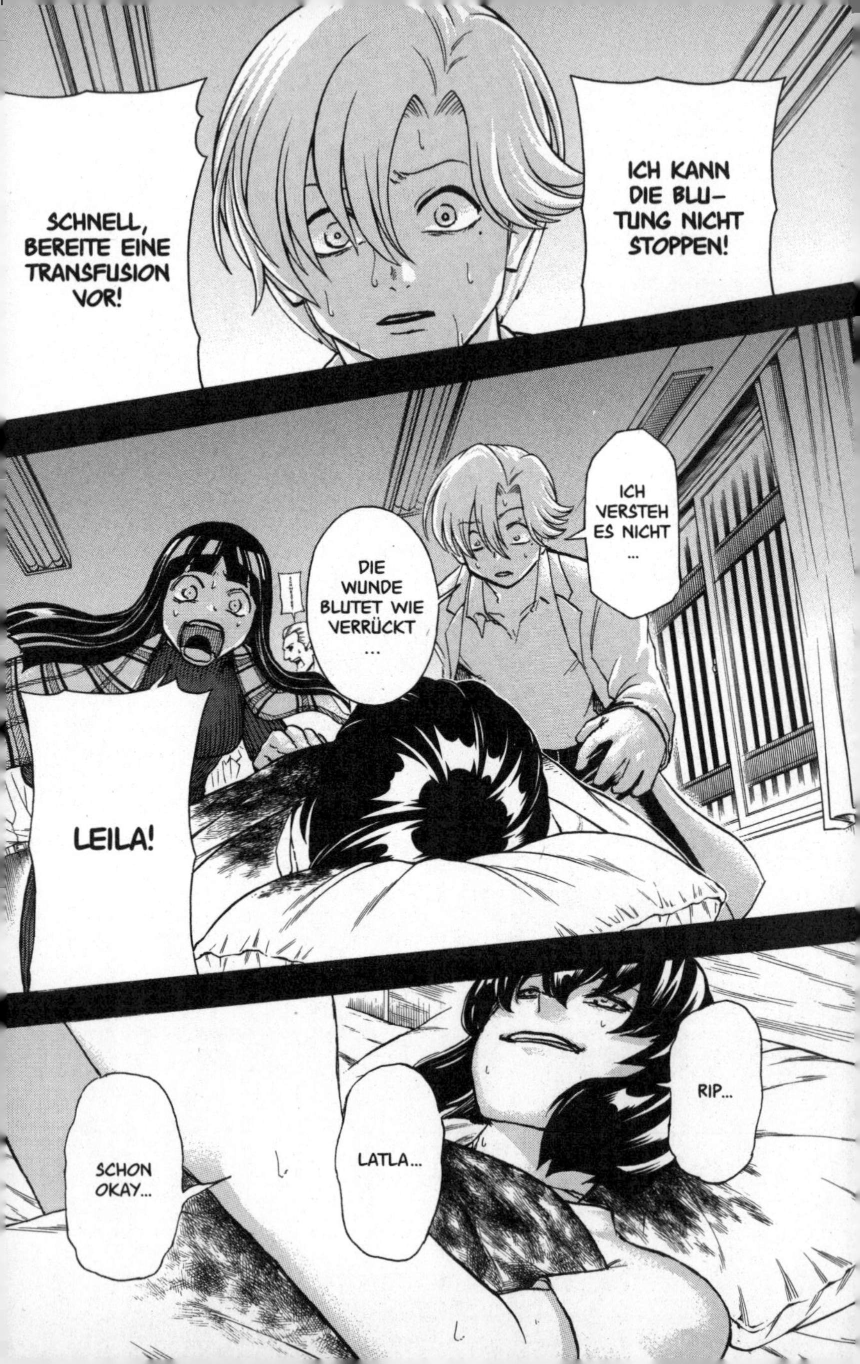
ICH KANN DIE BLU-TUNG NICHT STOPPEN!
SCHNELL, BEREITE EINE TRANSFUSION VOR!
ICH VERSTEH ES NICHT ...
DIE WUNDE BLUTET WIE VERRÜCKT ...
LEILA!
RIP...
LATLA...
SCHON OKAY...

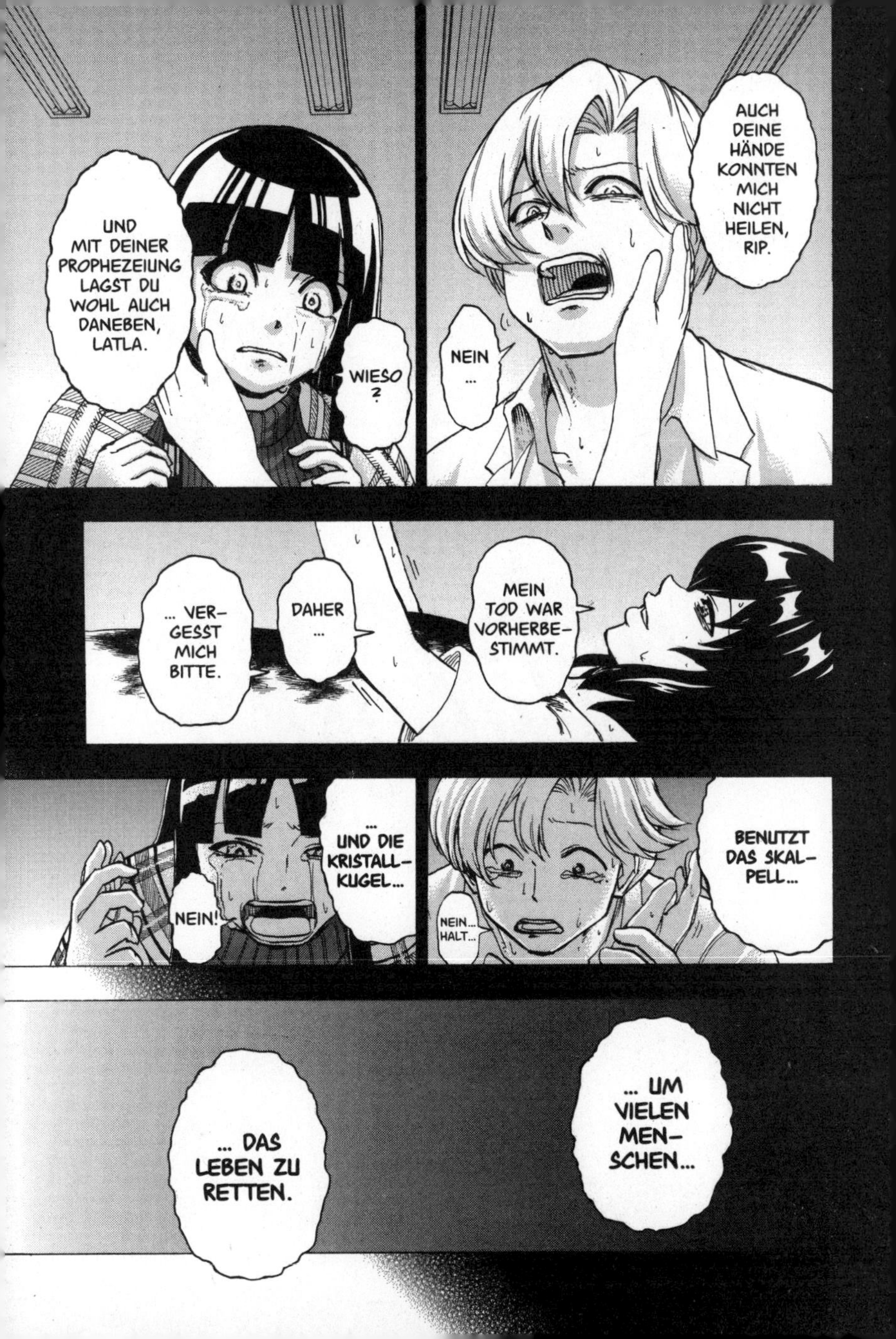
AUCH DEINE HÄNDE KONNTEN MICH NICHT HEILEN, RIP.
NEIN ...
WIESO ?
UND MIT DEINER PROPHEZEIUNG LAGST DU WOHL AUCH DANEBEN, LATLA.
MEIN TOD WAR VORHERBESTIMMT.
DAHER ...
... VERGESST MICH BITTE.
BENUTZT DAS SKALPELL...
NEIN... HALT...
... UND DIE KRISTALLKUGEL...
NEIN!
... UM VIELEN MENSCHEN...
... DAS LEBEN ZU RETTEN.

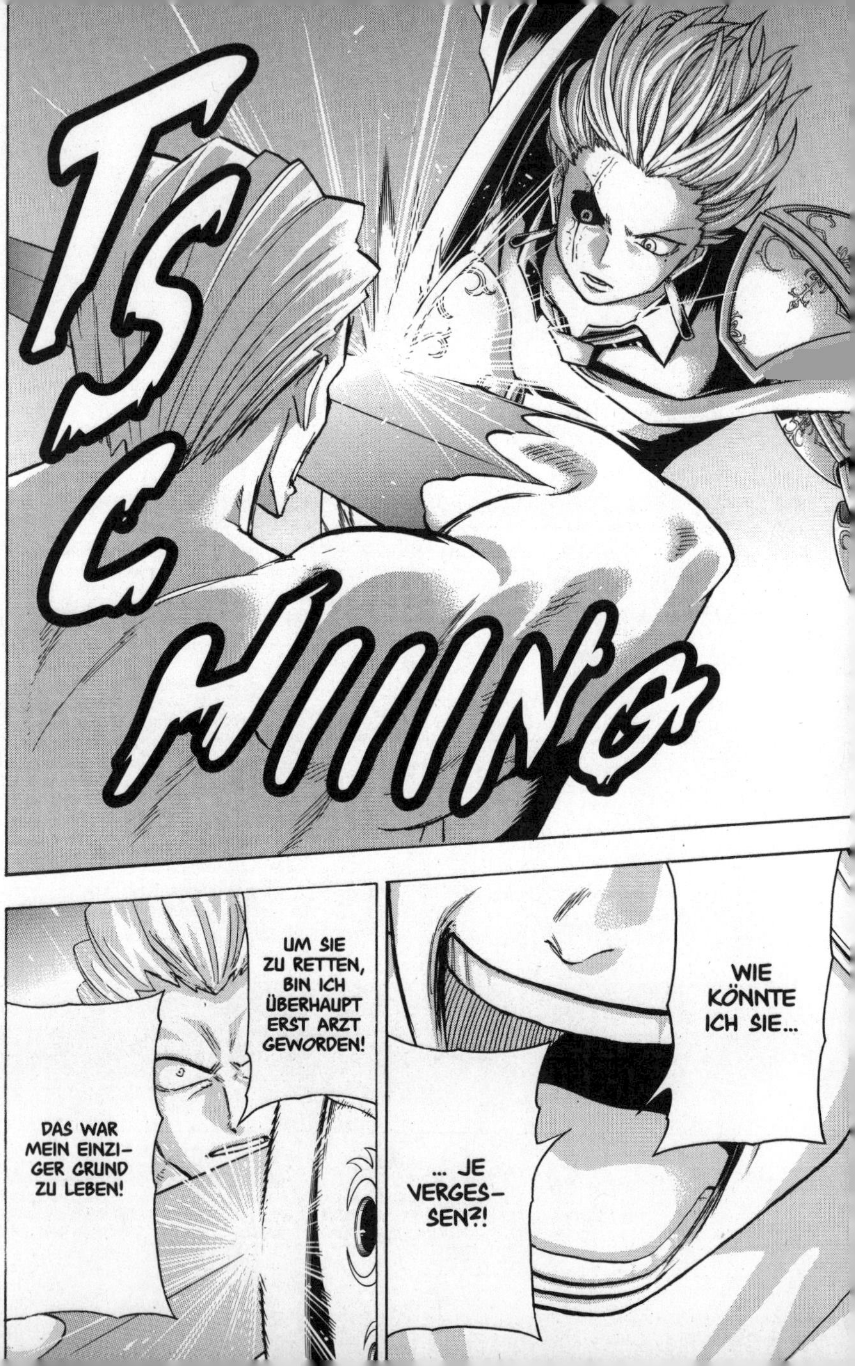
TSCHING
WIE KÖNNTE ICH SIE...
... JE VERGES-SEN?!
UM SIE ZU RETTEN, BIN ICH ÜBERHAUPT ERST ARZT GEWORDEN!
DAS WAR MEIN EINZI-GER GRUND ZU LEBEN!

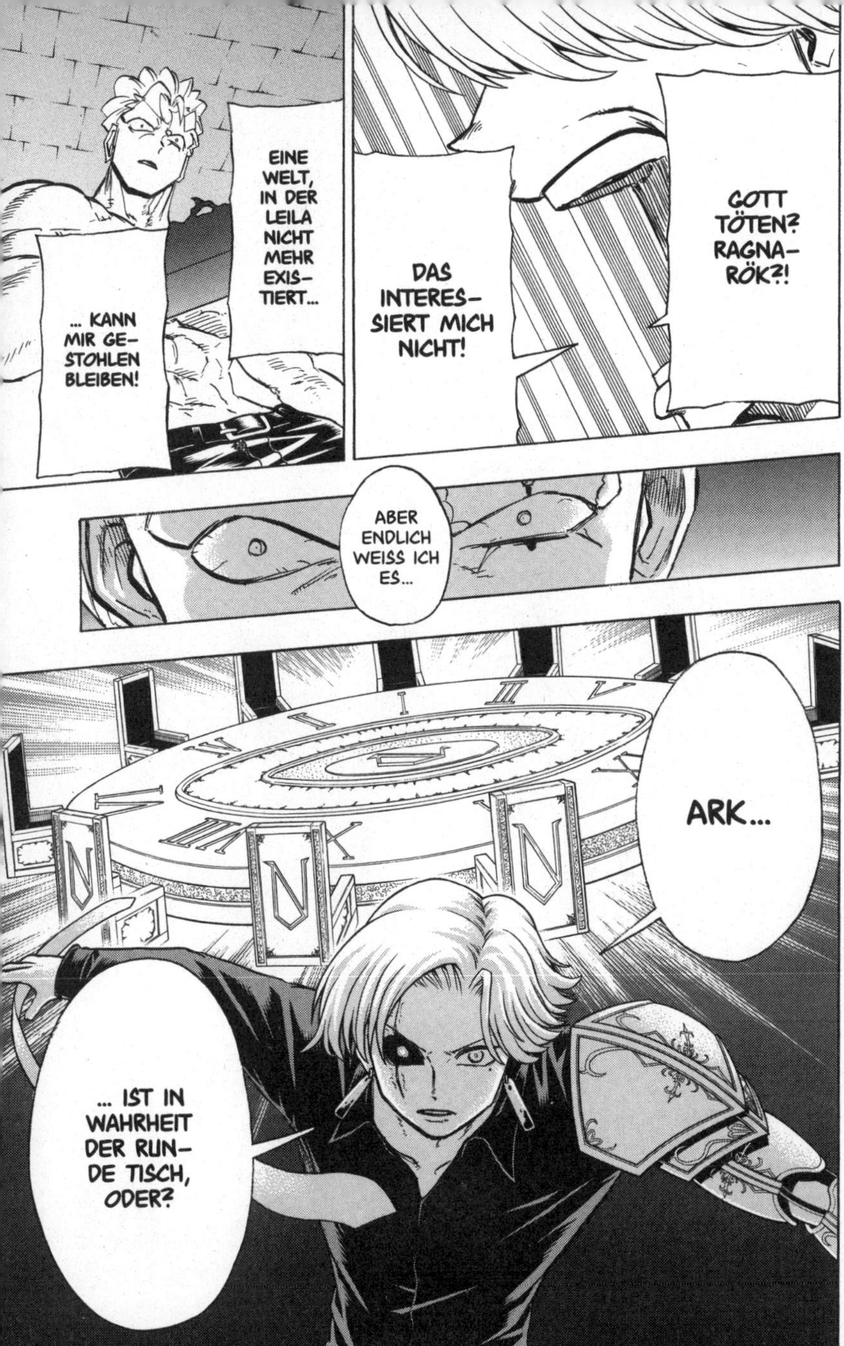
GOTT TÖTEN? RAGNARÖK?!
DAS INTERESSIERT MICH NICHT!
EINE WELT, IN DER LEILA NICHT MEHR EXISTIERT...
... KANN MIR GESTOHLEN BLEIBEN!
ABER ENDLICH WEISS ICH ES...
ARK...
... IST IN WAHRHEIT DER RUNDE TISCH, ODER?

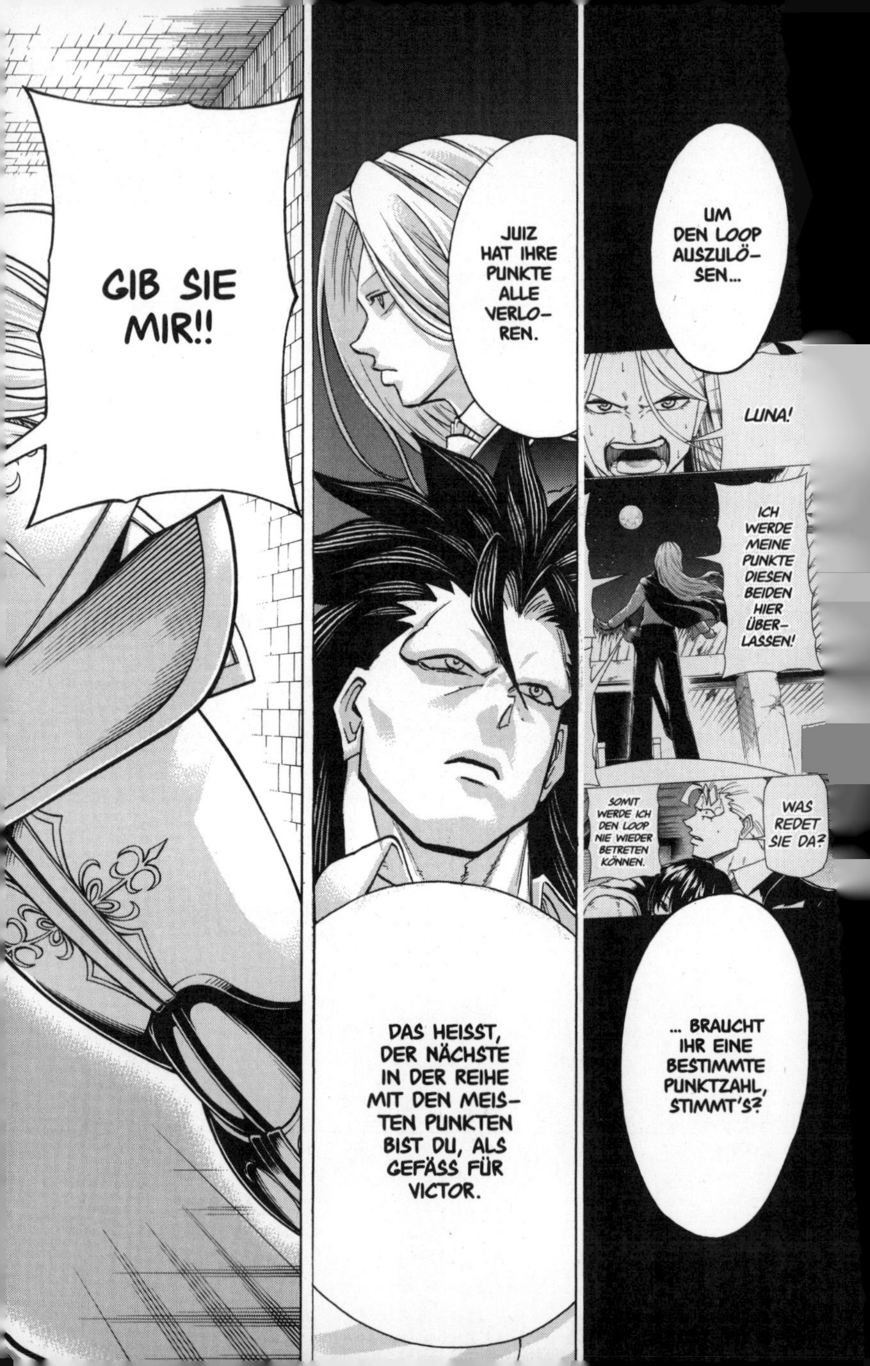
UM DEN LOOP AUSZULÖSEN...
LUNA!
ICH WERDE MEINE PUNKTE DIESEN BEIDEN HIER ÜBERLASSEN!
WAS REDET SIE DA?
SOMIT WERDE ICH DEN LOOP NIE WIEDER BETRETEN KÖNNEN.
... BRAUCHT IHR EINE BESTIMMTE PUNKTZAHL, STIMMT'S?
JUIZ HAT IHRE PUNKTE ALLE VERLOREN.
DAS HEISST, DER NÄCHSTE IN DER REIHE MIT DEN MEISTEN PUNKTEN BIST DU, ALS GEFÄSS FÜR VICTOR.
GIB SIE MIR!!

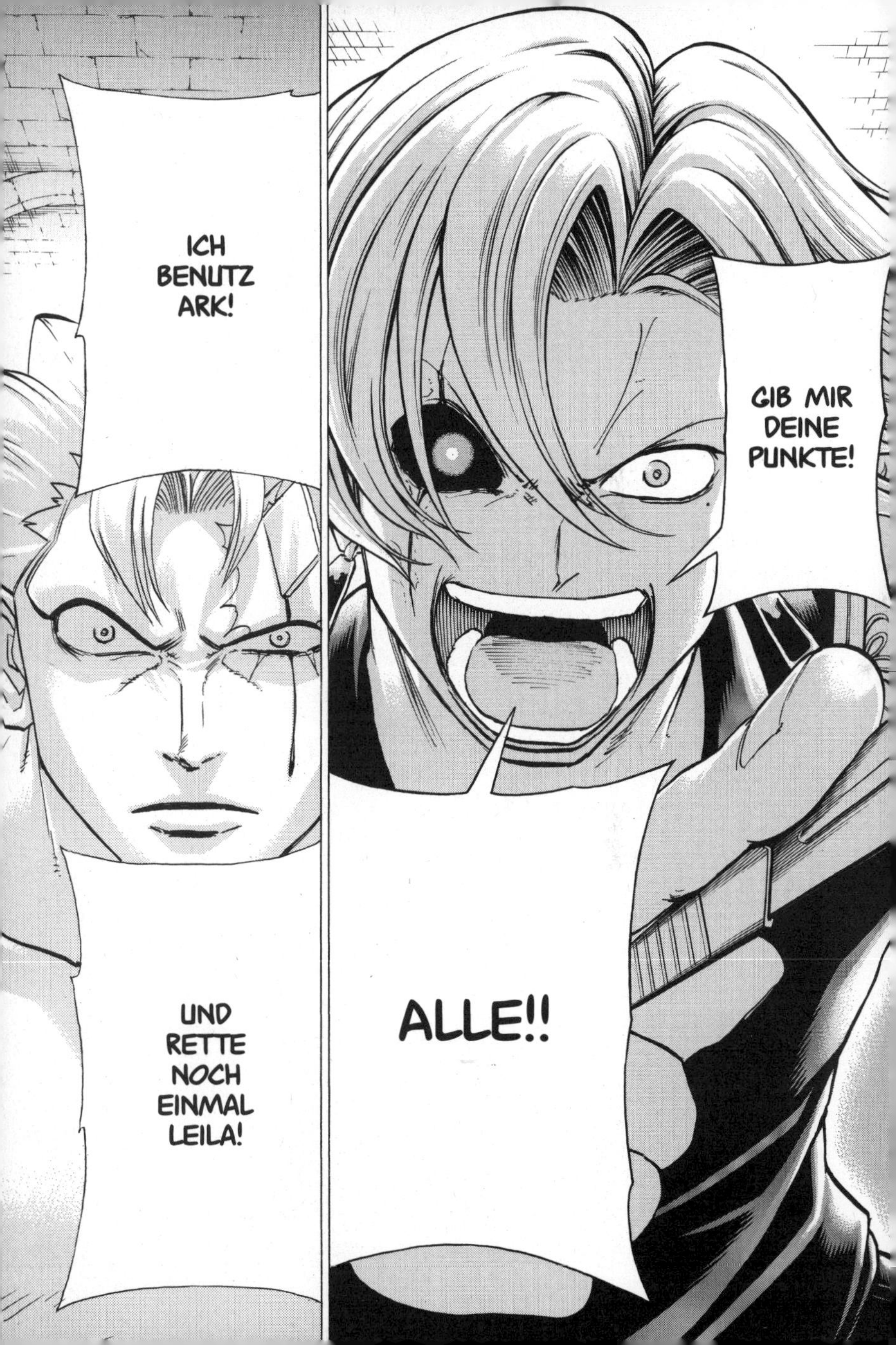
GIB MIR DEINE PUNKTE!
ALLE!!
ICH BENUTZ ARK!
UND RETTE NOCH EINMAL LEILA!

LEILA MIRAH

ALTER: WIE MEINE SCHWESTER, WIR SIND ZWILLINGE

GRÖSSE: WIE MEINE SCHWESTER

GEWICHT: WIE MEINE SCHWESTER… EVENTUELL…

ABER MEINE SCHWESTER KLEIDET SICH AUCH BESSER ALS ICH.

HOBBYS: NÄHEN (RIP HAT MIR VIEL DARÜBER BEIGEBRACHT)

BESONDERE FÄHIGKEIT: SCHLICHTET GUT STREITEREIEN ZWISCHEN RIP UND IHRER SCHWESTER

WAS SIE MAG: RIPS SPAGHETTI BOLOGNESE

(MEINE SCHWESTER MEINT ZWAR, DIE SIND NICHT SO BESONDERS, ABER ICH FIND SIE ULTRALECKER)

DANK RIPS UND LATLAS FÜRSORGE VERMOCHTE SIE DEUTLICH LÄNGER ZU LEBEN ALS VON DEN ÄRZTEN PROGNOSTIZIERT. SIE HAT EIN SCHWACHES HERZ UND, UM SICH ZU SCHONEN UND IHREN PULS SO RUHIG WIE MÖGLICH ZU HALTEN, SITZT SIE DIE MEISTE ZEIT IM ROLLSTUHL (SIE IST KÖRPERLICH NICHT EINGESCHRÄNKT UND KÖNNTE DURCHAUS LAUFEN…). SIE IST SEHR FROH, DASS RIP UND LATLA IHR HELFEN WOLLEN, ABER IRGENDWIE TUT ES IHR AUCH LEID, DASS DIE BEIDEN SICH SO FÜR SIE AUFOPFERN.

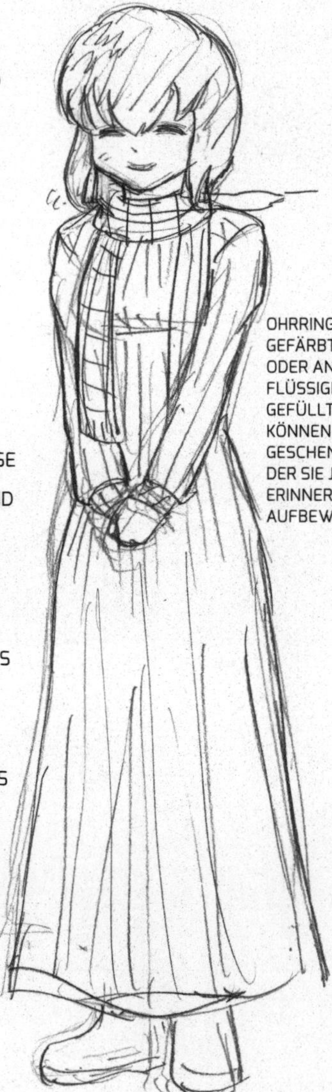

OHRRINGE, DIE MIT GEFÄRBTEM WASSER ODER ANDEREN FLÜSSIGKEITEN GEFÜLLT WERDEN KÖNNEN (EIN GESCHENK VON RIP, DER SIE JETZT ALS ERINNERUNGSSTÜCKE AUFBEWAHRT).

No. 109
R.I.P.
Requiescat in pace

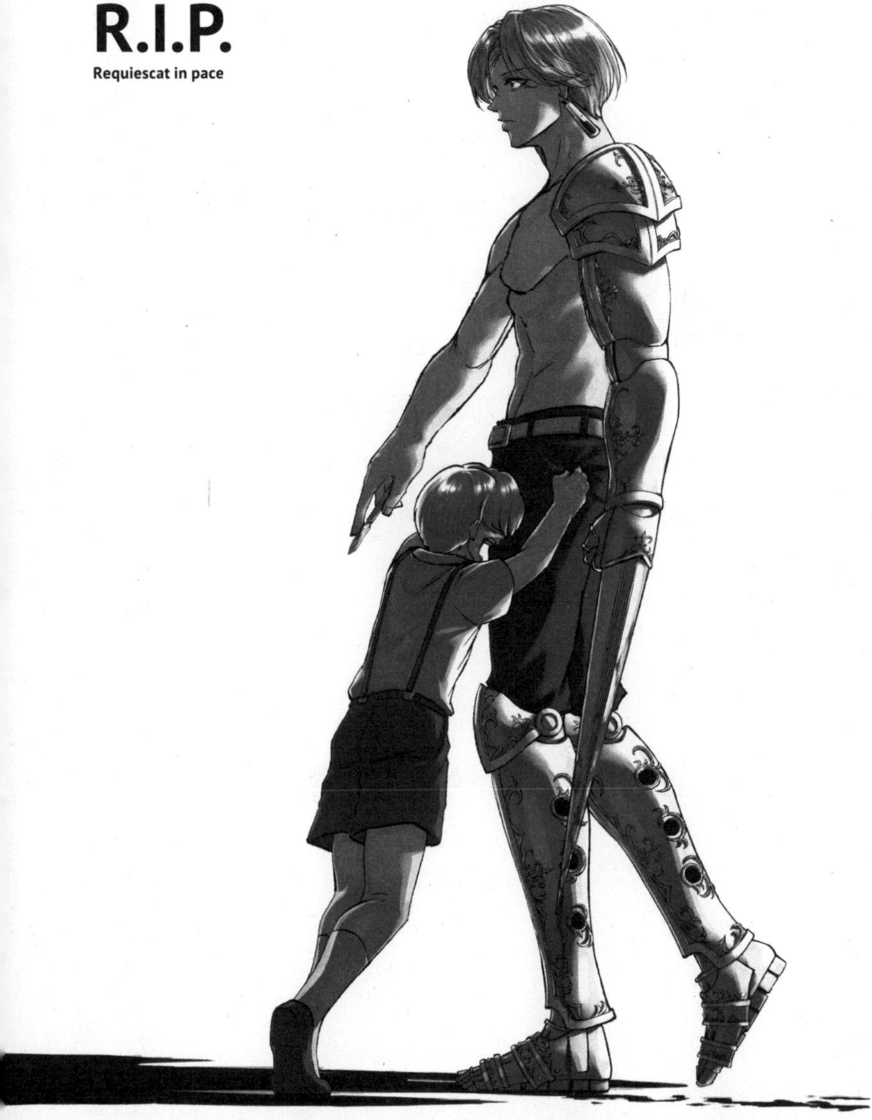

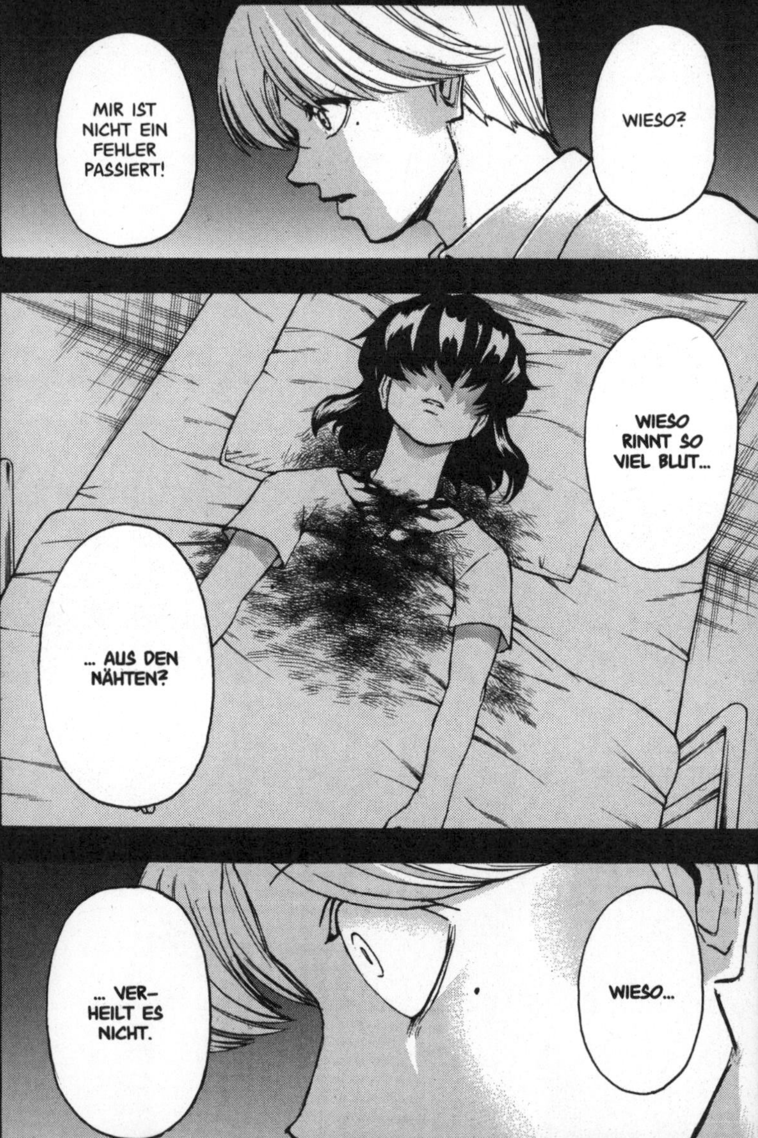
WIESO?
MIR IST NICHT EIN FEHLER PASSIERT!
WIESO RINNT SO VIEL BLUT...
... AUS DEN NÄHTEN?
WIESO...
... VER-HEILT ES NICHT.

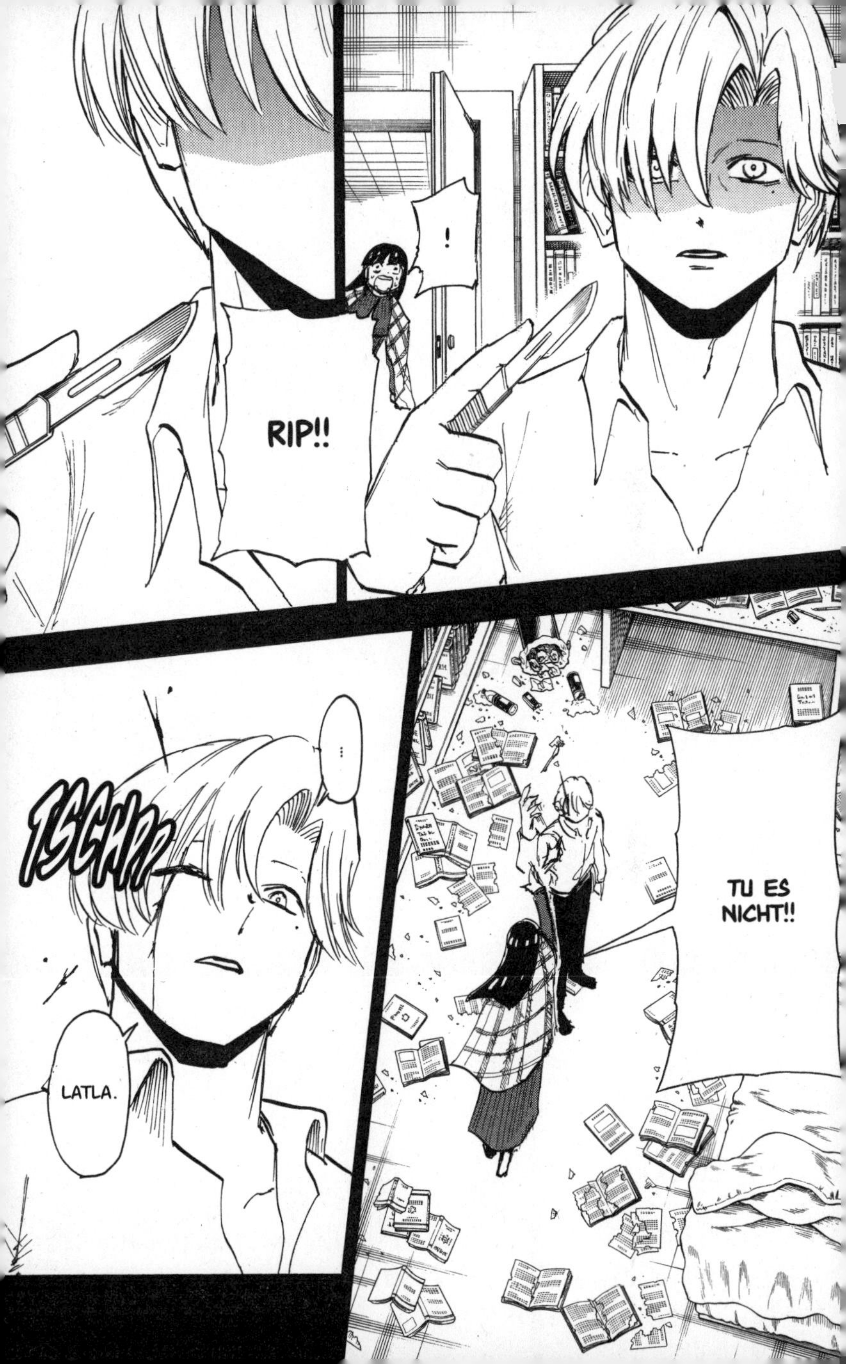

!
RIP!!
...
TSCHRR
TU ES NICHT!!
LATLA.

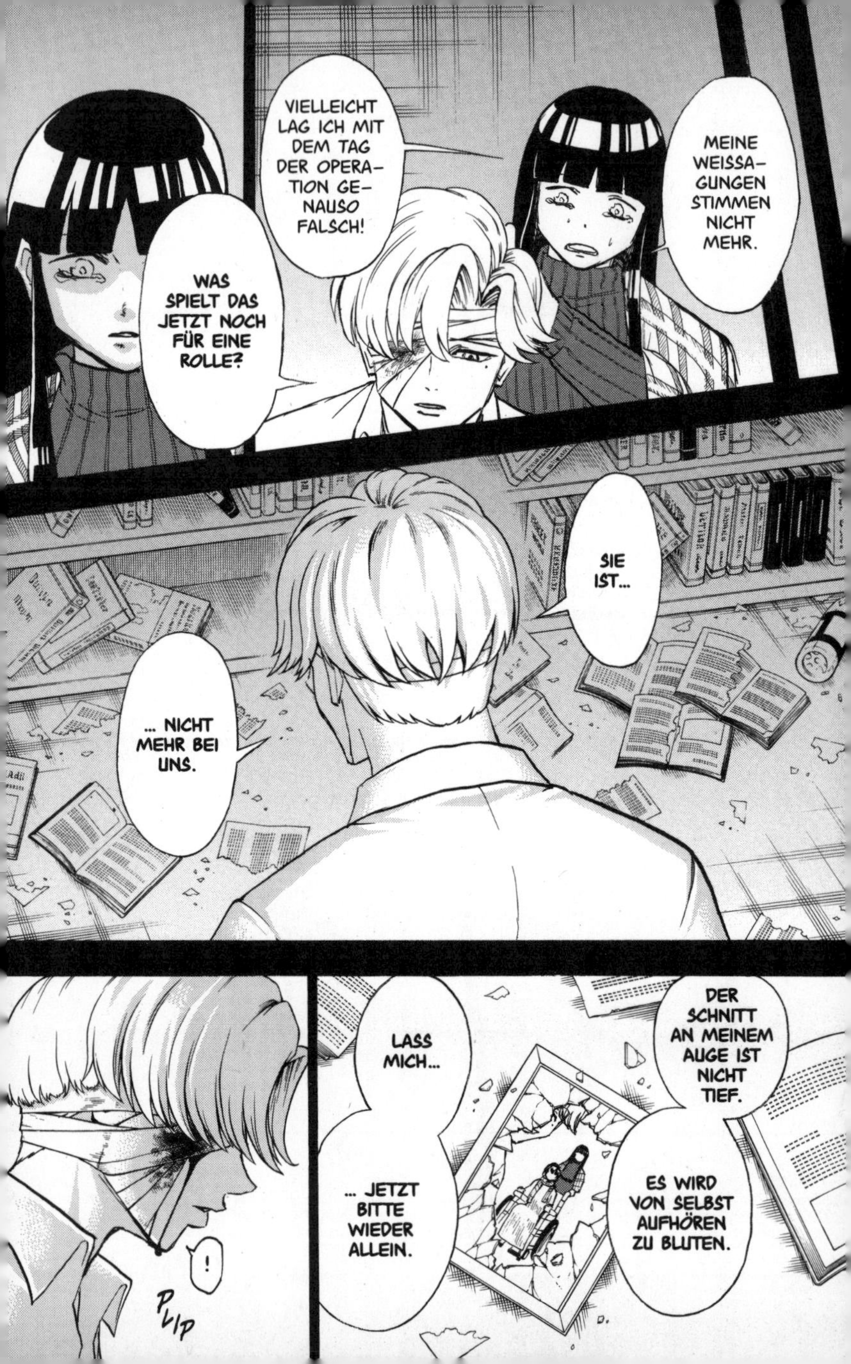
MEINE WEISSAGUNGEN STIMMEN NICHT MEHR.
VIELLEICHT LAG ICH MIT DEM TAG DER OPERATION GENAUSO FALSCH!
WAS SPIELT DAS JETZT NOCH FÜR EINE ROLLE?
SIE IST...
... NICHT MEHR BEI UNS.
DER SCHNITT AN MEINEM AUGE IST NICHT TIEF.
ES WIRD VON SELBST AUFHÖREN ZU BLUTEN.
LASS MICH...
... JETZT BITTE WIEDER ALLEIN.
!
PLIP

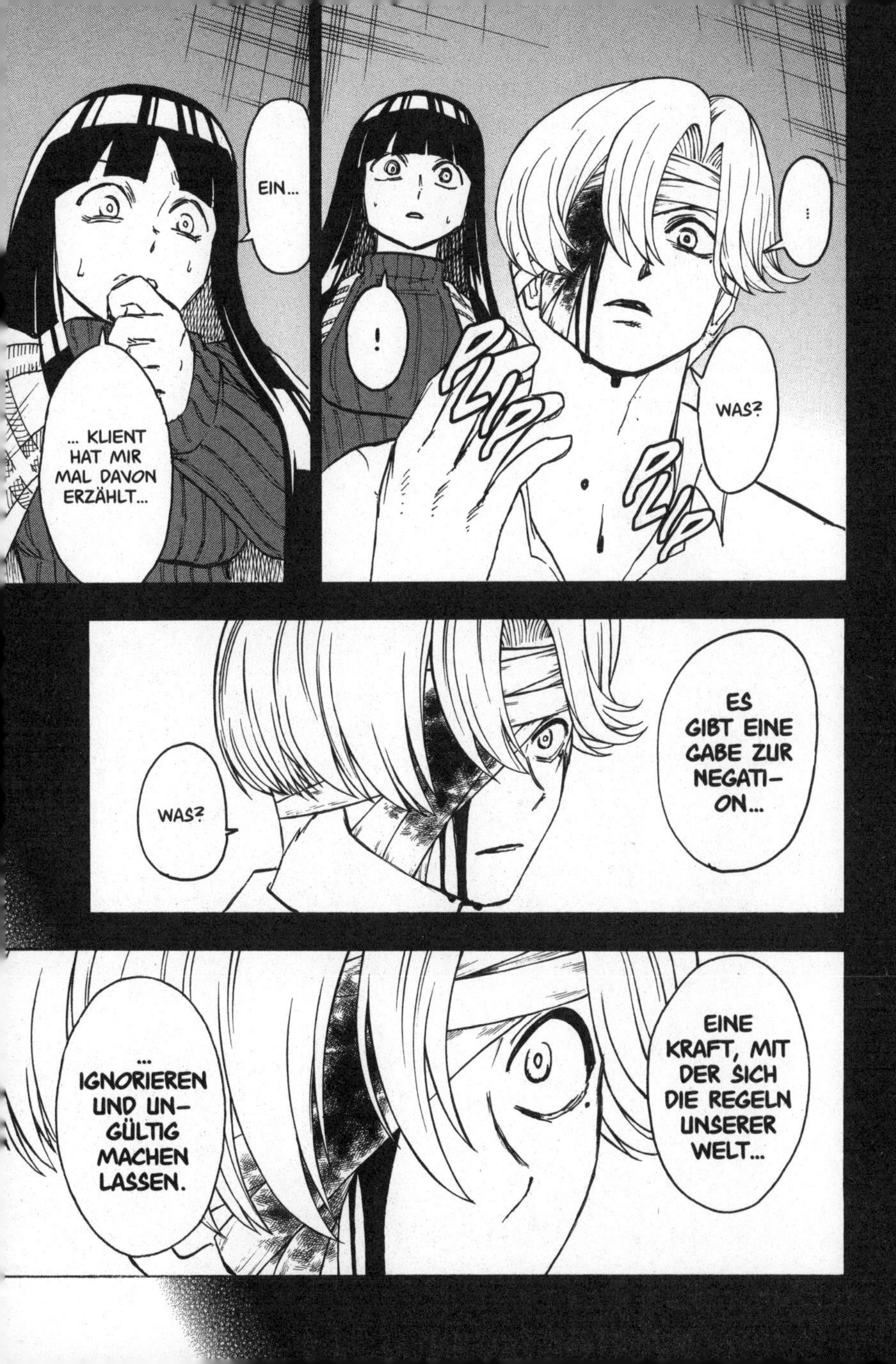
...
WAS?
!
EIN...
... KLIENT HAT MIR MAL DAVON ERZÄHLT...
ES GIBT EINE GABE ZUR NEGATI-ON...
WAS?
EINE KRAFT, MIT DER SICH DIE REGELN UNSERER WELT...
... IGNORIEREN UND UN-GÜLTIG MACHEN LASSEN.

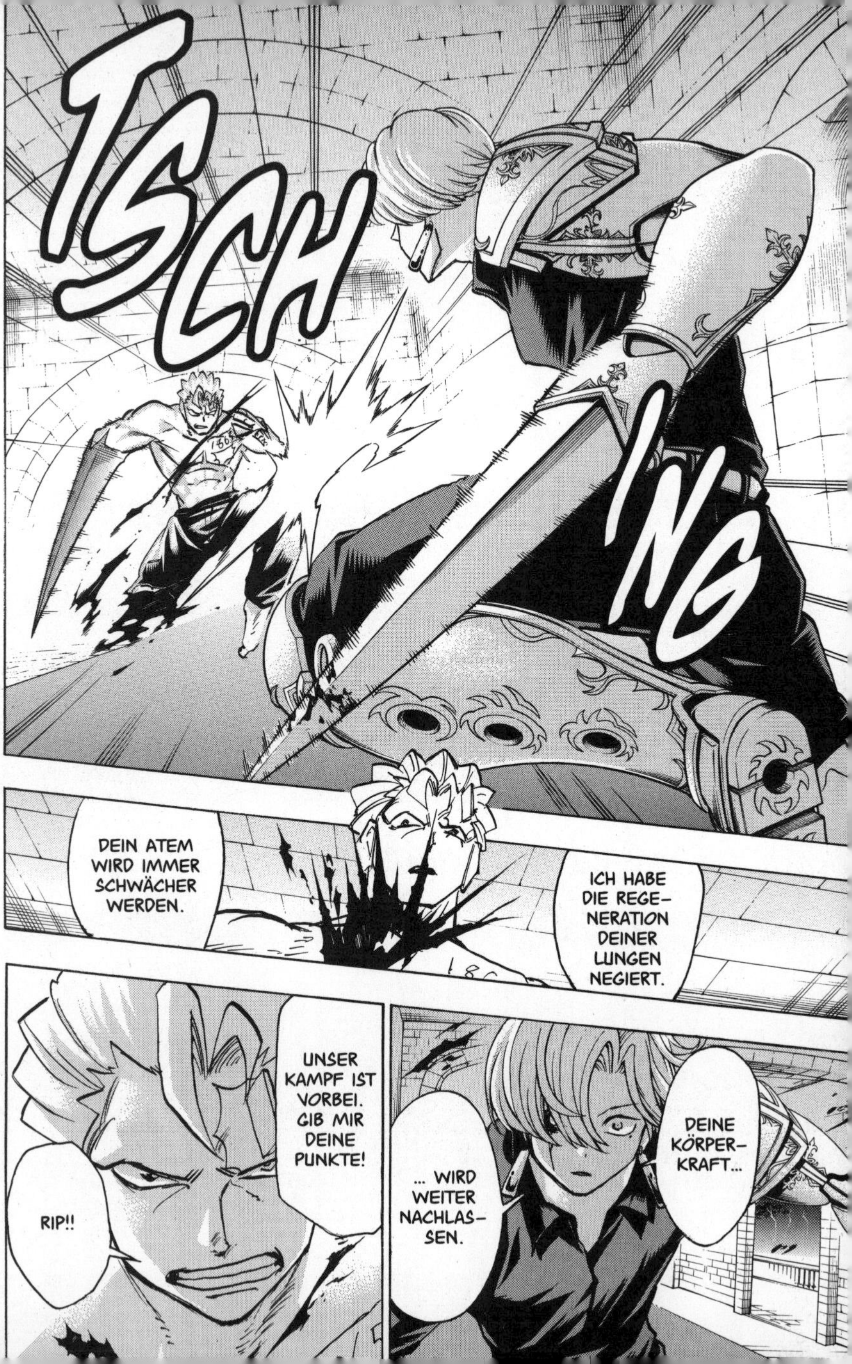
TSCHING
ICH HABE DIE REGENERATION DEINER LUNGEN NEGIERT.
DEIN ATEM WIRD IMMER SCHWÄCHER WERDEN.
DEINE KÖRPERKRAFT...
... WIRD WEITER NACHLASSEN.
UNSER KAMPF IST VORBEI. GIB MIR DEINE PUNKTE!
RIP!!

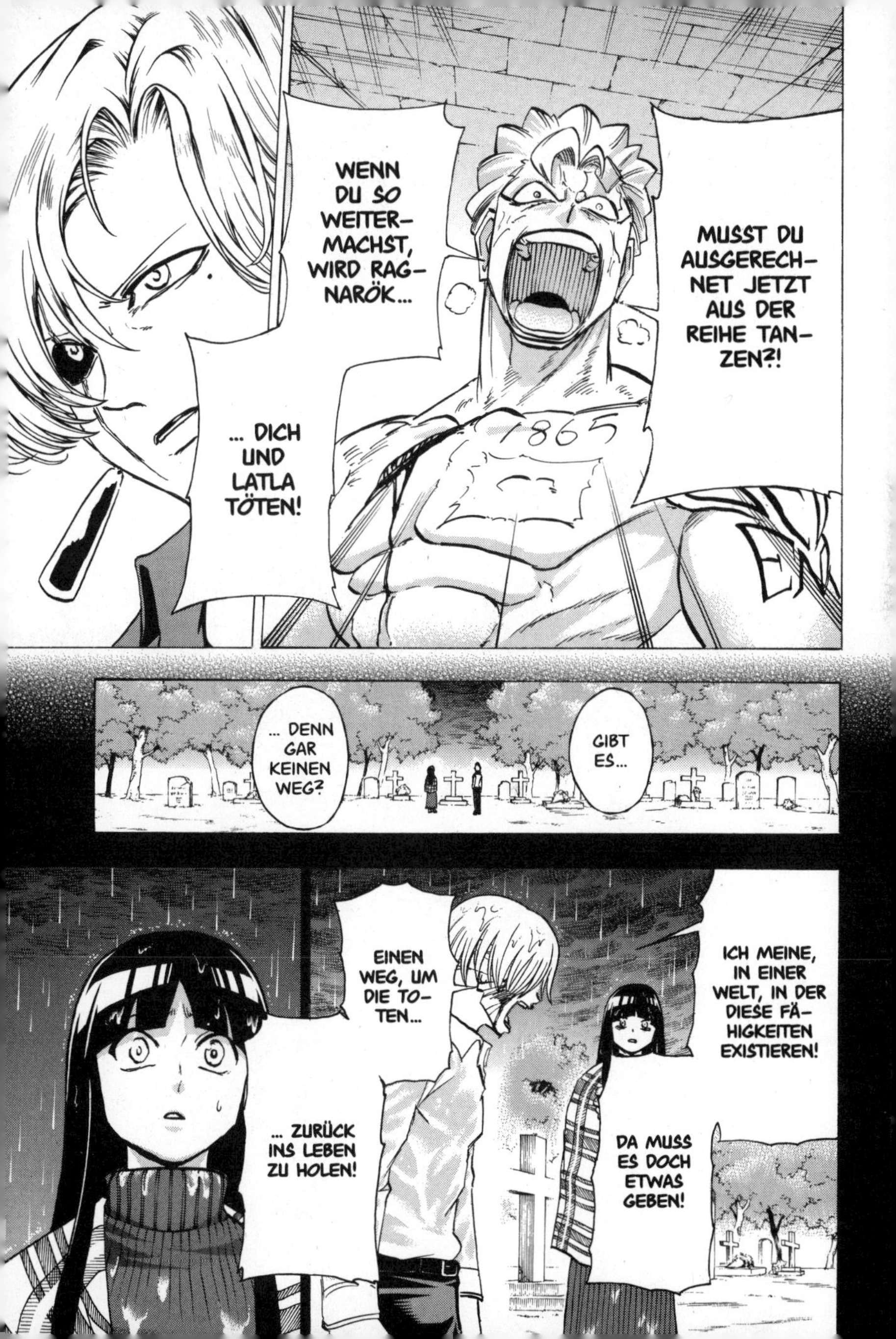
MUSST DU AUSGERECHNET JETZT AUS DER REIHE TANZEN?!
WENN DU SO WEITERMACHST, WIRD RAGNARÖK...
... DICH UND LATLA TÖTEN!
GIBT ES...
... DENN GAR KEINEN WEG?
ICH MEINE, IN EINER WELT, IN DER DIESE FÄHIGKEITEN EXISTIEREN!
DA MUSS ES DOCH ETWAS GEBEN!
EINEN WEG, UM DIE TOTEN...
... ZURÜCK INS LEBEN ZU HOLEN!

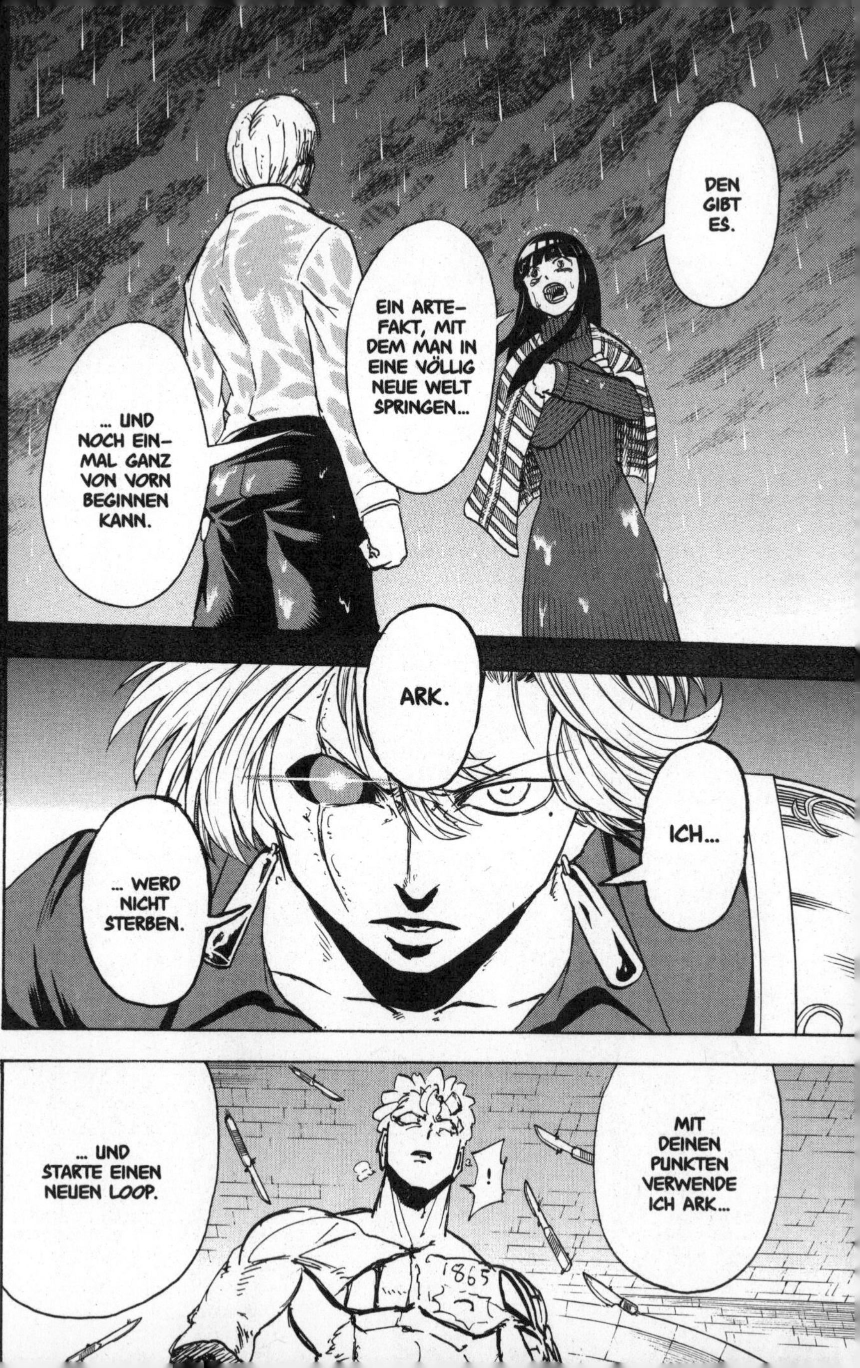
DEN GIBT ES.
EIN ARTEFAKT, MIT DEM MAN IN EINE VÖLLIG NEUE WELT SPRINGEN...
... UND NOCH EINMAL GANZ VON VORN BEGINNEN KANN.
ARK.
ICH...
... WERD NICHT STERBEN.
MIT DEINEN PUNKTEN VERWENDE ICH ARK...
!
... UND STARTE EINEN NEUEN LOOP.

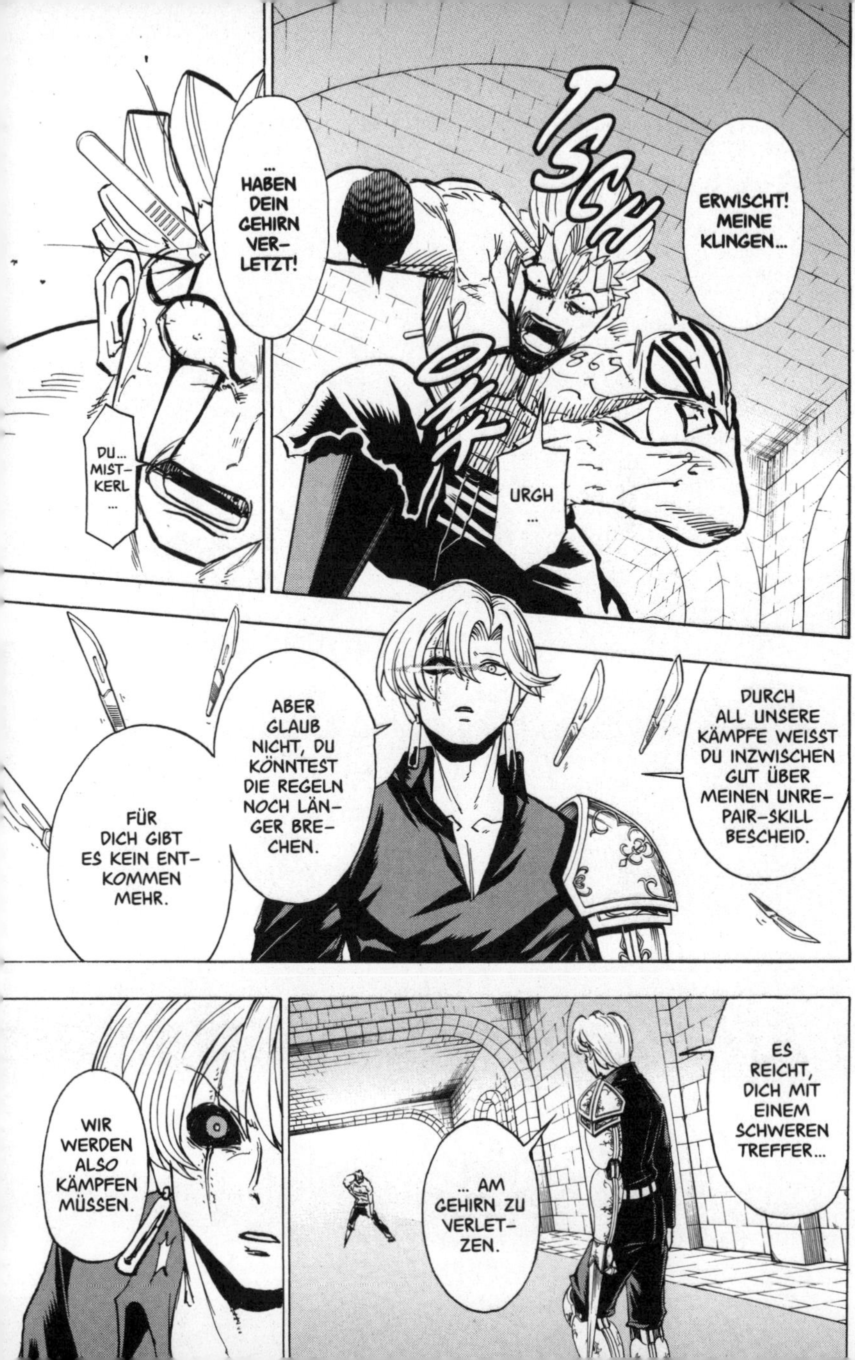
TSCH
ERWISCHT! MEINE KLINGEN...
DONK
URGH ...
... HABEN DEIN GEHIRN VERLETZT!
DU... MISTKERL ...
DURCH ALL UNSERE KÄMPFE WEISST DU INZWISCHEN GUT ÜBER MEINEN UNREPAIR-SKILL BESCHEID.
ABER GLAUB NICHT, DU KÖNNTEST DIE REGELN NOCH LÄNGER BRECHEN.
FÜR DICH GIBT ES KEIN ENTKOMMEN MEHR.
ES REICHT, DICH MIT EINEM SCHWEREN TREFFER...
... AM GEHIRN ZU VERLETZEN.
WIR WERDEN ALSO KÄMPFEN MÜSSEN.

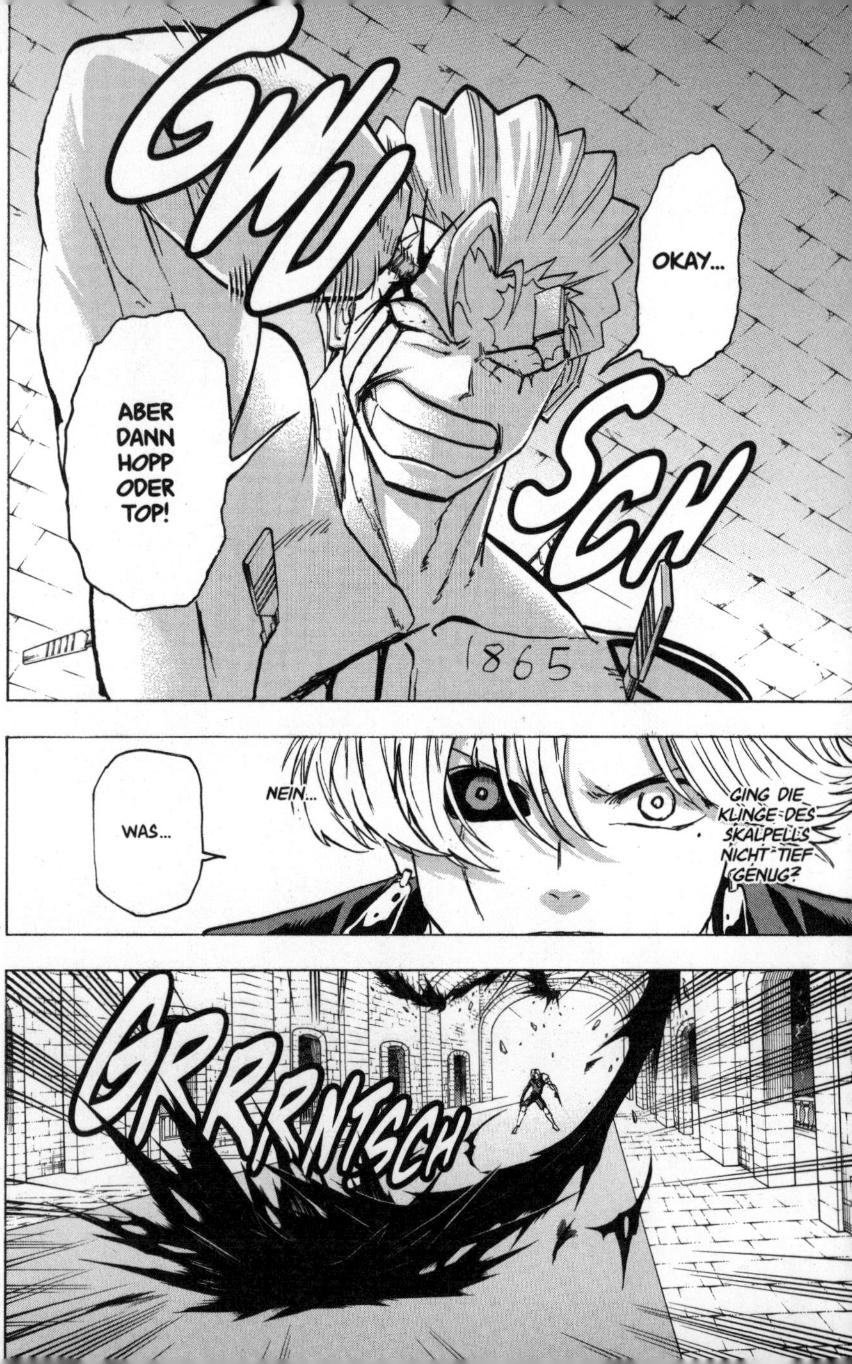
GWI
SCH
OKAY...
ABER DANN HOPP ODER TOP!
GING DIE KLINGE DES SKALPELLS NICHT TIEF GENUG?
NEIN...
WAS...
GRRRNITSCH

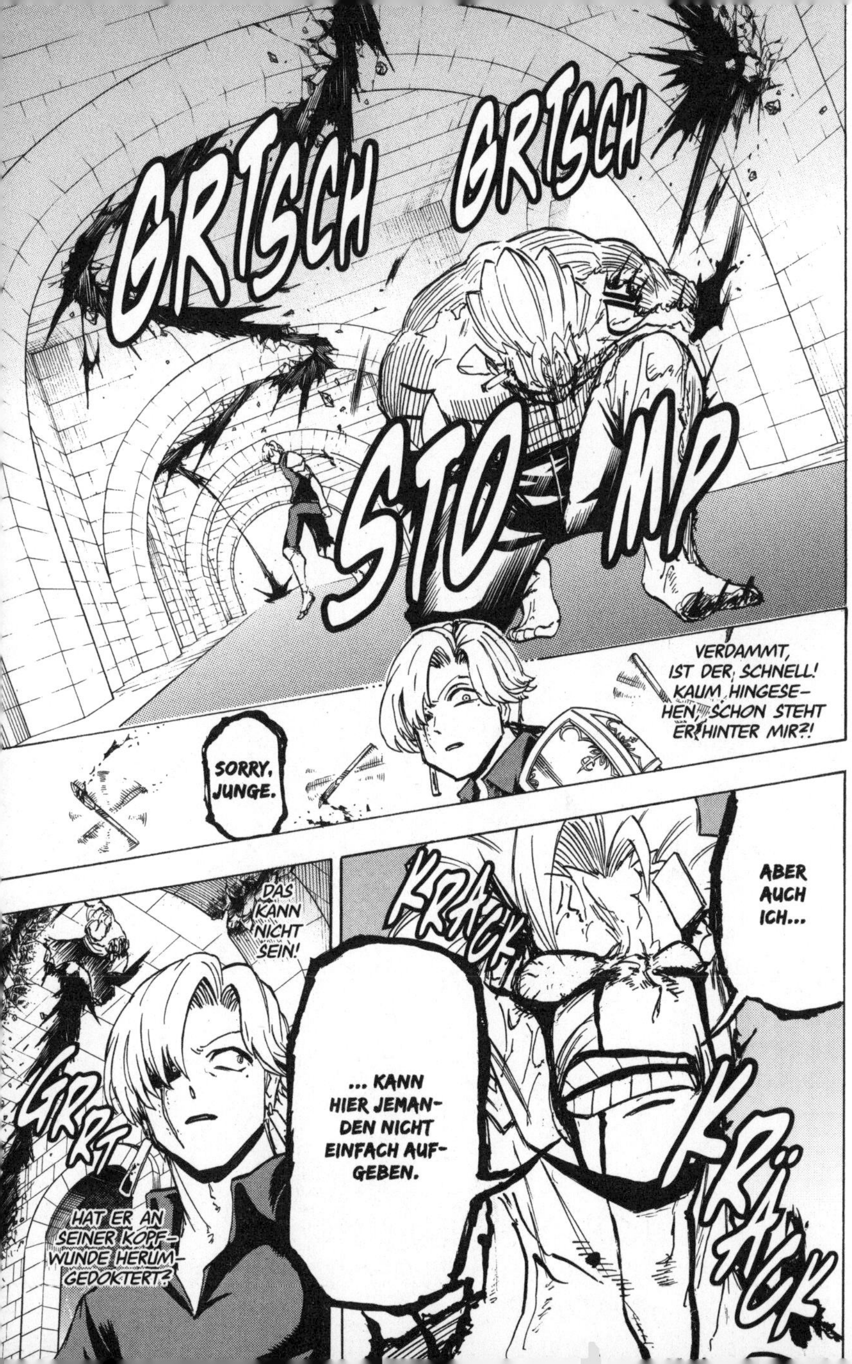
GRISCH GRISCH
STO MP
VERDAMMT, IST DER SCHNELL! KAUM HINGESEHEN, SCHON STEHT ER HINTER MIR?!
SORRY, JUNGE.
ABER AUCH ICH...
KRACK
KRÄCK
... KANN HIER JEMANDEN NICHT EINFACH AUFGEBEN.
DAS KANN NICHT SEIN!
GRRT
HAT ER AN SEINER KOPFWUNDE HERUMGEDOKTERT?

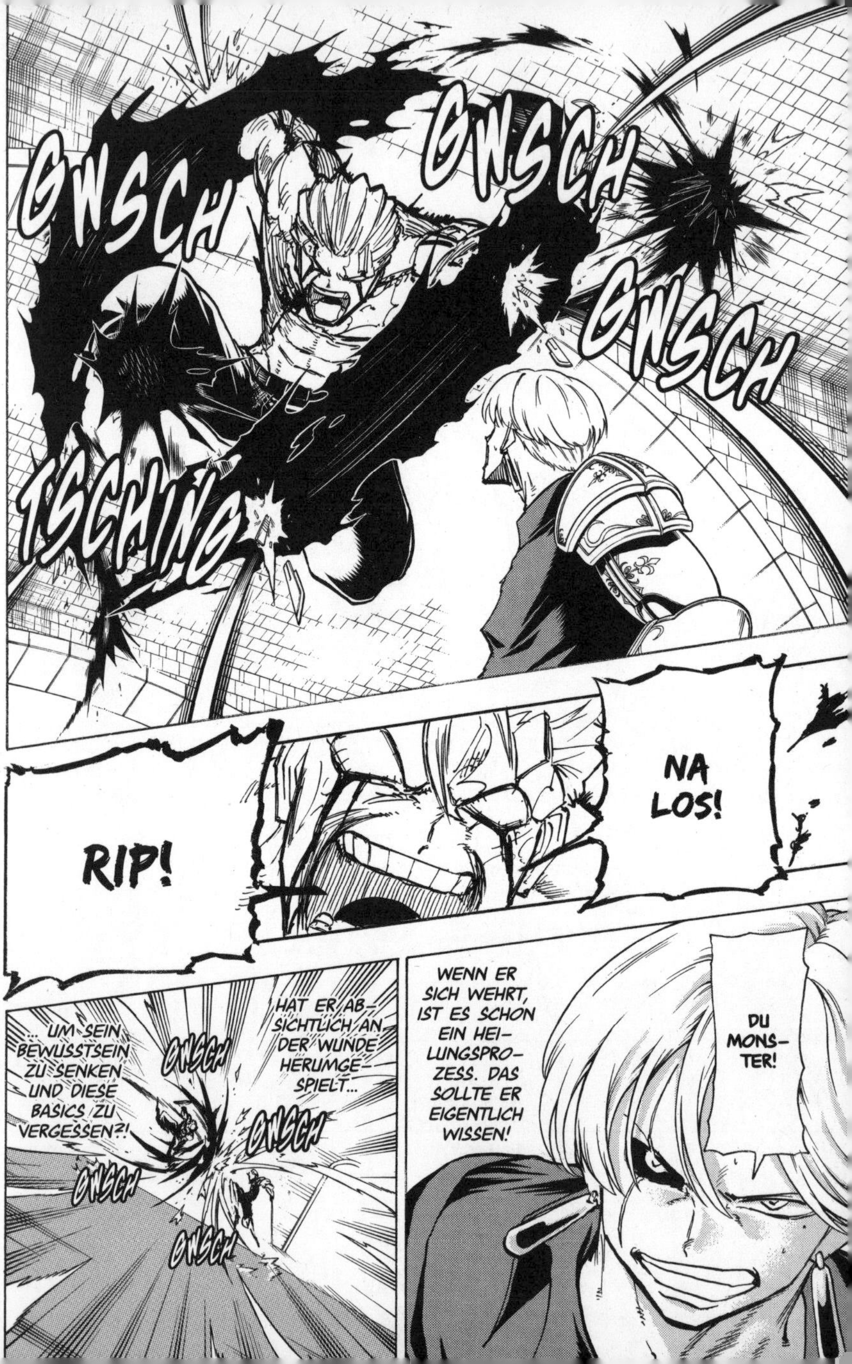
GWSCH
GWSCH
GWSCH
TSCHING
NA LOS!
RIP!
DU MONS-TER!
WENN ER SICH WEHRT, IST ES SCHON EIN HEI-LUNGSPRO-ZESS. DAS SOLLTE ER EIGENTLICH WISSEN!
HAT ER AB-SICHTLICH AN DER WUNDE HERUMGE-SPIELT...
... UM SEIN BEWUSSTSEIN ZU SENKEN UND DIESE BASICS ZU VERGESSEN?!
GWSCH
GWSCH
GWSCH
GWSCH

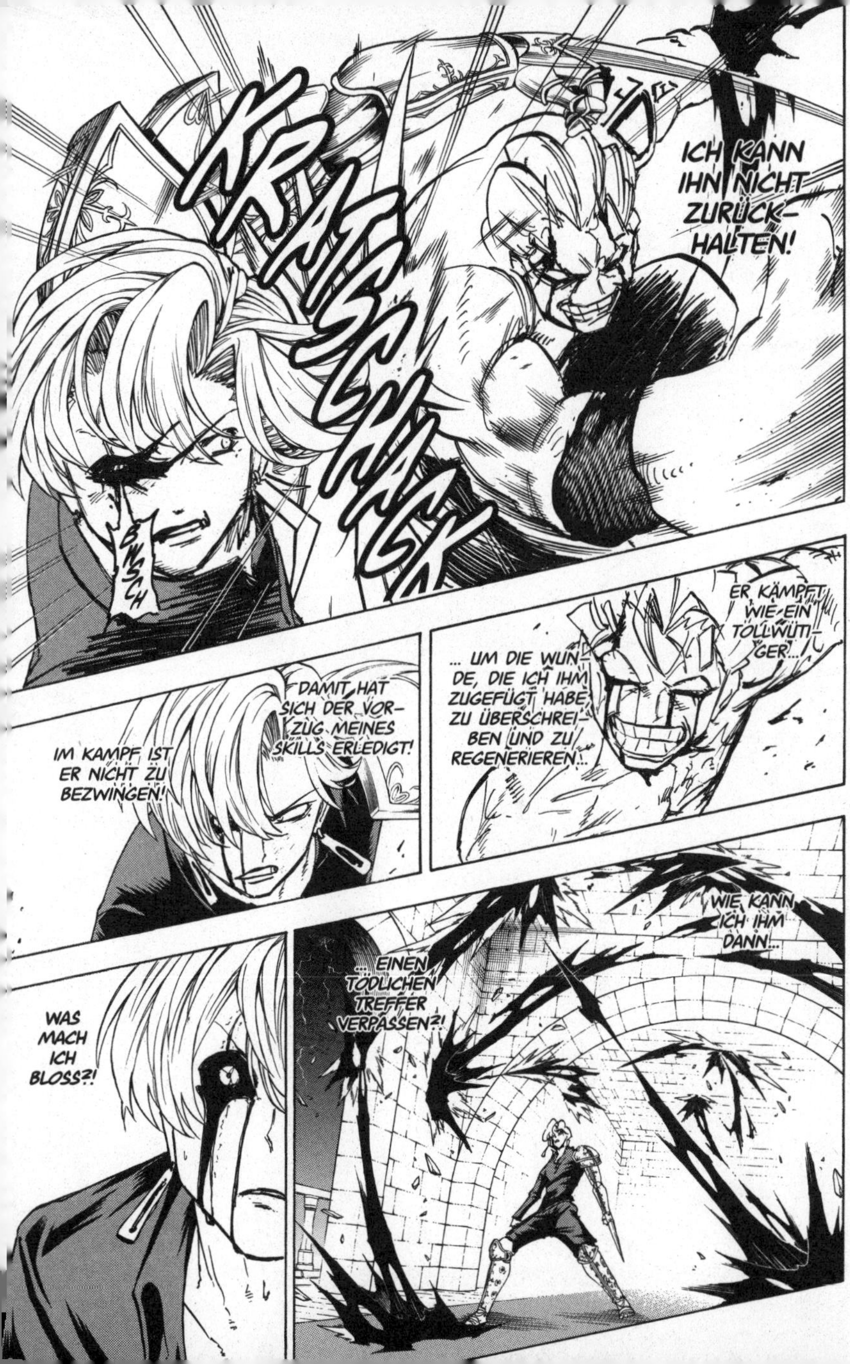
ICH KANN IHN NICHT ZURÜCK-HALTEN!
BWSCH
ER KÄMPFT WIE EIN TOLLWÜTIGER...!
... UM DIE WUNDE, DIE ICH IHM ZUGEFÜGT HABE ZU ÜBERSCHREIBEN UND ZU REGENERIEREN...
DAMIT HAT SICH DER VORZUG MEINES SKILLS ERLEDIGT!
IM KAMPF IST ER NICHT ZU BEZWINGEN!
WIE KANN ICH IHM DANN...
... EINEN TÖDLICHEN TREFFER VERPASSEN?!
WAS MACH ICH BLOSS?!

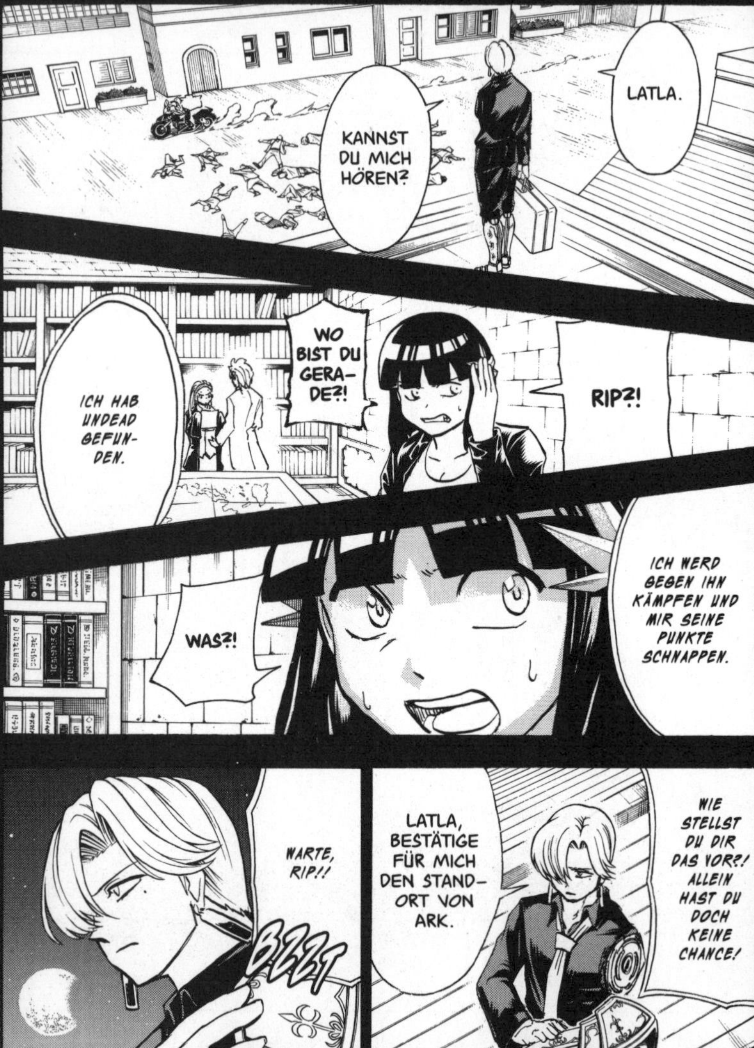
LATLA.
KANNST DU MICH HÖREN?
RIP?!
WO BIST DU GERADE?!
ICH HAB UNDEAD GEFUNDEN.
ICH WERD GEGEN IHN KÄMPFEN UND MIR SEINE PUNKTE SCHNAPPEN.
WAS?!
WIE STELLST DU DIR DAS VOR?! ALLEIN HAST DU DOCH KEINE CHANCE!
LATLA, BESTÄTIGE FÜR MICH DEN STANDORT VON ARK.
WARTE, RIP!!
BZZT

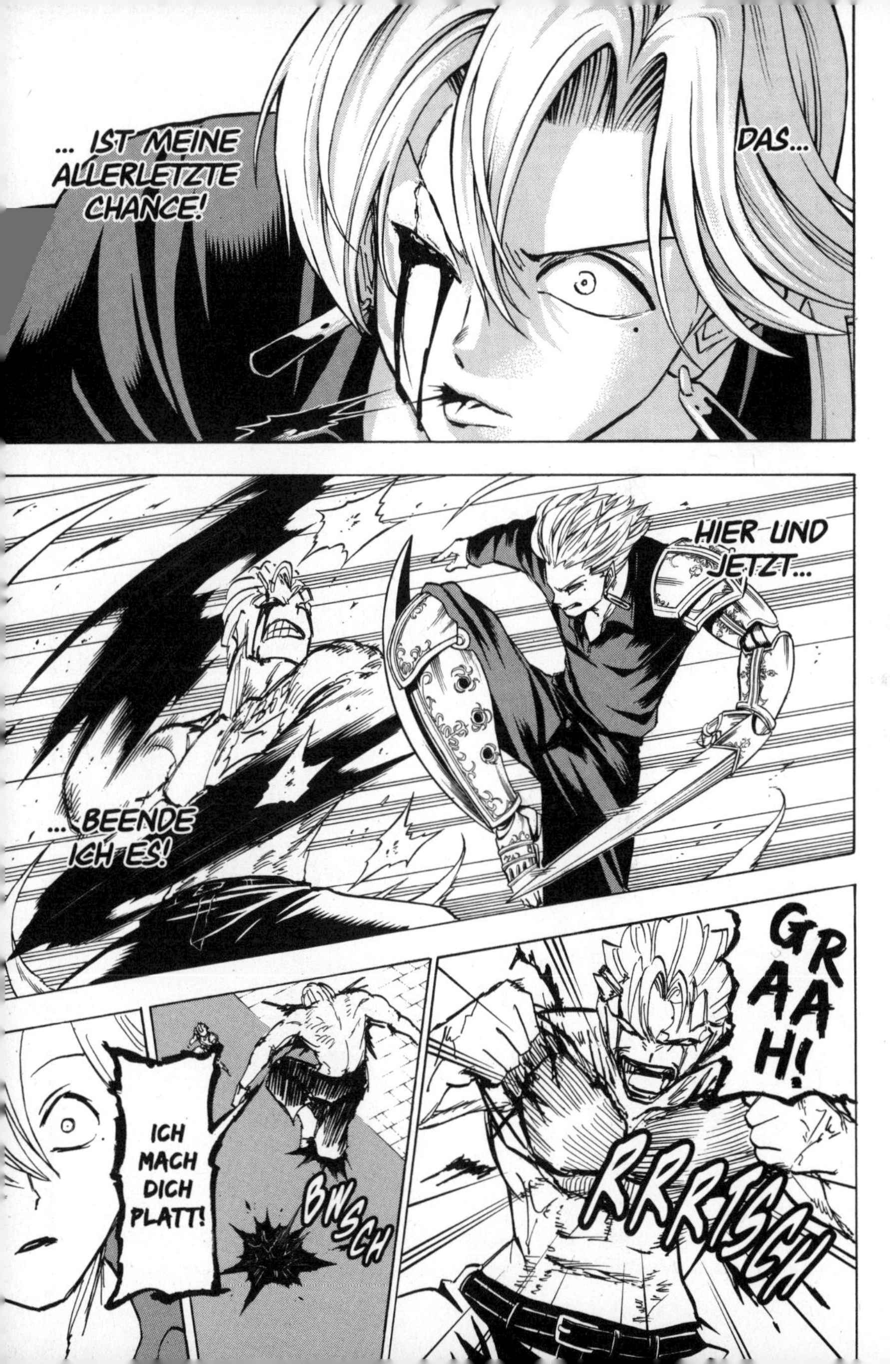
DAS...
... IST MEINE ALLERLETZTE CHANCE!
HIER UND JETZT...
... BEENDE ICH ES!
GRAAH!
RRRISCH
BWSCH
ICH MACH DICH PLATT!

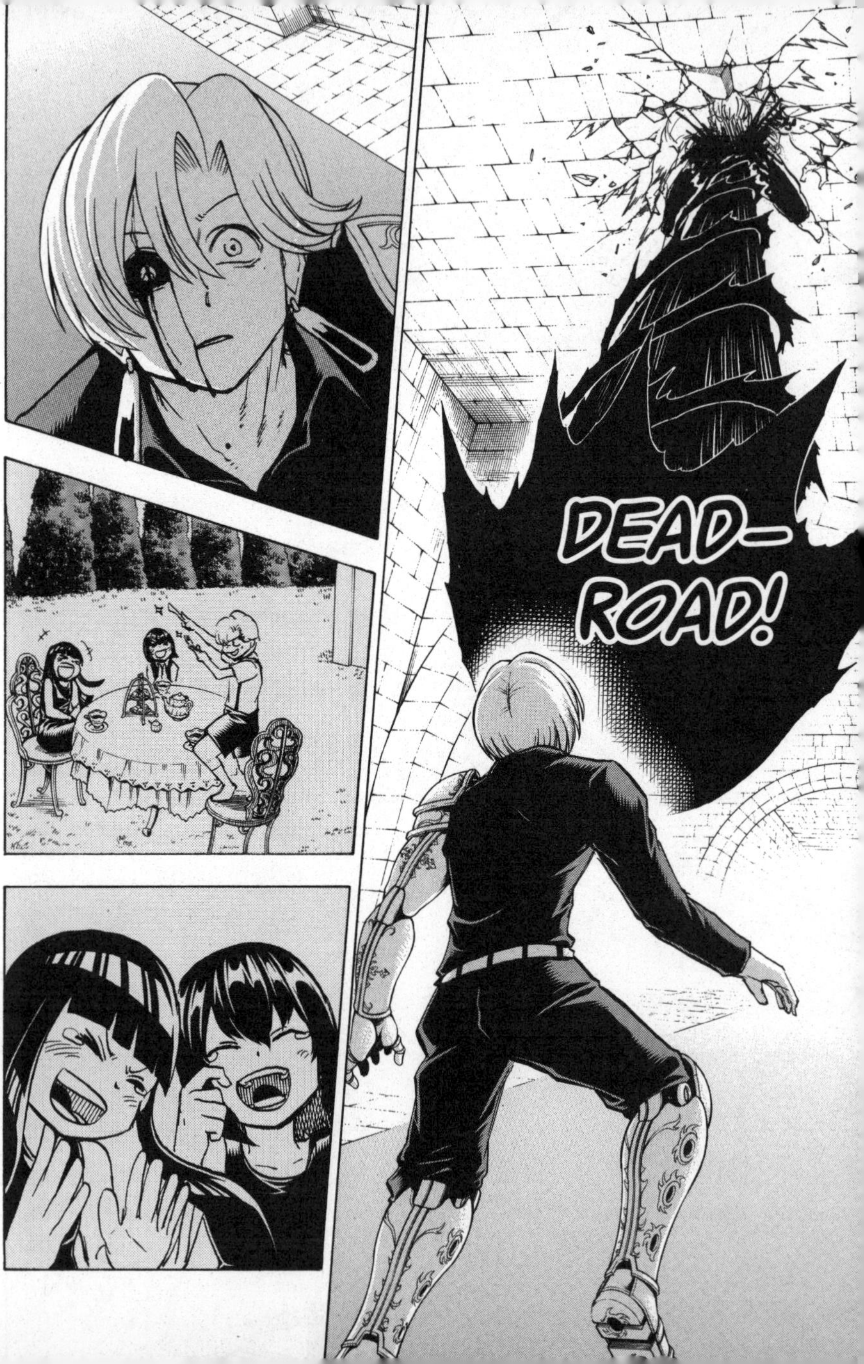
DEAD-
ROAD!

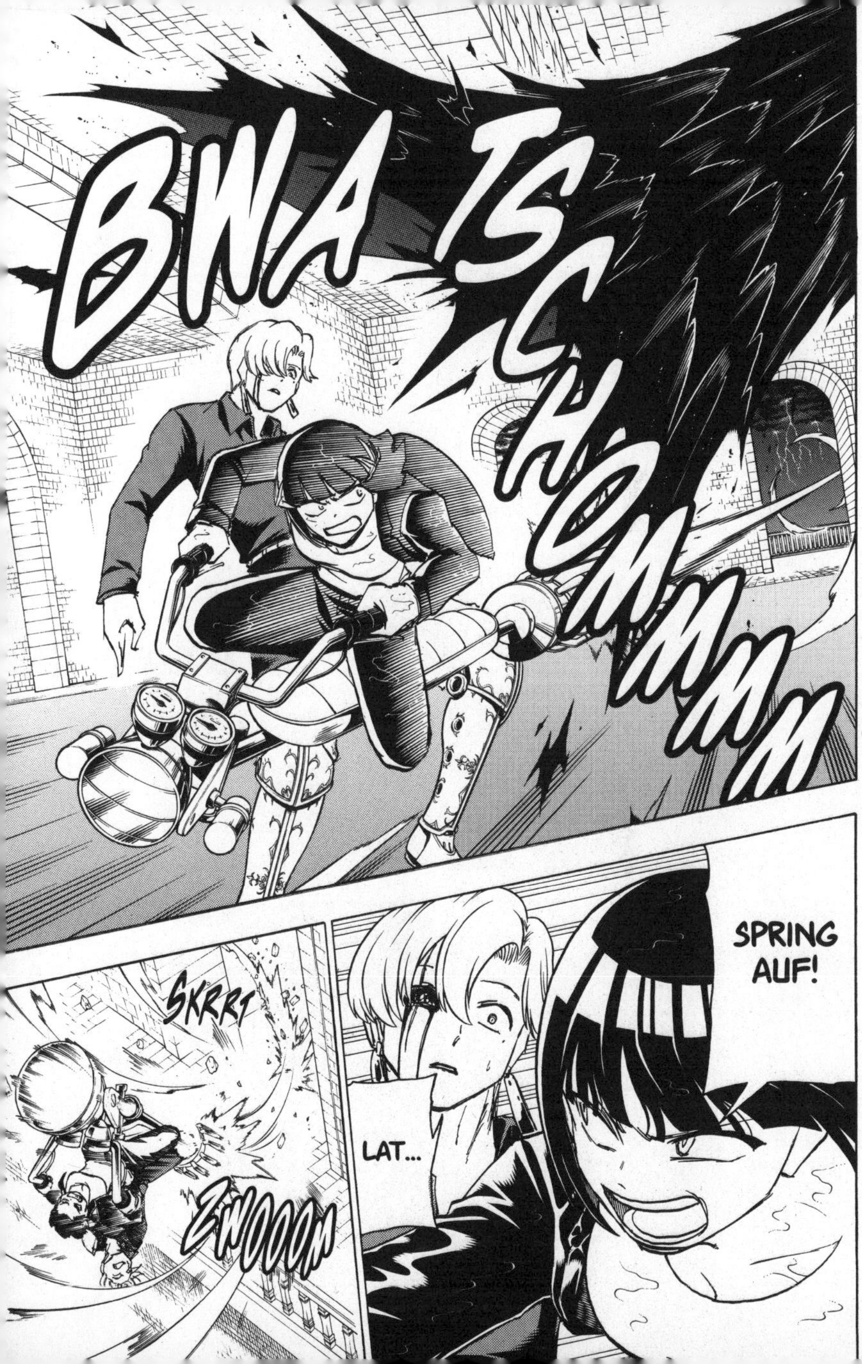
BWA TSCHOMMMM
SPRING AUF!
LAT...
SKRRT
ZWOOOM

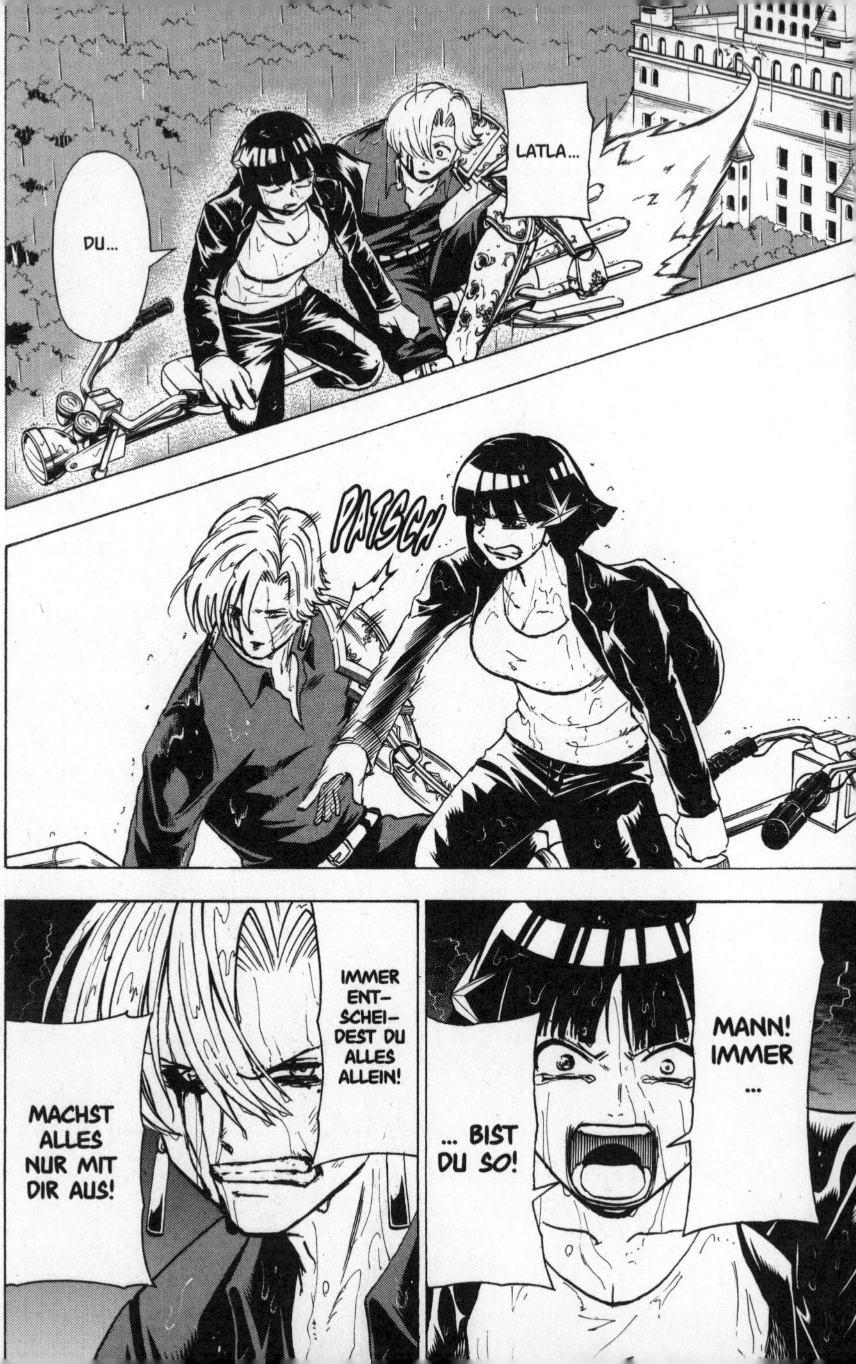
LATLA...
DU...
PATSCH
MANN! IMMER ...
... BIST DU SO!
IMMER ENT-SCHEI-DEST DU ALLES ALLEIN!
MACHST ALLES NUR MIT DIR AUS!

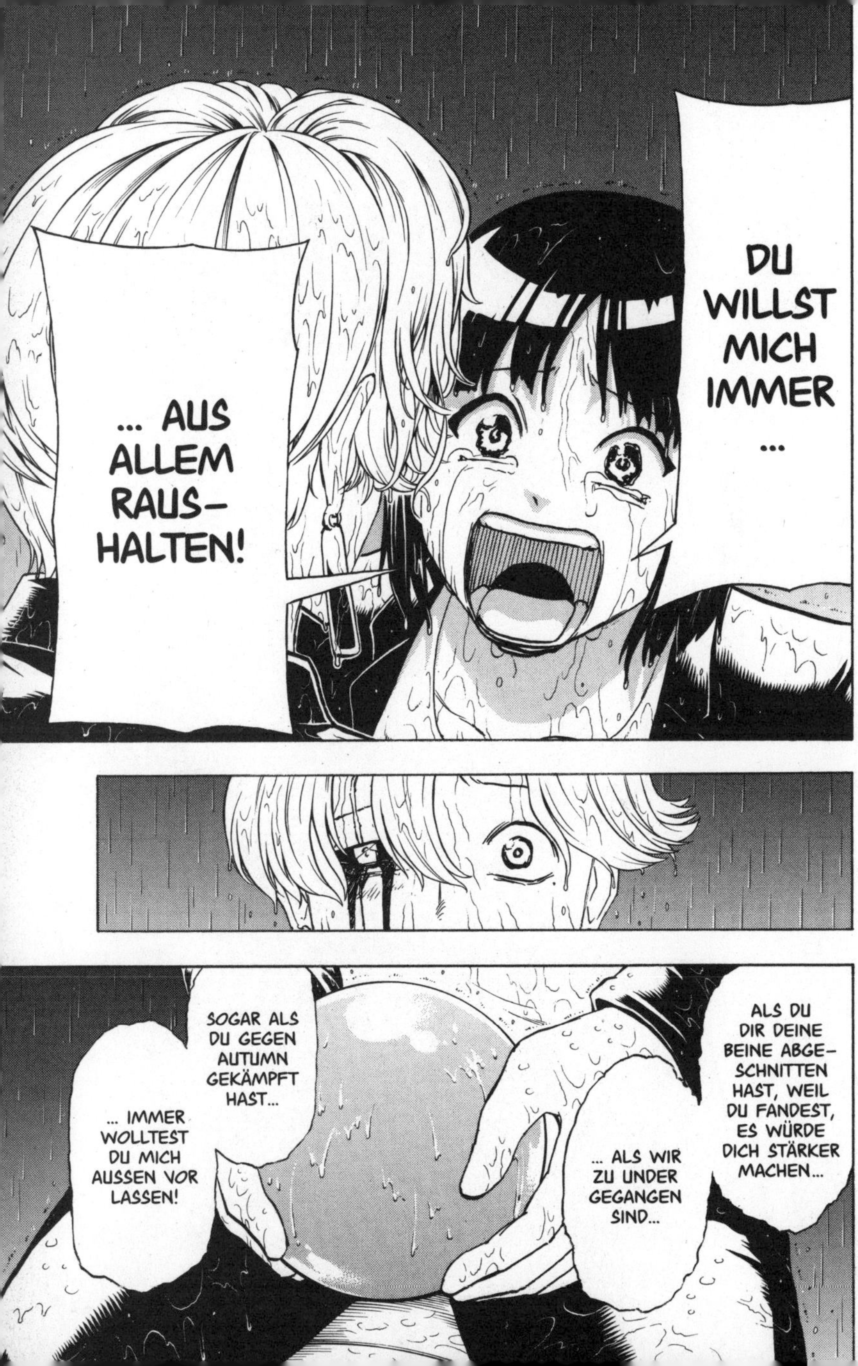
DU WILLST MICH IMMER ...
... AUS ALLEM RAUS-HALTEN!
ALS DU DIR DEINE BEINE ABGE-SCHNITTEN HAST, WEIL DU FANDEST, ES WÜRDE DICH STÄRKER MACHEN...
... ALS WIR ZU UNDER GEGANGEN SIND...
SOGAR ALS DU GEGEN AUTUMN GEKÄMPFT HAST...
... IMMER WOLLTEST DU MICH AUSSEN VOR LASSEN!

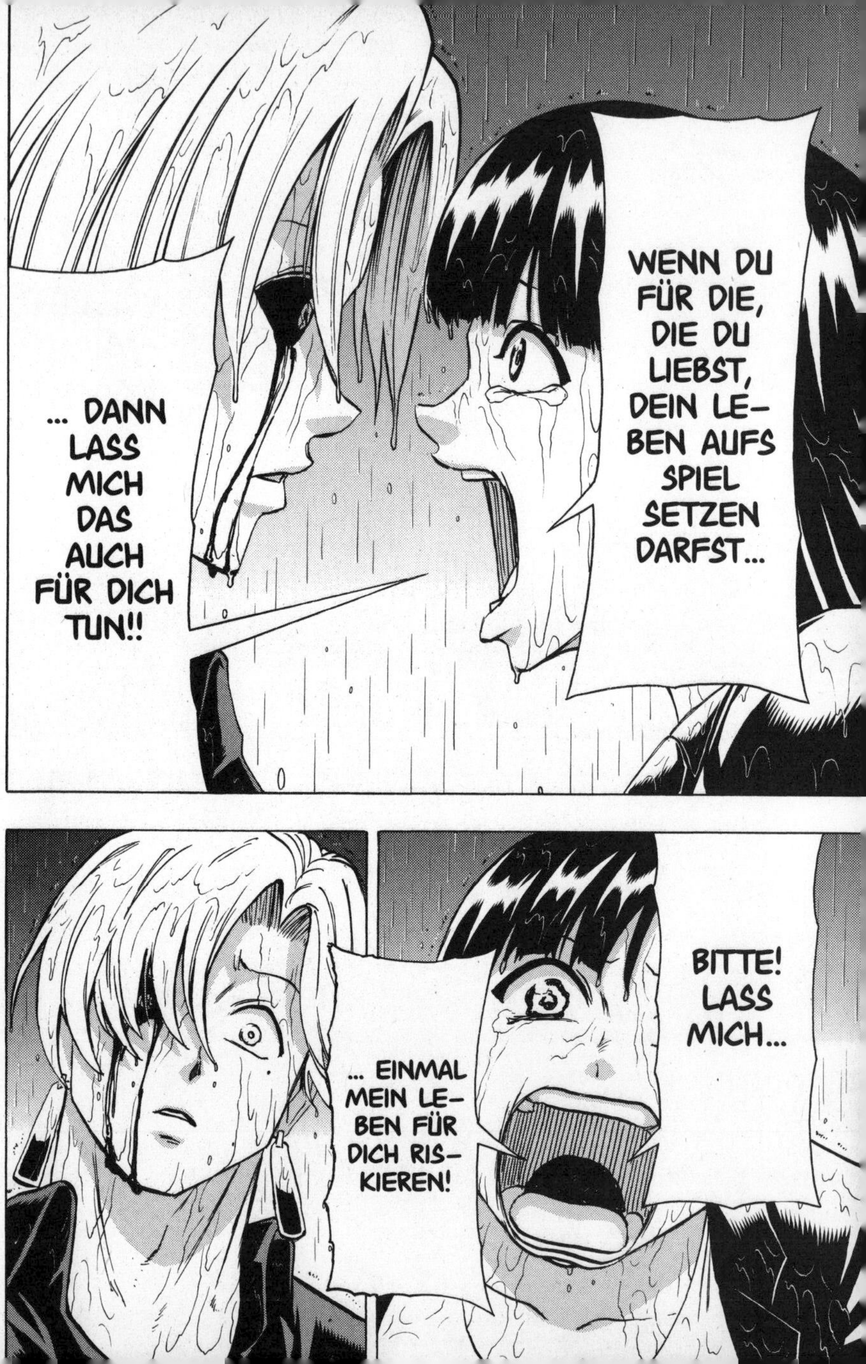
WENN DU FÜR DIE, DIE DU LIEBST, DEIN LE-BEN AUFS SPIEL SETZEN DARFST...
... DANN LASS MICH DAS AUCH FÜR DICH TUN!!
BITTE! LASS MICH...
... EINMAL MEIN LE-BEN FÜR DICH RIS-KIEREN!

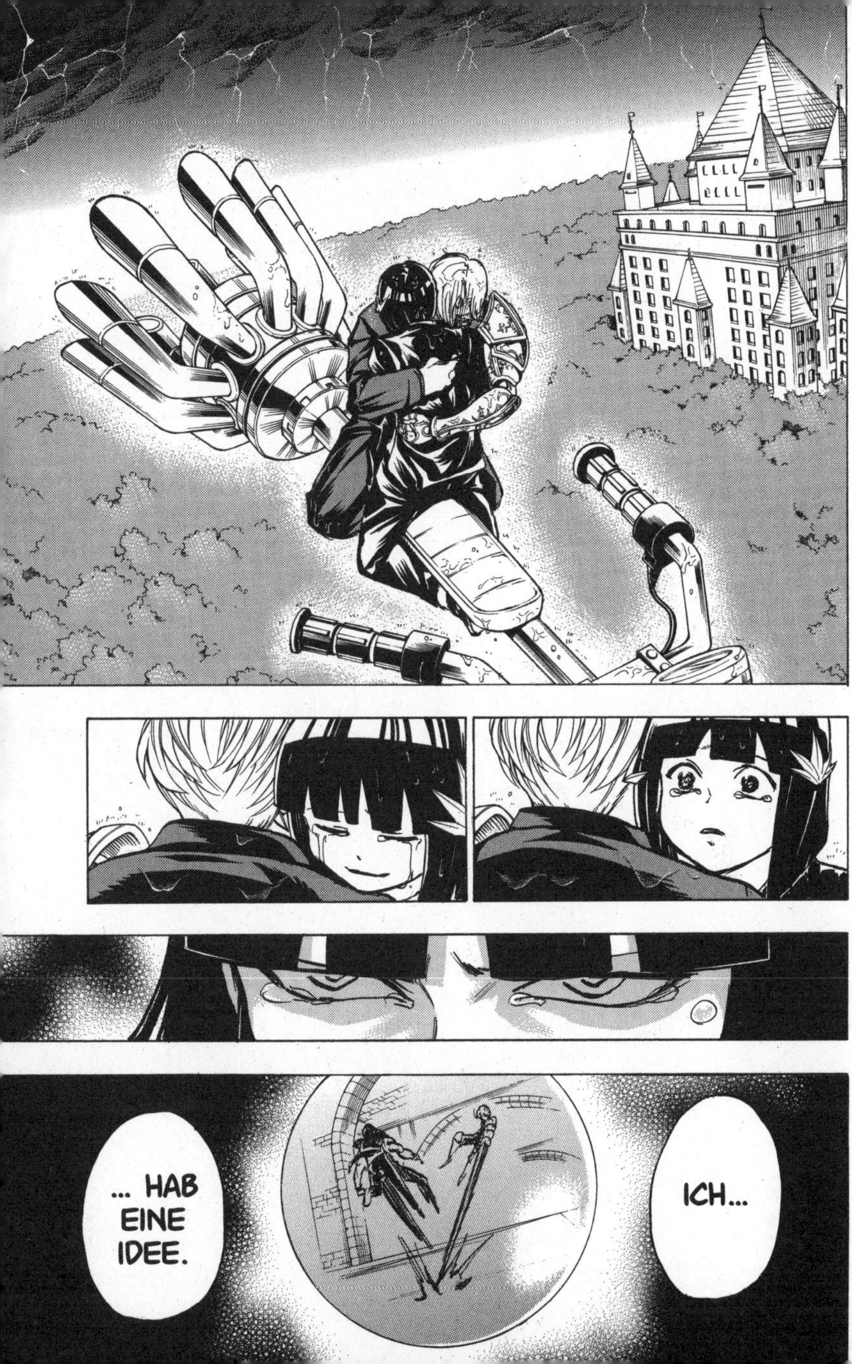
ICH...
... HAB EINE IDEE.

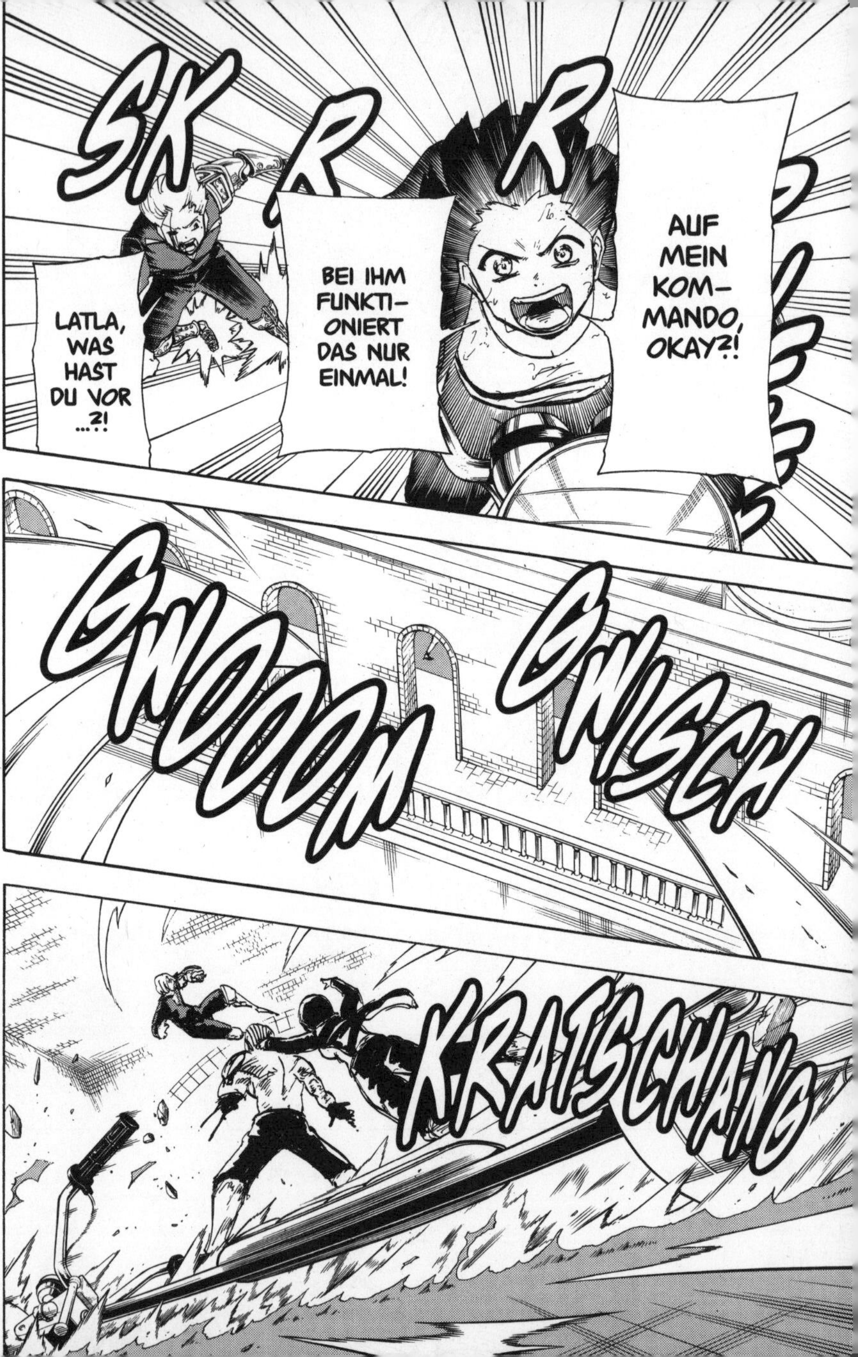
SKRR
AUF MEIN KOMMANDO, OKAY?!
BEI IHM FUNKTIONIERT DAS NUR EINMAL!
LATLA, WAS HAST DU VOR ...?!
GWOOOM
GWISCH
KRATSCHANG

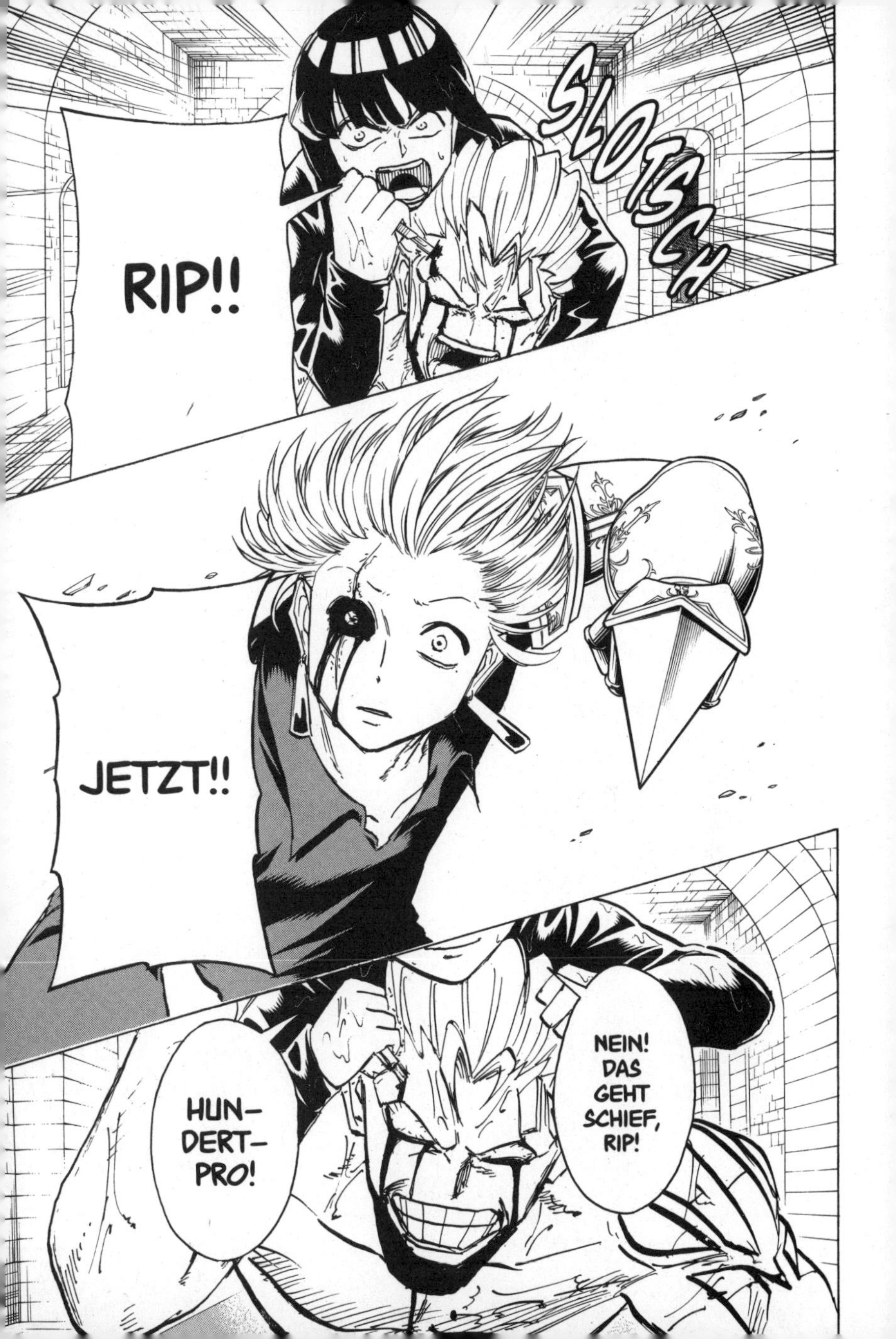
SLOTSCH
RIP!!
JETZT!!
NEIN! DAS GEHT SCHIEF, RIP!
HUN-DERT-PRO!

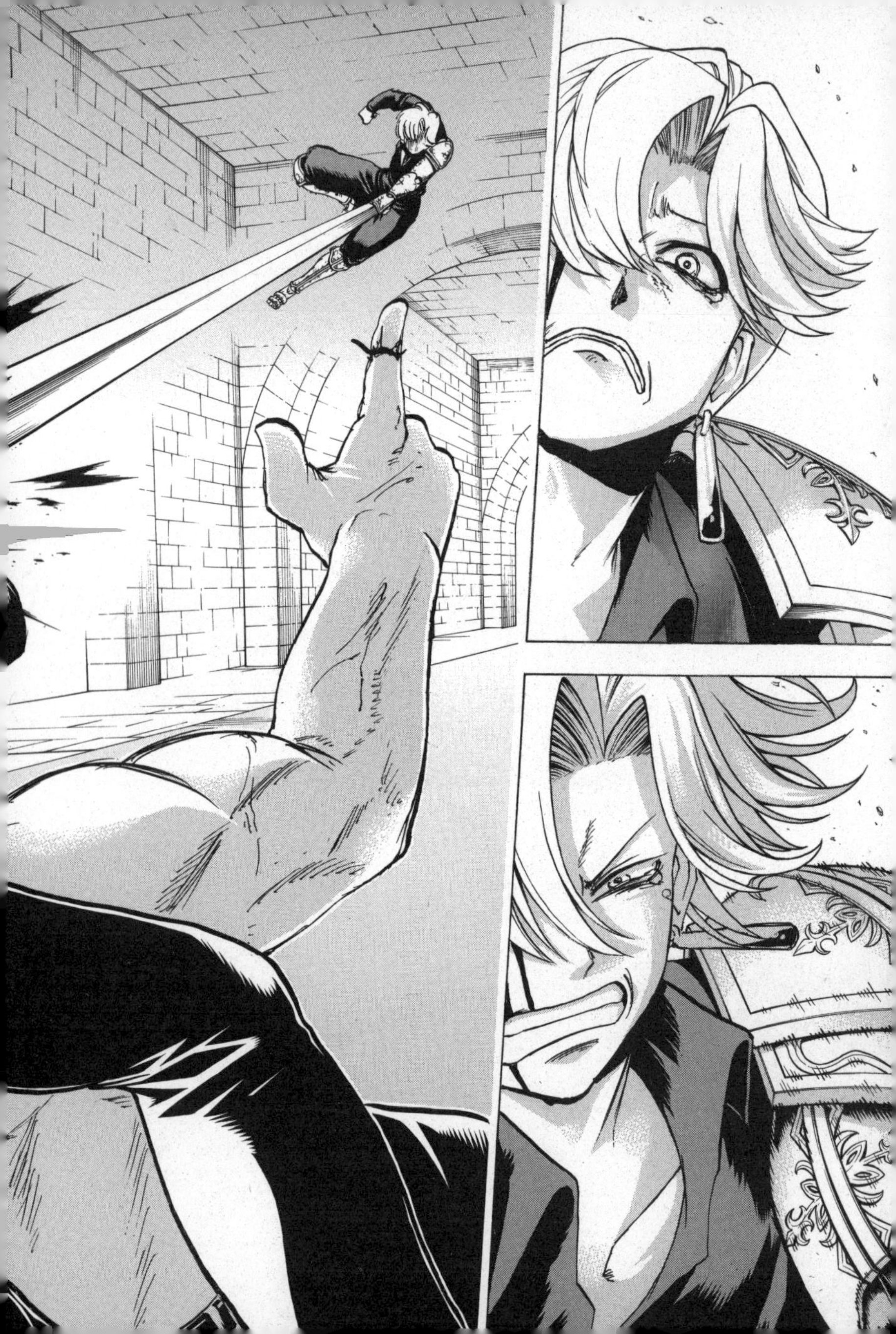

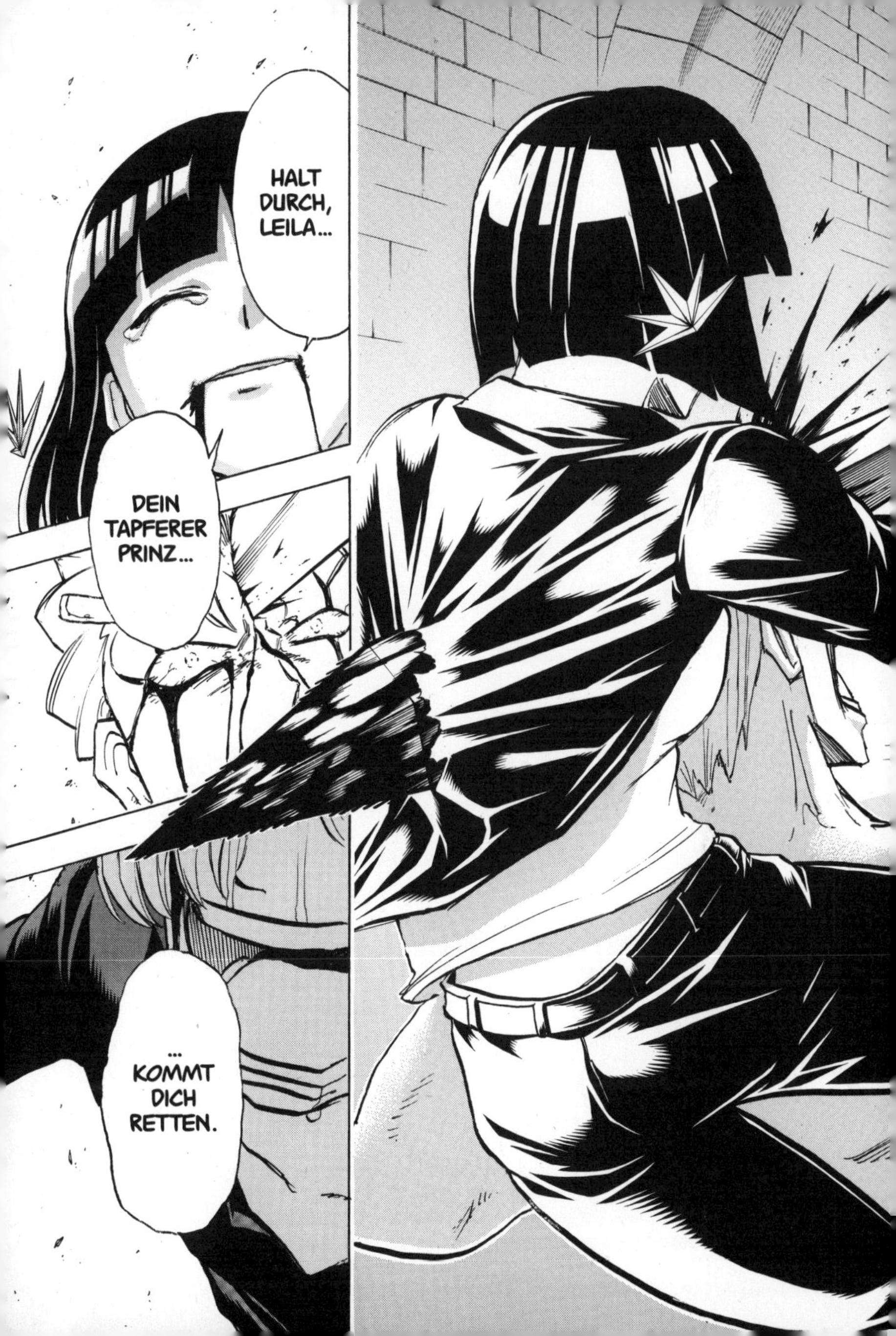
HALT DURCH, LEILA...
DEIN TAPFERER PRINZ...
... KOMMT DICH RETTEN.

DEATHPERATION-FORM

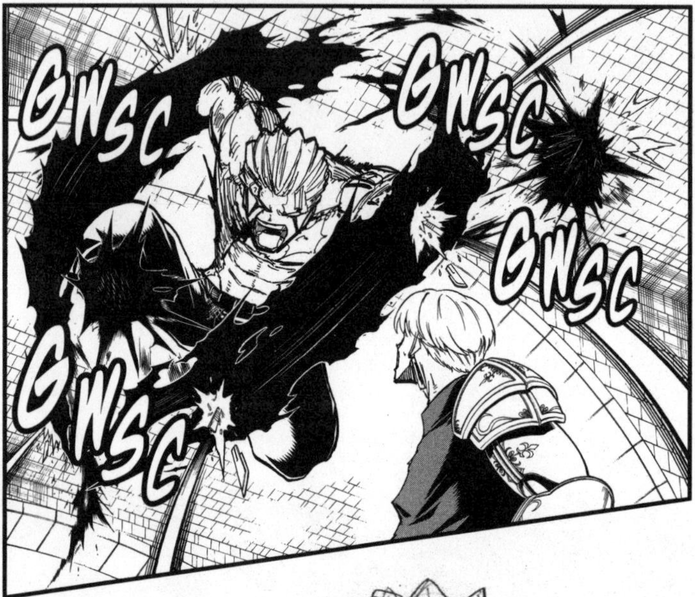

EINGESCHRÄNKTE SPRACHKENNTNISSE ↓

VERMINDERTE ENTSCHEIDUNGSFÄHIGKEIT ↓

GERINGERE TAKTISCHE REICHWEITE ↓

ERHÖHTE OFFENSIVKRAFT ↓

GERINGERE VERTEIDIGUNGSFÄHIGKEIT ↓

ERHÖHTE GESCHWINDIGKEIT ↓

ANDY IN DEATHPERATION

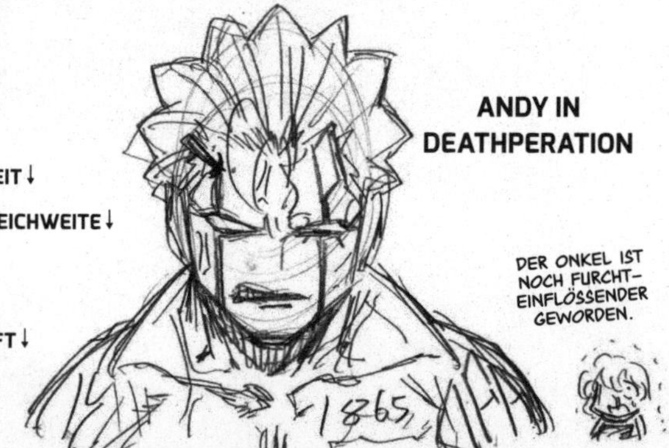

INSGESAMT BEWIRKT DER EFFEKT LEIDER, DASS ANDY SICH NUR AUF EINFACHE UND LINEARE KÄMPFE EINLASSEN KANN, WAS IHN INSGESAMT SCHWÄCHER MACHT.

ZUDEM IST DIE MANIPULATION DER MUSKELN NICHT UNBEDINGT VON VORTEIL, DA DER LIMITER IN DIESEM FALL AUSGESCHALTEN UND SEIN KÖRPER SOMIT AUCH VIEL SCHNELLER ZERSTÖRT WIRD.

DIESE FORM BIETET ALSO NOCH VIEL RAUM FÜR VERBESSERUNGEN.

No. 110 Gott des Todes

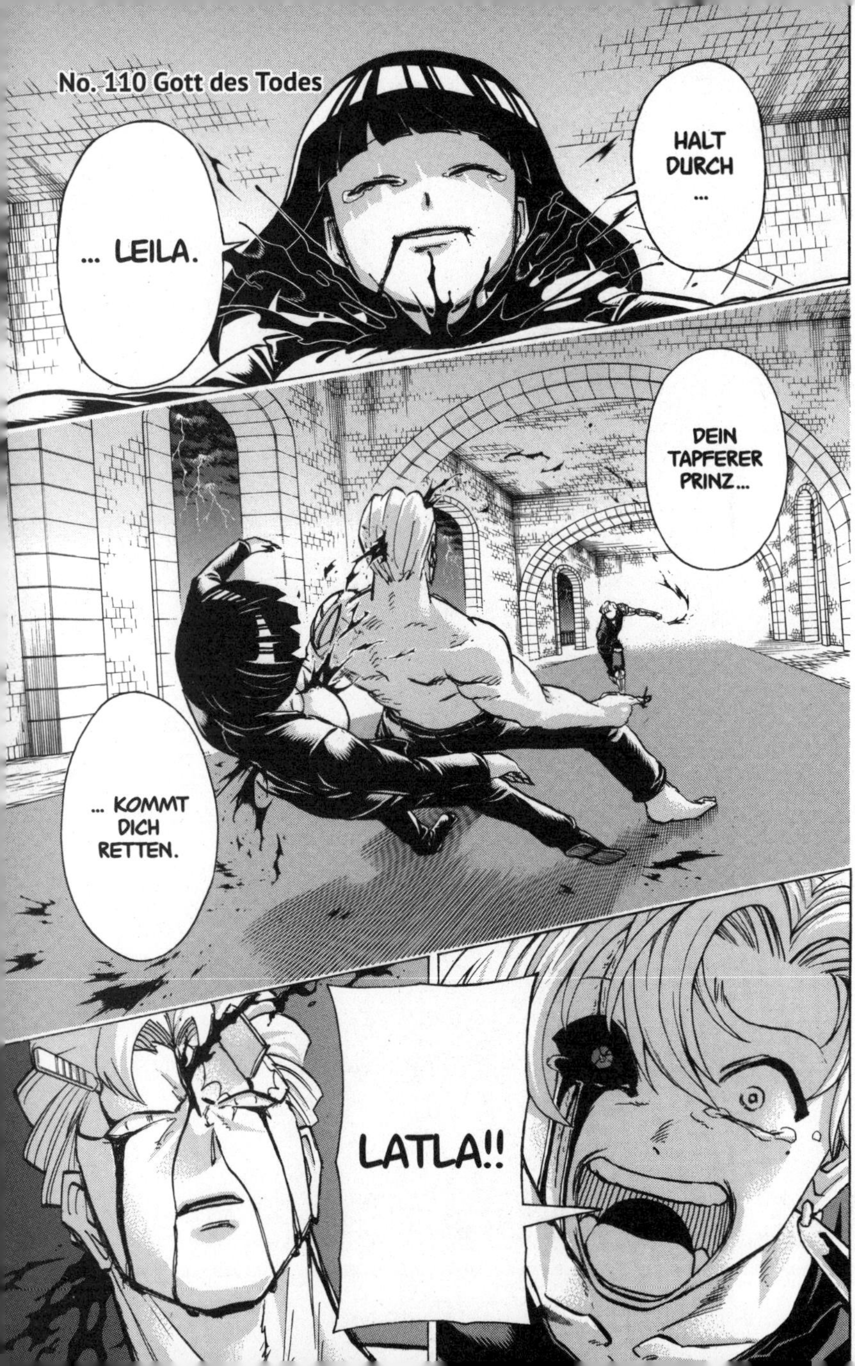

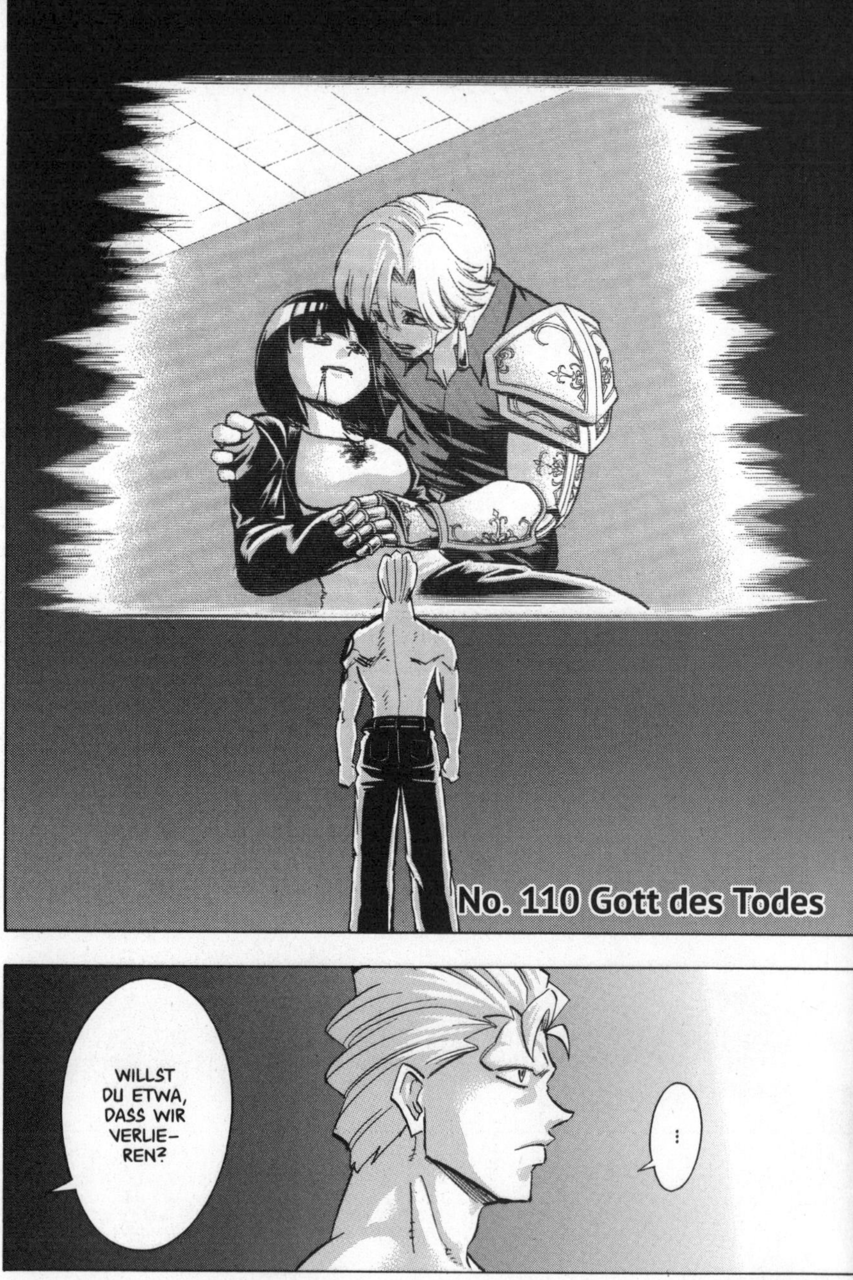
No. 110 Gott des Todes
...
WILLST DU ETWA, DASS WIR VERLIE-REN?

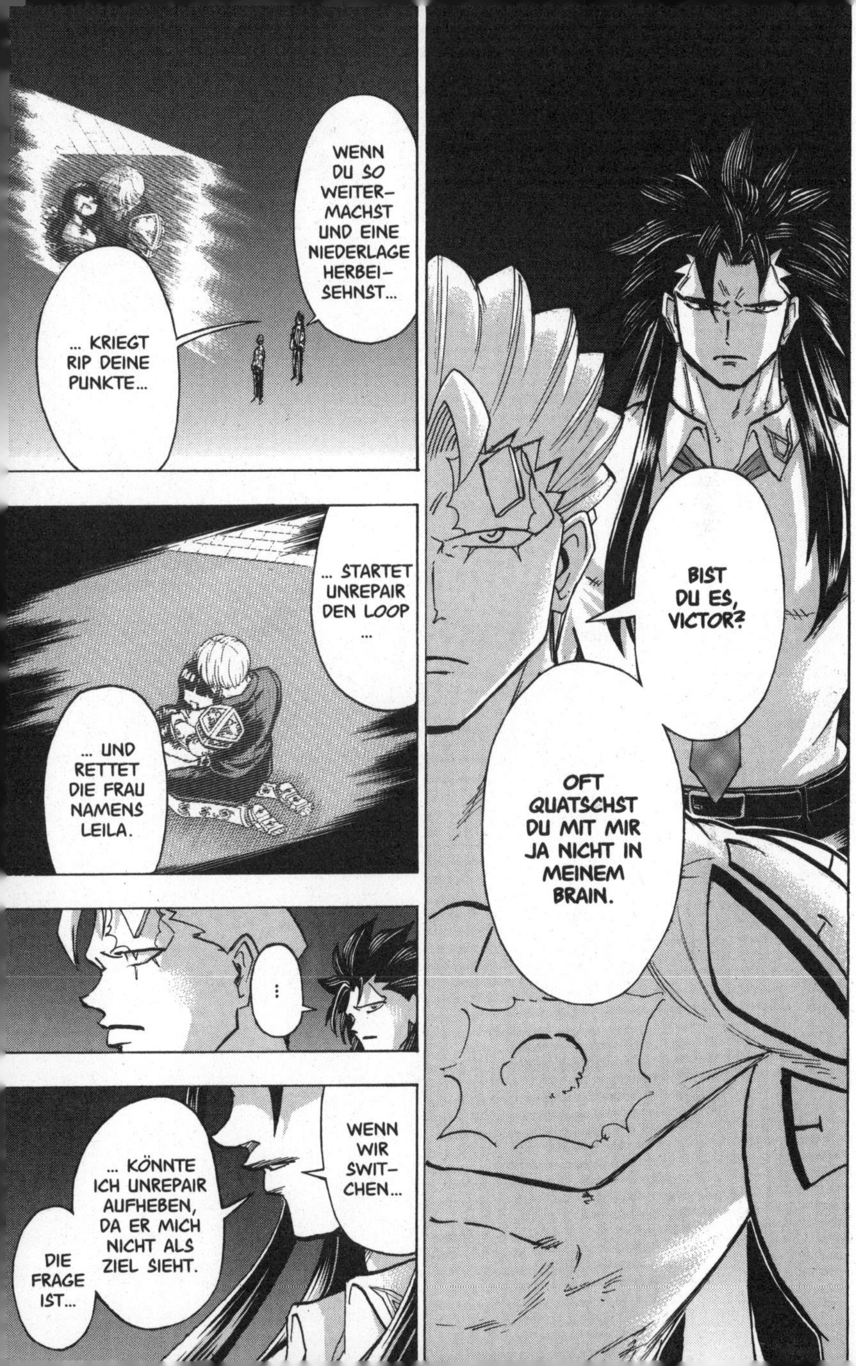
BIST DU ES, VICTOR?
OFT QUATSCHST DU MIT MIR JA NICHT IN MEINEM BRAIN.
WENN DU SO WEITER-MACHST UND EINE NIEDERLAGE HERBEI-SEHNST...
... KRIEGT RIP DEINE PUNKTE...
... STARTET UNREPAIR DEN LOOP ...
... UND RETTET DIE FRAU NAMENS LEILA.
...
WENN WIR SWIT-CHEN...
... KÖNNTE ICH UNREPAIR AUFHEBEN, DA ER MICH NICHT ALS ZIEL SIEHT.
DIE FRAGE IST...

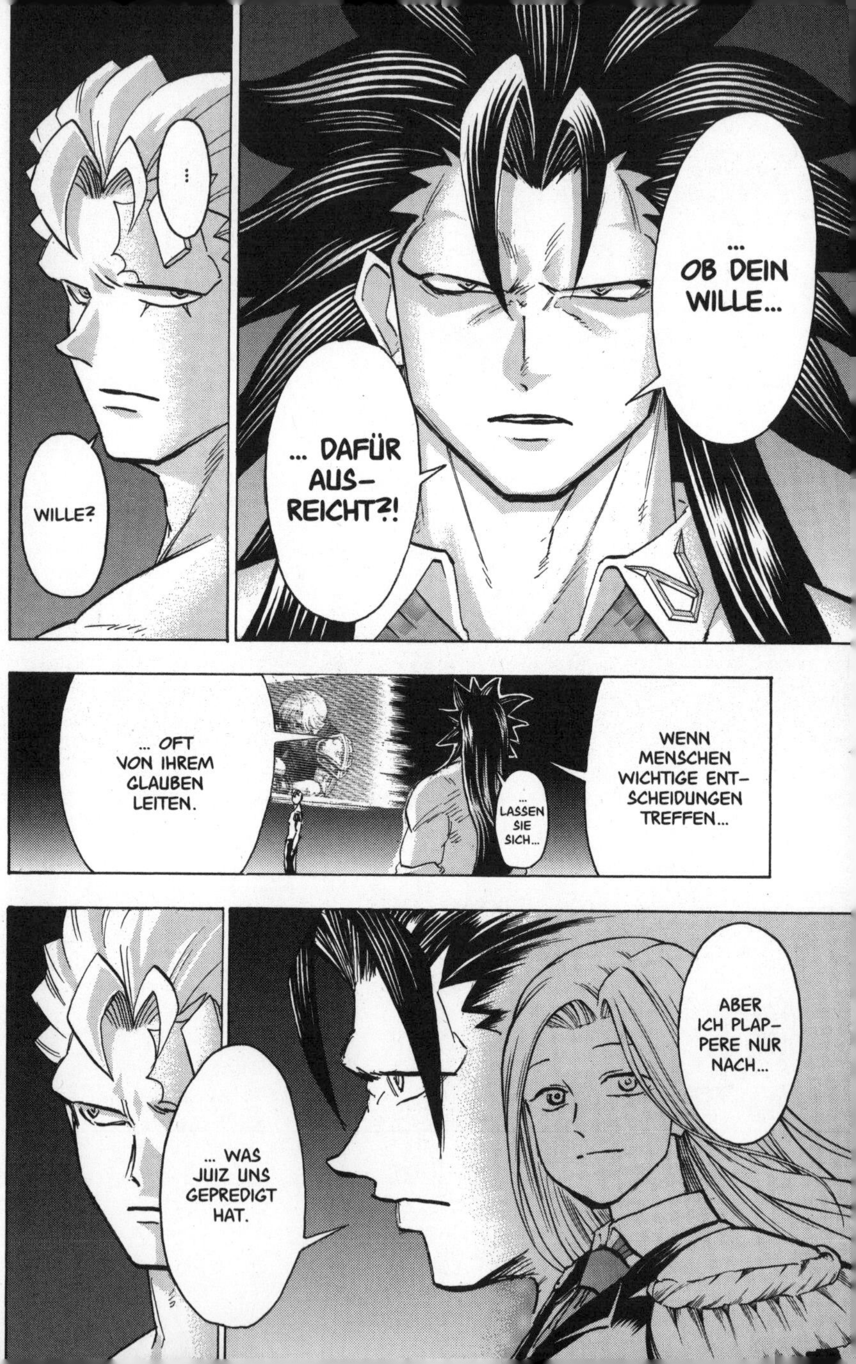
... OB DEIN WILLE...
... DAFÜR AUS-REICHT?!
...
WILLE?
WENN MENSCHEN WICHTIGE ENT-SCHEIDUNGEN TREFFEN...
... LASSEN SIE SICH...
... OFT VON IHREM GLAUBEN LEITEN.
ABER ICH PLAPPERE NUR NACH...
... WAS JUIZ UNS GEPREDIGT HAT.

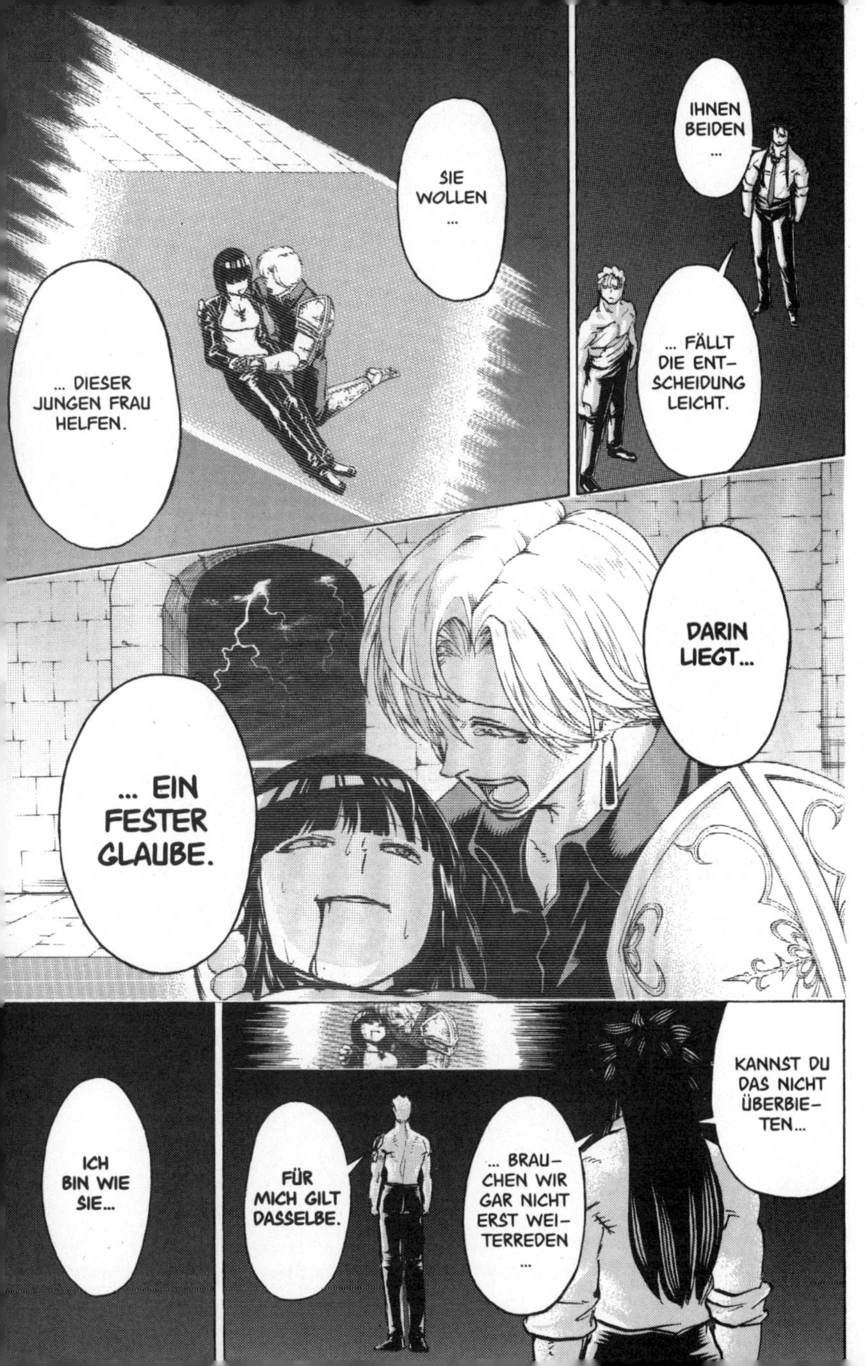
IHNEN BEIDEN ...
... FÄLLT DIE ENT-SCHEIDUNG LEICHT.
SIE WOLLEN ...
... DIESER JUNGEN FRAU HELFEN.
DARIN LIEGT...
... EIN FESTER GLAUBE.
KANNST DU DAS NICHT ÜBERBIE-TEN...
... BRAU-CHEN WIR GAR NICHT ERST WEI-TERREDEN ...
FÜR MICH GILT DASSELBE.
ICH BIN WIE SIE...

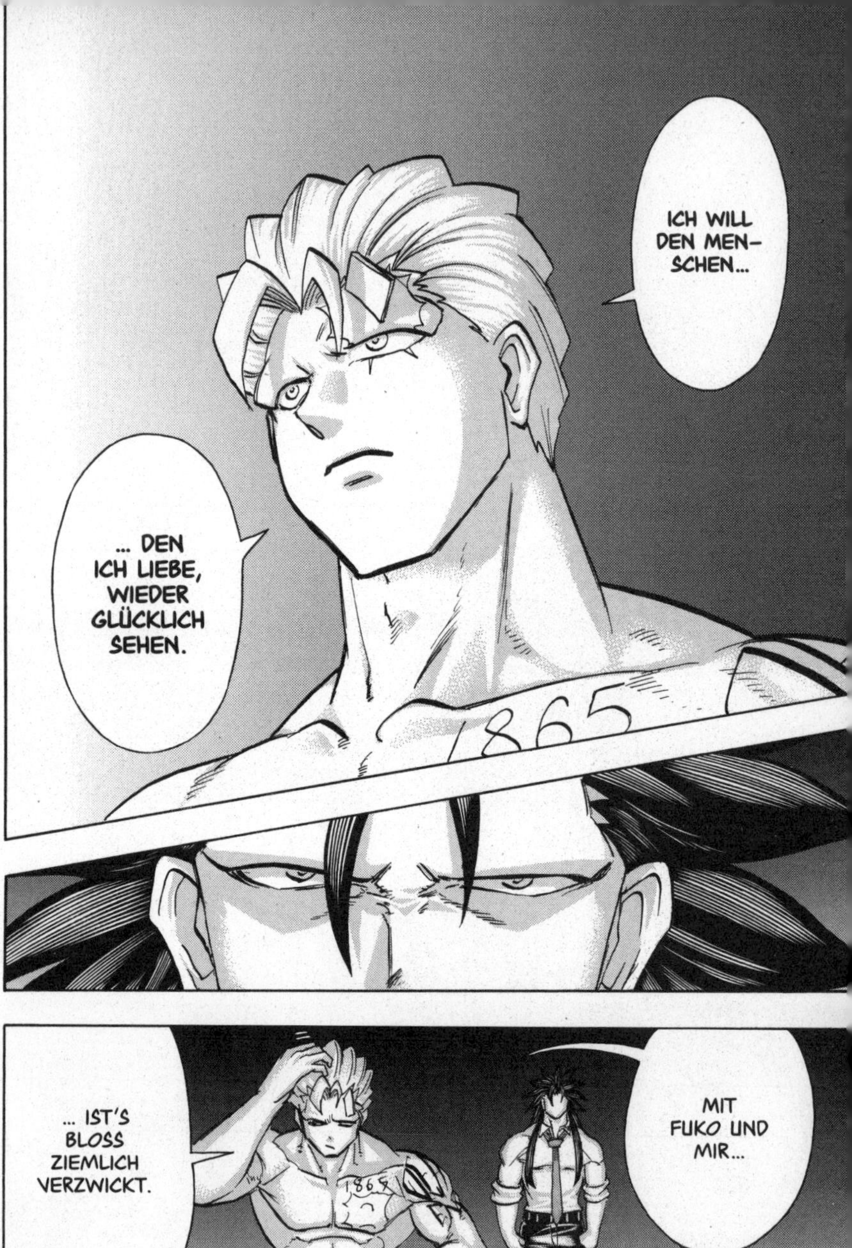
ICH WILL DEN MENSCHEN...
... DEN ICH LIEBE, WIEDER GLÜCKLICH SEHEN.
MIT FUKO UND MIR...
... IST'S BLOSS ZIEMLICH VERZWICKT.

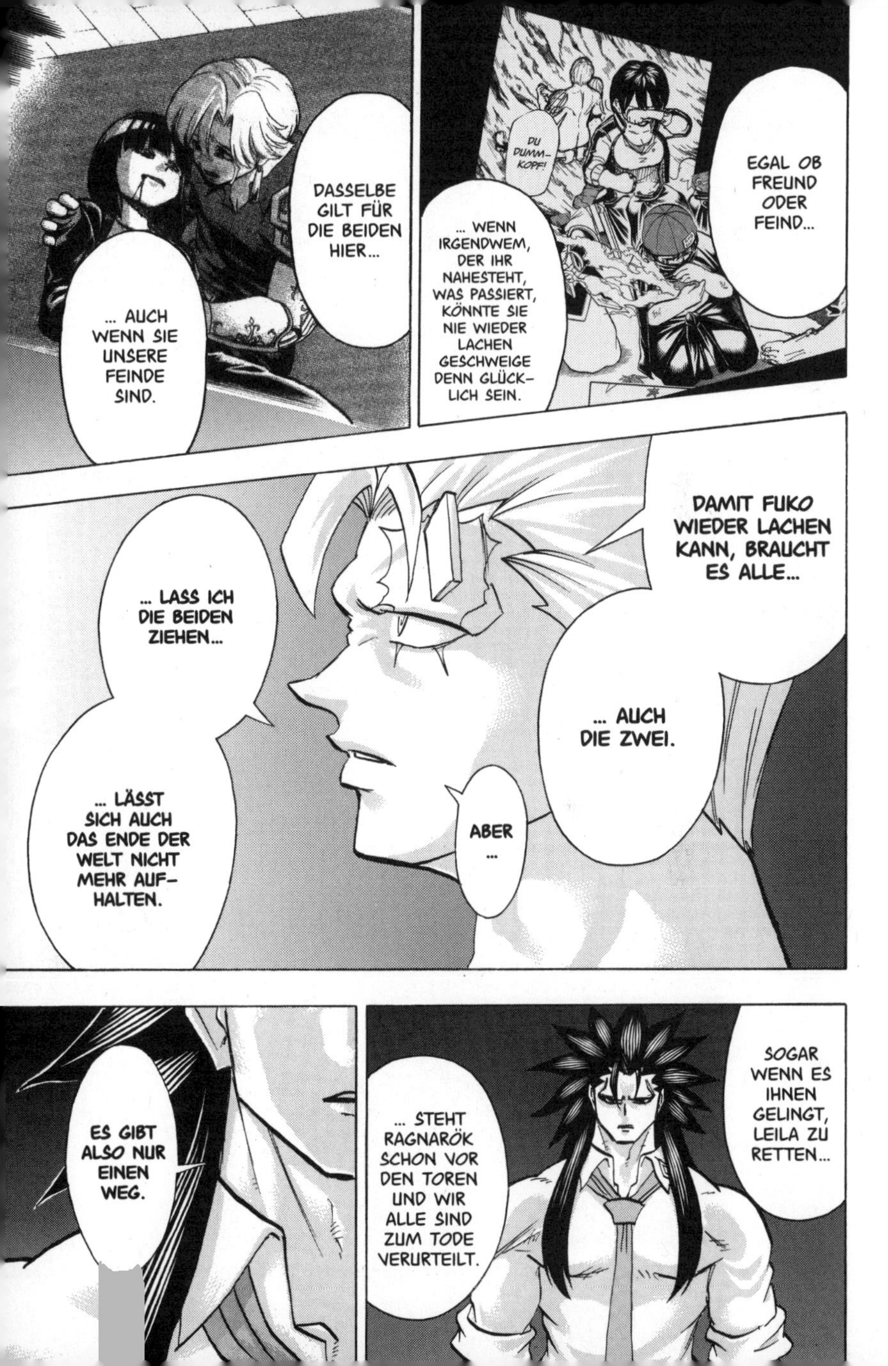
EGAL OB FREUND ODER FEIND...
... WENN IRGENDWEM, DER IHR NAHESTEHT, WAS PASSIERT, KÖNNTE SIE NIE WIEDER LACHEN GESCHWEIGE DENN GLÜCKLICH SEIN.
DU DUMMKOPF!
DASSELBE GILT FÜR DIE BEIDEN HIER...
... AUCH WENN SIE UNSERE FEINDE SIND.
DAMIT FUKO WIEDER LACHEN KANN, BRAUCHT ES ALLE...
... AUCH DIE ZWEI.
ABER ...
... LASS ICH DIE BEIDEN ZIEHEN...
... LÄSST SICH AUCH DAS ENDE DER WELT NICHT MEHR AUFHALTEN.
SOGAR WENN ES IHNEN GELINGT, LEILA ZU RETTEN...
... STEHT RAGNARÖK SCHON VOR DEN TOREN UND WIR ALLE SIND ZUM TODE VERURTEILT.
ES GIBT ALSO NUR EINEN WEG.

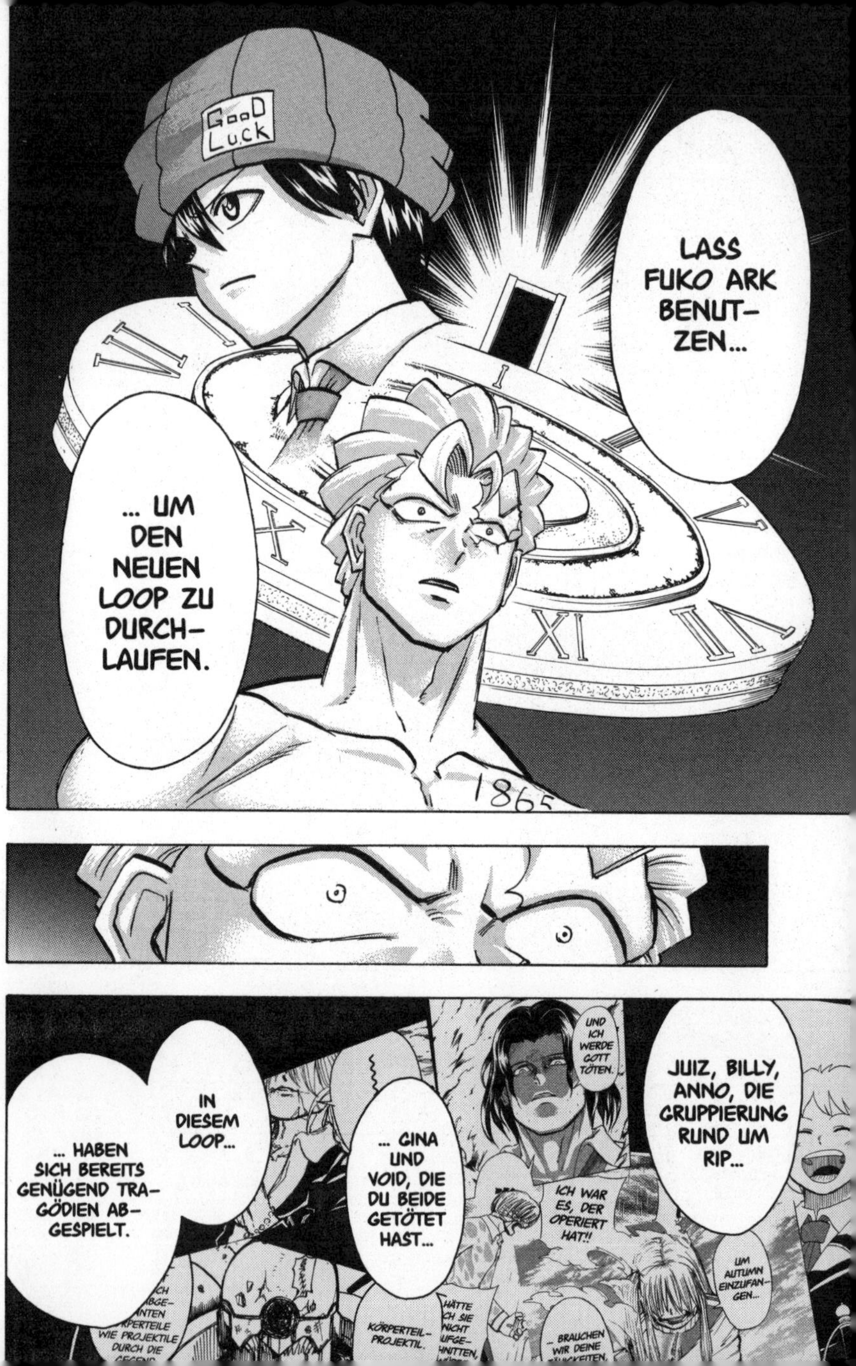
GooD LUCK
LASS FUKO ARK BENUT-ZEN...
... UM DEN NEUEN LOOP ZU DURCH-LAUFEN.
1865
JUIZ, BILLY, ANNO, DIE GRUPPIERUNG RUND UM RIP...
UND ICH WERDE GOTT TÖTEN.
UM AUTUMN EINZUFAN-GEN...
ICH WAR ES, DER OPERIERT HAT!!
... BRAUCHEN WIR DEINE
... GINA UND VOID, DIE DU BEIDE GETÖTET HAST...
KÖRPERTEIL-PROJEKTIL.
IN DIESEM LOOP...
... HABEN SICH BEREITS GENÜGEND TRA-GÖDIEN AB-GESPIELT.
WIE PROJEKTILE DURCH DIE

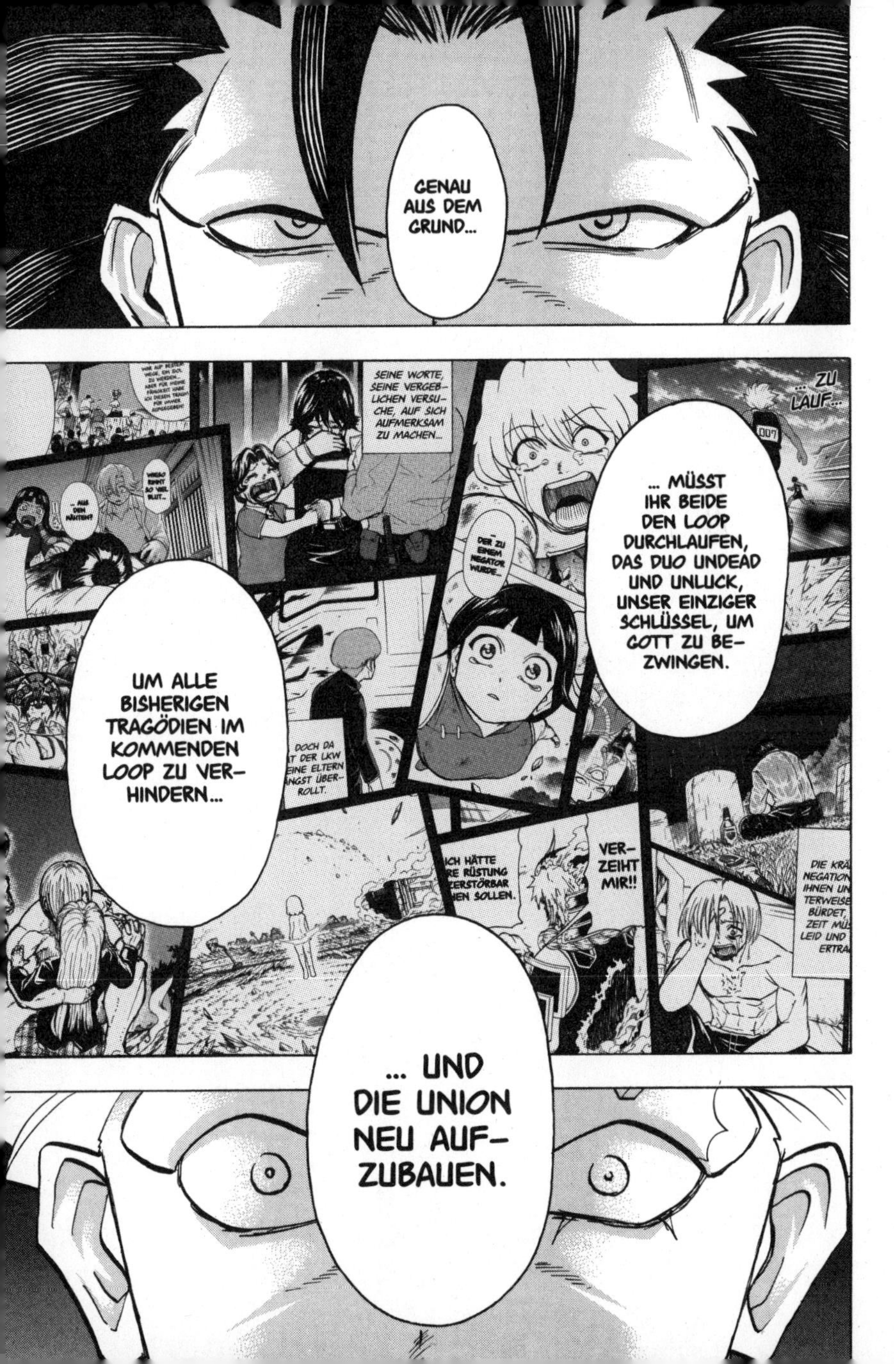

GENAU AUS DEM GRUND...
... ZU LAUF...
... MÜSST IHR BEIDE DEN LOOP DURCHLAUFEN, DAS DUO UNDEAD UND UNLUCK, UNSER EINZIGER SCHLÜSSEL, UM GOTT ZU BE-ZWINGEN.
DER ZU EINEM NEGATOR WURDE...
SEINE WORTE, SEINE VERGEB-LICHEN VERSU-CHE, AUF SICH AUFMERKSAM ZU MACHEN...
UM ALLE BISHERIGEN TRAGÖDIEN IM KOMMENDEN LOOP ZU VER-HINDERN...
DOCH DA
AT DER LKW
EINE ELTERN
ÄNGST ÜBER-
ROLLT.
DIE KRÄ
NEGATION
IHNEN UN
TERWEISE
BÜRDET,
ZEIT MÜS
LEID UND
ERTRA
VER-ZEIHT MIR!!
ICH HÄTTE
RE RÜSTUNG
ZERSTÖRBAR
HEN SOLLEN.
... UND DIE UNION NEU AUF-ZUBAUEN.

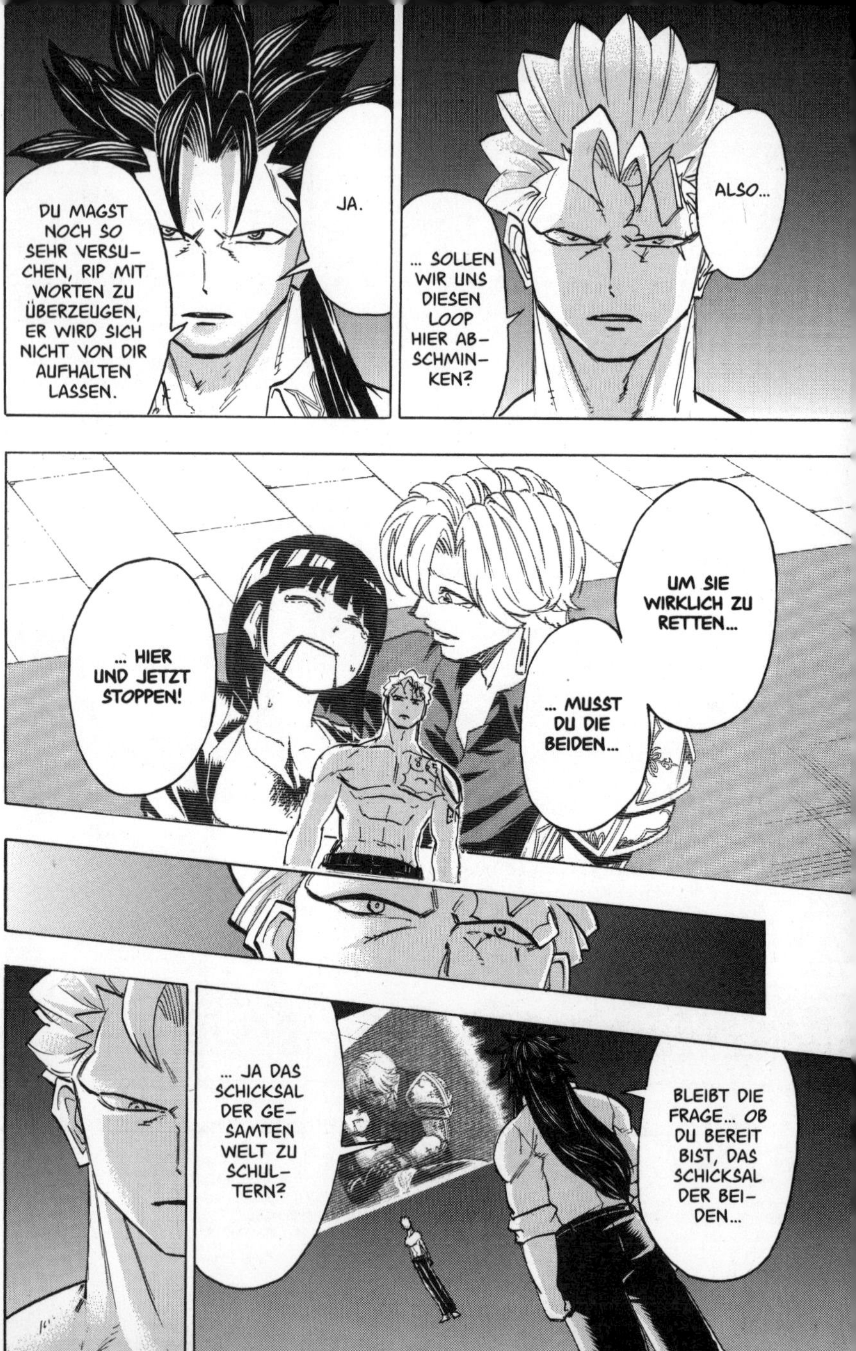

ALSO...
... SOLLEN WIR UNS DIESEN LOOP HIER ABSCHMINKEN?
JA.
DU MAGST NOCH SO SEHR VERSUCHEN, RIP MIT WORTEN ZU ÜBERZEUGEN, ER WIRD SICH NICHT VON DIR AUFHALTEN LASSEN.
UM SIE WIRKLICH ZU RETTEN...
... MUSST DU DIE BEIDEN...
... HIER UND JETZT STOPPEN!
BLEIBT DIE FRAGE... OB DU BEREIT BIST, DAS SCHICKSAL DER BEIDEN...
... JA DAS SCHICKSAL DER GESAMTEN WELT ZU SCHULTERN?

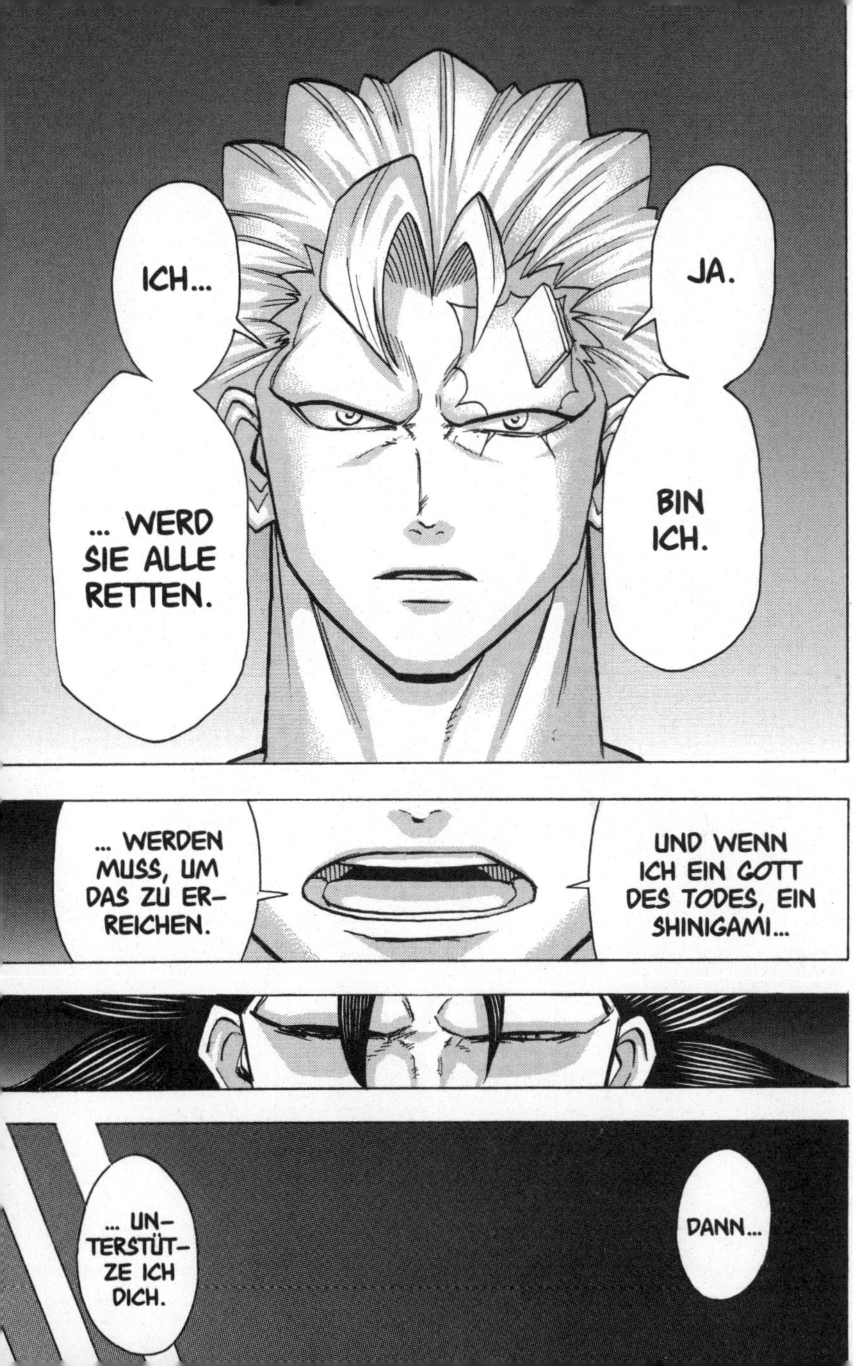
JA.
BIN ICH.
ICH...
... WERD SIE ALLE RETTEN.
UND WENN ICH EIN GOTT DES TODES, EIN SHINIGAMI...
... WERDEN MUSS, UM DAS ZU ER-REICHEN.
DANN...
... UN-TERSTÜT-ZE ICH DICH.

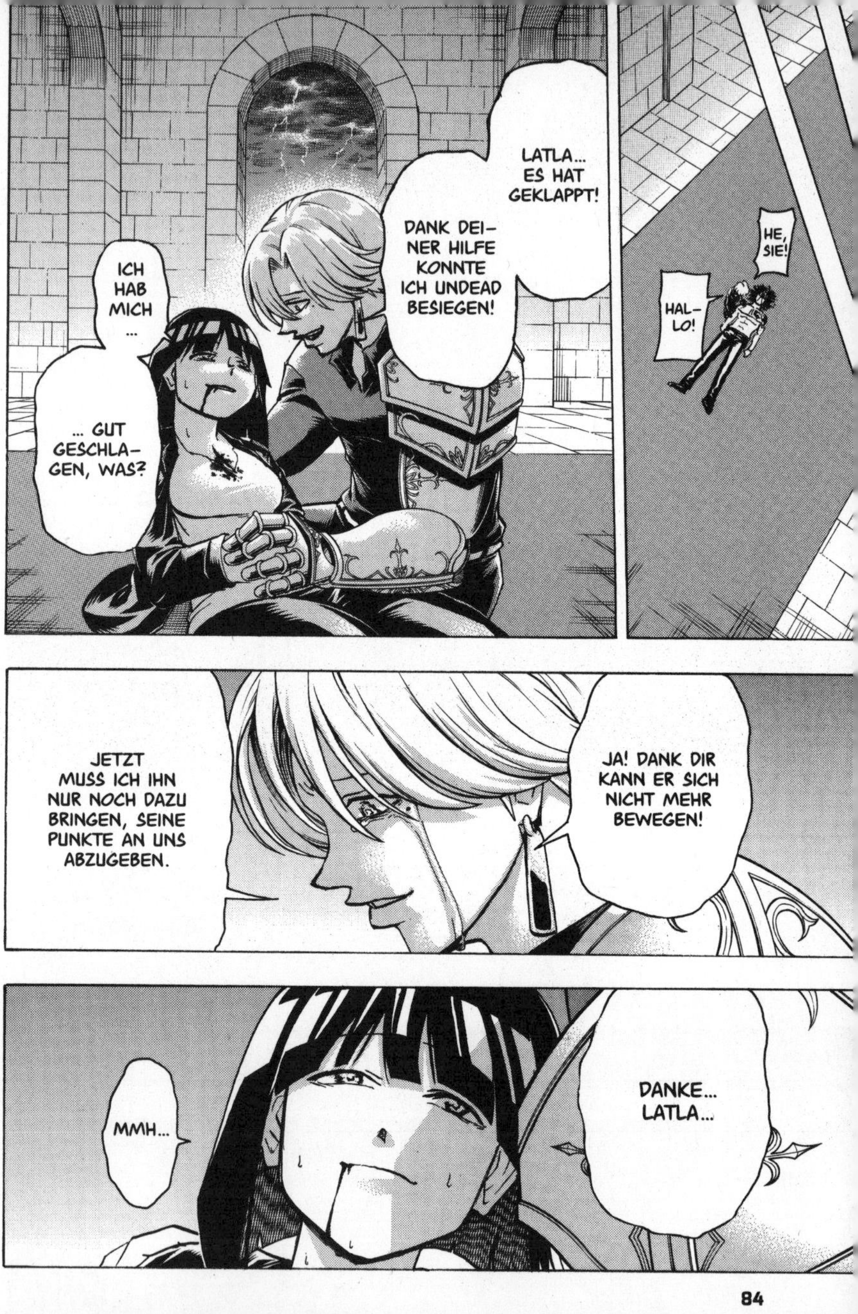
HE, SIE!
HAL-LO!
LATLA... ES HAT GEKLAPPT!
DANK DEI-NER HILFE KONNTE ICH UNDEAD BESIEGEN!
ICH HAB MICH ...
... GUT GESCHLA-GEN, WAS?
JA! DANK DIR KANN ER SICH NICHT MEHR BEWEGEN!
JETZT MUSS ICH IHN NUR NOCH DAZU BRINGEN, SEINE PUNKTE AN UNS ABZUGEBEN.
DANKE... LATLA...
MMH...

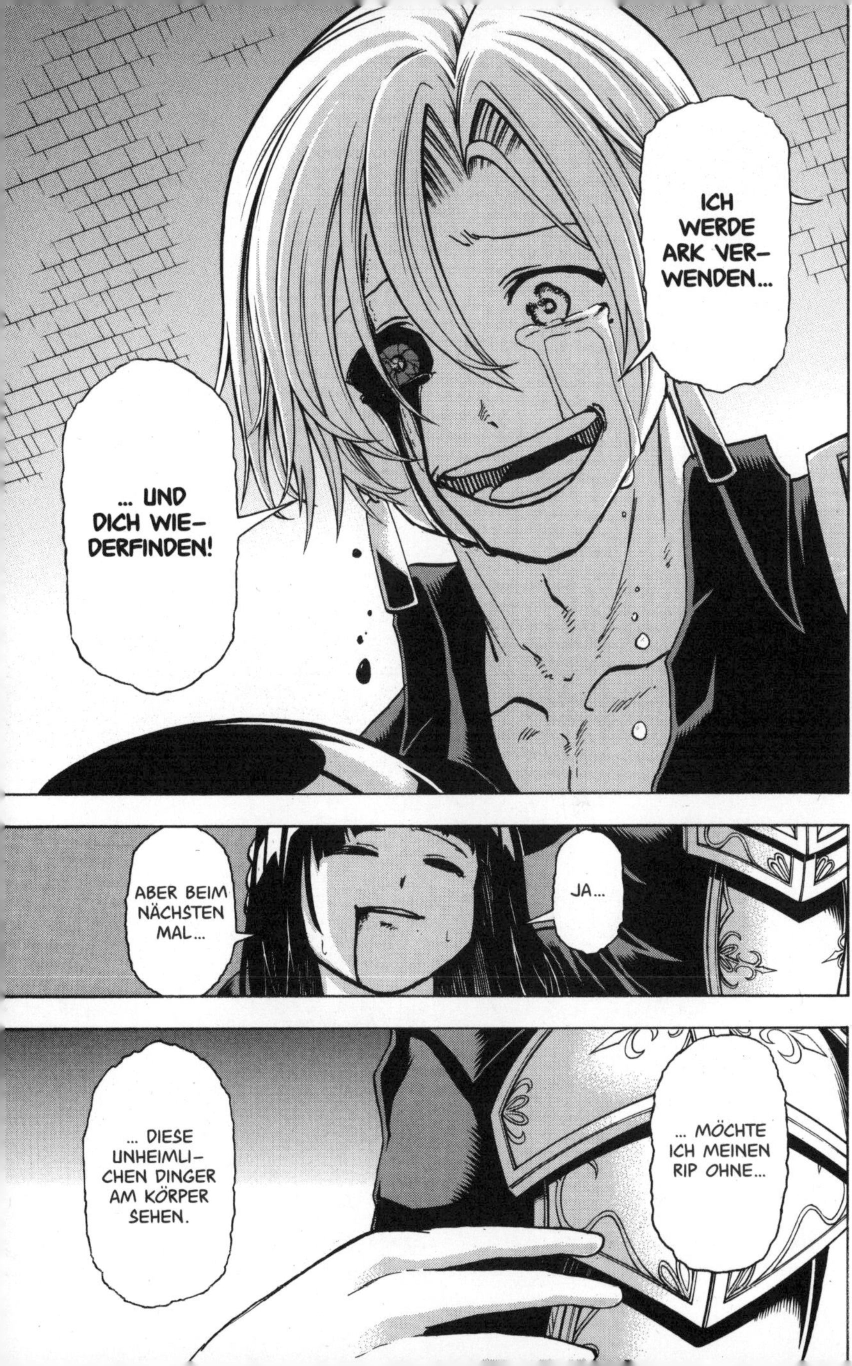
ICH WERDE ARK VER-WENDEN...
... UND DICH WIE-DERFINDEN!
JA...
ABER BEIM NÄCHSTEN MAL...
... MÖCHTE ICH MEINEN RIP OHNE...
... DIESE UNHEIMLI-CHEN DINGER AM KÖRPER SEHEN.

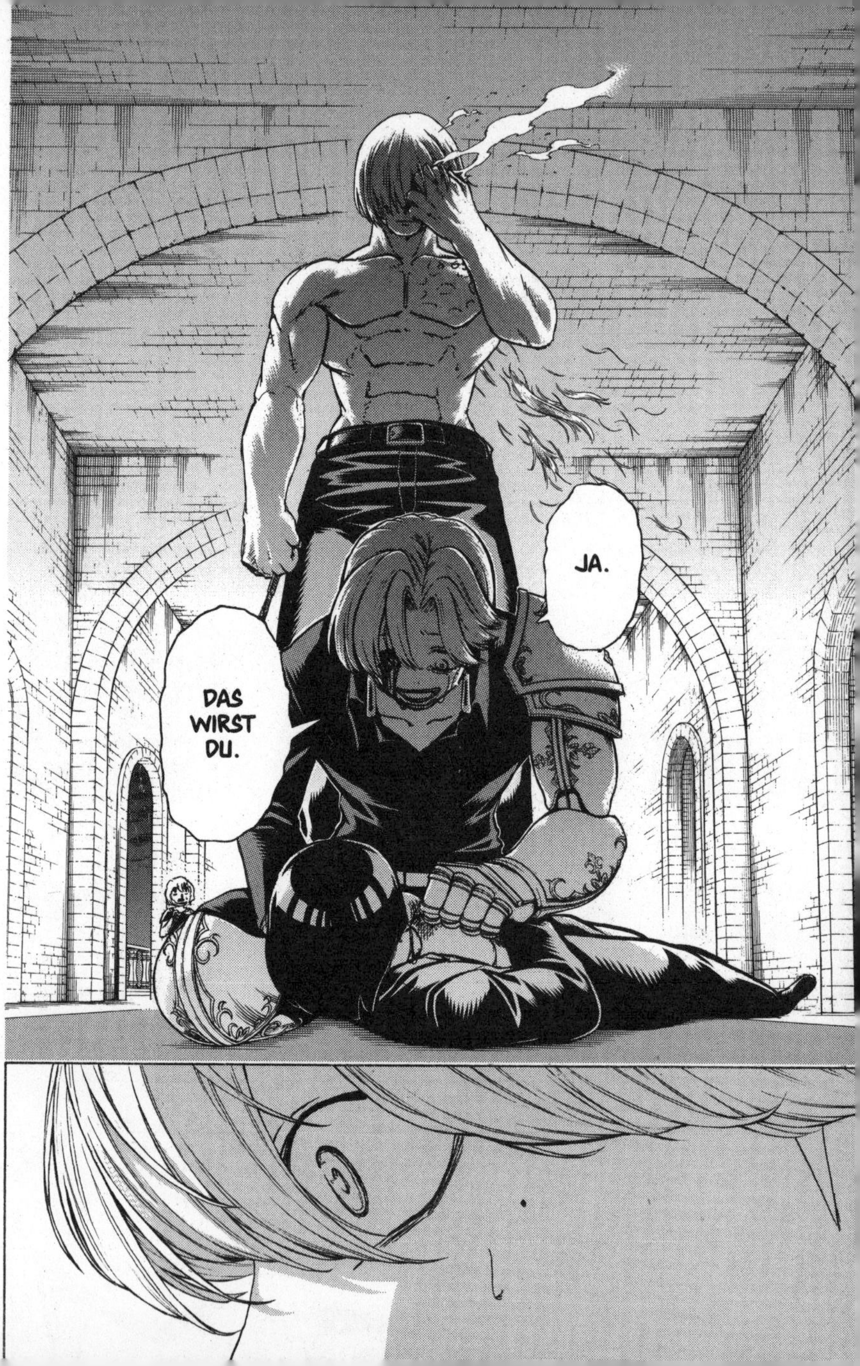
JA.
DAS WIRST DU.

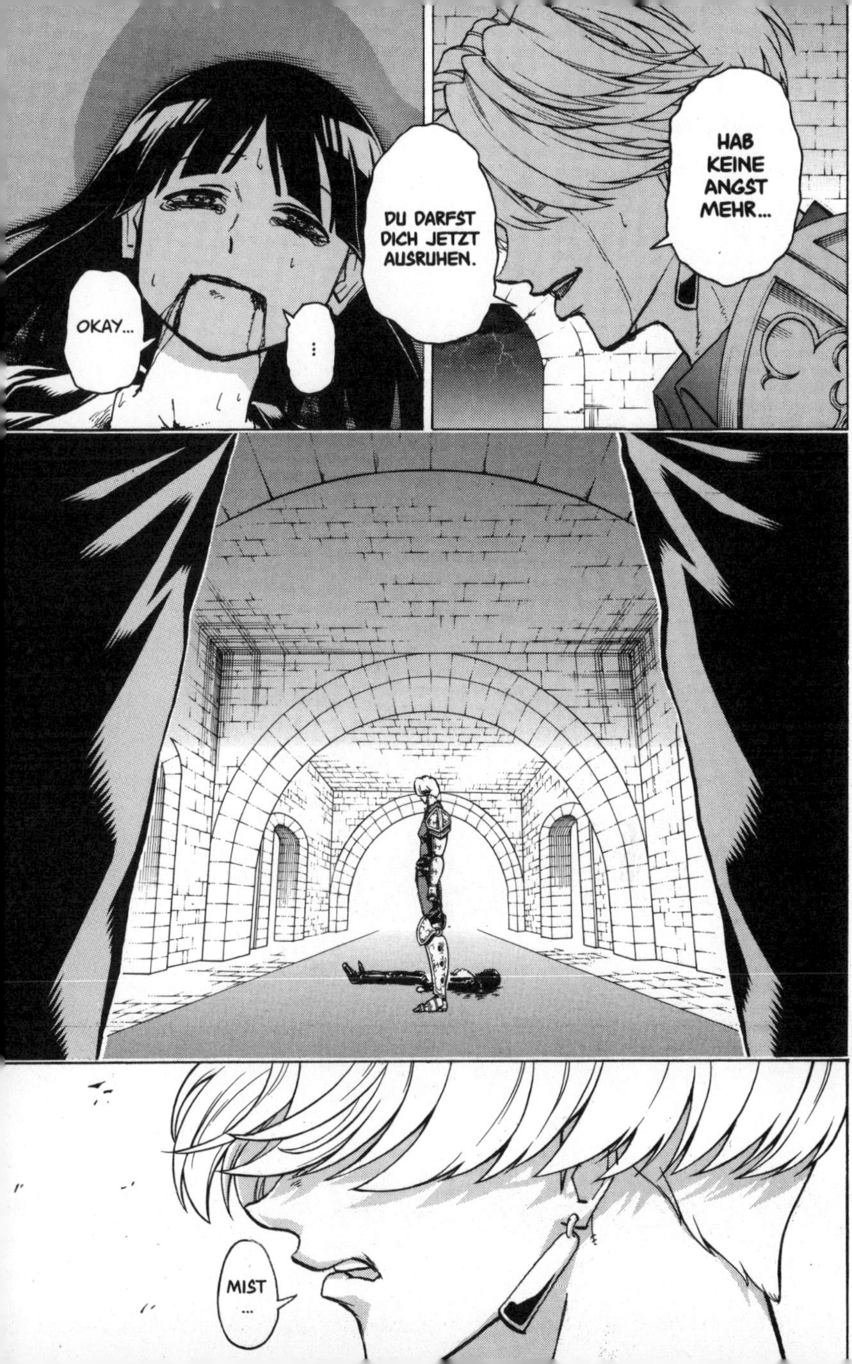
HAB KEINE ANGST MEHR...
DU DARFST DICH JETZT AUSRUHEN.
...
OKAY...
MIST ...

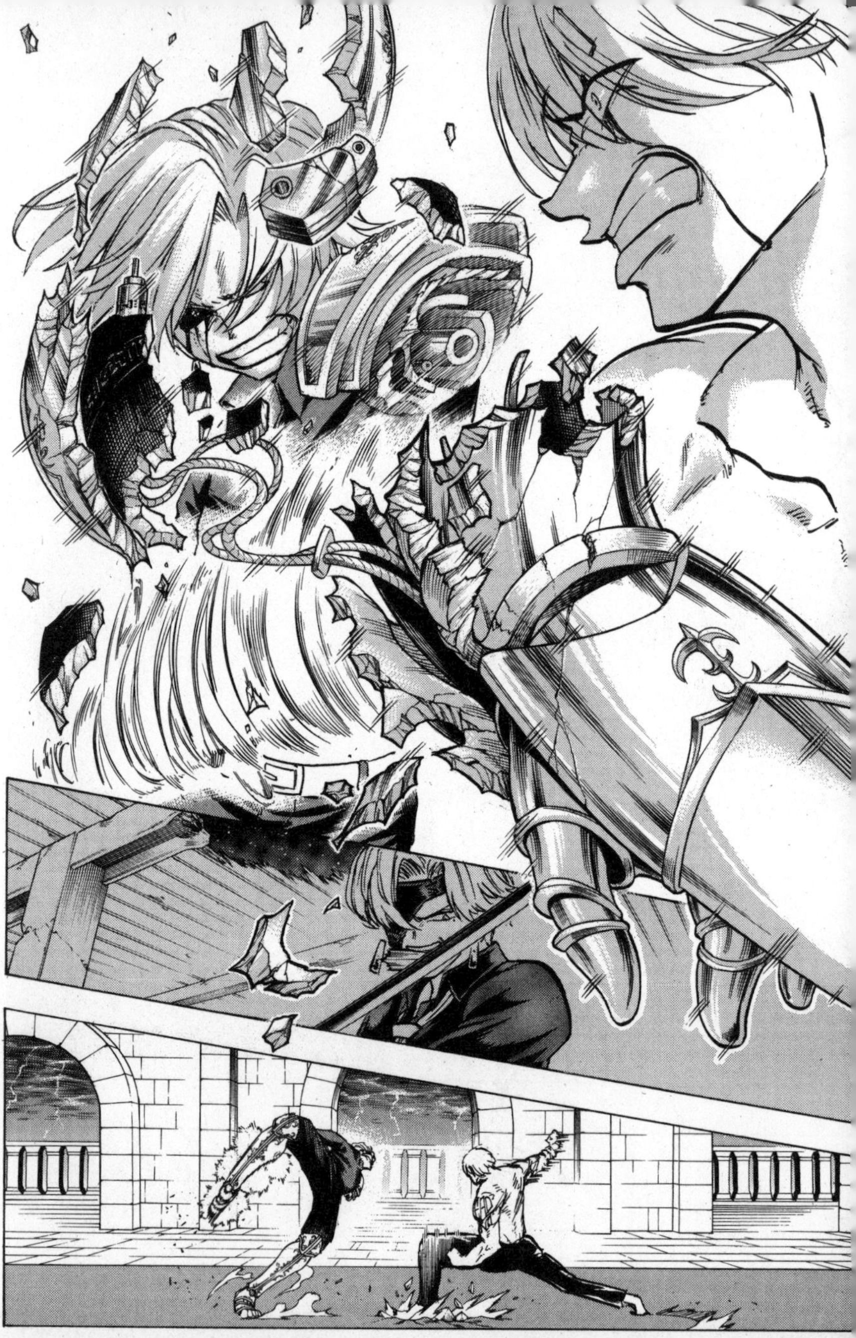

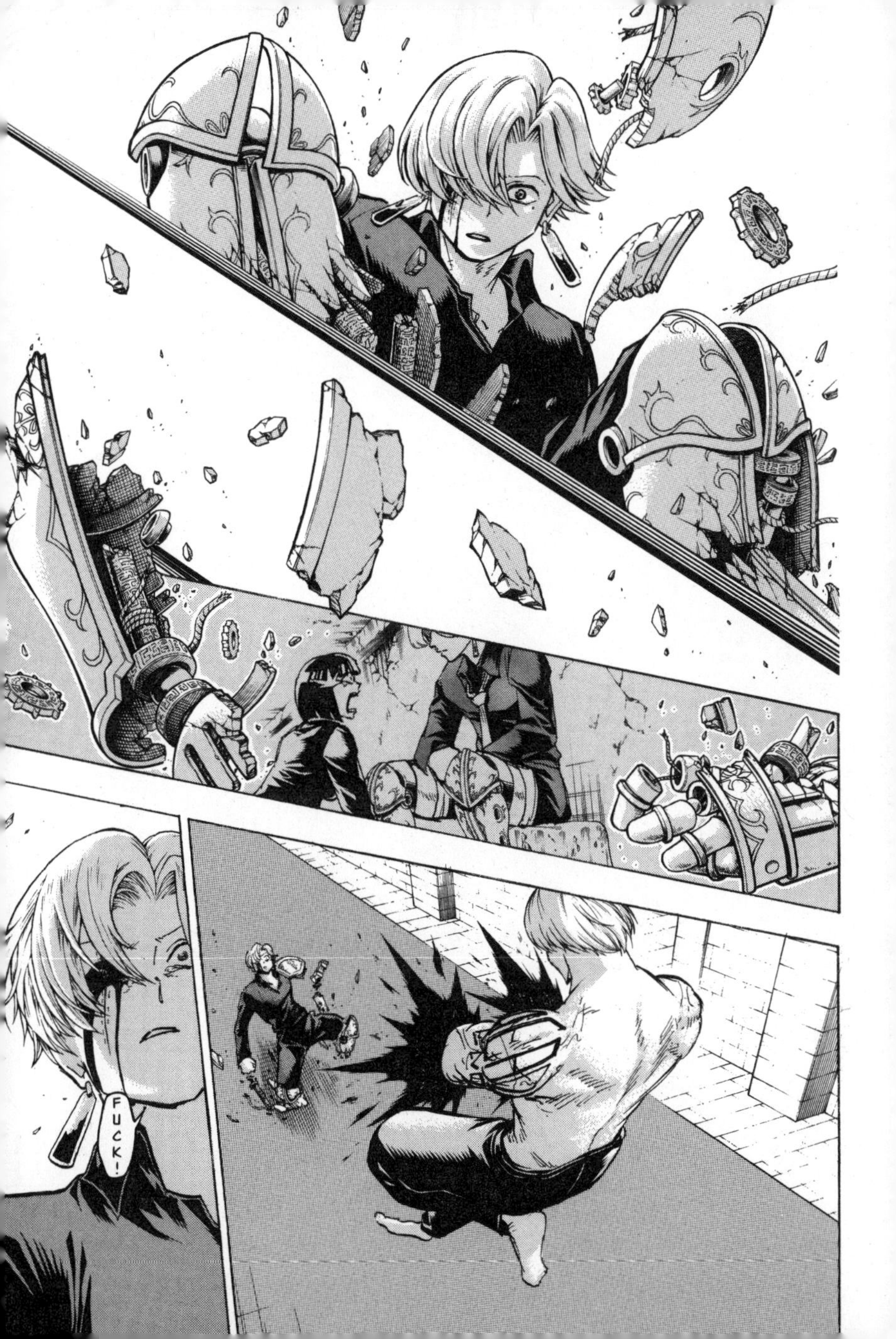
FUCK!

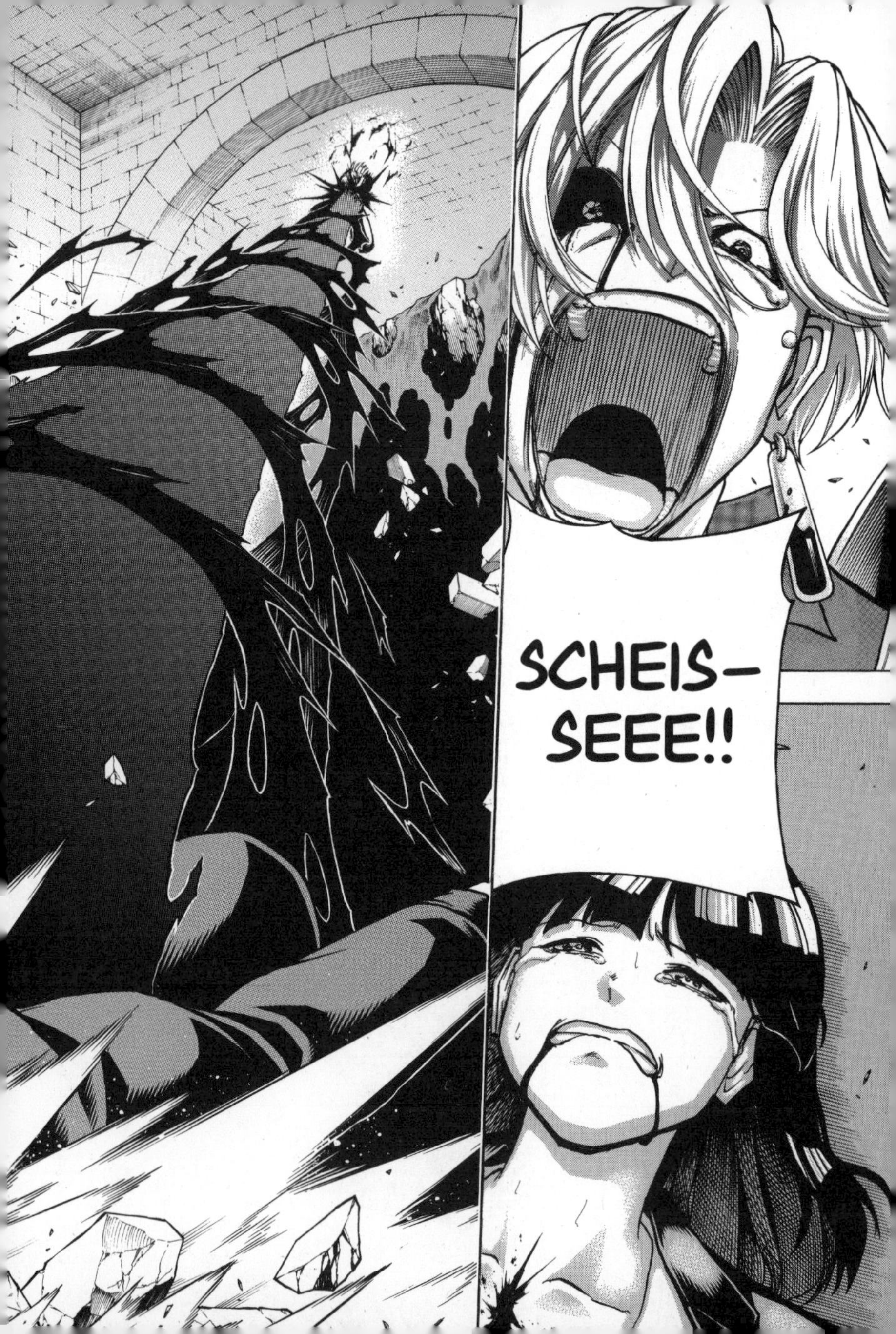
SCHEIS-
SEEE!!

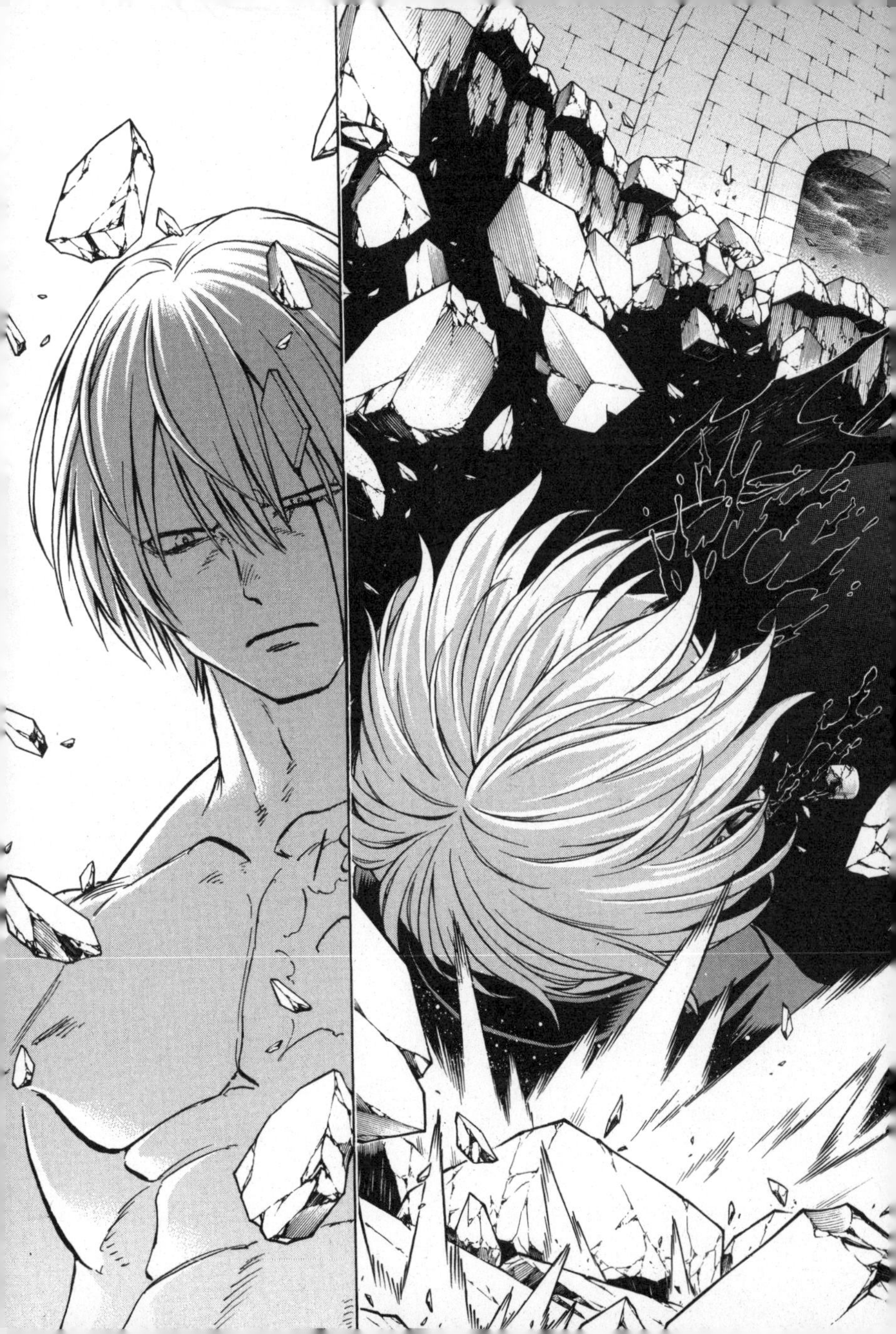

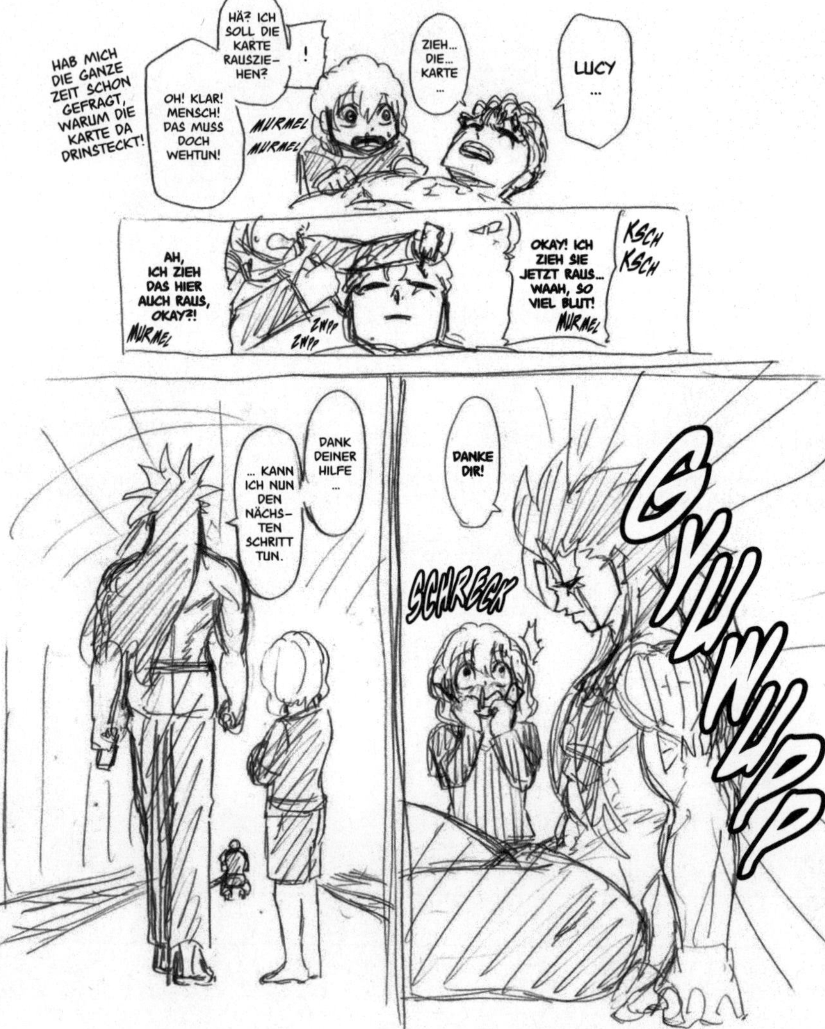
LUCY …
ZIEH… DIE… KARTE …
HÄ? ICH SOLL DIE KARTE RAUSZIE-HEN?
!
OH! KLAR! MENSCH! DAS MUSS DOCH WEHTUN!
MURMEL MURMEL
HAB MICH DIE GANZE ZEIT SCHON GEFRAGT, WARUM DIE KARTE DA DRINSTECKT!
KSCH KSCH
OKAY! ICH ZIEH SIE JETZT RAUS… WAAH, SO VIEL BLUT!
MURMEL
ZWIP ZWIP
AH, ICH ZIEH DAS HIER AUCH RAUS, OKAY?!
MURMEL
DANKE DIR!
GYUWUPP!
SCHRECK
DANK DEINER HILFE …
… KANN ICH NUN DEN NÄCHS-TEN SCHRITT TUN.

POST AUF X

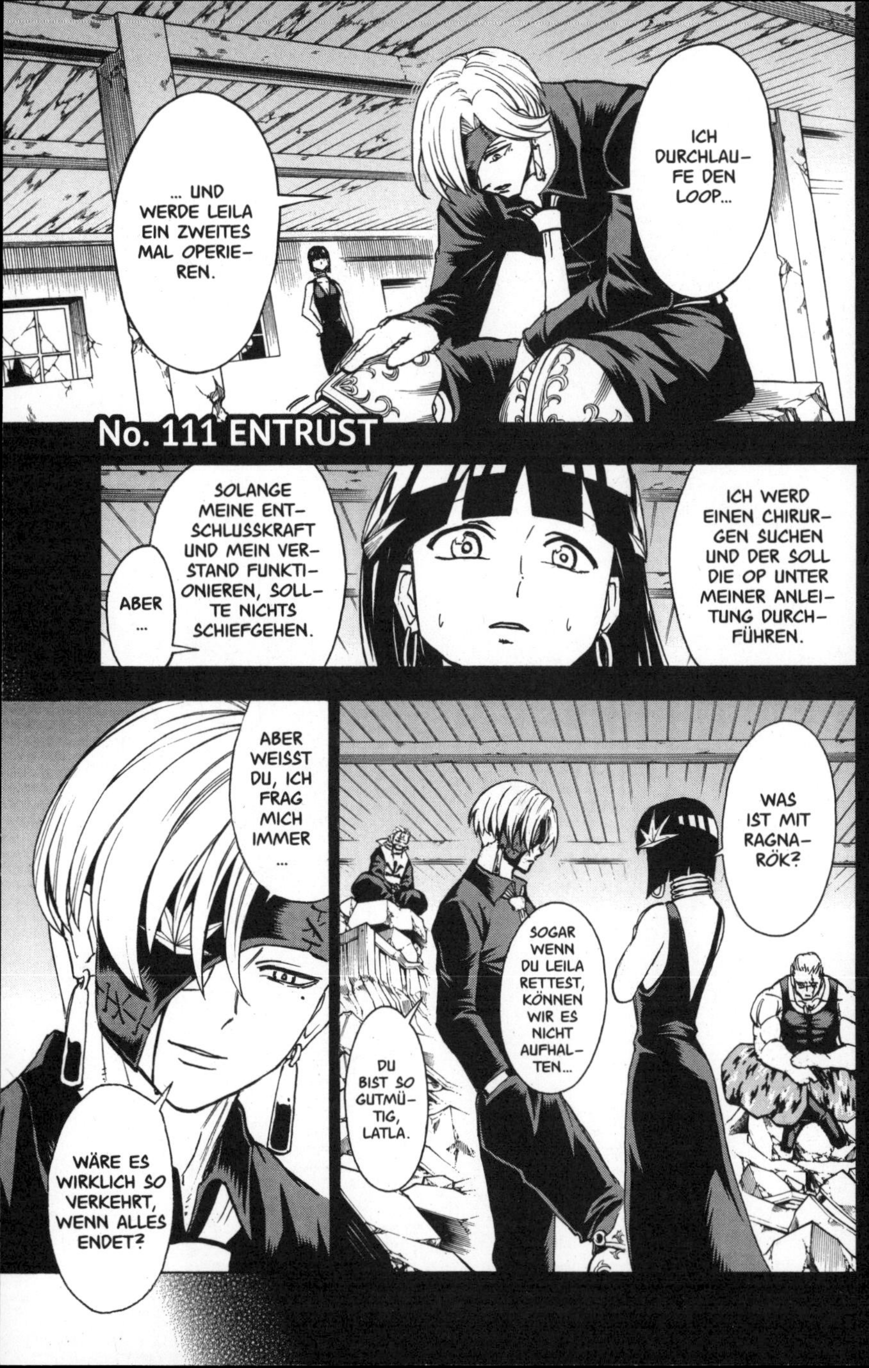
ICH DURCHLAUFE DEN LOOP...
... UND WERDE LEILA EIN ZWEITES MAL OPERIEREN.
No. 111 ENTRUST
ICH WERD EINEN CHIRURGEN SUCHEN UND DER SOLL DIE OP UNTER MEINER ANLEITUNG DURCHFÜHREN.
SOLANGE MEINE ENTSCHLUSSKRAFT UND MEIN VERSTAND FUNKTIONIEREN, SOLLTE NICHTS SCHIEFGEHEN.
ABER ...
WAS IST MIT RAGNARÖK?
SOGAR WENN DU LEILA RETTEST, KÖNNEN WIR ES NICHT AUFHALTEN...
DU BIST SO GUTMÜTIG, LATLA.
ABER WEISST DU, ICH FRAG MICH IMMER ...
WÄRE ES WIRKLICH SO VERKEHRT, WENN ALLES ENDET?

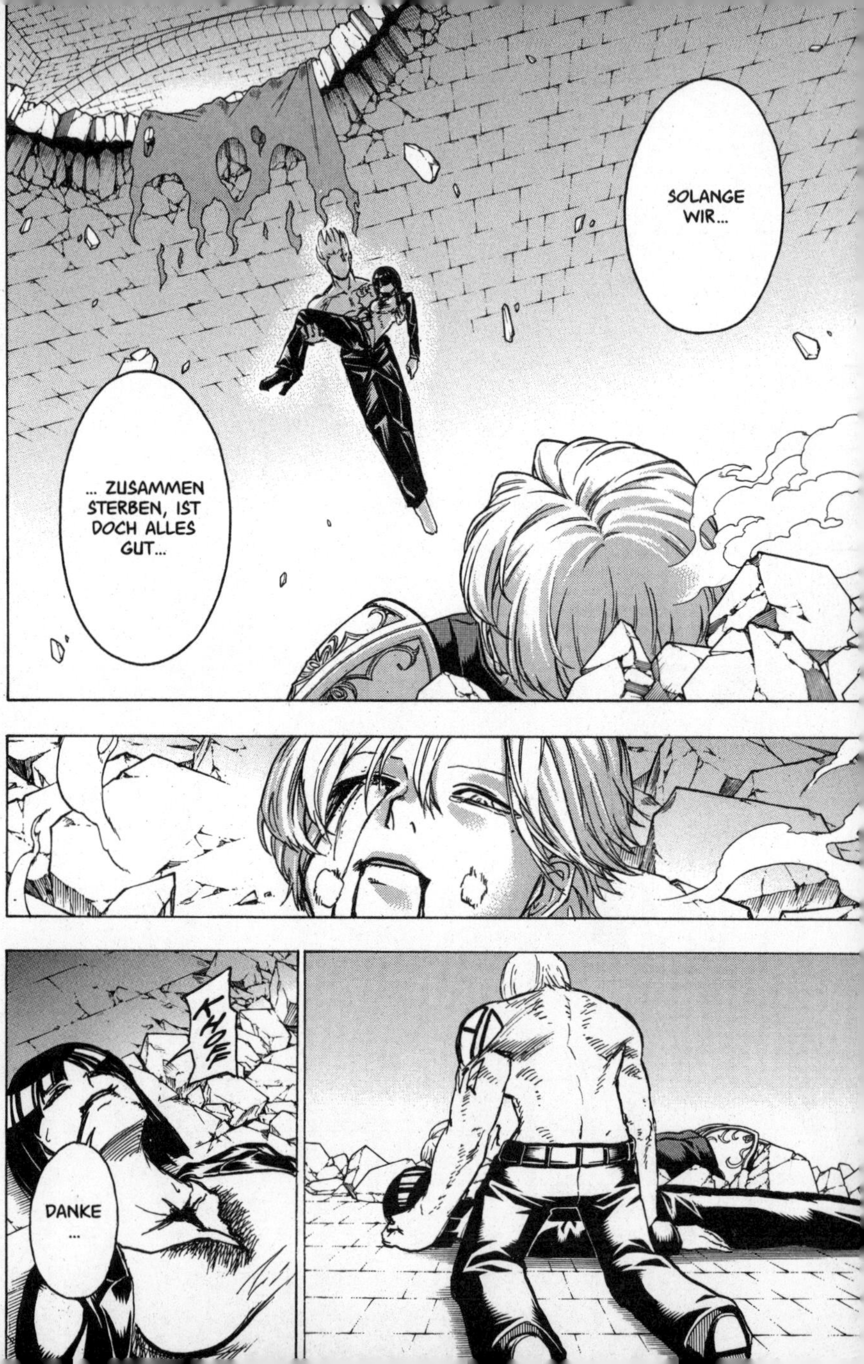
SOLANGE WIR...
... ZUSAMMEN STERBEN, IST DOCH ALLES GUT...
KNOFF
DANKE ...

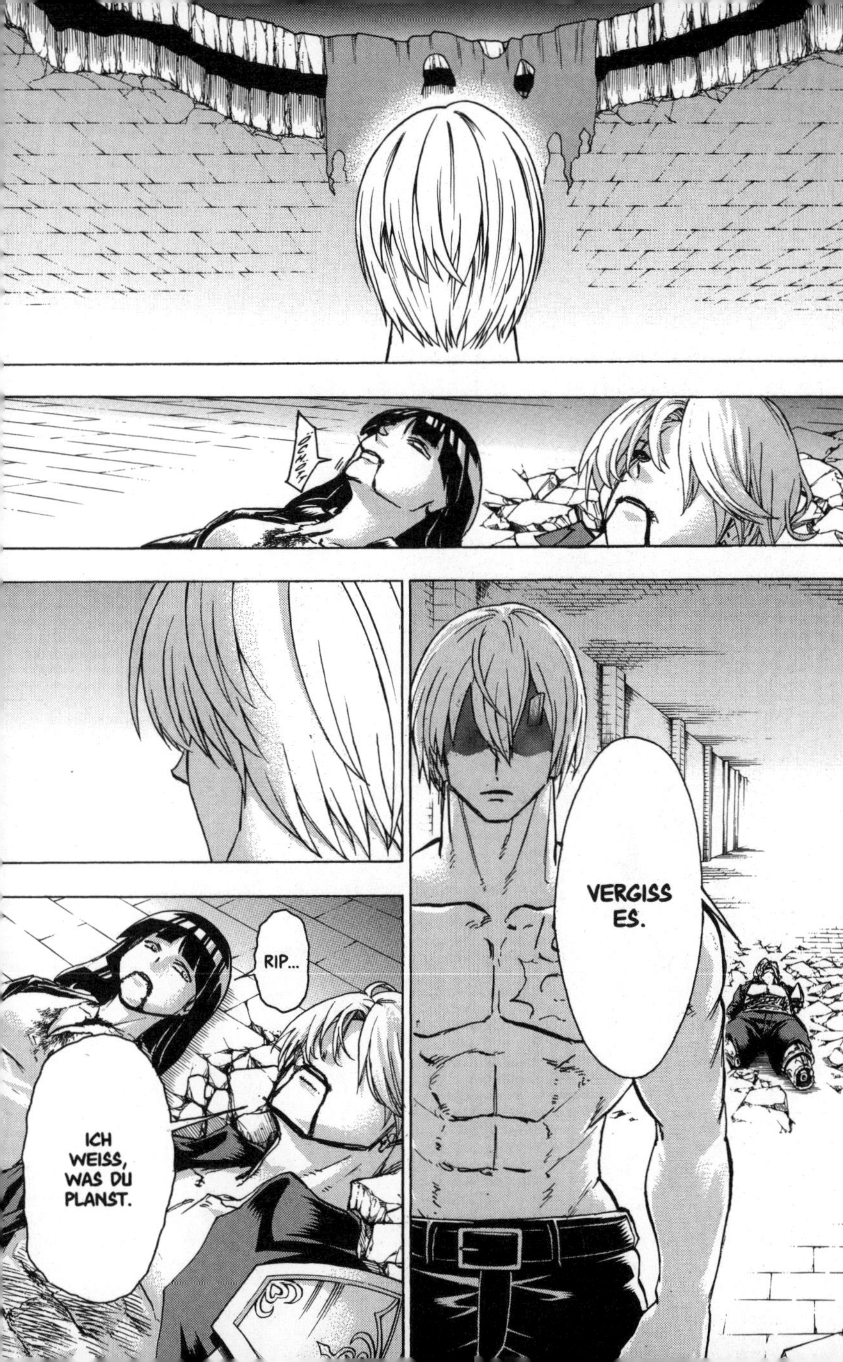
ÖCHÖ!!
RIP...
ICH WEISS, WAS DU PLANST.
VERGISS ES.

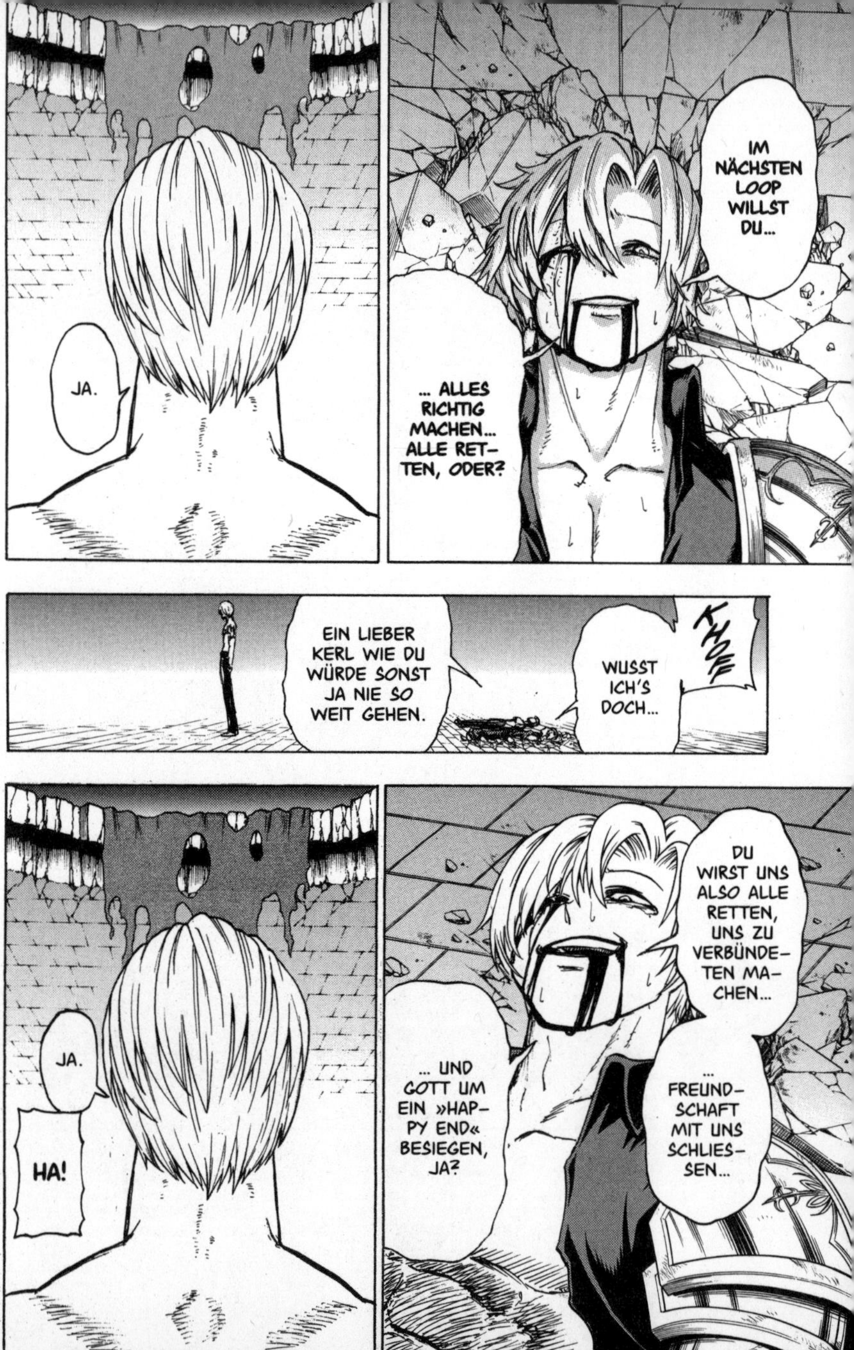
IM NÄCHSTEN LOOP WILLST DU...
... ALLES RICHTIG MACHEN... ALLE RETTEN, ODER?
JA.
KHOFF
WUSST ICH'S DOCH...
EIN LIEBER KERL WIE DU WÜRDE SONST JA NIE SO WEIT GEHEN.
DU WIRST UNS ALSO ALLE RETTEN, UNS ZU VERBÜNDETEN MACHEN...
... FREUNDSCHAFT MIT UNS SCHLIESSEN...
... UND GOTT UM EIN »HAPPY END« BESIEGEN, JA?
JA.
HA!

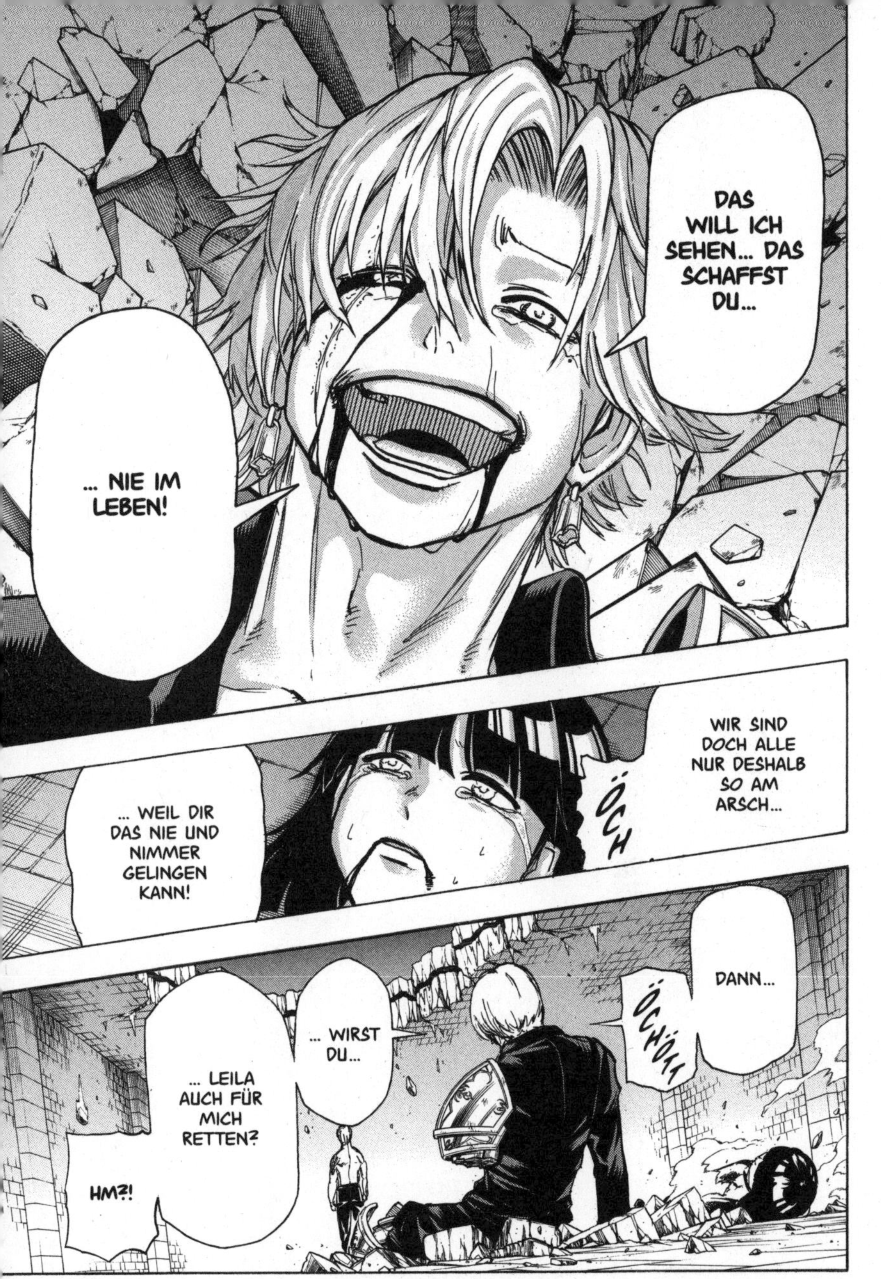
DAS WILL ICH SEHEN... DAS SCHAFFST DU...
... NIE IM LEBEN!
WIR SIND DOCH ALLE NUR DESHALB SO AM ARSCH...
ÖCH
... WEIL DIR DAS NIE UND NIMMER GELINGEN KANN!
DANN...
ÖCHÖ!!
... WIRST DU...
... LEILA AUCH FÜR MICH RETTEN?
HM?!

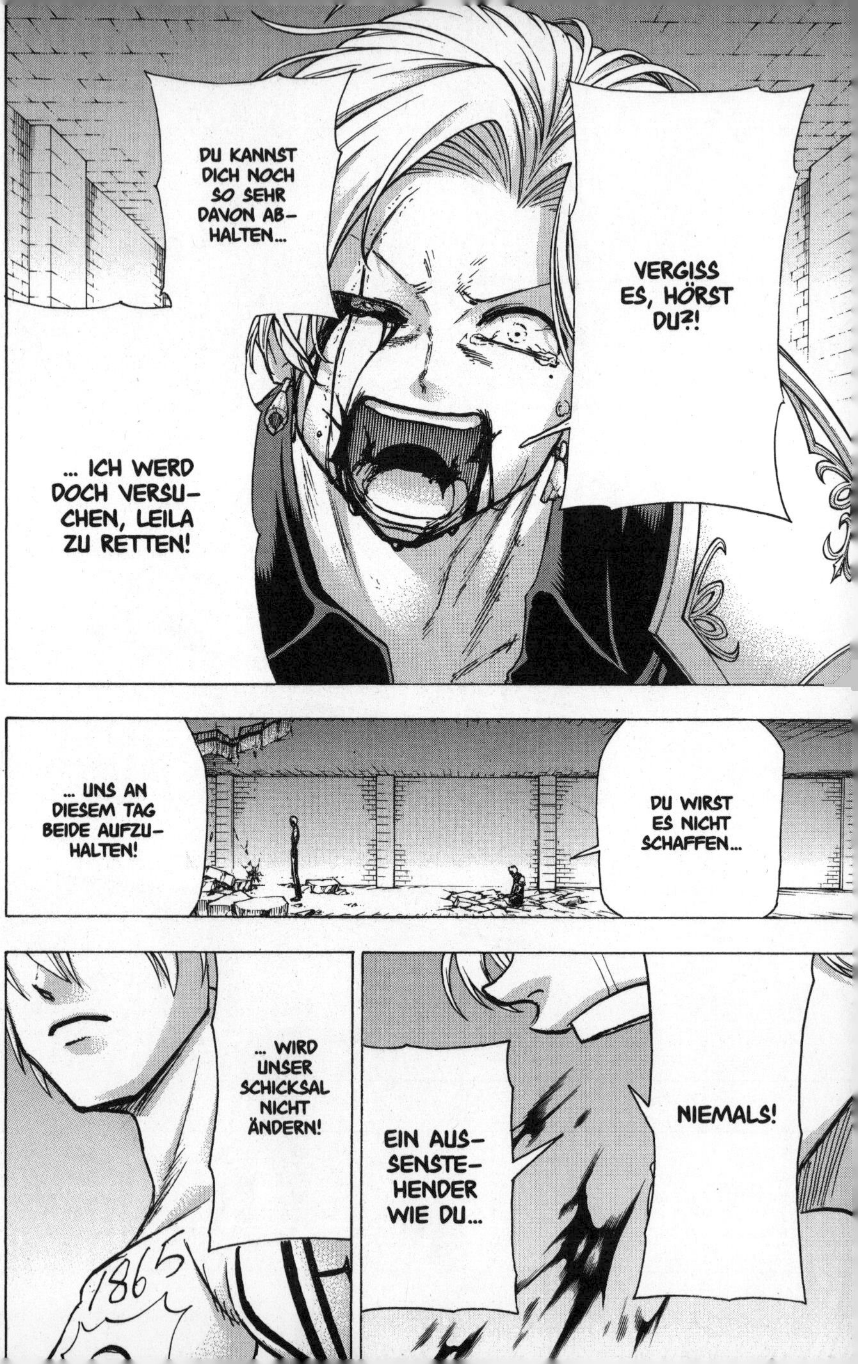
VERGISS ES, HÖRST DU?!
DU KANNST DICH NOCH SO SEHR DAVON ABHALTEN...
... ICH WERD DOCH VERSUCHEN, LEILA ZU RETTEN!
DU WIRST ES NICHT SCHAFFEN...
... UNS AN DIESEM TAG BEIDE AUFZUHALTEN!
NIEMALS!
EIN AUSSENSTEHENDER WIE DU...
... WIRD UNSER SCHICKSAL NICHT ÄNDERN!
1865

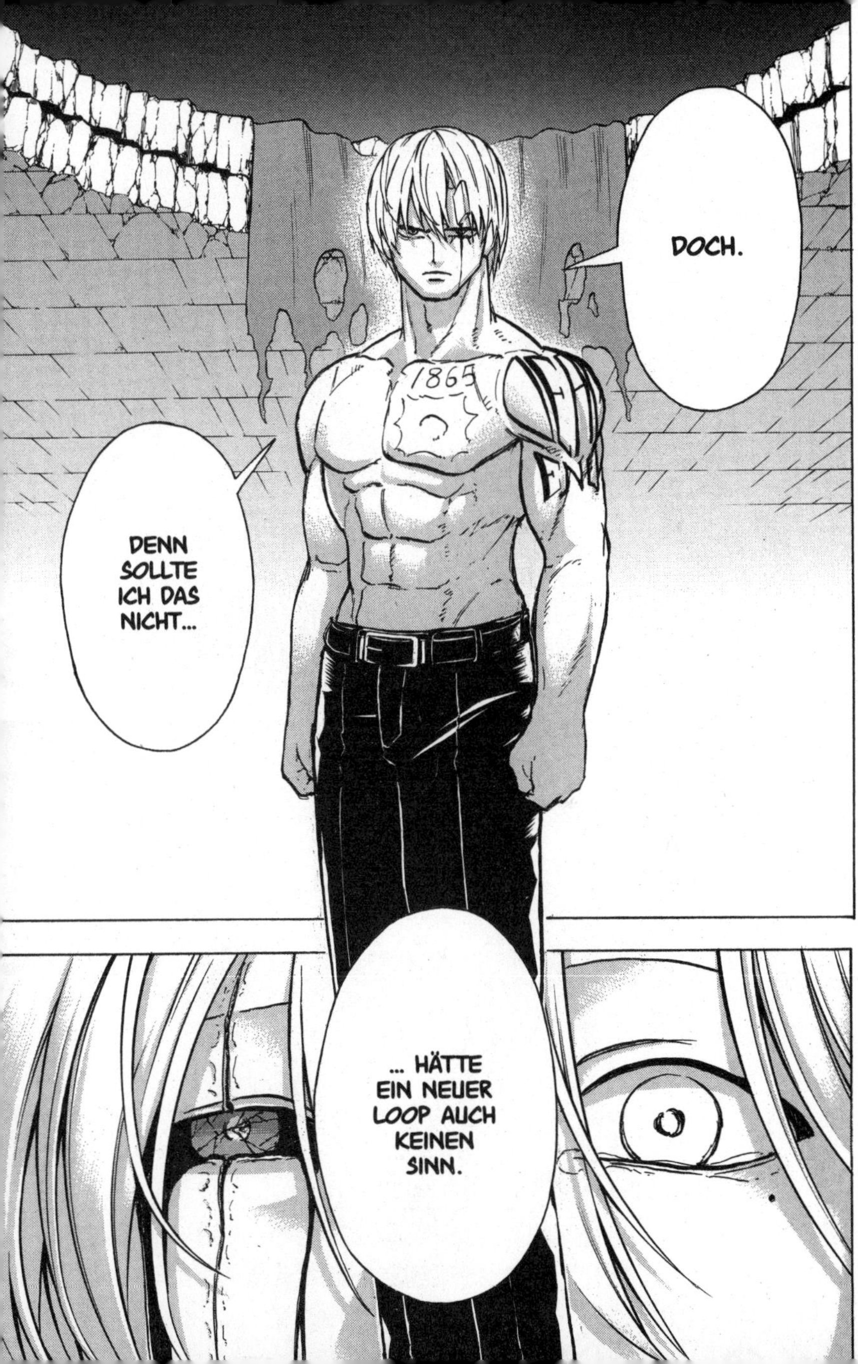
DOCH.
DENN SOLLTE ICH DAS NICHT...
... HÄTTE EIN NEUER LOOP AUCH KEINEN SINN.

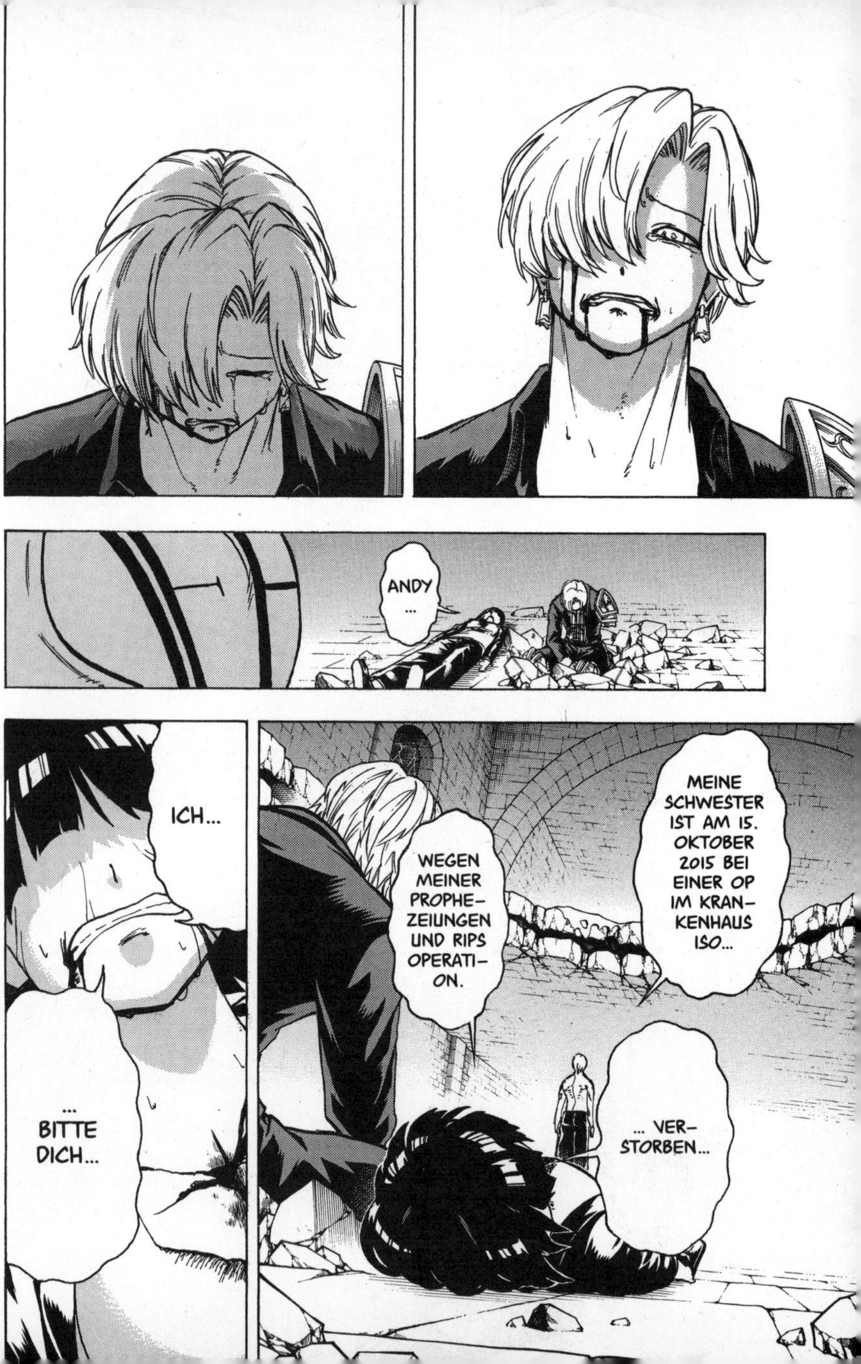
ANDY …
MEINE SCHWESTER IST AM 15. OKTOBER 2015 BEI EINER OP IM KRANKENHAUS ISO…
WEGEN MEINER PROPHEZEIUNGEN UND RIPS OPERATION.
… VERSTORBEN…
ICH…
… BITTE DICH…

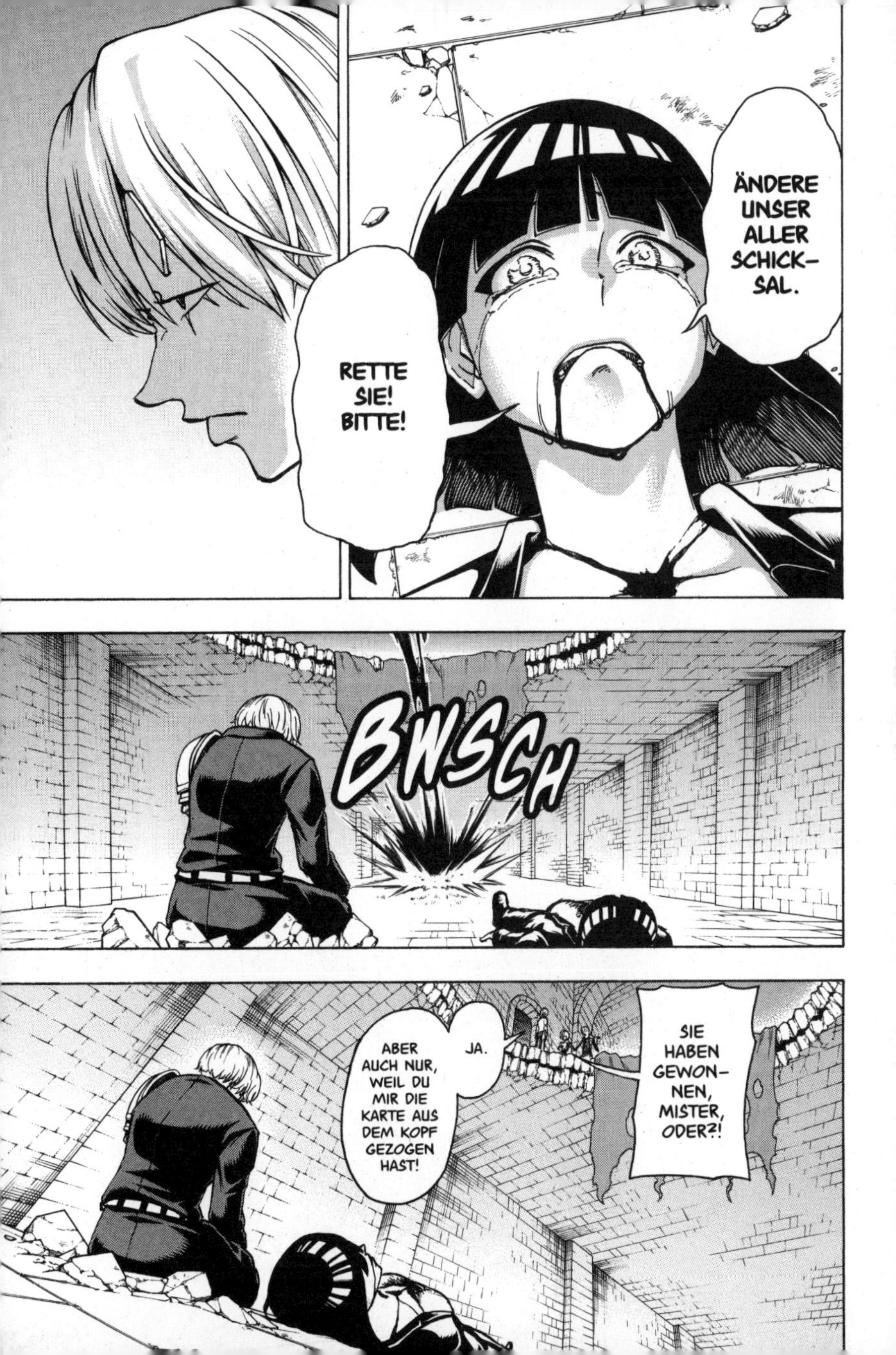
ÄNDERE UNSER ALLER SCHICK-SAL.
RETTE SIE! BITTE!
BWSCH
SIE HABEN GEWON-NEN, MISTER, ODER?!
JA.
ABER AUCH NUR, WEIL DU MIR DIE KARTE AUS DEM KOPF GEZOGEN HAST!

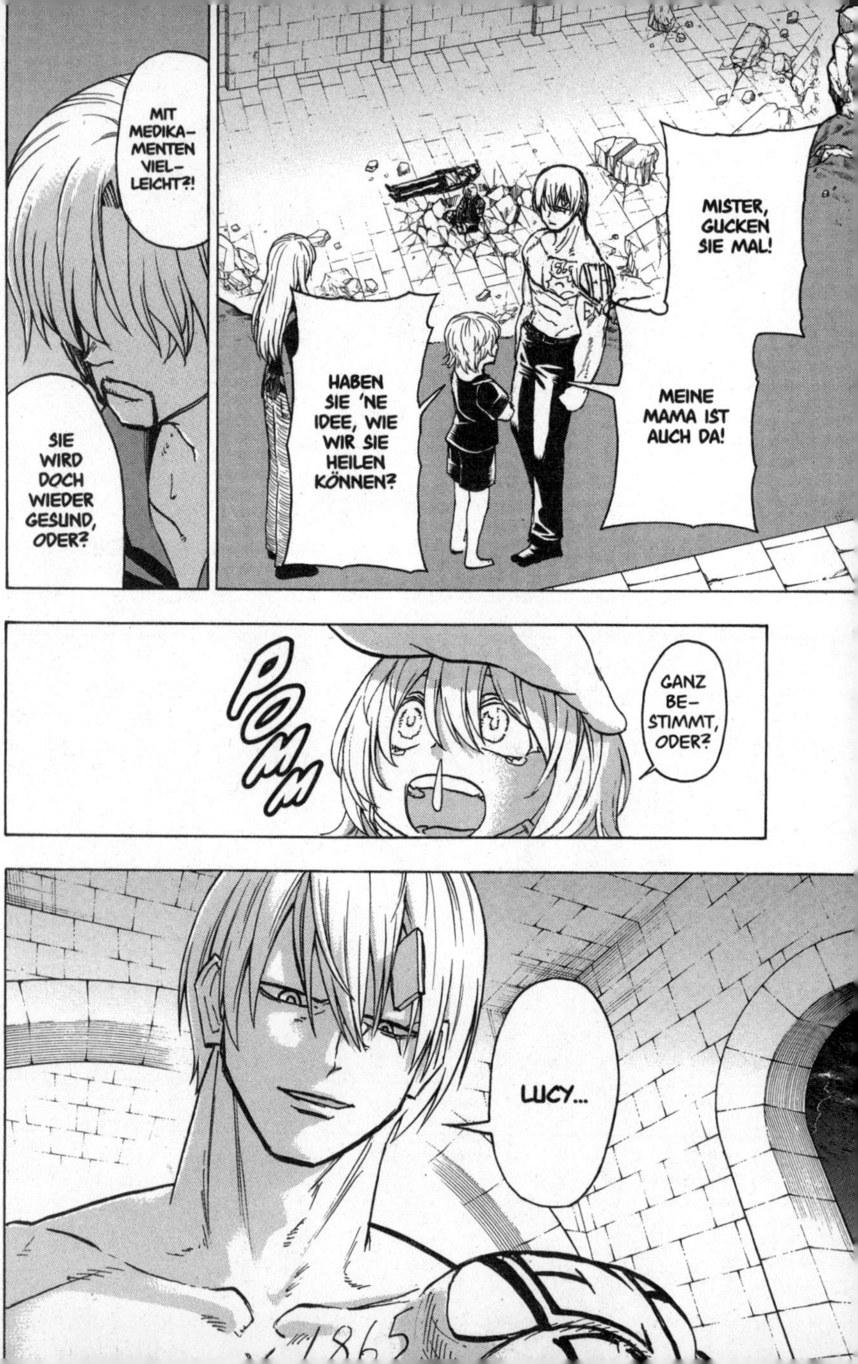
MISTER, GUCKEN SIE MAL!
MEINE MAMA IST AUCH DA!
HABEN SIE 'NE IDEE, WIE WIR SIE HEILEN KÖNNEN?
MIT MEDIKA-MENTEN VIEL-LEICHT?!
SIE WIRD DOCH WIEDER GESUND, ODER?
GANZ BE-STIMMT, ODER?
POMM
LUCY...
1865

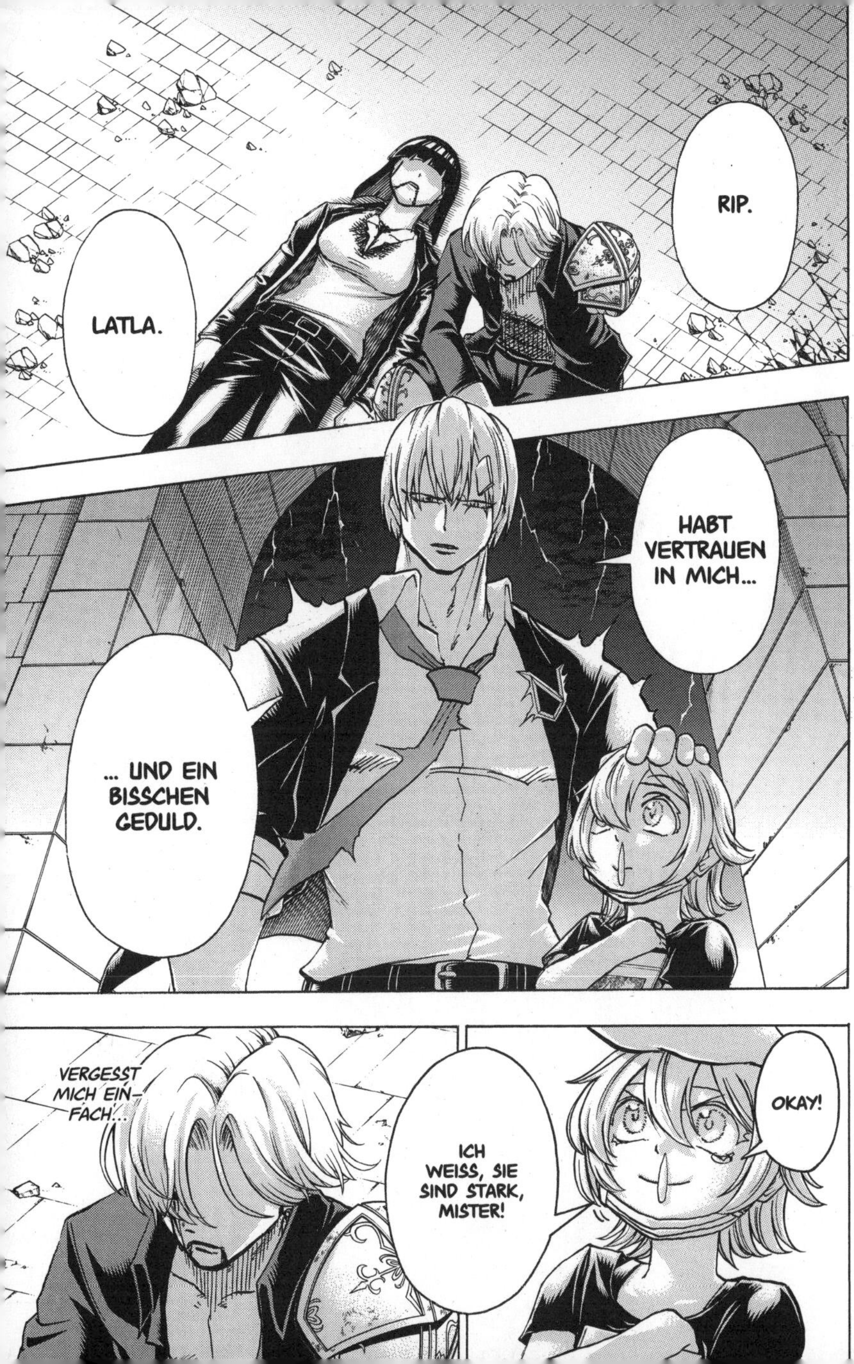
RIP.
LATLA.
HABT VERTRAUEN IN MICH...
... UND EIN BISSCHEN GEDULD.
OKAY!
ICH WEISS, SIE SIND STARK, MISTER!
VERGESST MICH EIN-FACH...

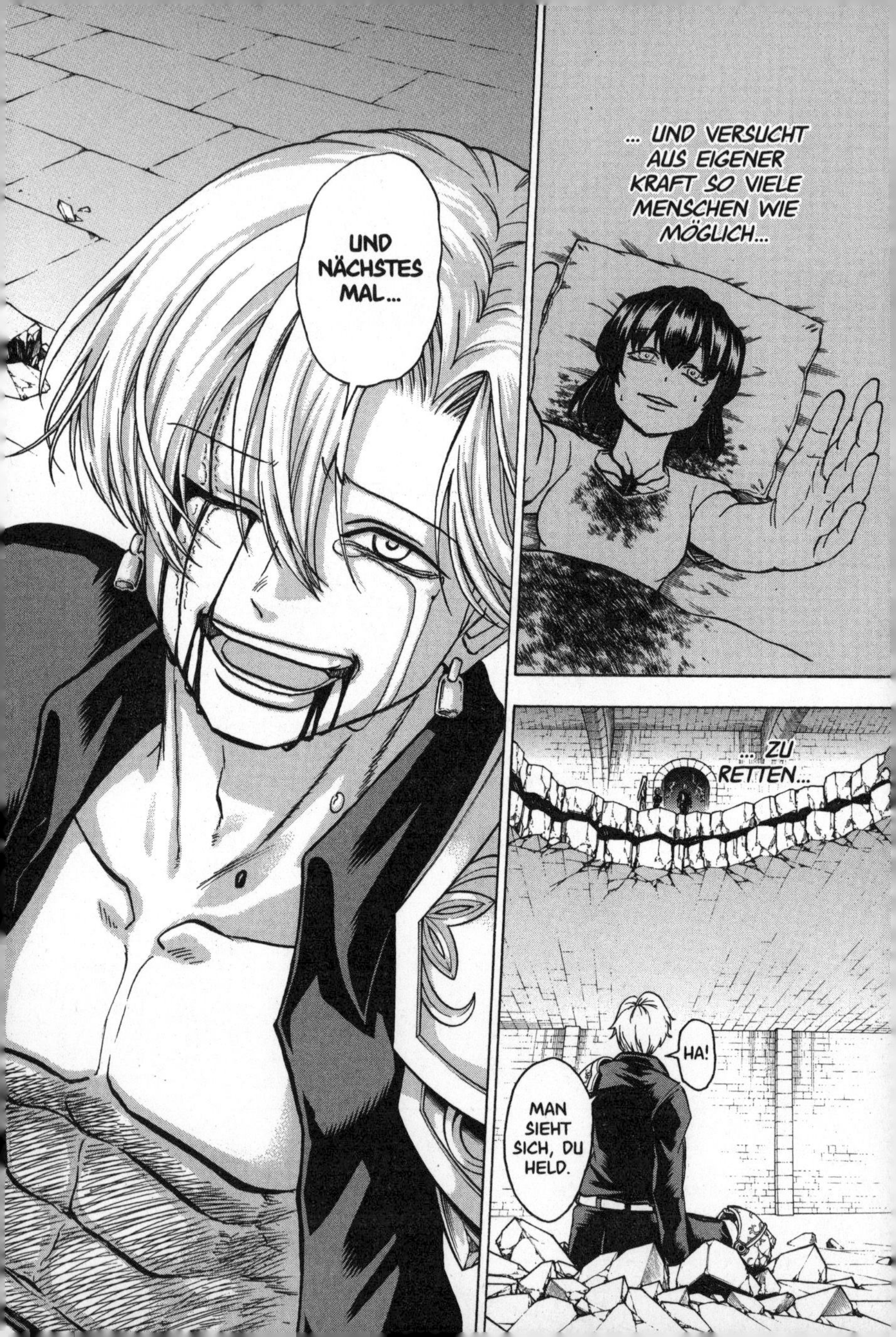
... UND VERSUCHT AUS EIGENER KRAFT SO VIELE MENSCHEN WIE MÖGLICH...
UND NÄCHSTES MAL...
... ZU RETTEN...
HA!
MAN SIEHT SICH, DU HELD.

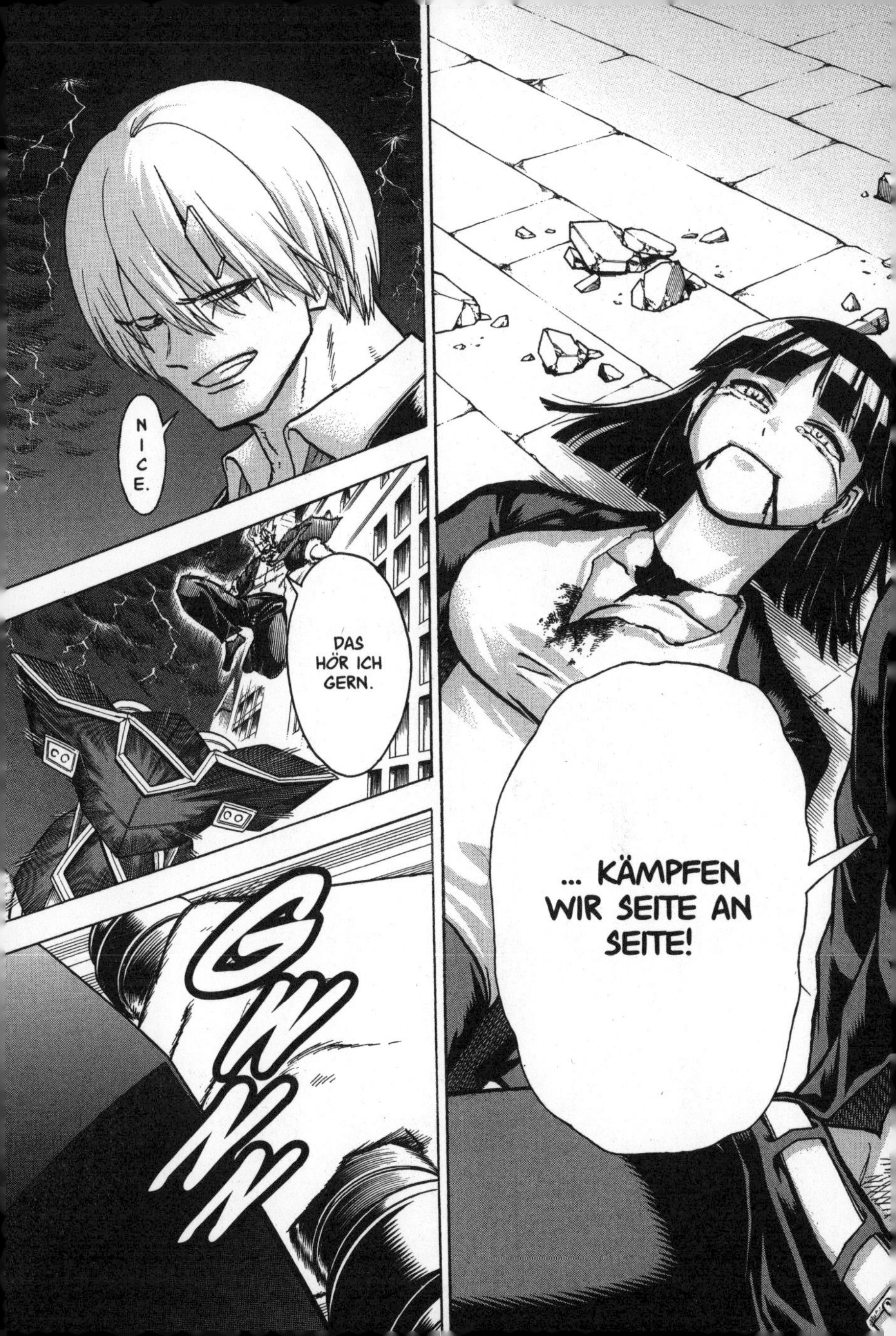
... KÄMPFEN WIR SEITE AN SEITE!
NICE.
DAS HÖR ICH GERN.

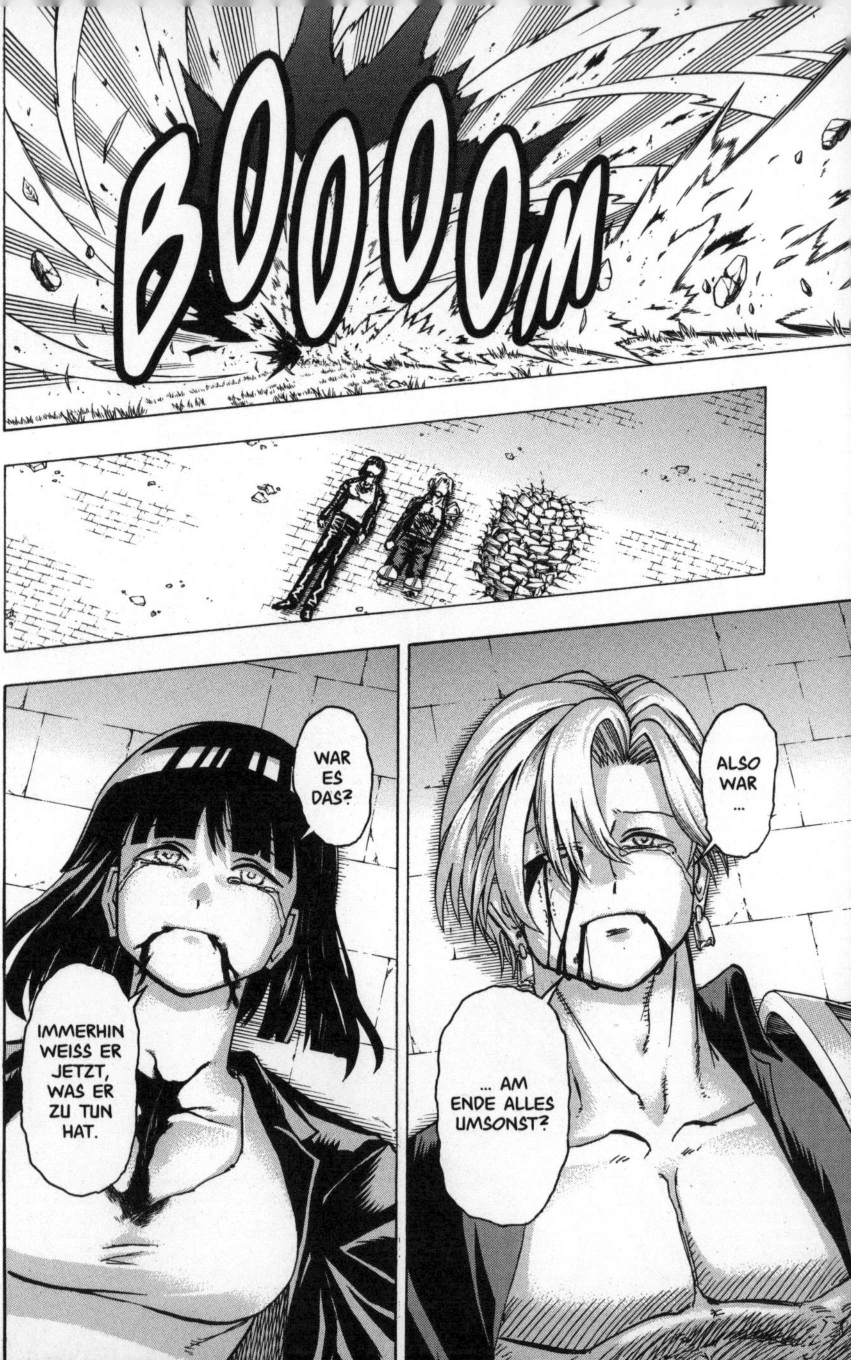
BOOOOM
ALSO WAR ...
... AM ENDE ALLES UMSONST?
WAR ES DAS?
IMMERHIN WEISS ER JETZT, WAS ER ZU TUN HAT.

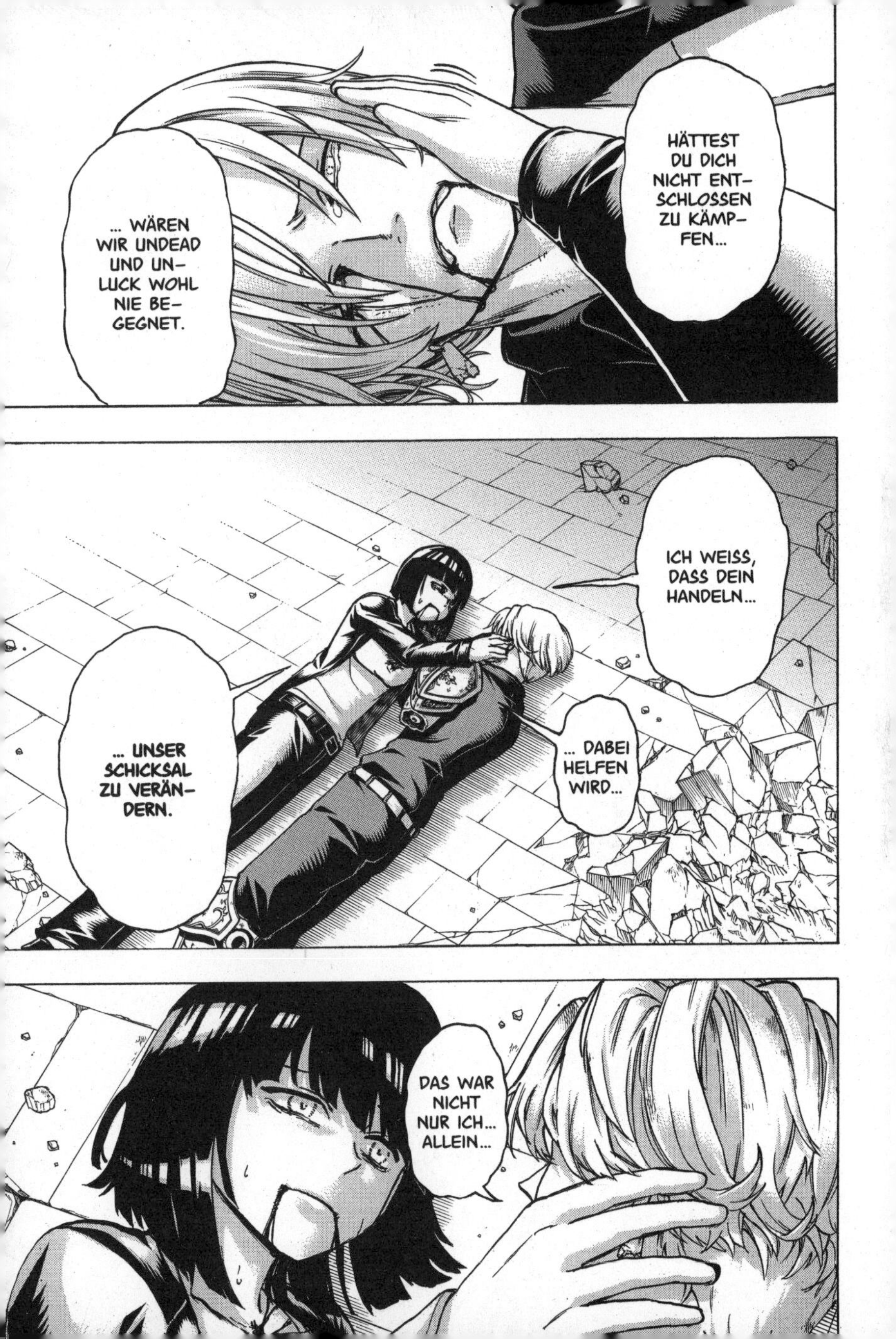
HÄTTEST DU DICH NICHT ENT-SCHLOSSEN ZU KÄMP-FEN...
... WÄREN WIR UNDEAD UND UN-LUCK WOHL NIE BE-GEGNET.
ICH WEISS, DASS DEIN HANDELN...
... DABEI HELFEN WIRD...
... UNSER SCHICKSAL ZU VERÄN-DERN.
DAS WAR NICHT NUR ICH... ALLEIN...

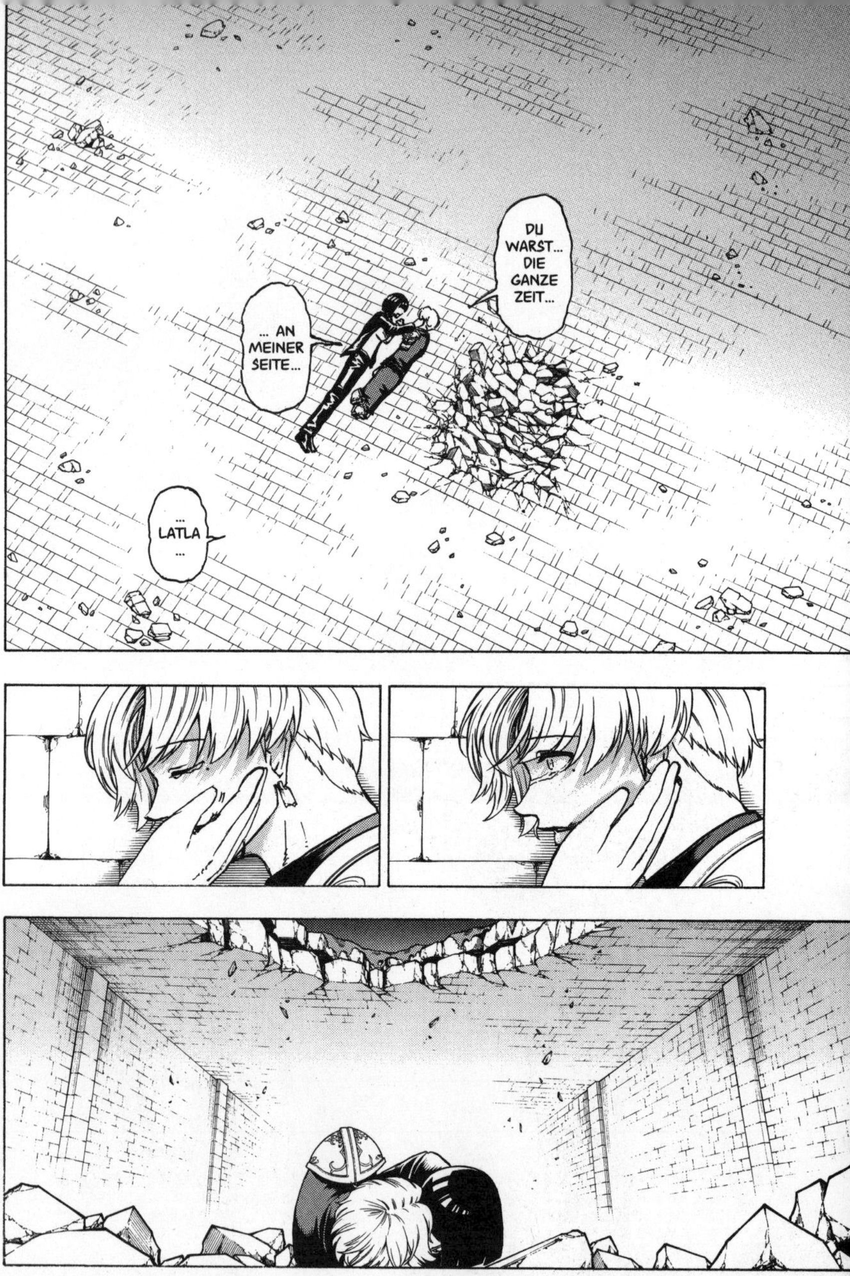
DU WARST... DIE GANZE ZEIT...
... AN MEINER SEITE...
... LATLA ...

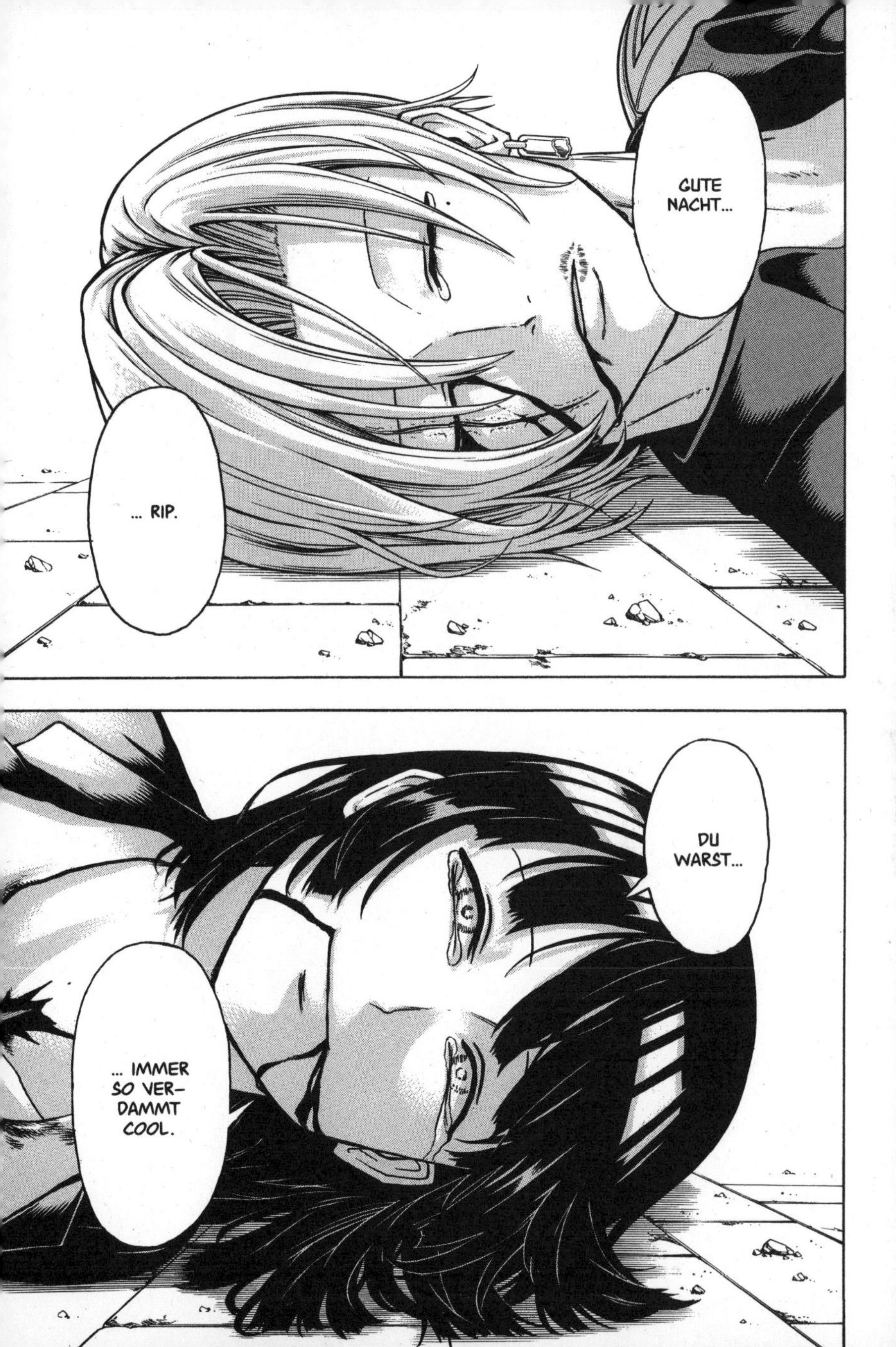
GUTE NACHT...
... RIP.
DU WARST...
... IMMER SO VERDAMMT COOL.

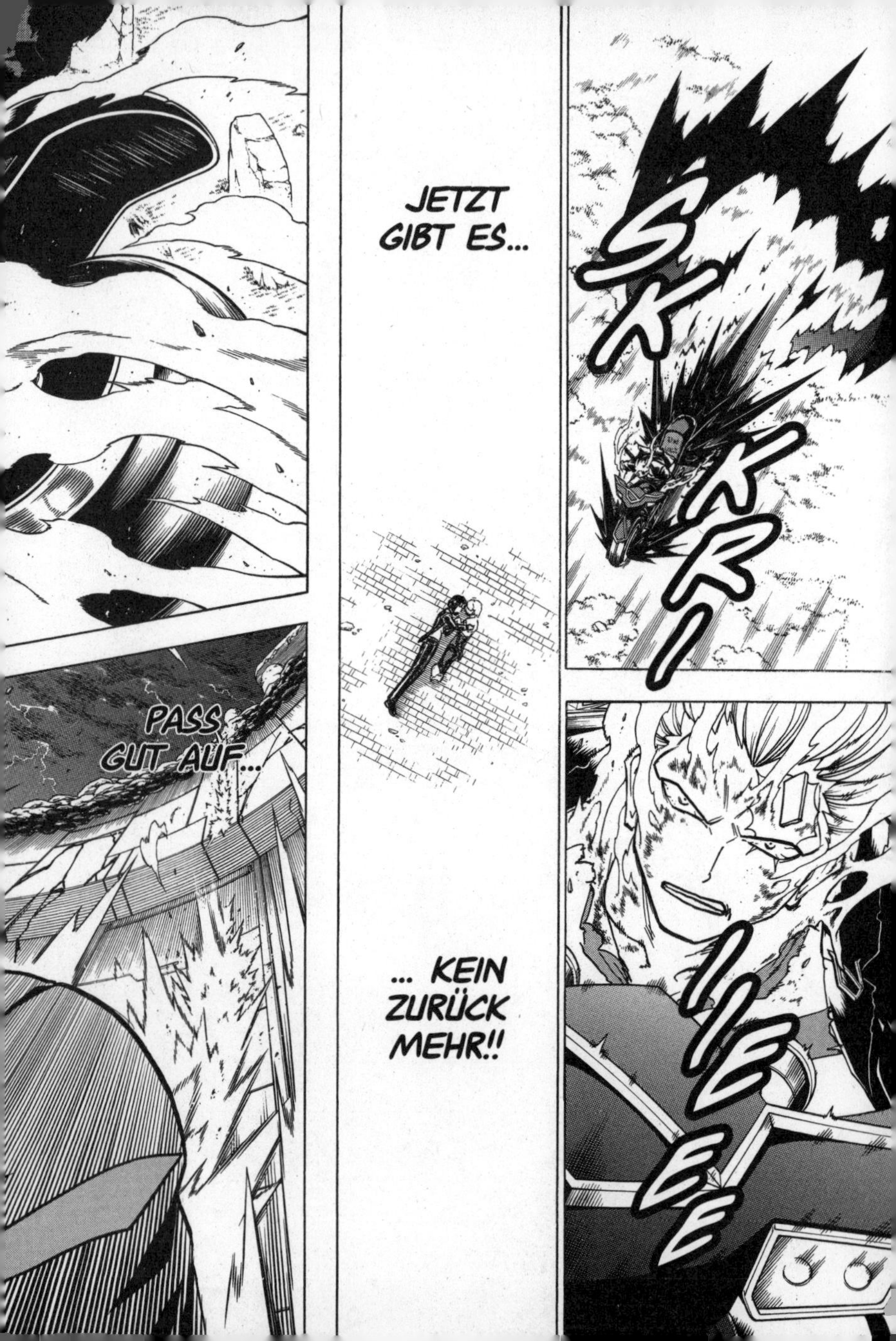
JETZT GIBT ES...
... KEIN ZURÜCK MEHR!!
PASS GUT AUF...

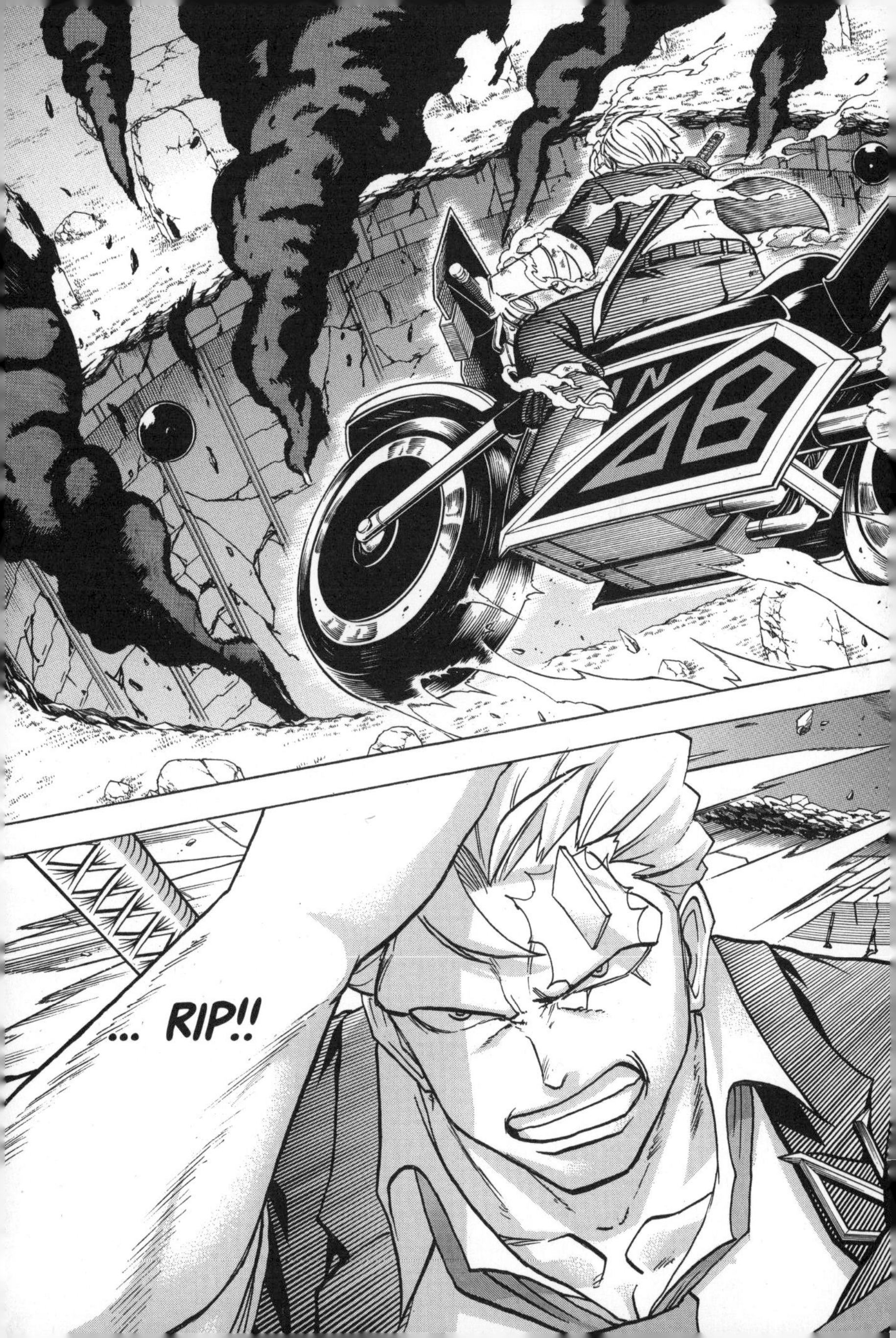
... RIP!!

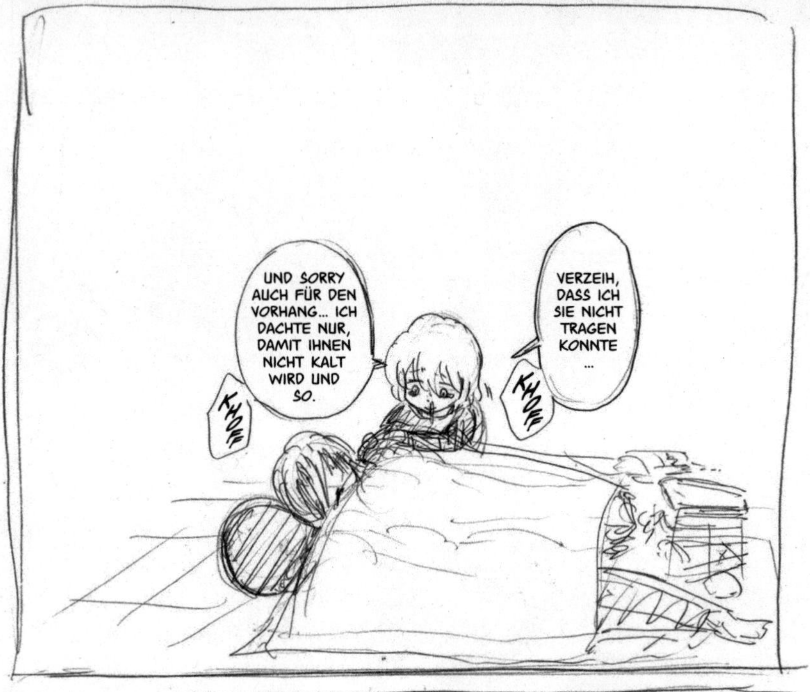
VERZEIH, DASS ICH SIE NICHT TRAGEN KONNTE ...
KHOFF
UND SORRY AUCH FÜR DEN VORHANG... ICH DACHTE NUR, DAMIT IHNEN NICHT KALT WIRD UND SO.
KHOFF
URGH ...
WIR MÜSSEN ABER AUCH REGELMÄSSIG SEIN GRAB BESUCHEN, OKAY?!
WEIL...
... DER MANN DA HAT DIR GEHOLFEN, MAMA!
OBWOHL ER GEGEN DEN ANDEREN MANN GEKÄMPFT HAT...
... IST ER EIN GUTER MENSCH.

POST AUF X

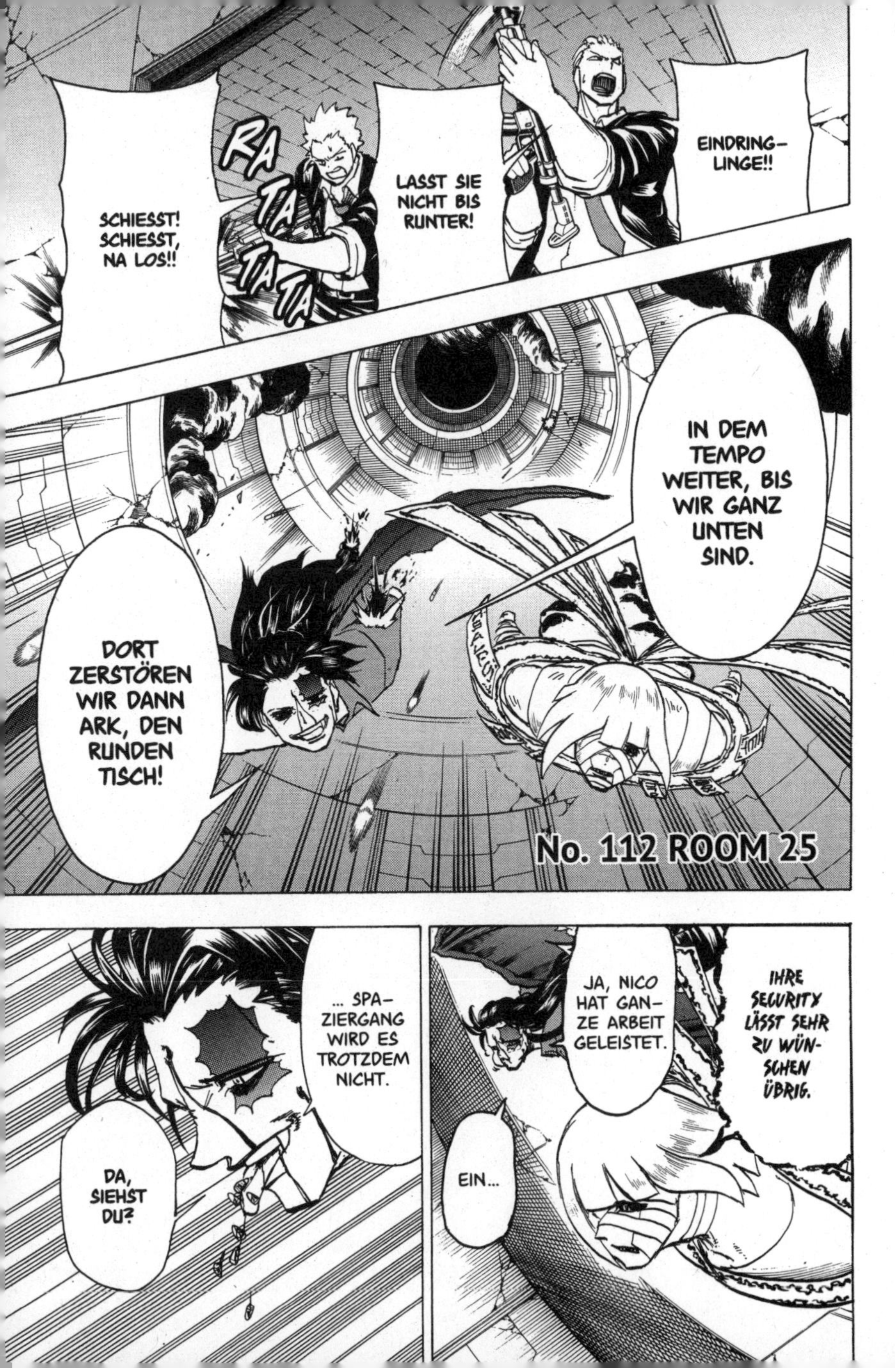
EINDRINGLINGE!!
LASST SIE NICHT BIS RUNTER!
RA TA TA TA
SCHIESST! SCHIESST, NA LOS!!
IN DEM TEMPO WEITER, BIS WIR GANZ UNTEN SIND.
DORT ZERSTÖREN WIR DANN ARK, DEN RUNDEN TISCH!
No. 112 ROOM 25
IHRE SECURITY LÄSST SEHR ZU WÜNSCHEN ÜBRIG.
JA, NICO HAT GANZE ARBEIT GELEISTET.
EIN...
... SPAZIERGANG WIRD ES TROTZDEM NICHT.
DA, SIEHST DU?

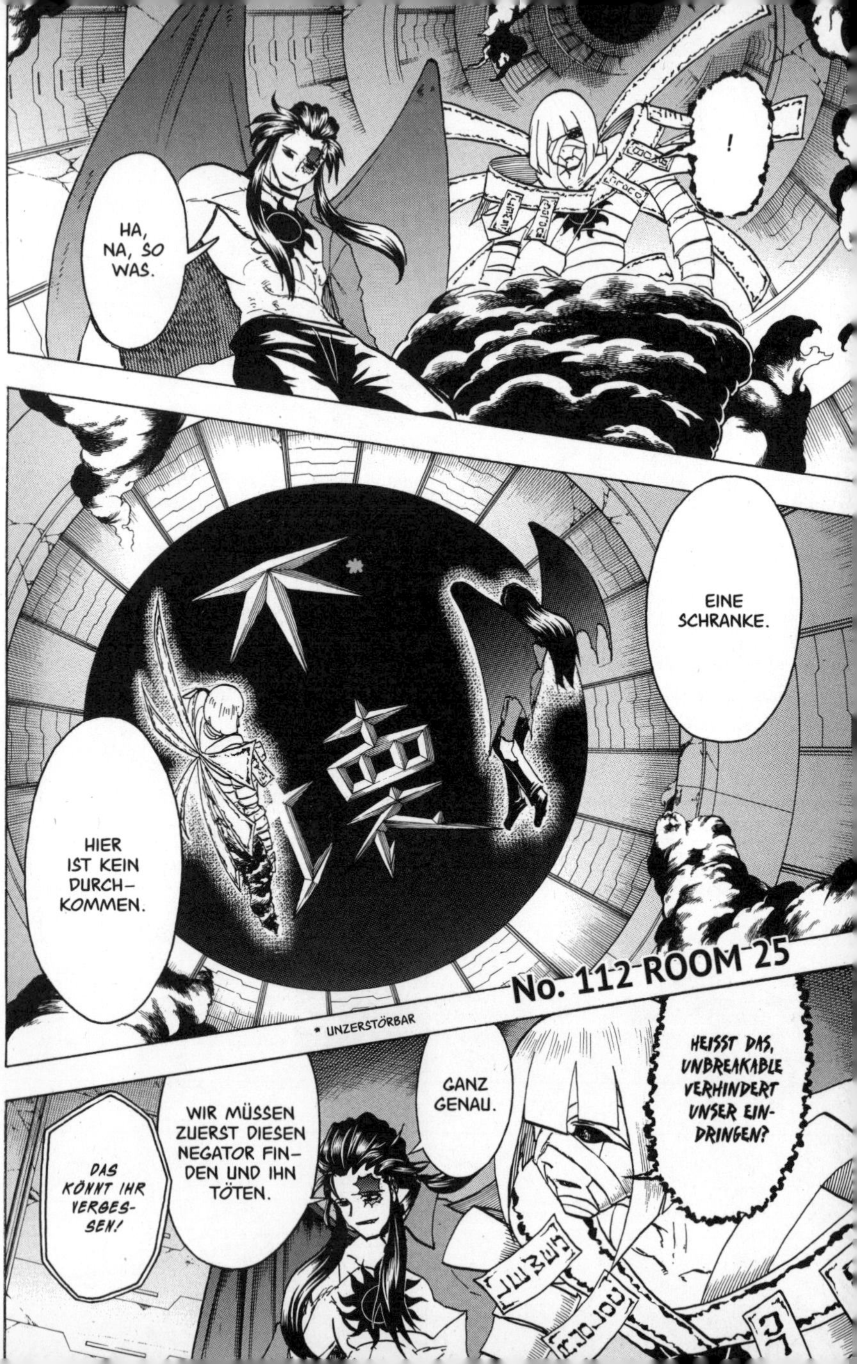
!
HA, NA, SO WAS.
EINE SCHRANKE.
HIER IST KEIN DURCH-KOMMEN.
No. 112 ROOM 25
* UNZERSTÖRBAR
HEISST DAS, UNBREAKABLE VERHINDERT UNSER EIN-DRINGEN?
GANZ GENAU.
WIR MÜSSEN ZUERST DIESEN NEGATOR FIN-DEN UND IHN TÖTEN.
DAS KÖNNT IHR VERGES-SEN!

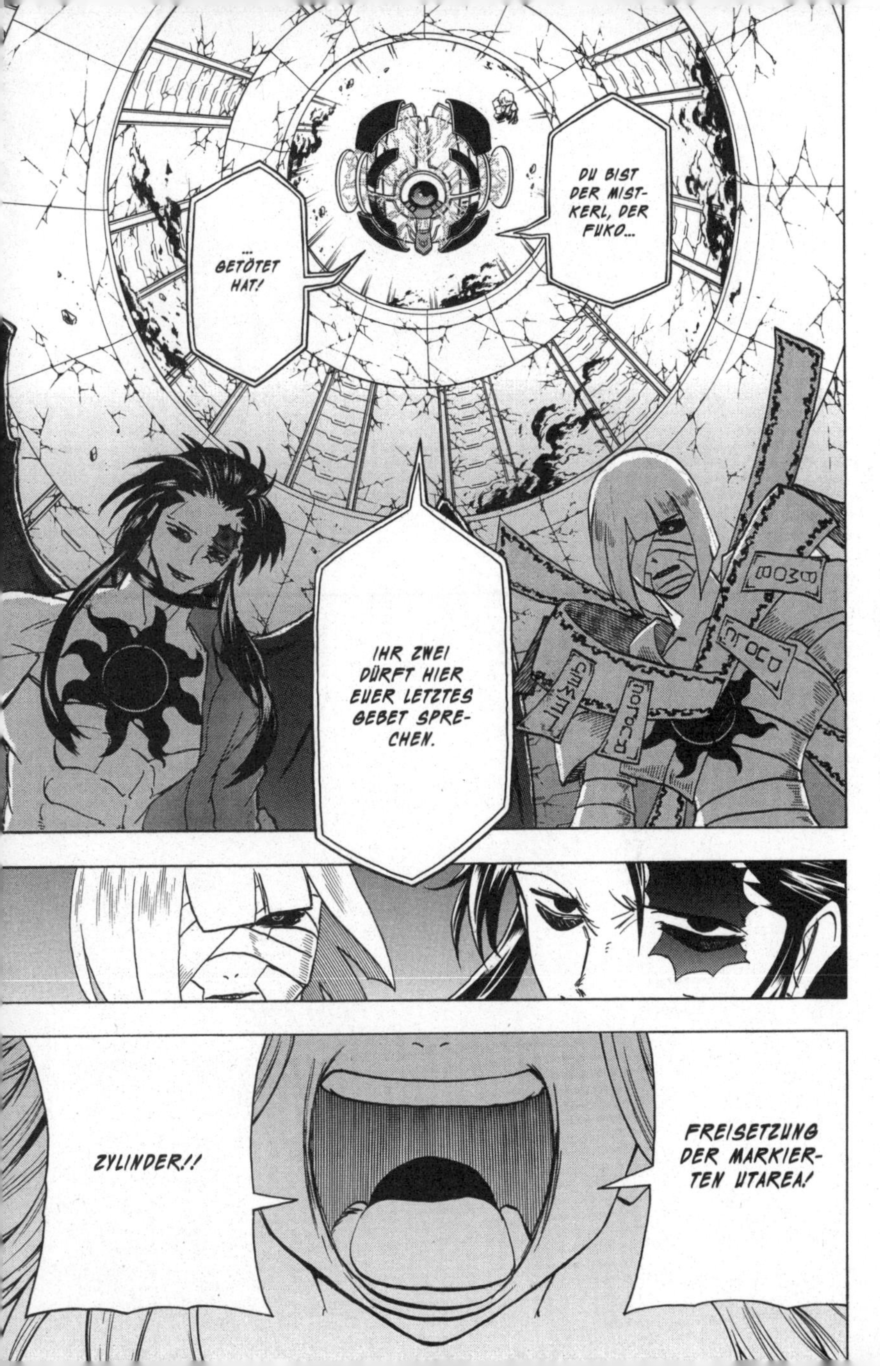
DU BIST DER MIST-KERL, DER FUKO...
... GETÖTET HAT!
IHR ZWEI DÜRFT HIER EUER LETZTES GEBET SPRE-CHEN.
FREISETZUNG DER MARKIER-TEN UTAREA!
ZYLINDER!!

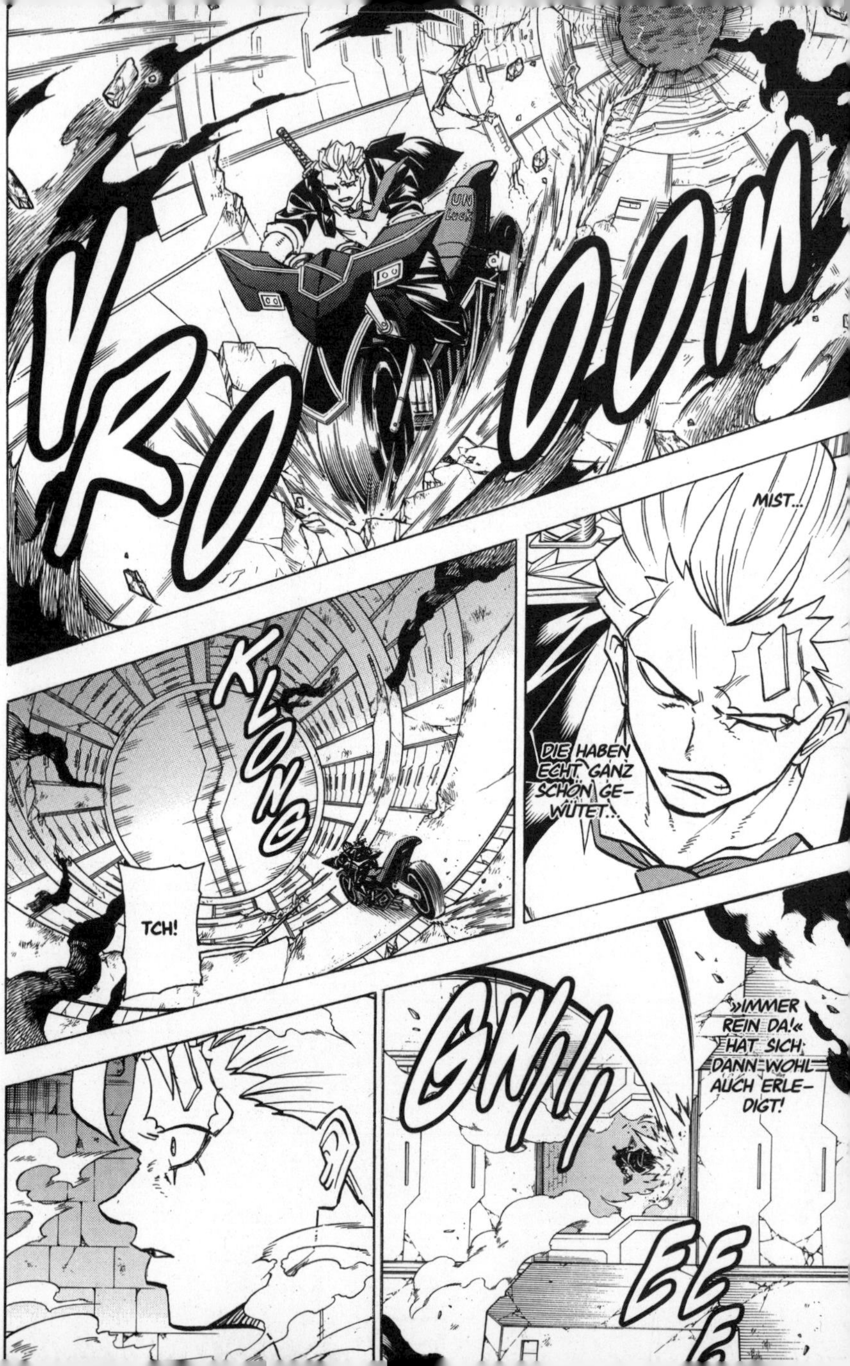
MIST...
DIE HABEN ECHT GANZ SCHÖN GE-WÜTET...
KLONG
TCH!
»IMMER REIN DA!« HAT SICH DANN WOHL AUCH ERLEDIGT!

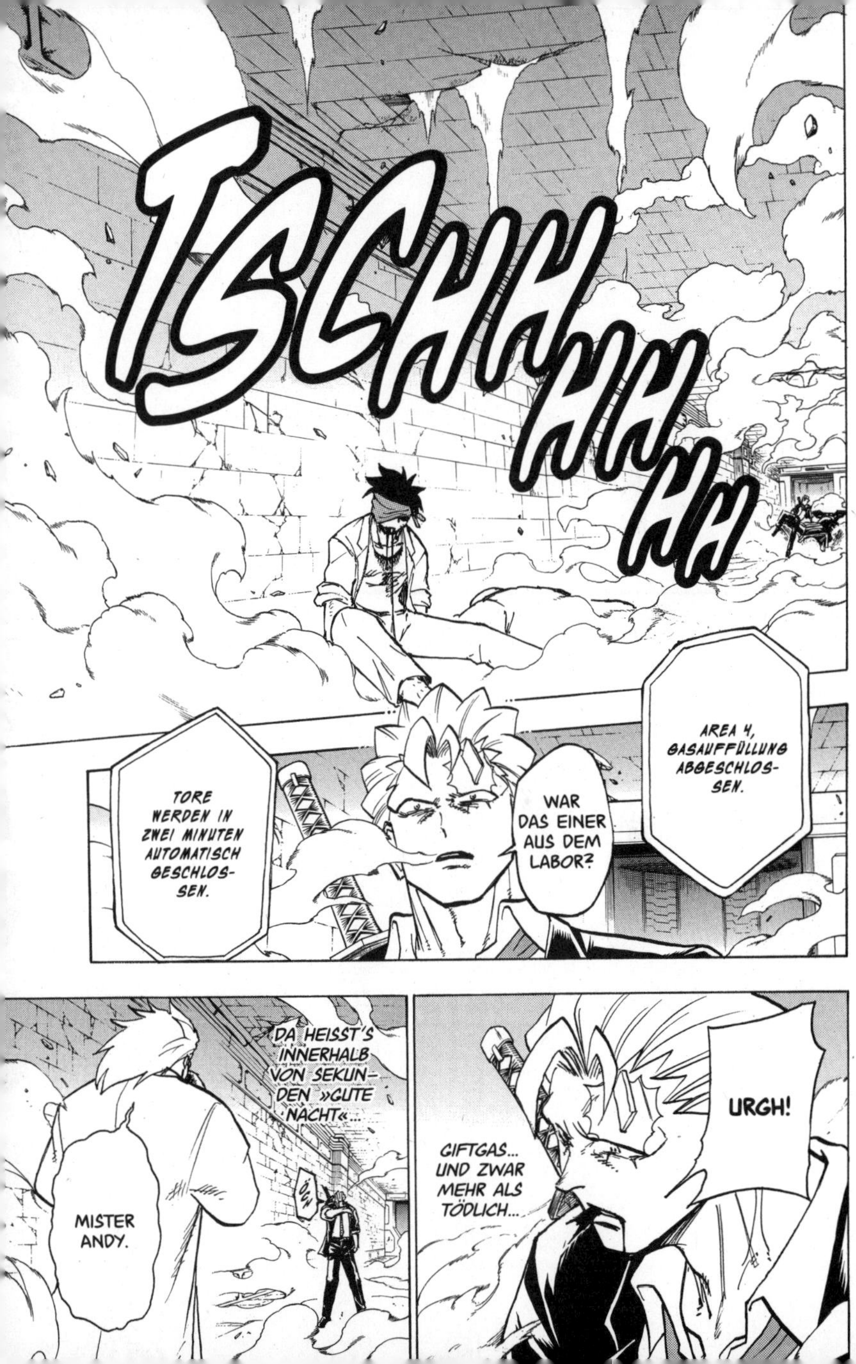
TSCHHHHH
AREA 4, GASAUFFÜLLUNG ABGESCHLOS-SEN.
WAR DAS EINER AUS DEM LABOR?
TORE WERDEN IN ZWEI MINUTEN AUTOMATISCH GESCHLOS-SEN.
URGH!
GIFTGAS... UND ZWAR MEHR ALS TÖDLICH...
DA HEISST'S INNERHALB VON SEKUN-DEN »GUTE NACHT«...
MISTER ANDY.

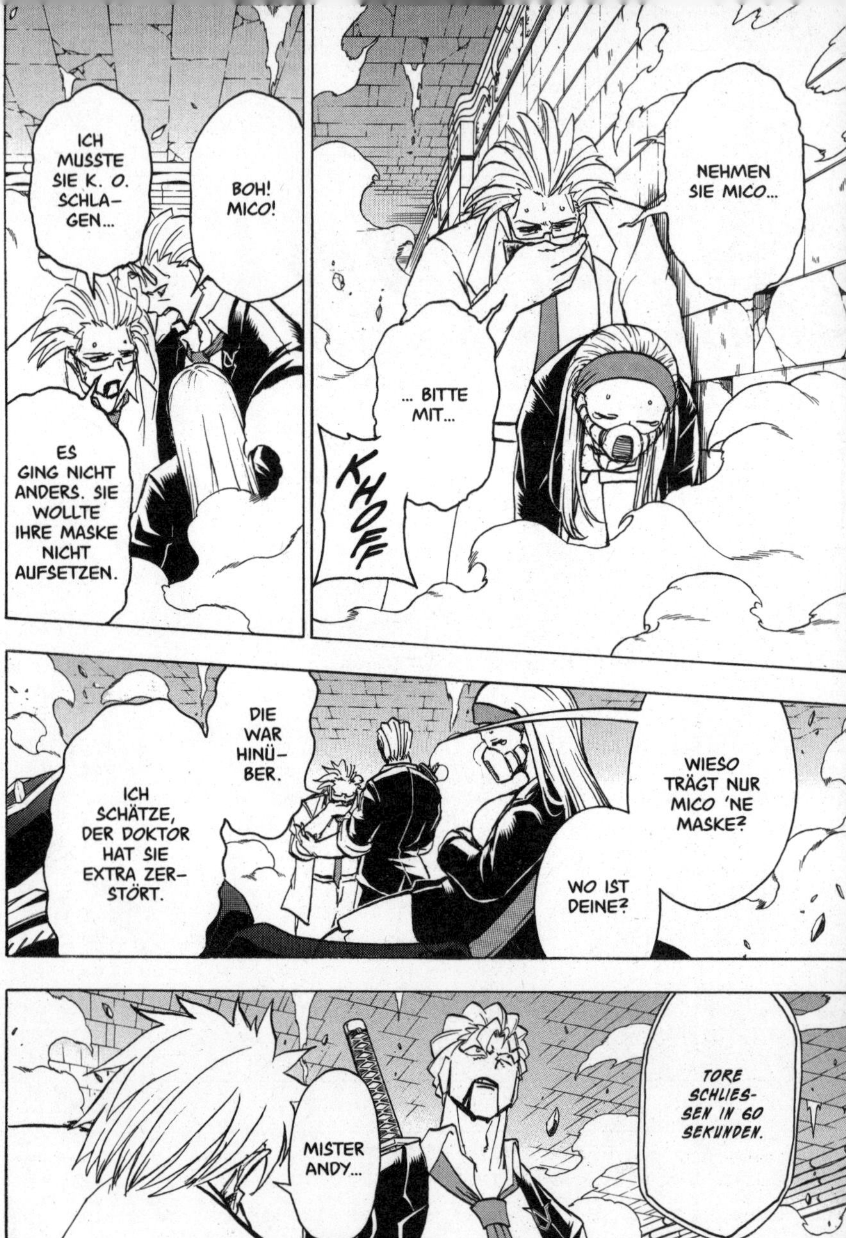
NEHMEN SIE MICO...
... BITTE MIT...
KHOFF
BOH! MICO!
ICH MUSSTE SIE K. O. SCHLA-GEN...
ES GING NICHT ANDERS. SIE WOLLTE IHRE MASKE NICHT AUFSETZEN.
WIESO TRÄGT NUR MICO 'NE MASKE?
WO IST DEINE?
DIE WAR HINÜ-BER.
ICH SCHÄTZE, DER DOKTOR HAT SIE EXTRA ZER-STÖRT.
TORE SCHLIES-SEN IN 60 SEKUNDEN.
MISTER ANDY...

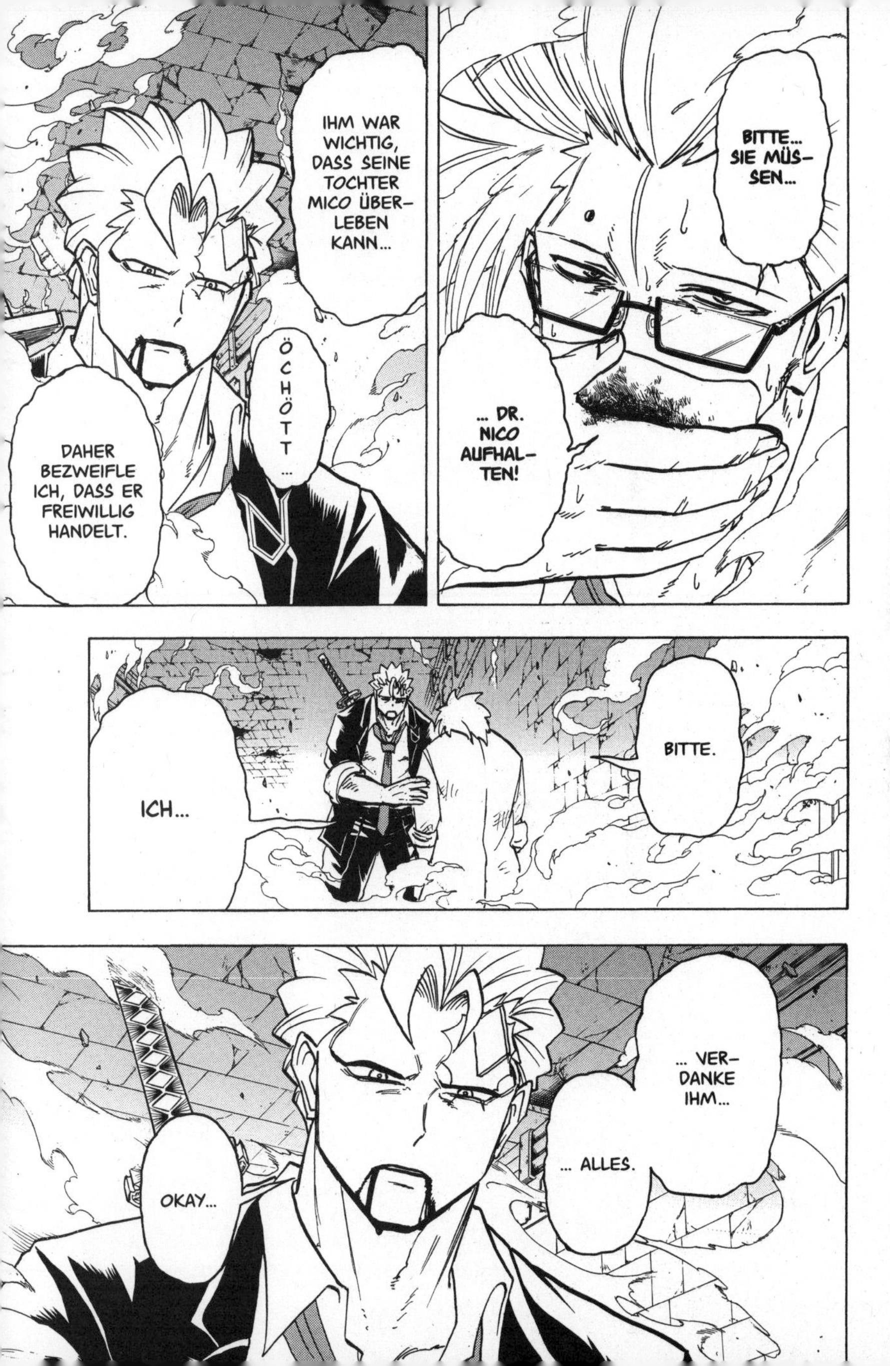
BITTE… SIE MÜS-SEN…
… DR. NICO AUFHAL-TEN!
IHM WAR WICHTIG, DASS SEINE TOCHTER MICO ÜBER-LEBEN KANN…
ÖCHÖTT…
DAHER BEZWEIFLE ICH, DASS ER FREIWILLIG HANDELT.
BITTE.
ICH…
… VER-DANKE IHM…
… ALLES.
OKAY…

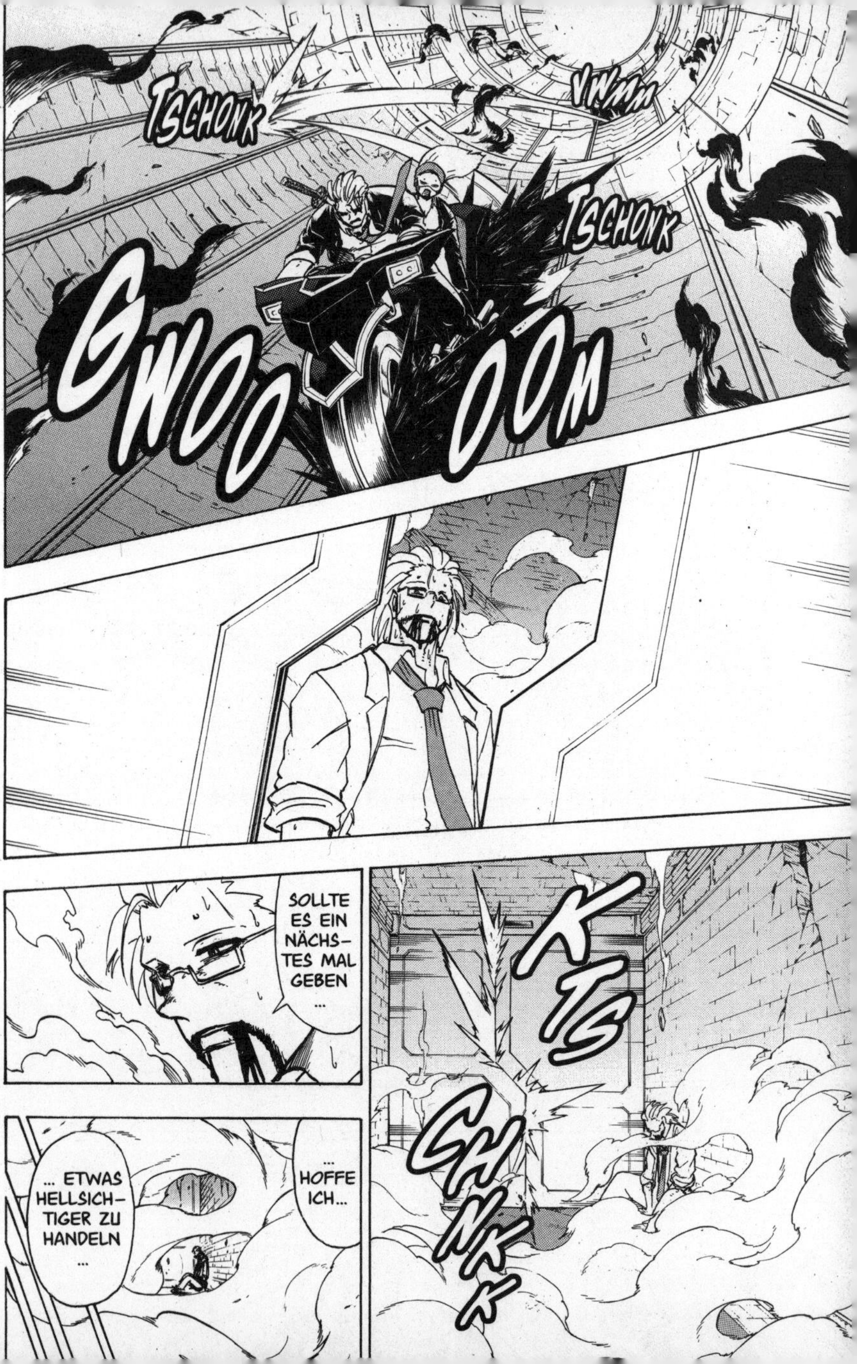
TSCHONK
VWMM
TSCHONK
GWOOOOOM
KTS
CHNKK
SOLLTE ES EIN NÄCHSTES MAL GEBEN ...
... HOFFE ICH...
... ETWAS HELLSICHTIGER ZU HANDELN ...

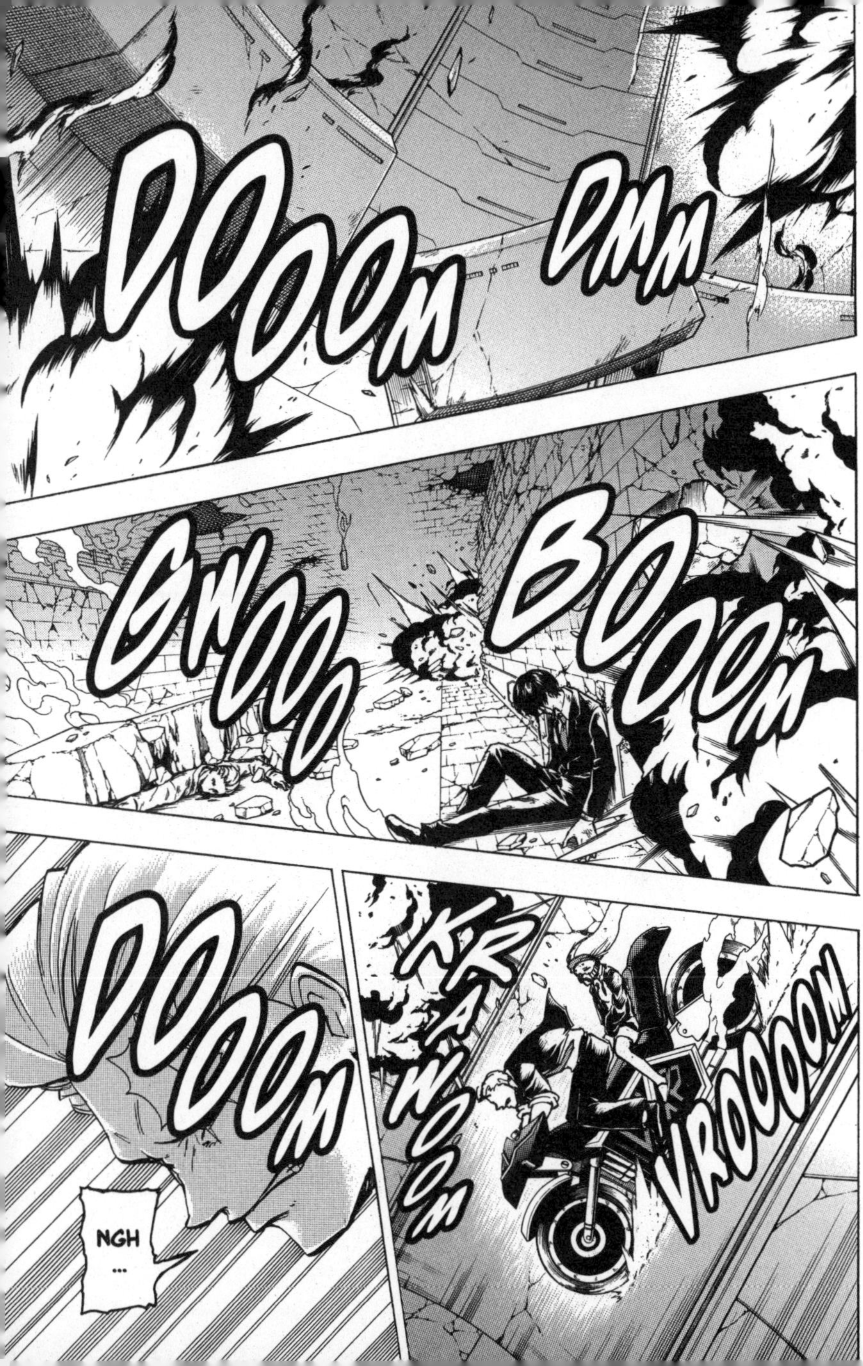
DOOOOM
BOOOOM
DOOOOM
KRAWOOOM
VROOOOM
NGH ...

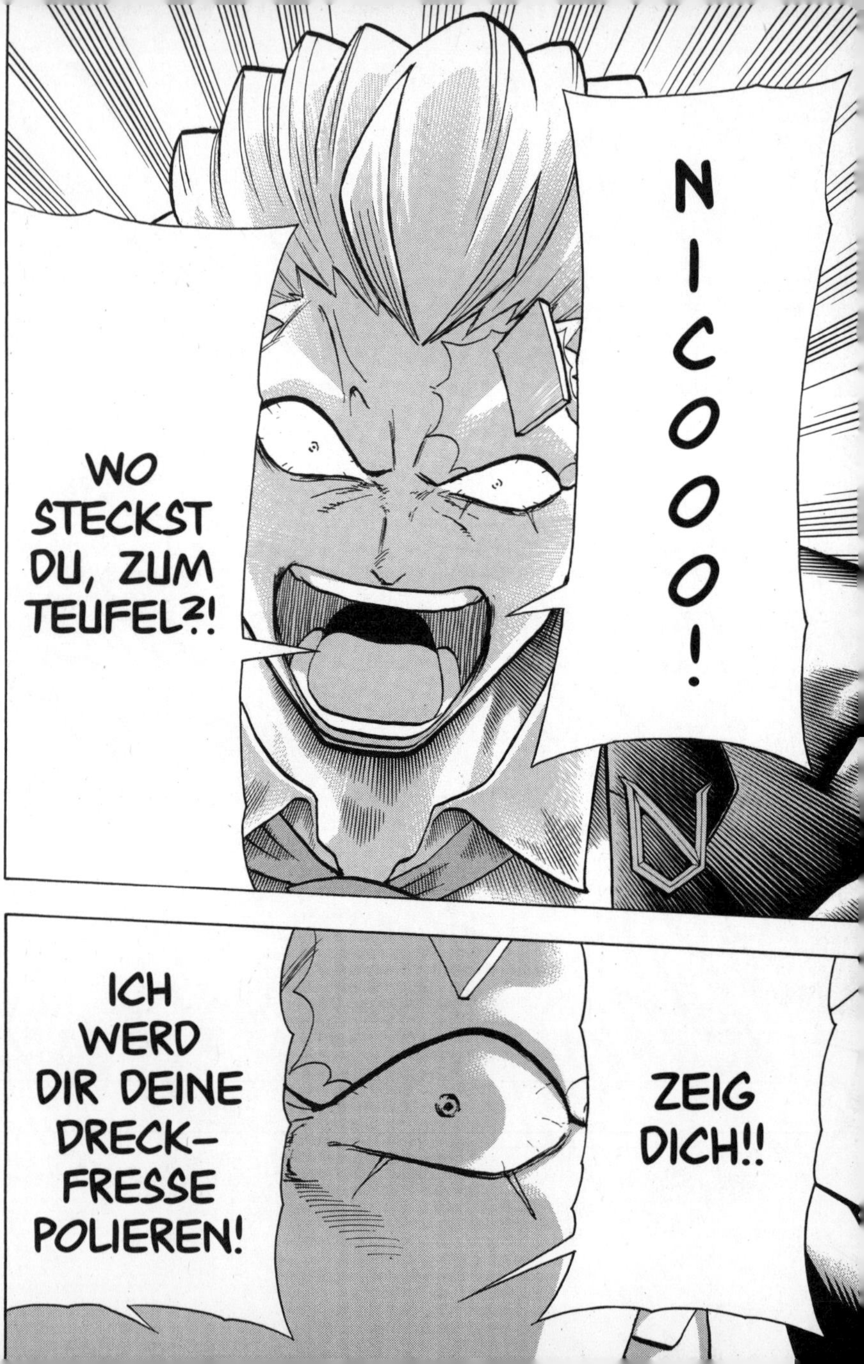
NICOOOO!
WO STECKST DU, ZUM TEUFEL?!
ZEIG DICH!!
ICH WERD DIR DEINE DRECK-FRESSE POLIEREN!

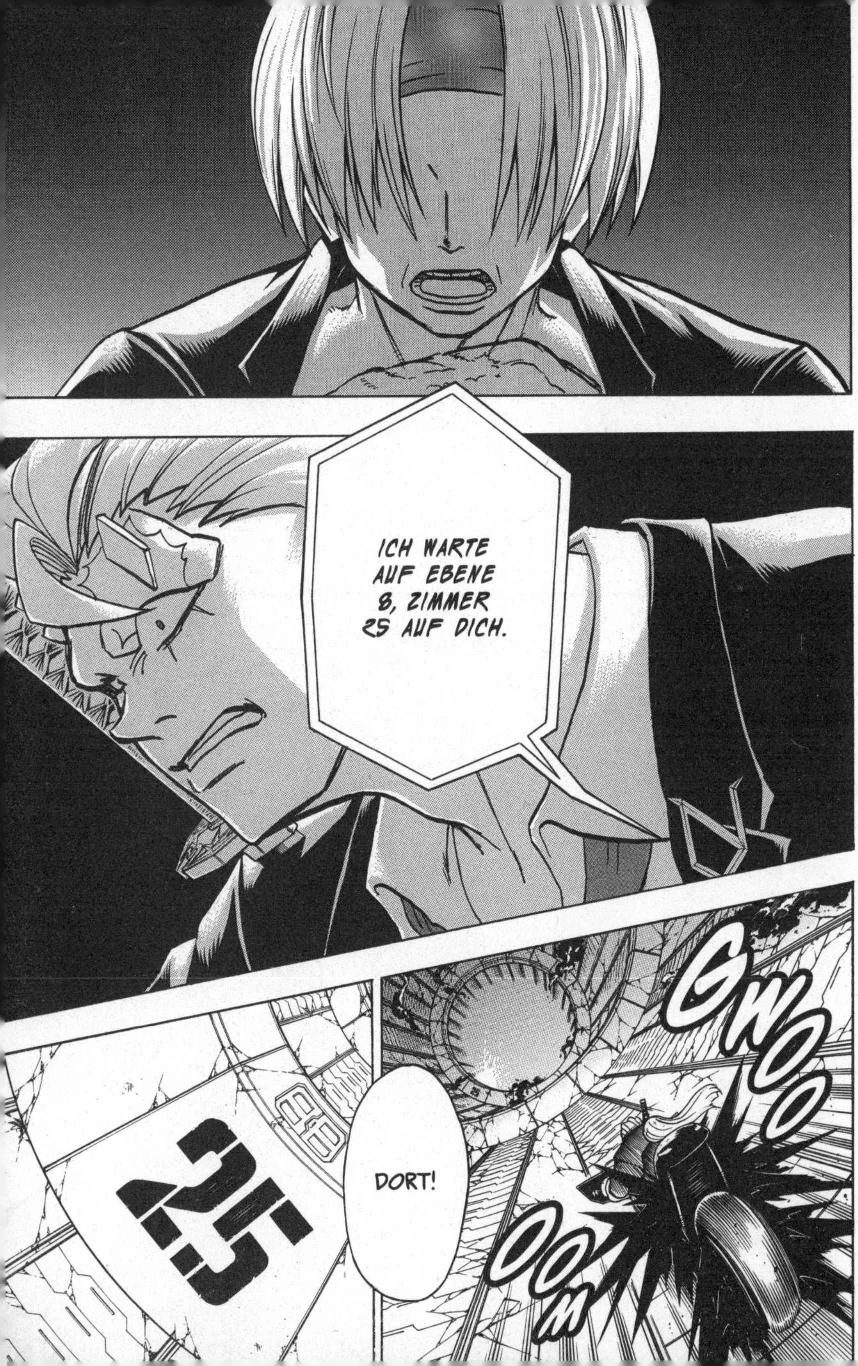
ICH WARTE AUF EBENE 8, ZIMMER 25 AUF DICH.
25
DORT!
GWOOOOOM

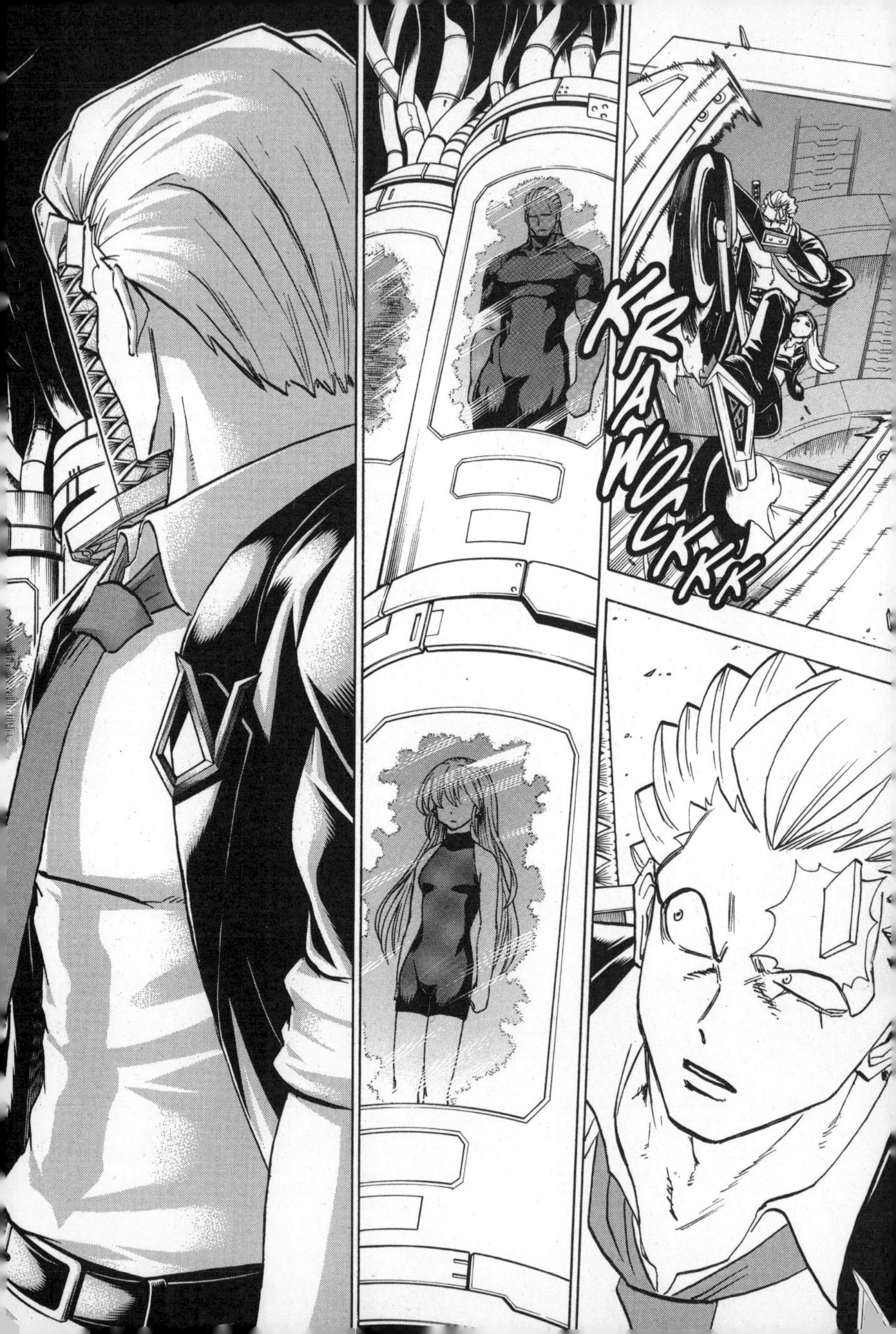
KRAWOCKKK

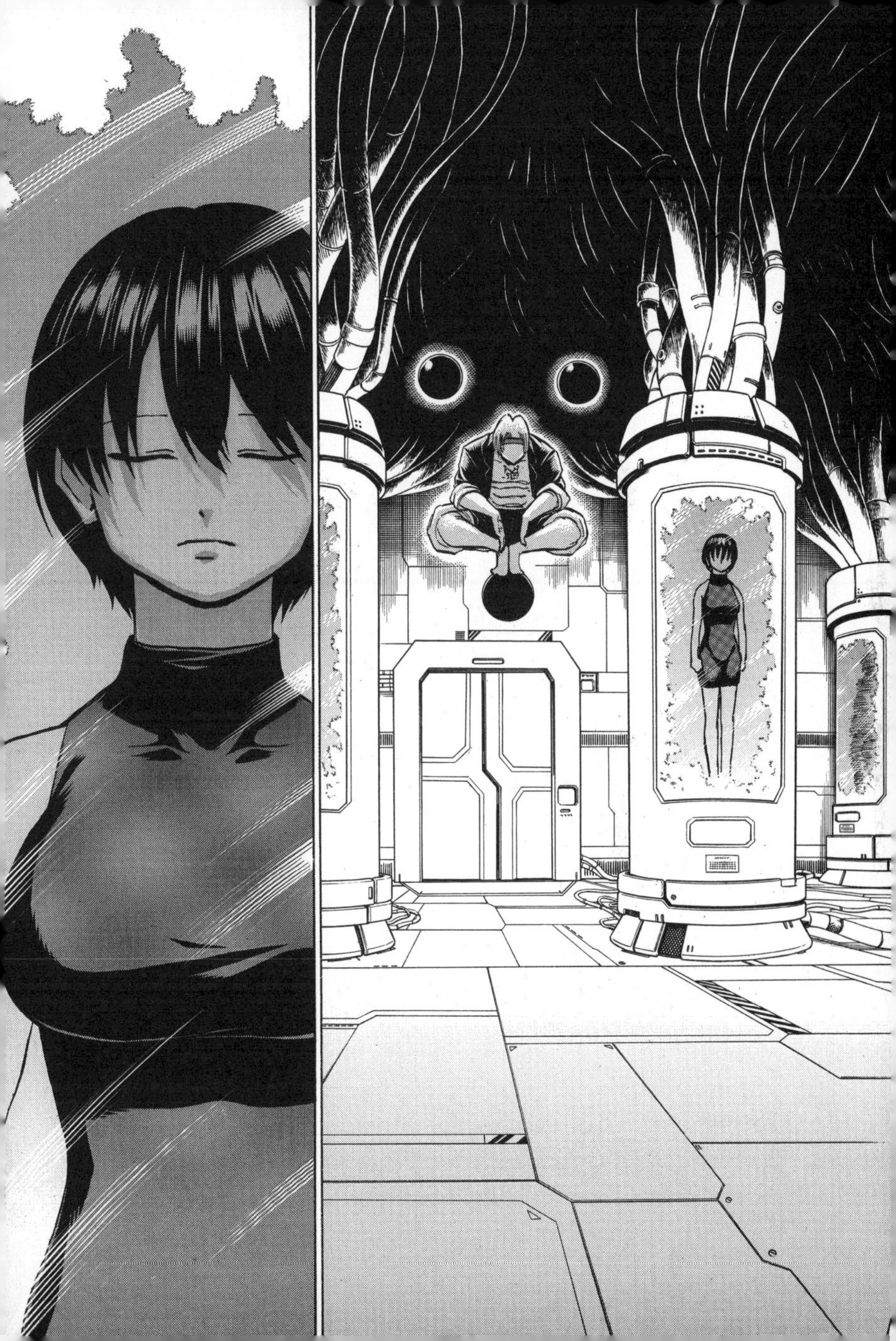

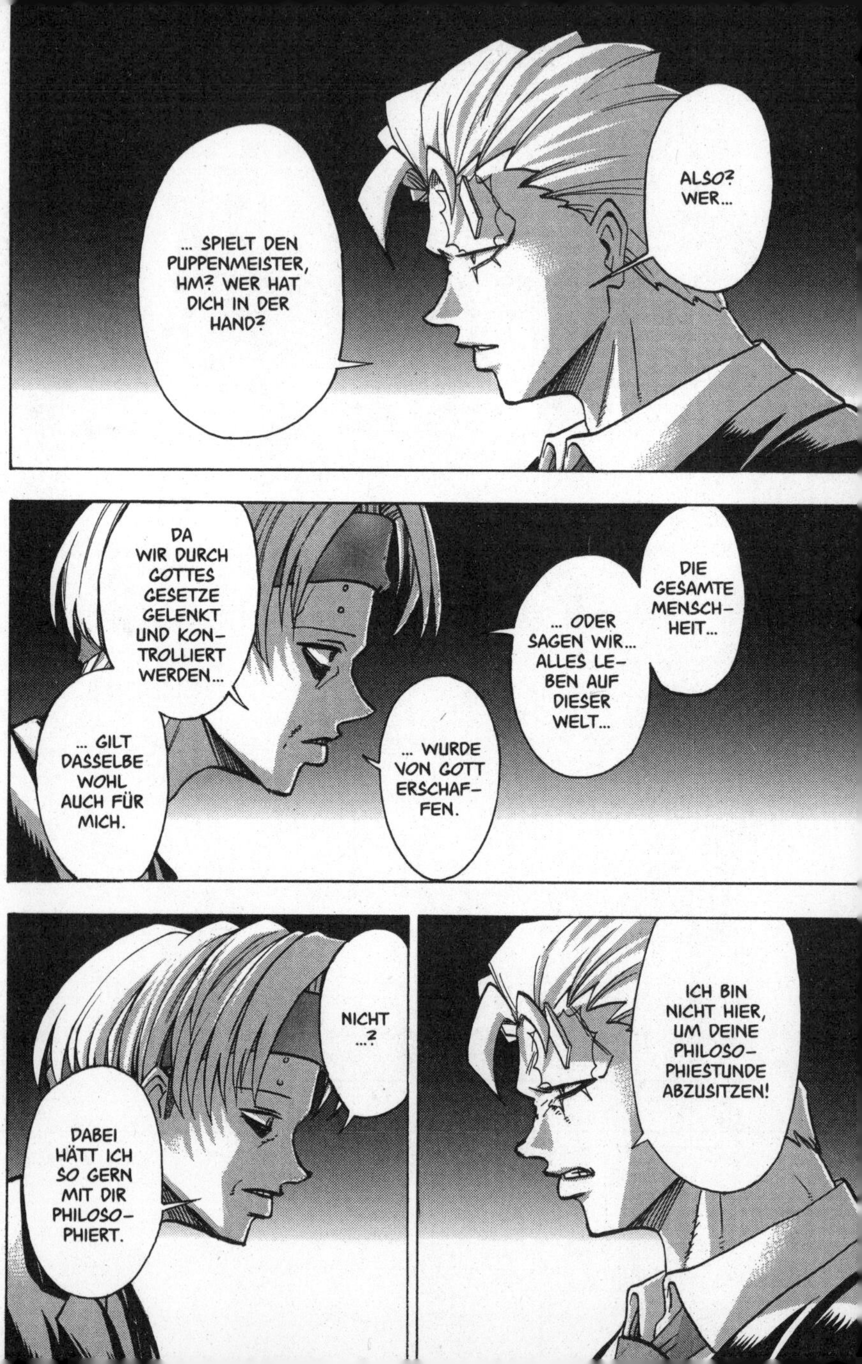
ALSO? WER...
... SPIELT DEN PUPPENMEISTER, HM? WER HAT DICH IN DER HAND?
DIE GESAMTE MENSCHHEIT...
... ODER SAGEN WIR... ALLES LEBEN AUF DIESER WELT...
... WURDE VON GOTT ERSCHAFFEN.
DA WIR DURCH GOTTES GESETZE GELENKT UND KONTROLLIERT WERDEN...
... GILT DASSELBE WOHL AUCH FÜR MICH.
ICH BIN NICHT HIER, UM DEINE PHILOSOPHIESTUNDE ABZUSITZEN!
NICHT ...?
DABEI HÄTT ICH SO GERN MIT DIR PHILOSOPHIERT.

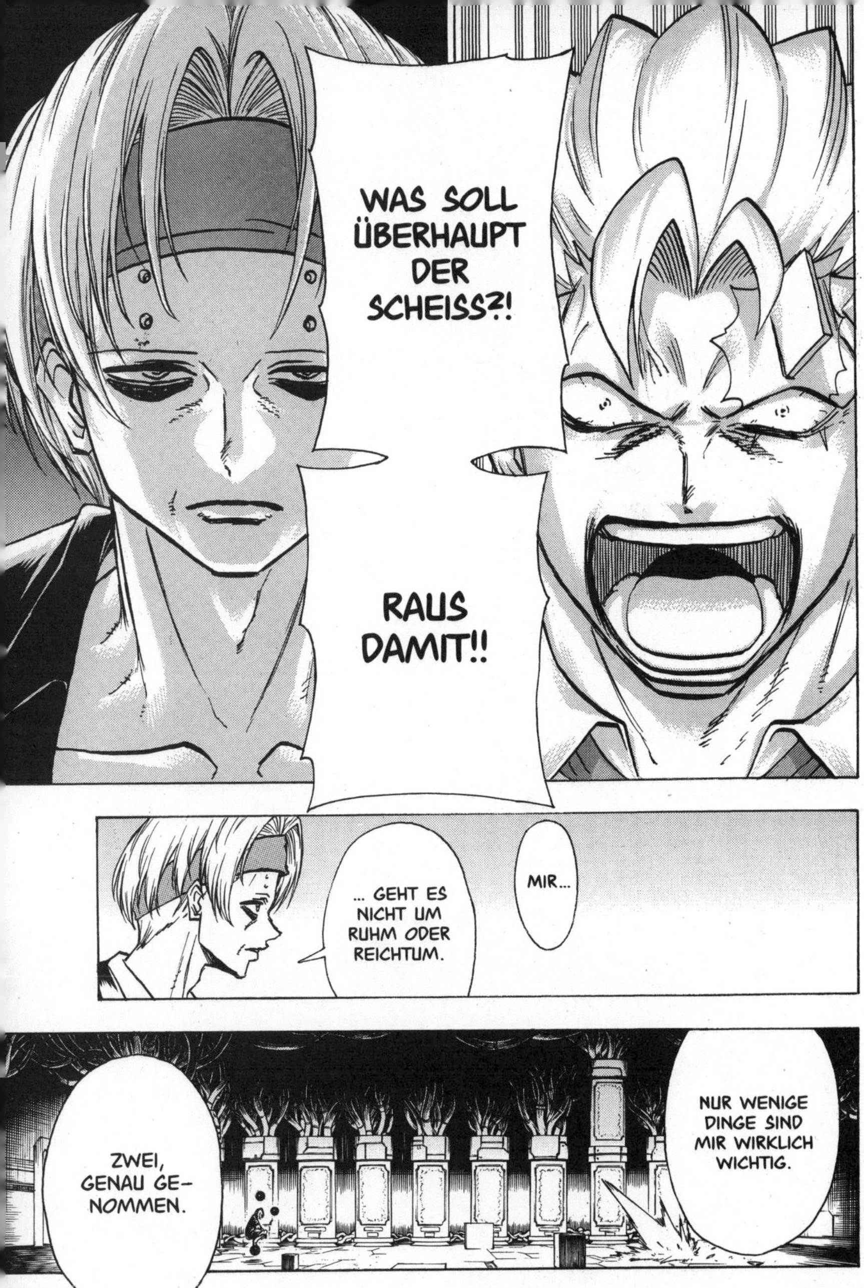
WAS SOLL ÜBERHAUPT DER SCHEISS?!
RAUS DAMIT!!
MIR...
... GEHT ES NICHT UM RUHM ODER REICHTUM.
NUR WENIGE DINGE SIND MIR WIRKLICH WICHTIG.
ZWEI, GENAU GE- NOMMEN.

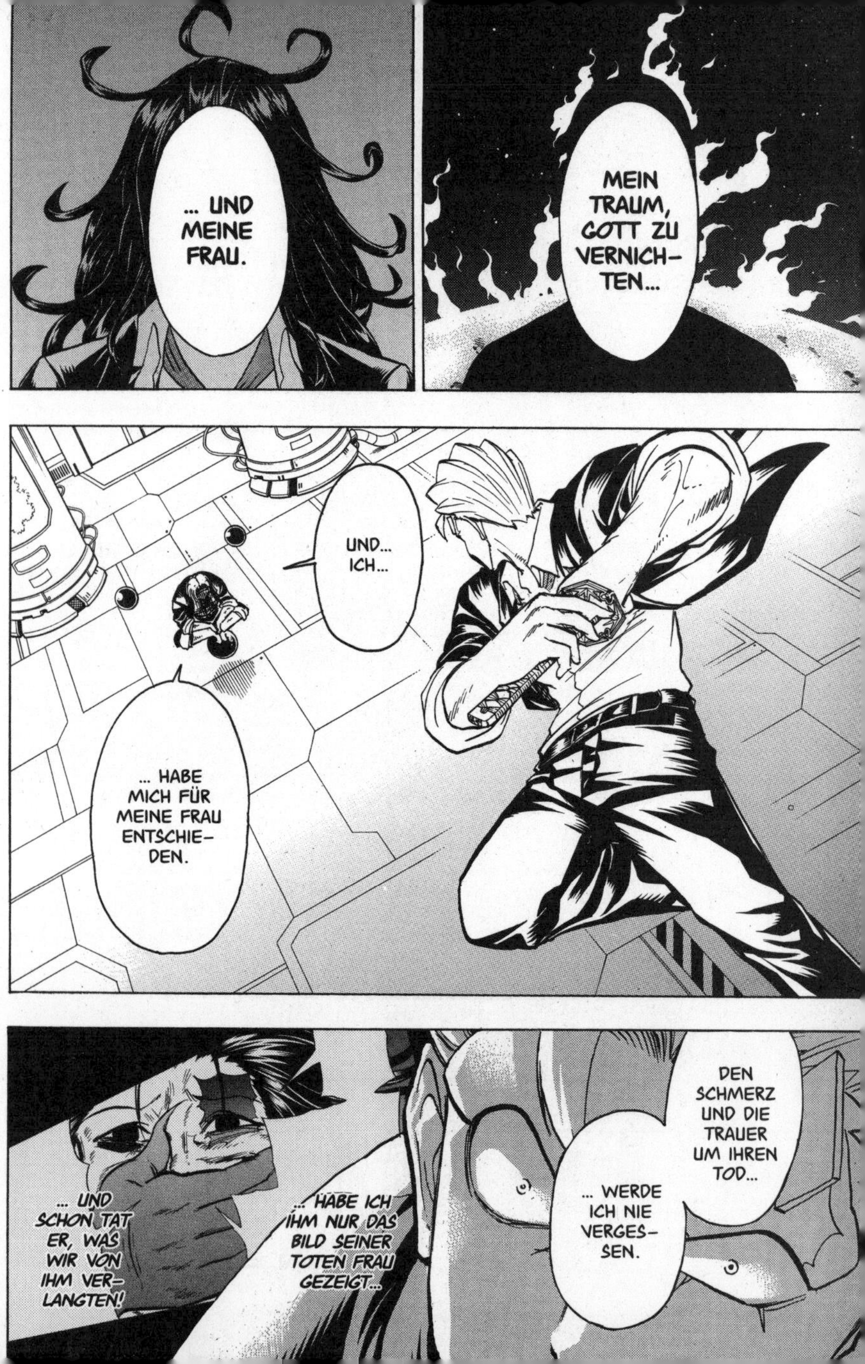
MEIN TRAUM, GOTT ZU VERNICH-TEN...
... UND MEINE FRAU.
UND... ICH...
... HABE MICH FÜR MEINE FRAU ENTSCHIE-DEN.
DEN SCHMERZ UND DIE TRAUER UM IHREN TOD...
... WERDE ICH NIE VERGES-SEN.
... HABE ICH IHM NUR DAS BILD SEINER TOTEN FRAU GEZEIGT...
... UND SCHON TAT ER, WAS WIR VON IHM VER-LANGTEN!

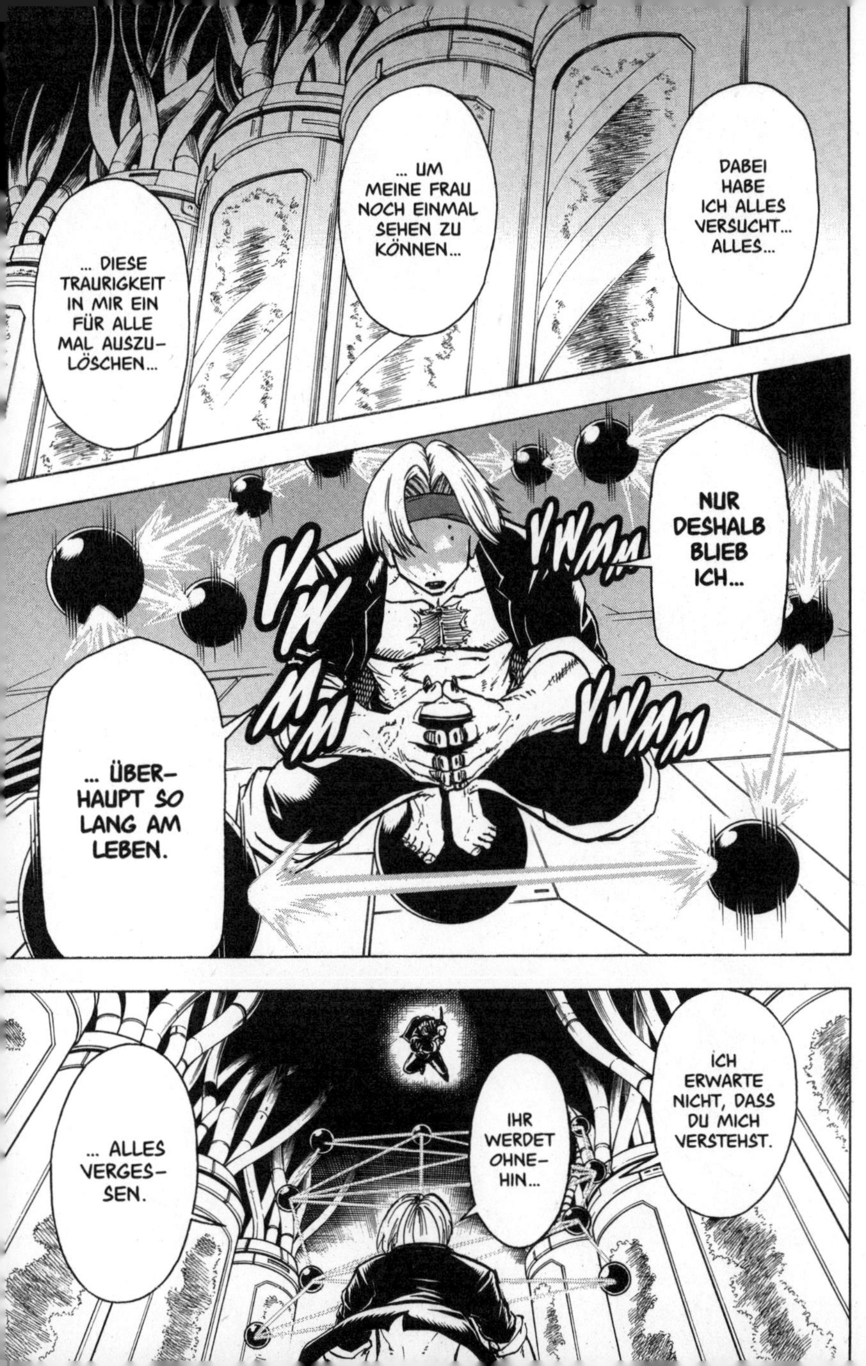
DABEI HABE ICH ALLES VERSUCHT... ALLES...
... UM MEINE FRAU NOCH EINMAL SEHEN ZU KÖNNEN...
... DIESE TRAURIGKEIT IN MIR EIN FÜR ALLE MAL AUSZULÖSCHEN...
VWMM
NUR DESHALB BLIEB ICH...
VWMM
VWMM
... ÜBERHAUPT SO LANG AM LEBEN.
ICH ERWARTE NICHT, DASS DU MICH VERSTEHST.
IHR WERDET OHNEHIN...
... ALLES VERGESSEN.

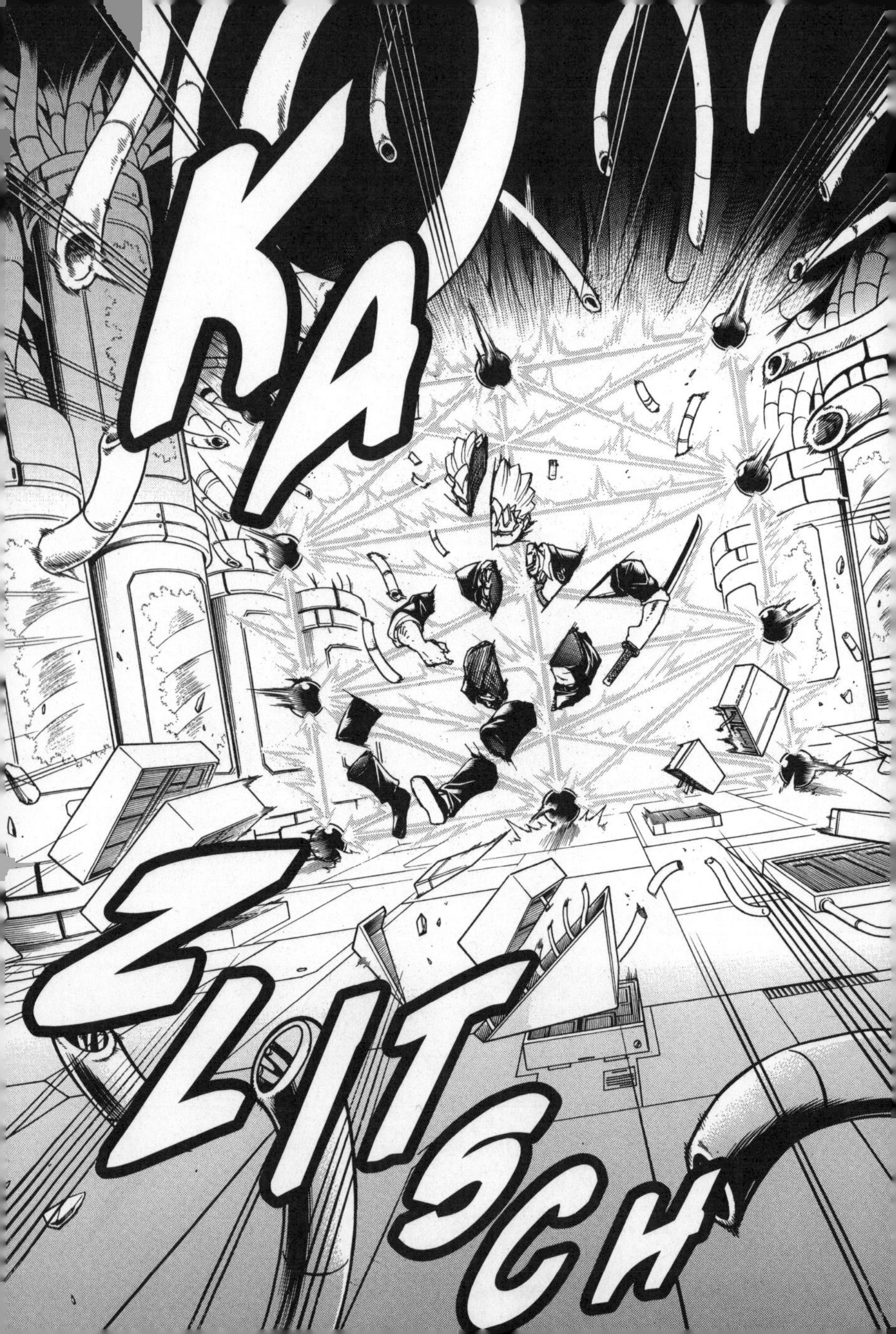
KA
ZLITSCH

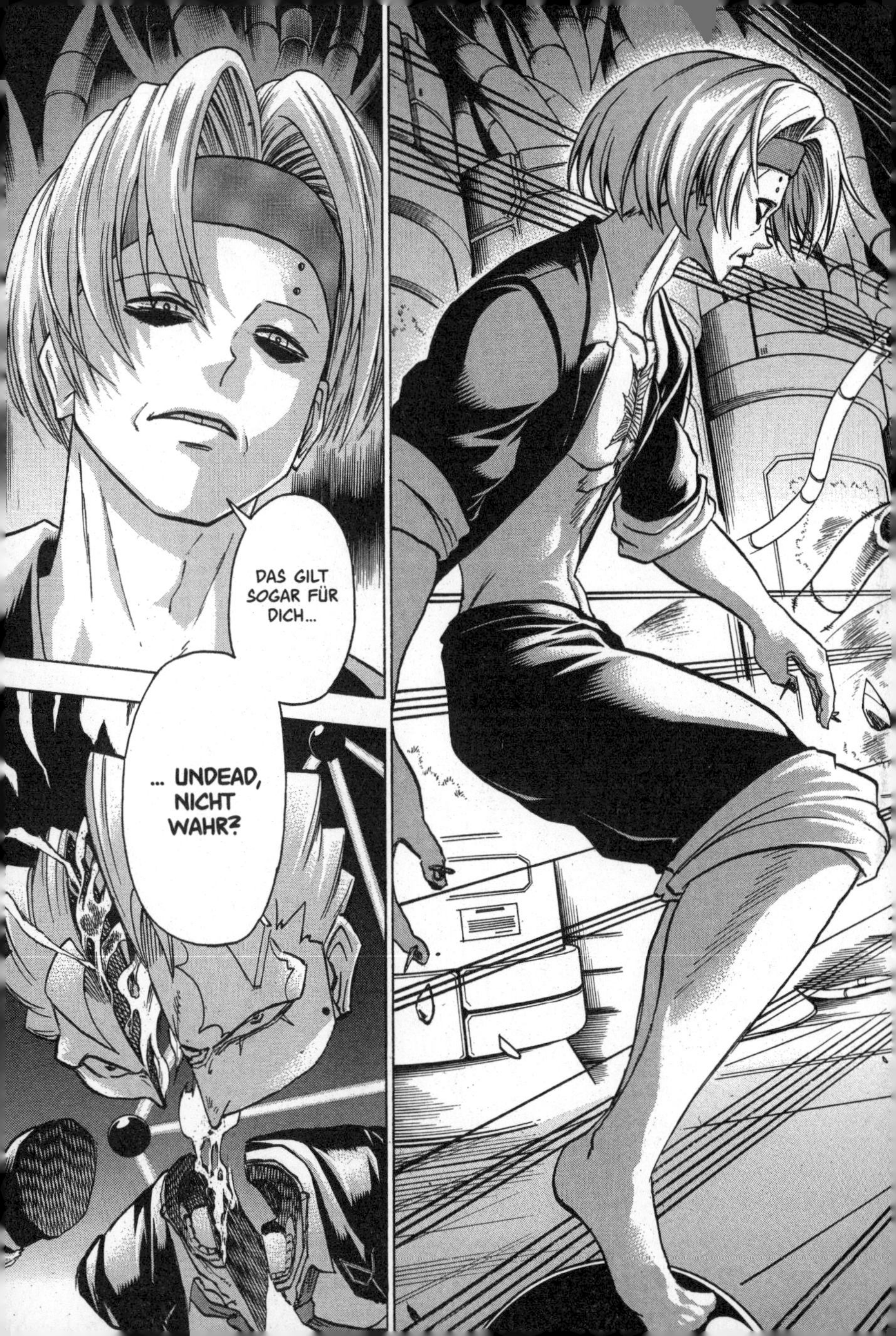
DAS GILT SOGAR FÜR DICH...
... UNDEAD, NICHT WAHR?

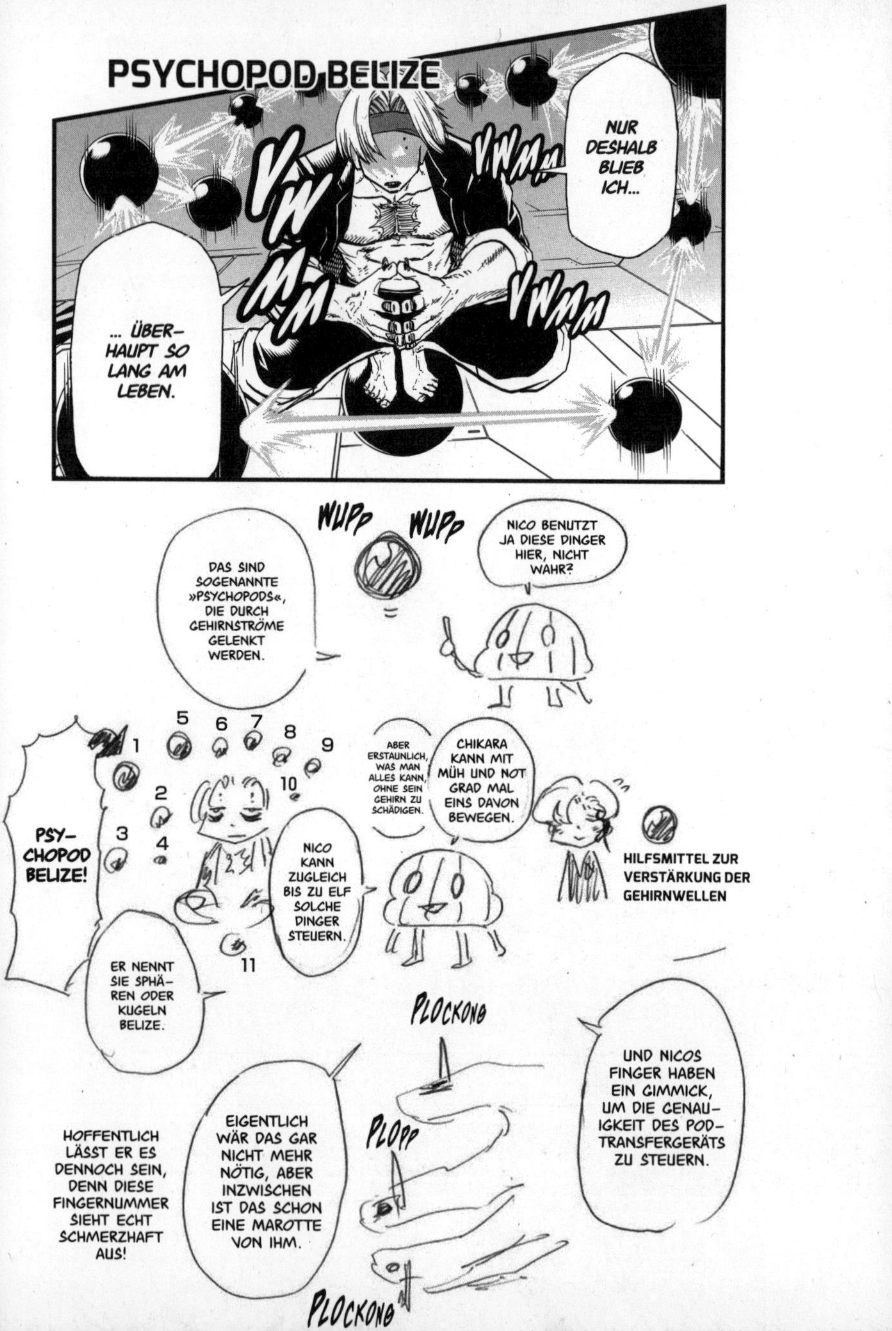
PSYCHOPOD BELIZE
NUR DESHALB BLIEB ICH...
VWMM
VWMM
VWMM
... ÜBER-HAUPT SO LANG AM LEBEN.
WUPP WUPP
NICO BENUTZT JA DIESE DINGER HIER, NICHT WAHR?
DAS SIND SOGENANNTE »PSYCHOPODS«, DIE DURCH GEHIRNSTRÖME GELENKT WERDEN.
HILFSMITTEL ZUR VERSTÄRKUNG DER GEHIRNWELLEN
CHIKARA KANN MIT MÜH UND NOT GRAD MAL EINS DAVON BEWEGEN.
ABER ERSTAUNLICH, WAS MAN ALLES KANN, OHNE SEIN GEHIRN ZU SCHÄDIGEN.
NICO KANN ZUGLEICH BIS ZU ELF SOLCHE DINGER STEUERN.
1 2 3 4 5 6 7 8 9 10 11
PSY-CHOPOD BELIZE!
ER NENNT SIE SPHÄ-REN ODER KUGELN BELIZE.
PLOCKNG
UND NICOS FINGER HABEN EIN GIMMICK, UM DIE GENAU-IGKEIT DES POD-TRANSFERGERÄTS ZU STEUERN.
PLOPP
EIGENTLICH WÄR DAS GAR NICHT MEHR NÖTIG, ABER INZWISCHEN IST DAS SCHON EINE MAROTTE VON IHM.
PLOCKNG
HOFFENTLICH LÄSST ER ES DENNOCH SEIN, DENN DIESE FINGERNUMMER SIEHT ECHT SCHMERZHAFT AUS!

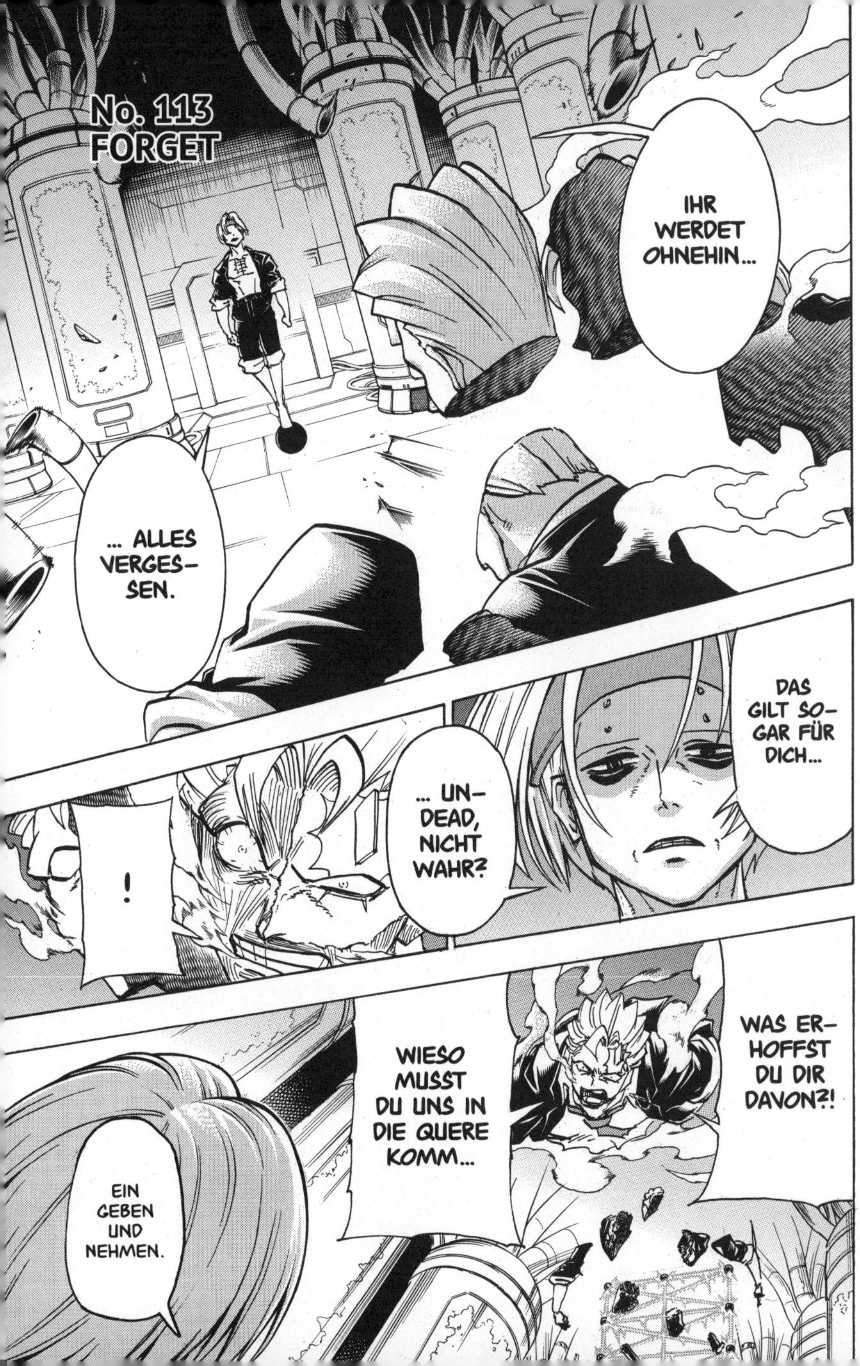
No. 113
FORGET
IHR WERDET OHNEHIN...
... ALLES VERGES-SEN.
DAS GILT SO-GAR FÜR DICH...
... UN-DEAD, NICHT WAHR?
!
WAS ER-HOFFST DU DIR DAVON?!
WIESO MUSST DU UNS IN DIE QUERE KOMM...
EIN GEBEN UND NEHMEN.

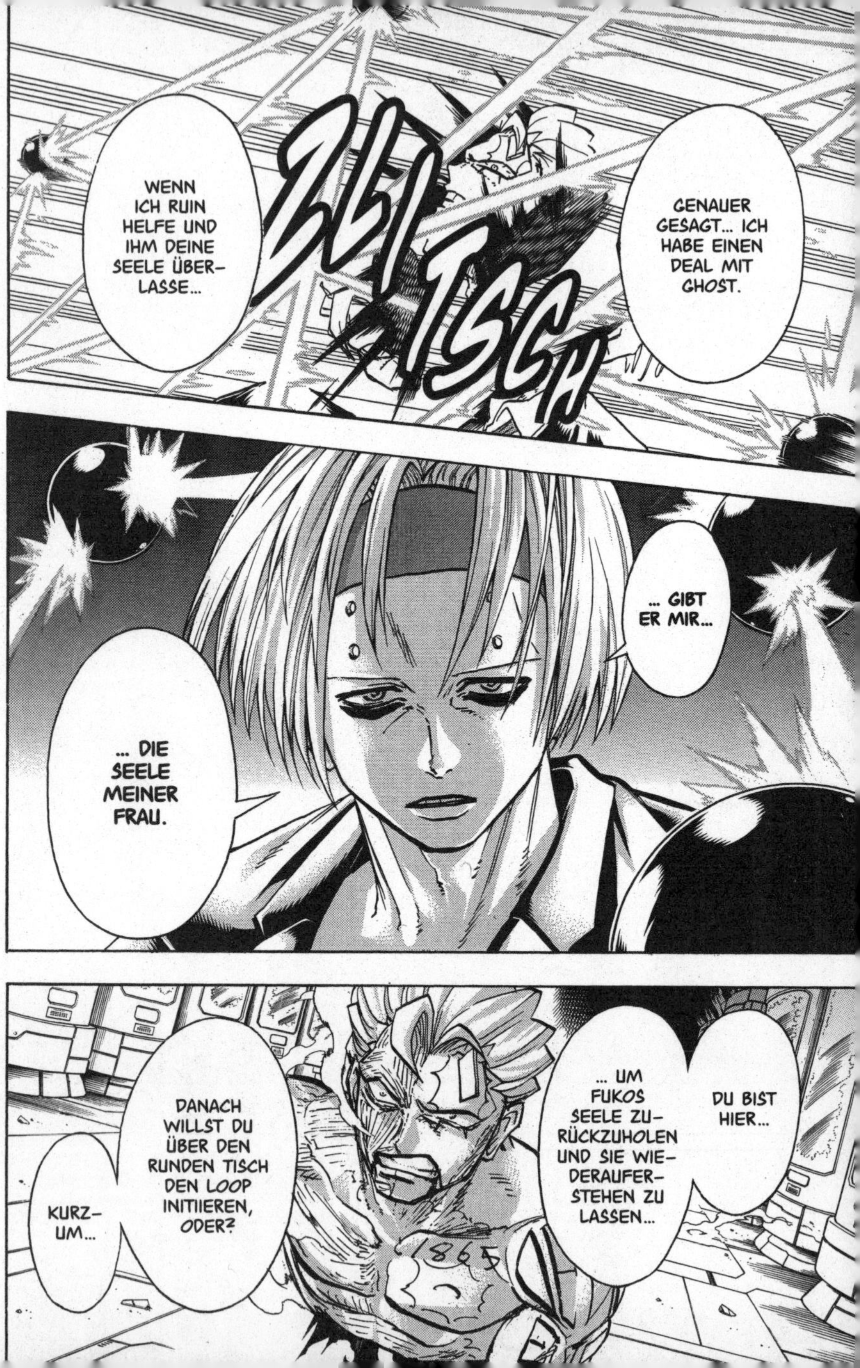
GENAUER GESAGT... ICH HABE EINEN DEAL MIT GHOST.
WENN ICH RUIN HELFE UND IHM DEINE SEELE ÜBER-LASSE...
... GIBT ER MIR...
... DIE SEELE MEINER FRAU.
DU BIST HIER...
... UM FUKOS SEELE ZU-RÜCKZUHOLEN UND SIE WIE-DERAUFER-STEHEN ZU LASSEN...
DANACH WILLST DU ÜBER DEN RUNDEN TISCH DEN LOOP INITIIEREN, ODER?
KURZ-UM...

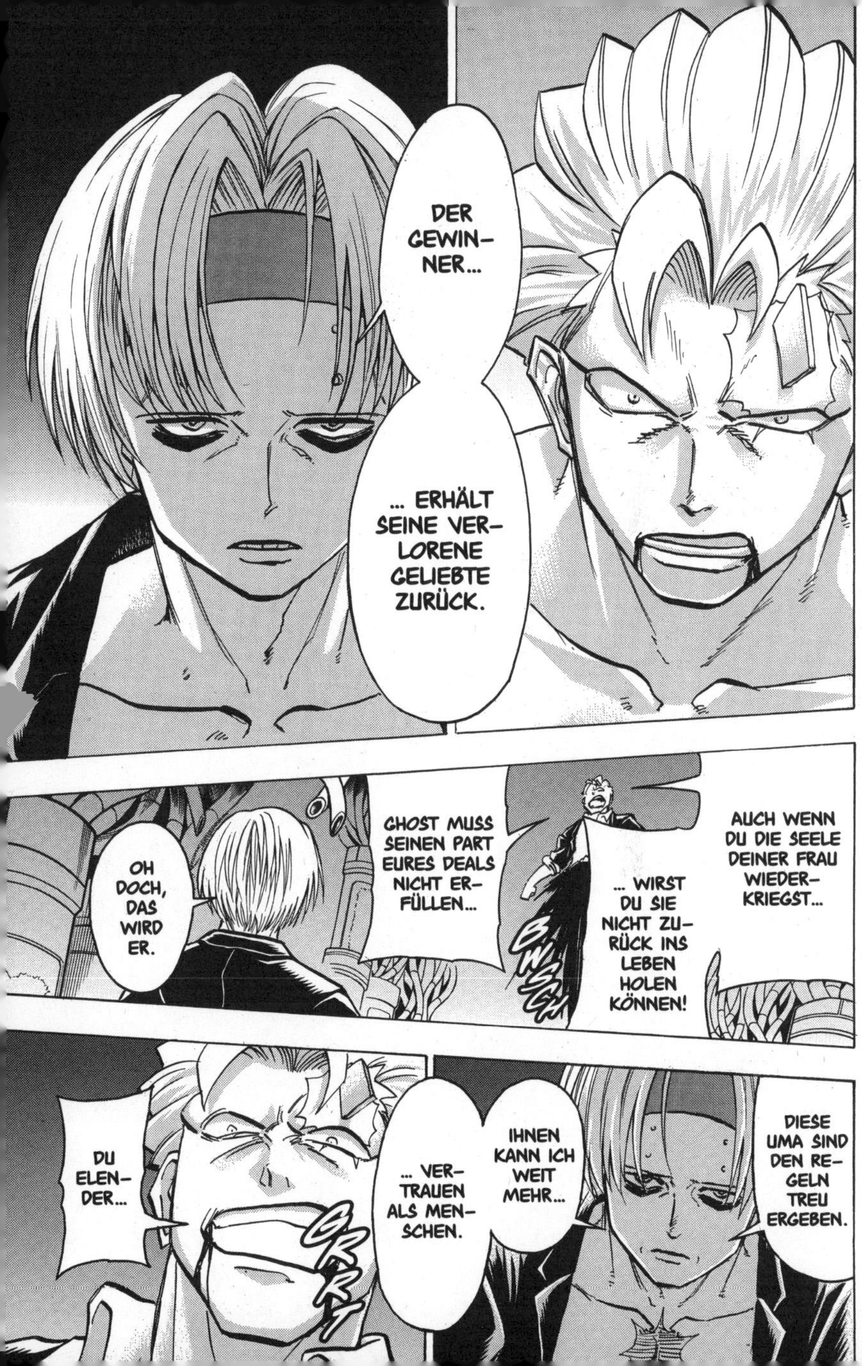
DER GEWINNER...
... ERHÄLT SEINE VERLORENE GELIEBTE ZURÜCK.
AUCH WENN DU DIE SEELE DEINER FRAU WIEDERKRIEGST...
... WIRST DU SIE NICHT ZURÜCK INS LEBEN HOLEN KÖNNEN!
BWSCH
GHOST MUSS SEINEN PART EURES DEALS NICHT ERFÜLLEN...
OH DOCH, DAS WIRD ER.
DIESE UMA SIND DEN REGELN TREU ERGEBEN.
IHNEN KANN ICH WEIT MEHR...
... VERTRAUEN ALS MENSCHEN.
GRRKT
DU ELENDER...

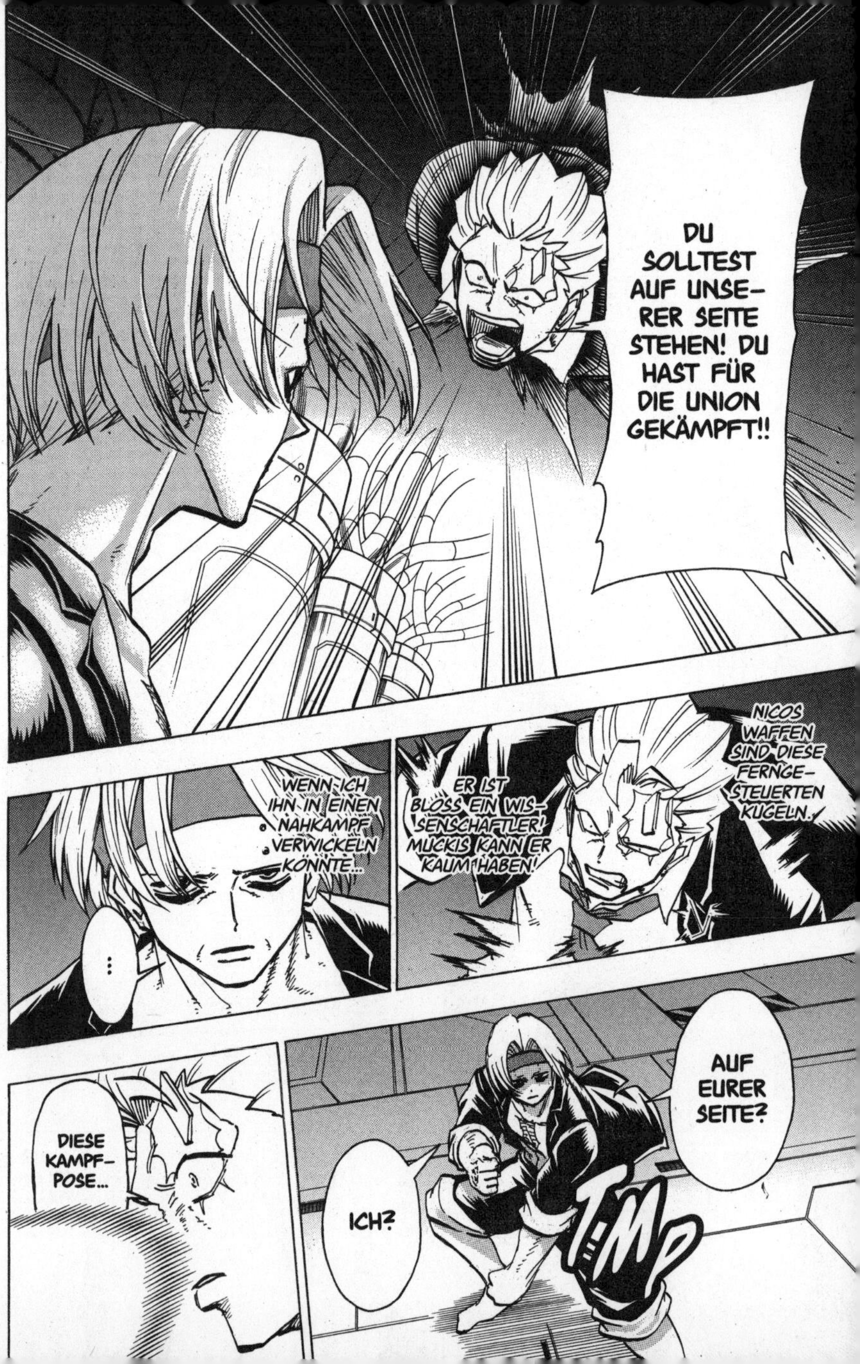
DU SOLLTEST AUF UNSERER SEITE STEHEN! DU HAST FÜR DIE UNION GEKÄMPFT!!
NICOS WAFFEN SIND DIESE FERNGESTEUERTEN KUGELN.
ER IST BLOSS EIN WISSENSCHAFTLER! MUCKIS KANN ER KAUM HABEN!
WENN ICH IHN IN EINEN NAHKAMPF VERWICKELN KÖNNTE...
...
AUF EURER SEITE?
ICH?
DIESE KAMPFPOSE...

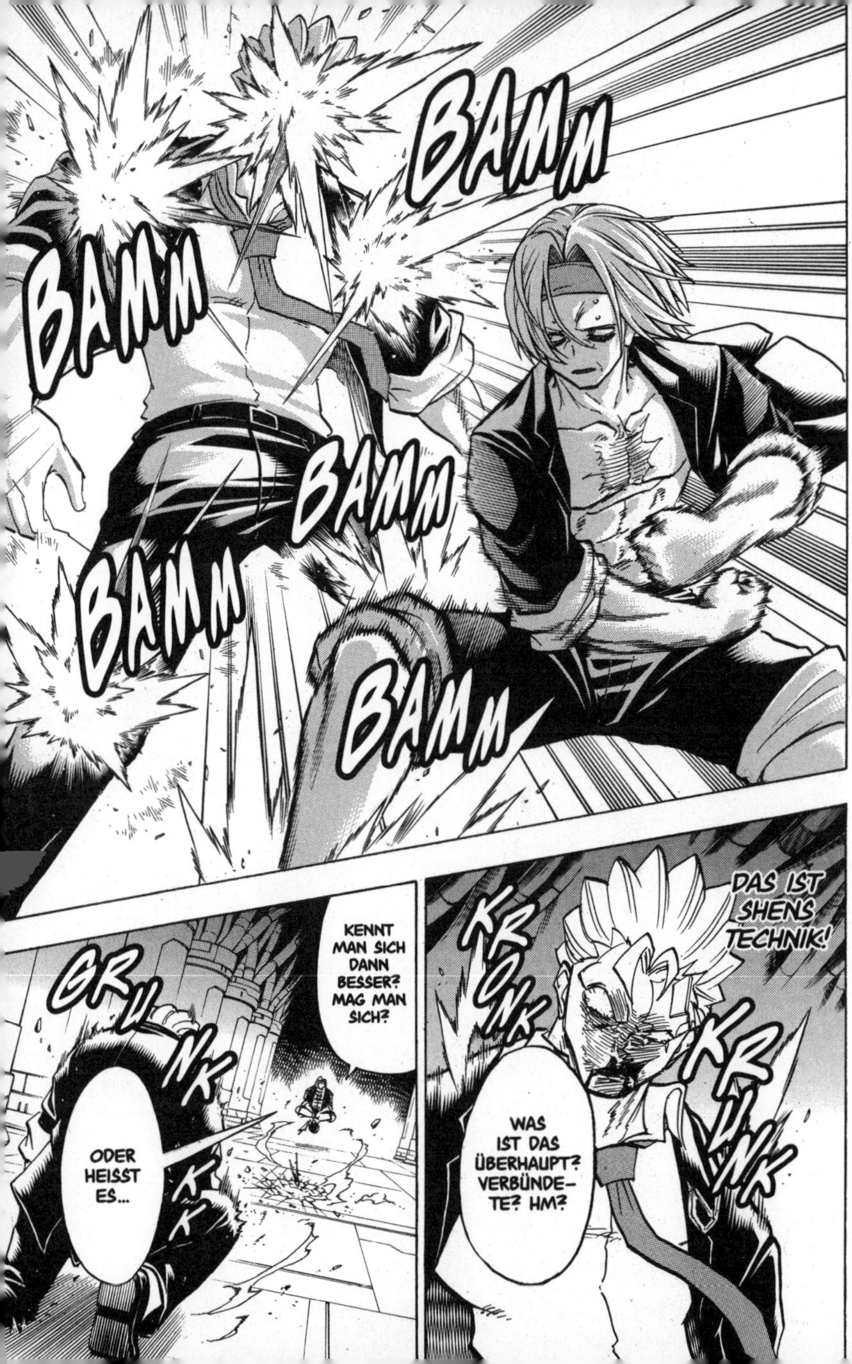
BAMM
BAMM
BAMM
BAMM
BAMM
DAS IST SHENS TECHNIK!
KRUNK
KRUNK
WAS IST DAS ÜBERHAUPT? VERBÜNDETE? HM?
KENNT MAN SICH DANN BESSER? MAG MAN SICH?
GRUNK
ODER HEISST ES...

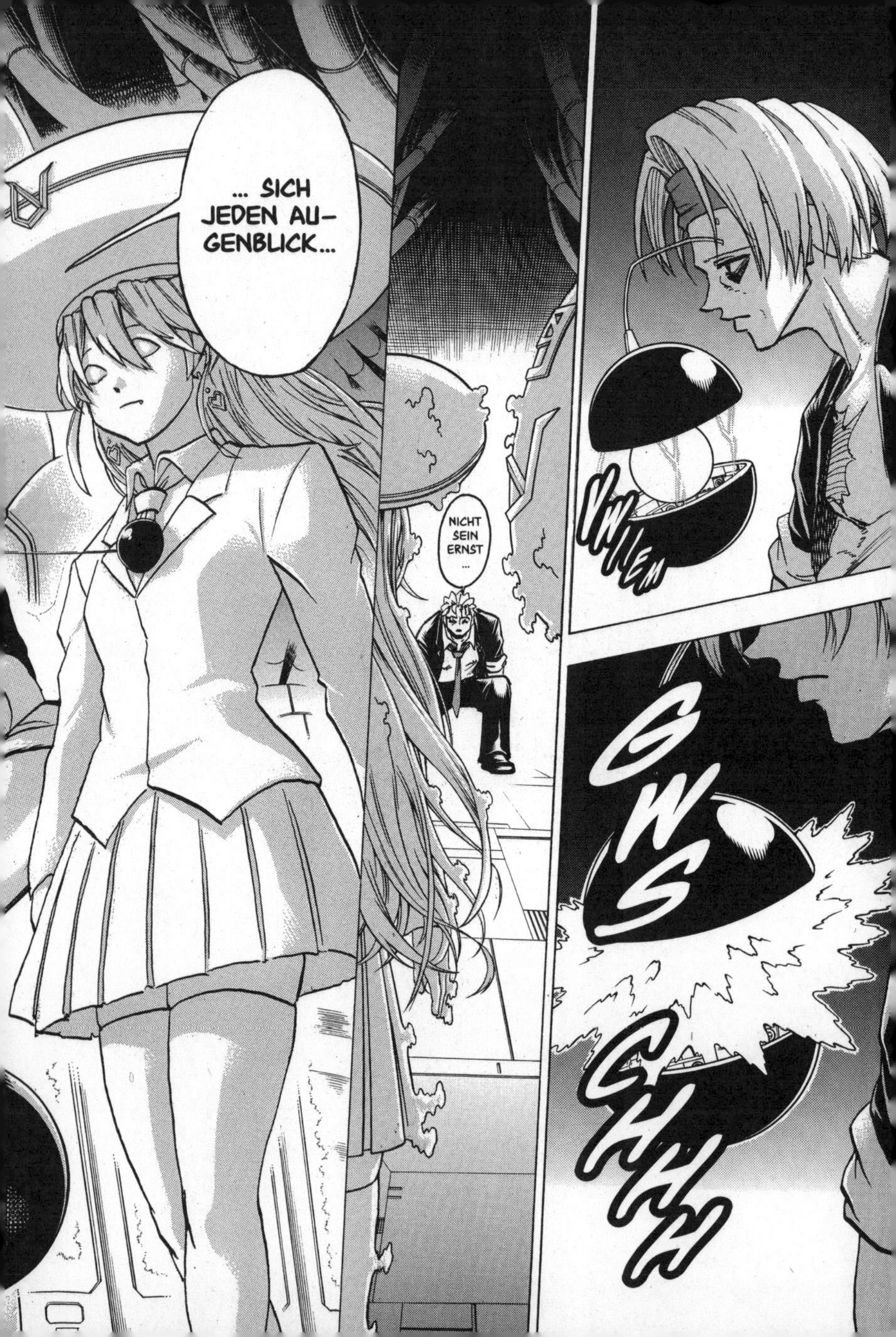
GWSCHHH
NICHT SEIN ERNST ...
... SICH JEDEN AUGENBLICK...

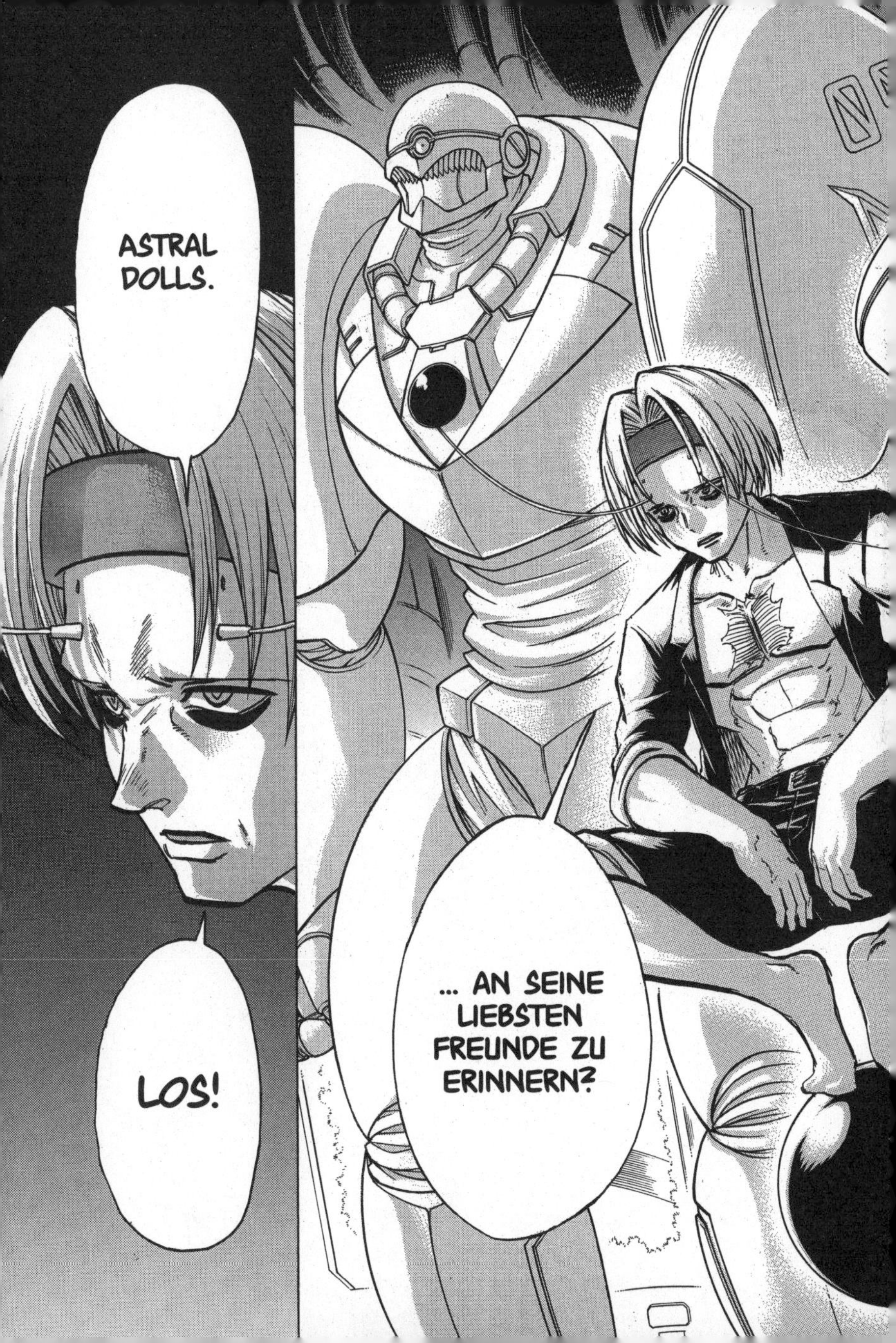
... AN SEINE LIEBSTEN FREUNDE ZU ERINNERN?
ASTRAL DOLLS.
LOS!

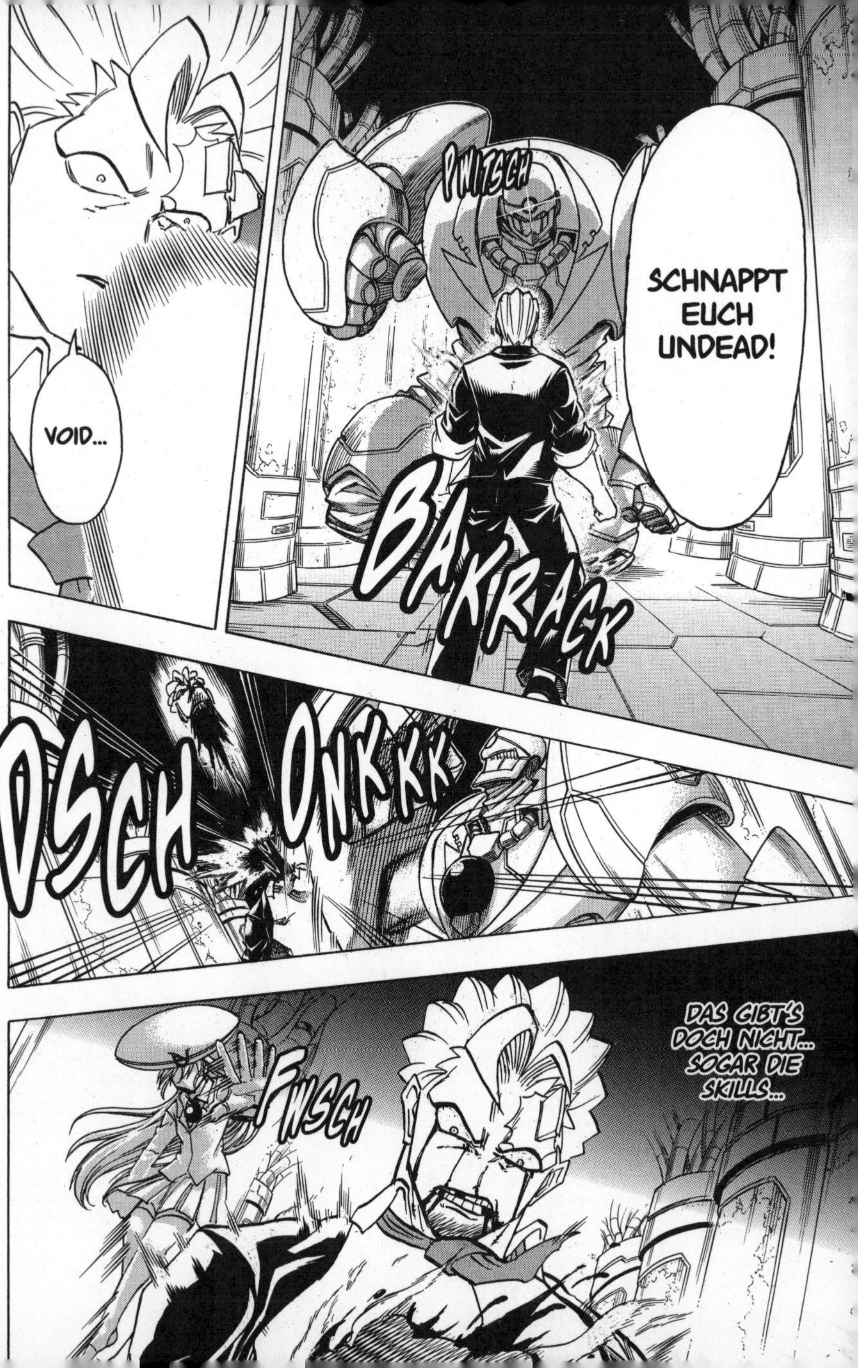
SCHNAPPT EUCH UNDEAD!
PWITSCH
VOID...
BAKRACK
DSCH ONKKK
DAS GIBT'S DOCH NICHT... SOGAR DIE SKILLS...
FWSCH

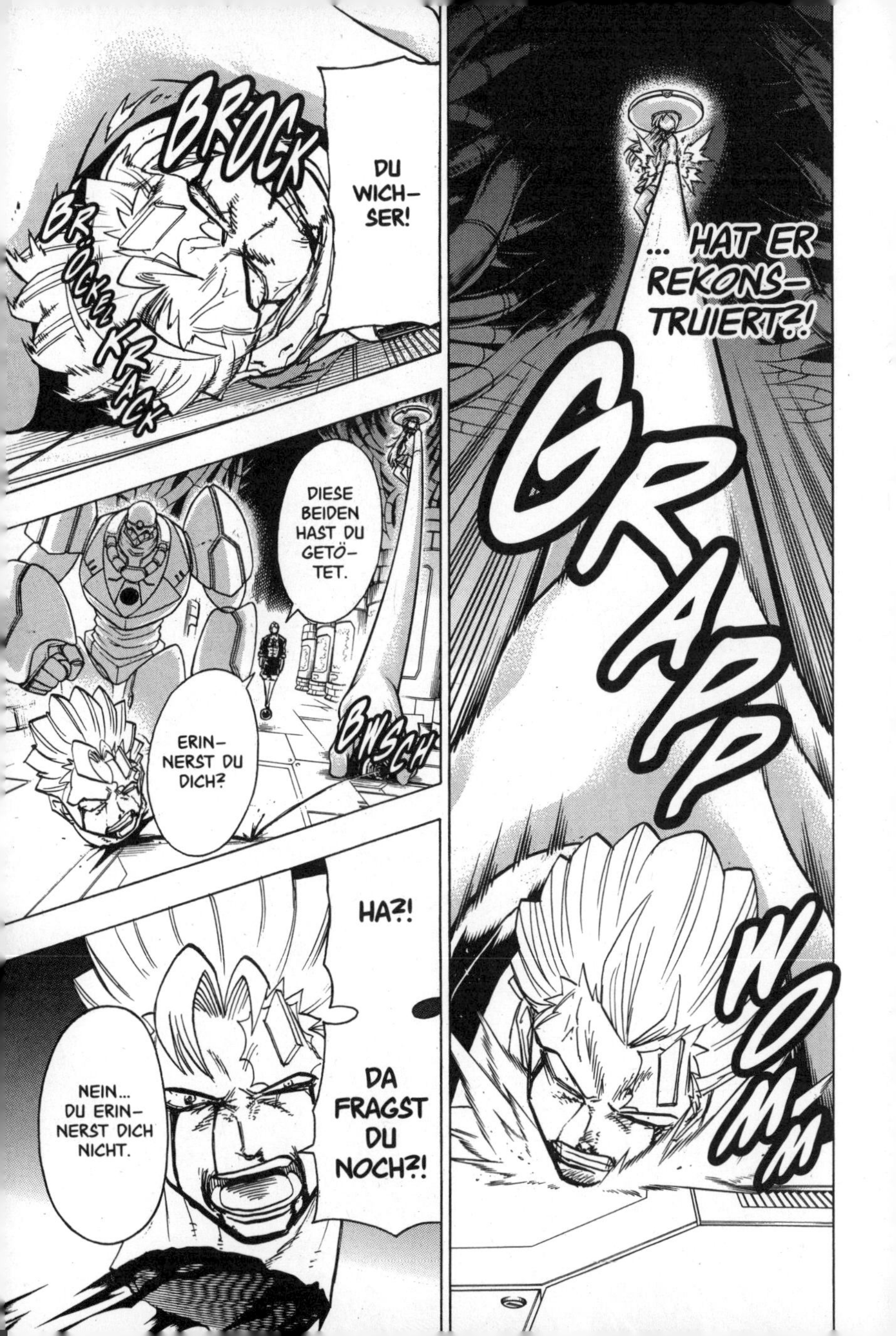
... HAT ER REKONSTRUIERT?!
GRAPP
WOOMM
BROCK
BRÖCKEL KRACK
DU WICHSER!
DIESE BEIDEN HAST DU GETÖTET.
BWSCH
ERINNERST DU DICH?
HA?!
DA FRAGST DU NOCH?!
NEIN... DU ERINNERST DICH NICHT.

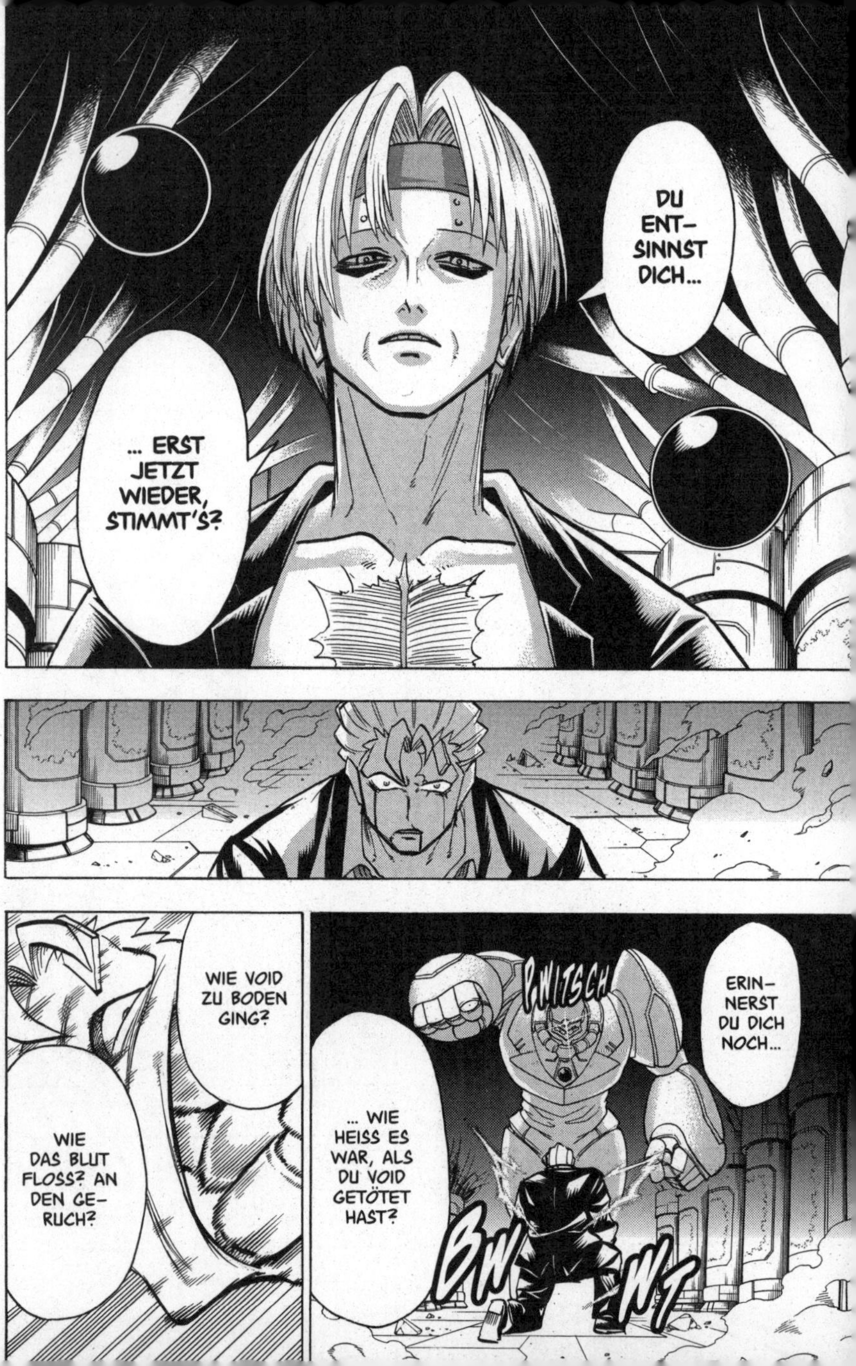
DU ENT-SINNST DICH...
... ERST JETZT WIEDER, STIMMT'S?
ERIN-NERST DU DICH NOCH...
PWITSCH
... WIE HEISS ES WAR, ALS DU VOID GETÖTET HAST?
BWWT
WIE VOID ZU BODEN GING?
WIE DAS BLUT FLOSS? AN DEN GE-RUCH?

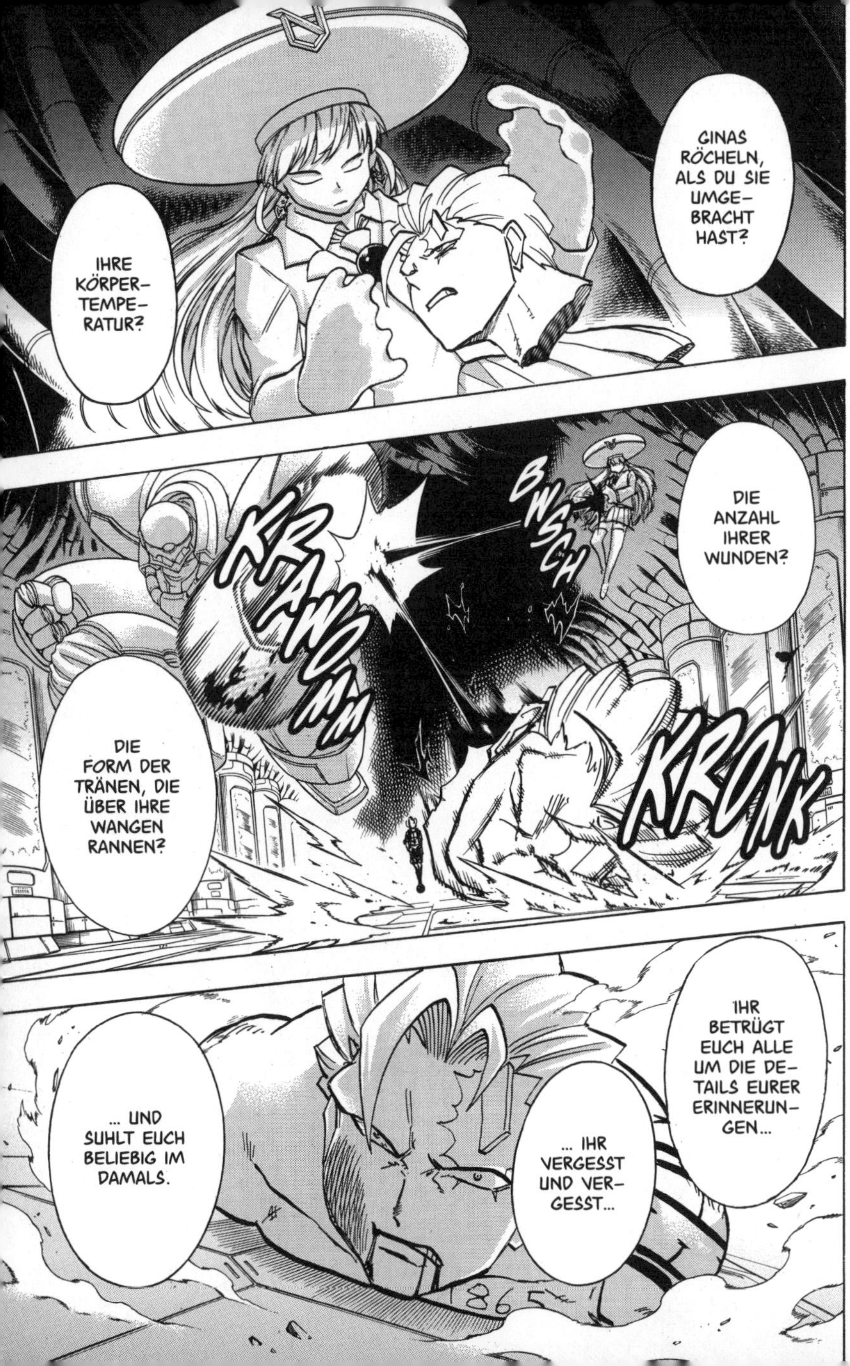
GINAS RÖCHELN, ALS DU SIE UMGEBRACHT HAST?
IHRE KÖRPERTEMPERATUR?
DIE ANZAHL IHRER WUNDEN?
BWSCH
KRAWOMM
KRONK
DIE FORM DER TRÄNEN, DIE ÜBER IHRE WANGEN RANNEN?
IHR BETRÜGT EUCH ALLE UM DIE DETAILS EURER ERINNERUNGEN...
... IHR VERGESST UND VERGESST...
... UND SUHLT EUCH BELIEBIG IM DAMALS.

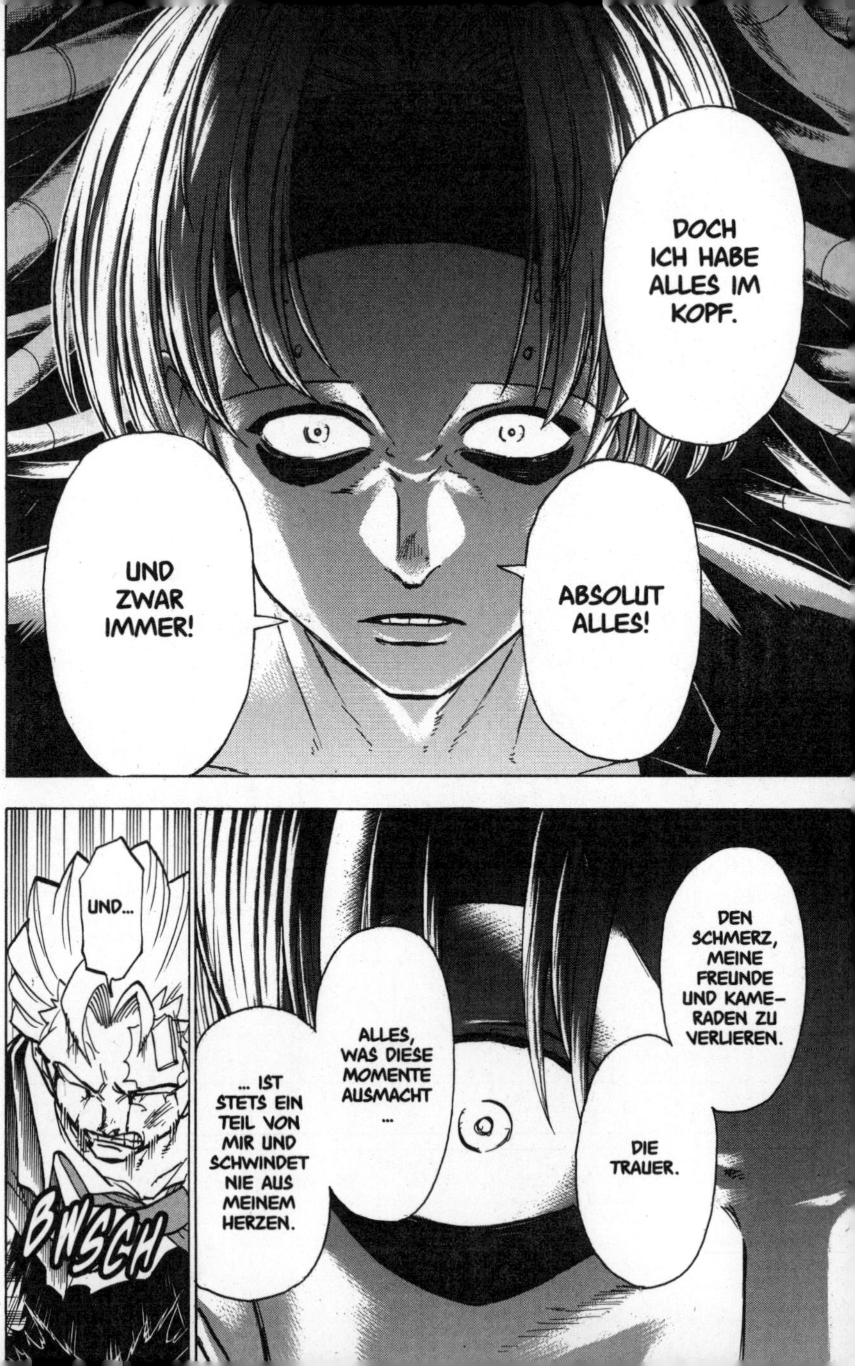
DOCH ICH HABE ALLES IM KOPF.
ABSOLUT ALLES!
UND ZWAR IMMER!
DEN SCHMERZ, MEINE FREUNDE UND KAME-RADEN ZU VERLIEREN.
DIE TRAUER.
ALLES, WAS DIESE MOMENTE AUSMACHT ...
... IST STETS EIN TEIL VON MIR UND SCHWINDET NIE AUS MEINEM HERZEN.
UND...
BWSCH

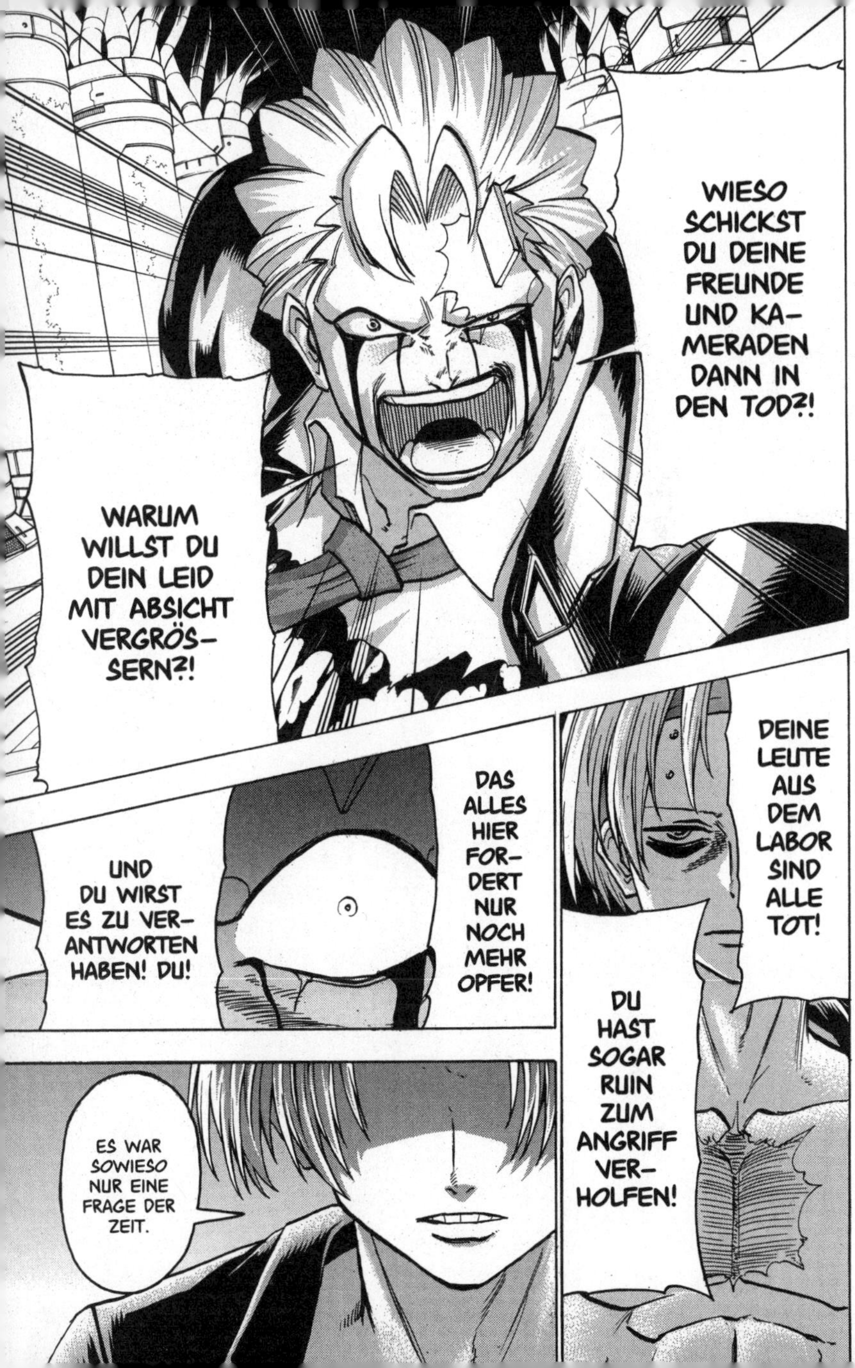
WIESO SCHICKST DU DEINE FREUNDE UND KA-MERADEN DANN IN DEN TOD?!
WARUM WILLST DU DEIN LEID MIT ABSICHT VERGRÖS-SERN?!
DEINE LEUTE AUS DEM LABOR SIND ALLE TOT!
DAS ALLES HIER FOR-DERT NUR NOCH MEHR OPFER!
UND DU WIRST ES ZU VER-ANTWORTEN HABEN! DU!
DU HAST SOGAR RUIN ZUM ANGRIFF VER-HOLFEN!
ES WAR SOWIESO NUR EINE FRAGE DER ZEIT.

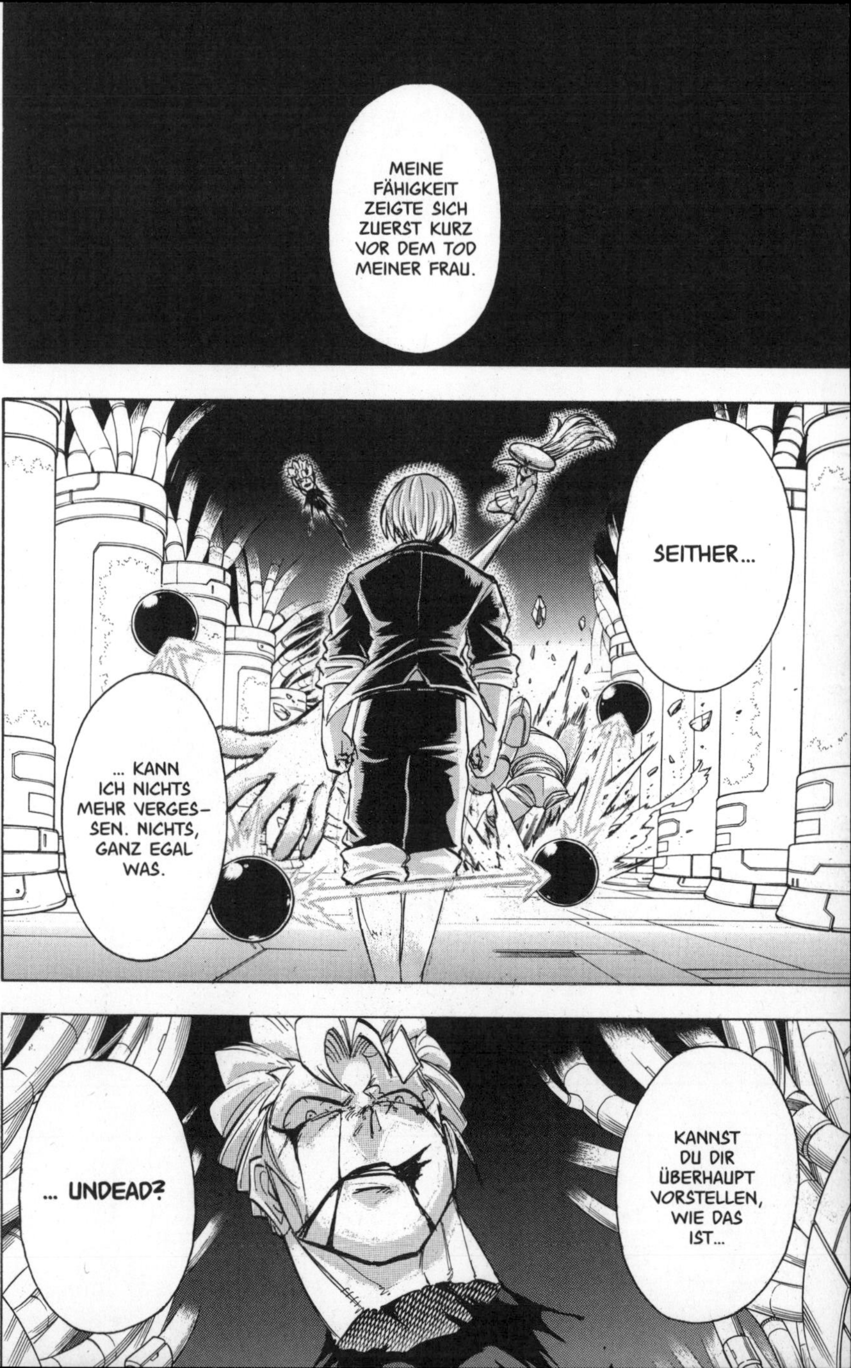
MEINE FÄHIGKEIT ZEIGTE SICH ZUERST KURZ VOR DEM TOD MEINER FRAU.
SEITHER...
... KANN ICH NICHTS MEHR VERGES-SEN. NICHTS, GANZ EGAL WAS.
KANNST DU DIR ÜBERHAUPT VORSTELLEN, WIE DAS IST...
... UNDEAD?

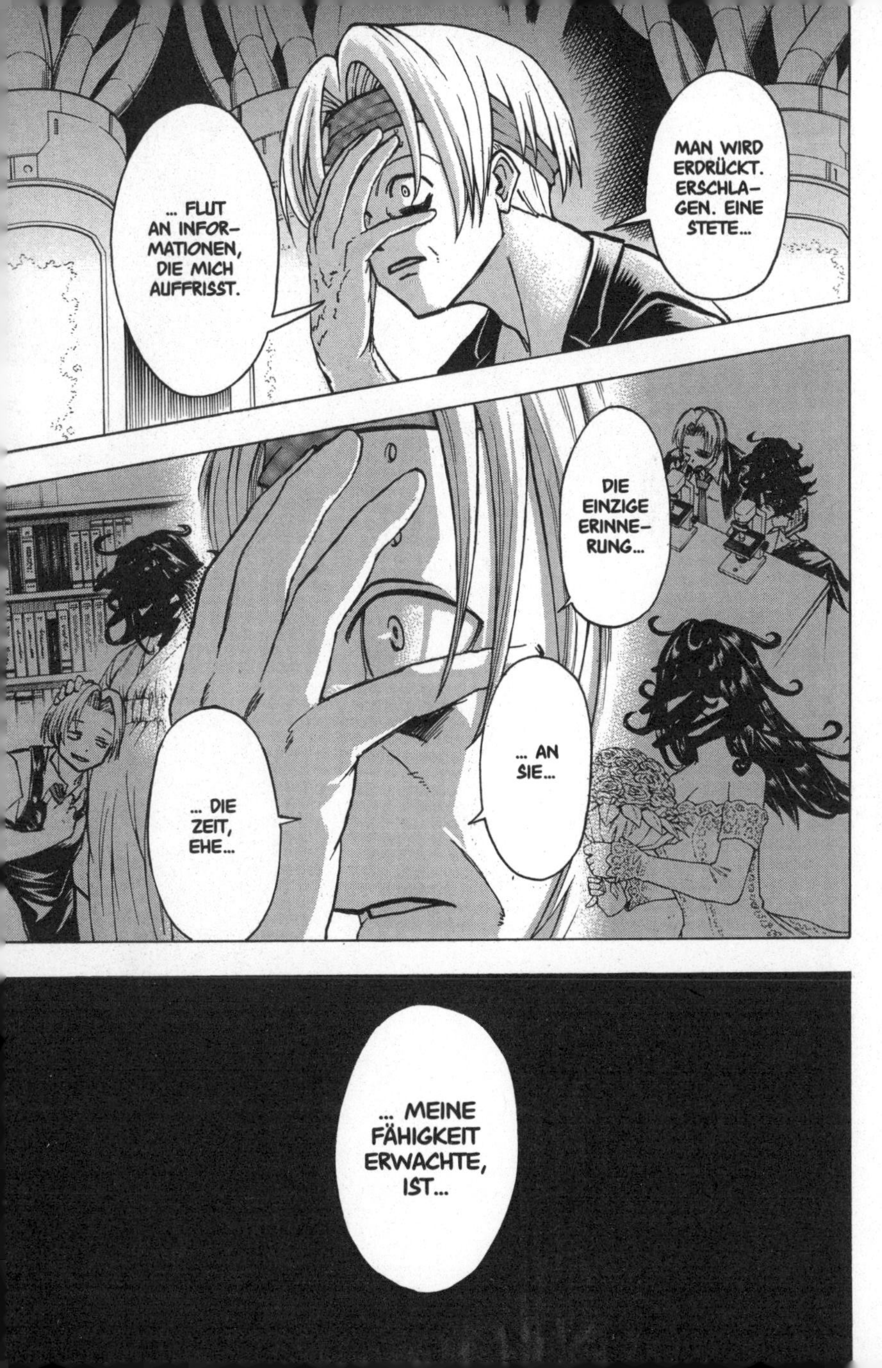
MAN WIRD ERDRÜCKT. ERSCHLAGEN. EINE STETE...
... FLUT AN INFORMATIONEN, DIE MICH AUFFRISST.
DIE EINZIGE ERINNERUNG...
... AN SIE...
... DIE ZEIT, EHE...
... MEINE FÄHIGKEIT ERWACHTE, IST...

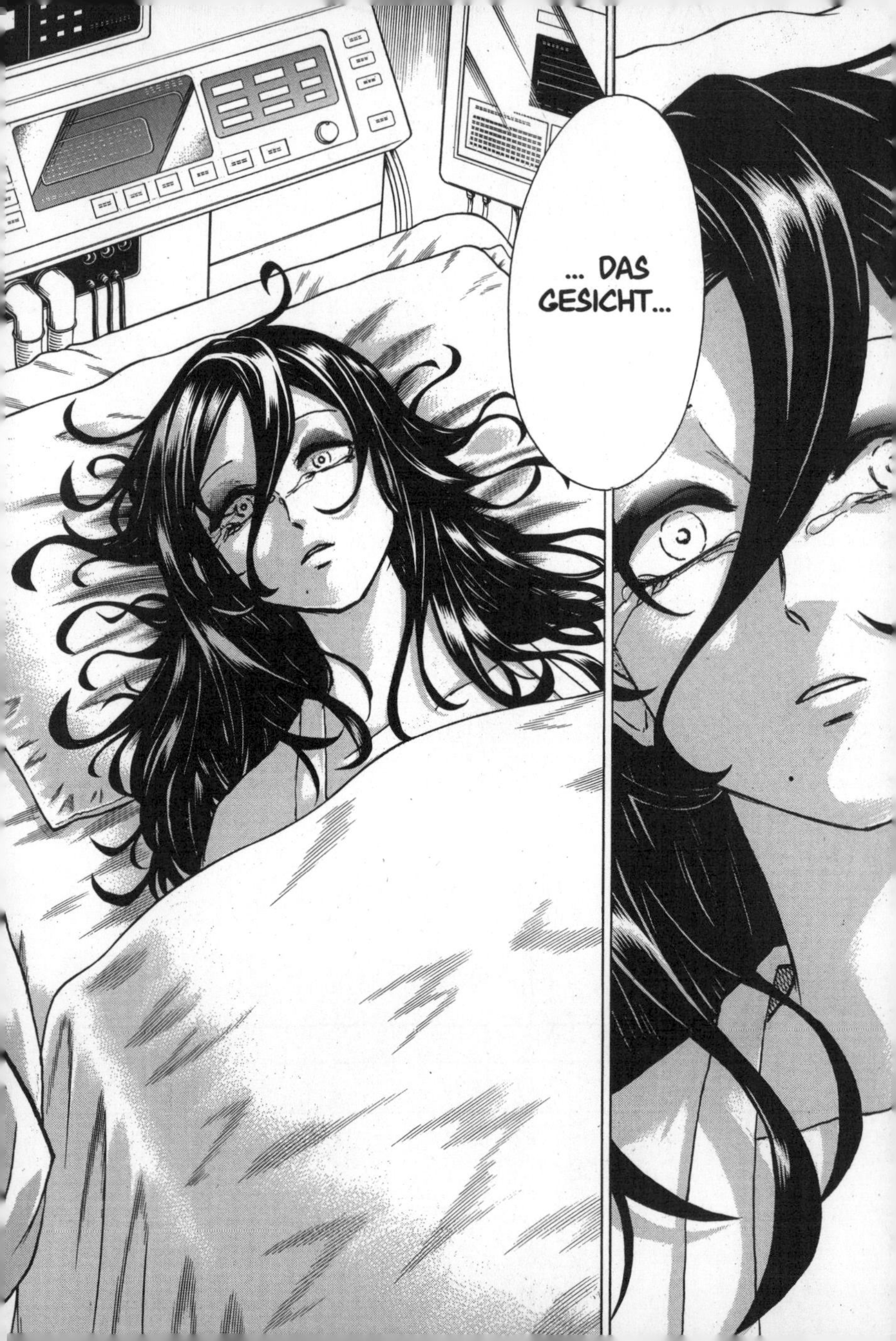
... DAS GESICHT...

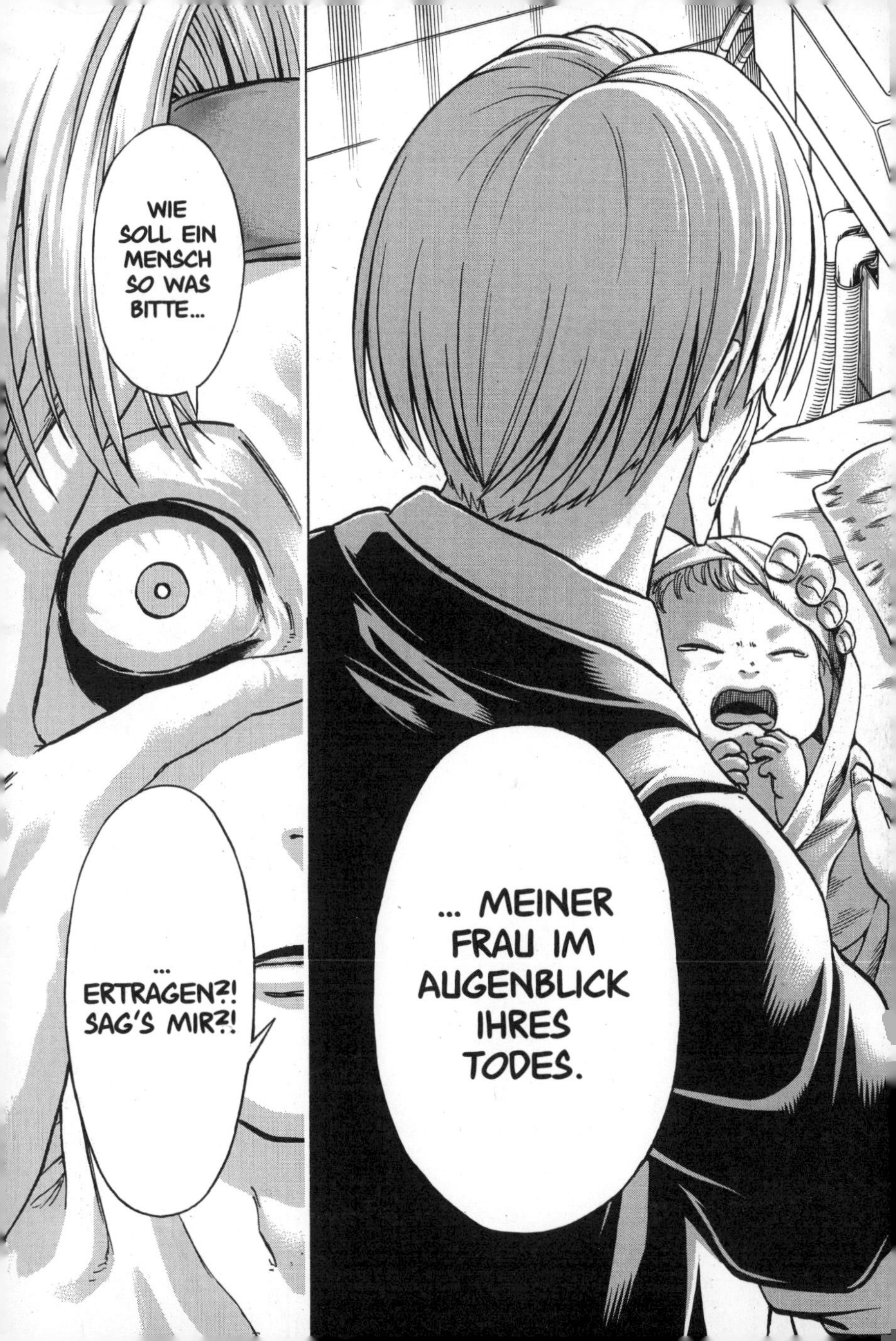
... MEINER FRAU IM AUGENBLICK IHRES TODES.
WIE SOLL EIN MENSCH SO WAS BITTE...
... ERTRAGEN?! SAG'S MIR?!

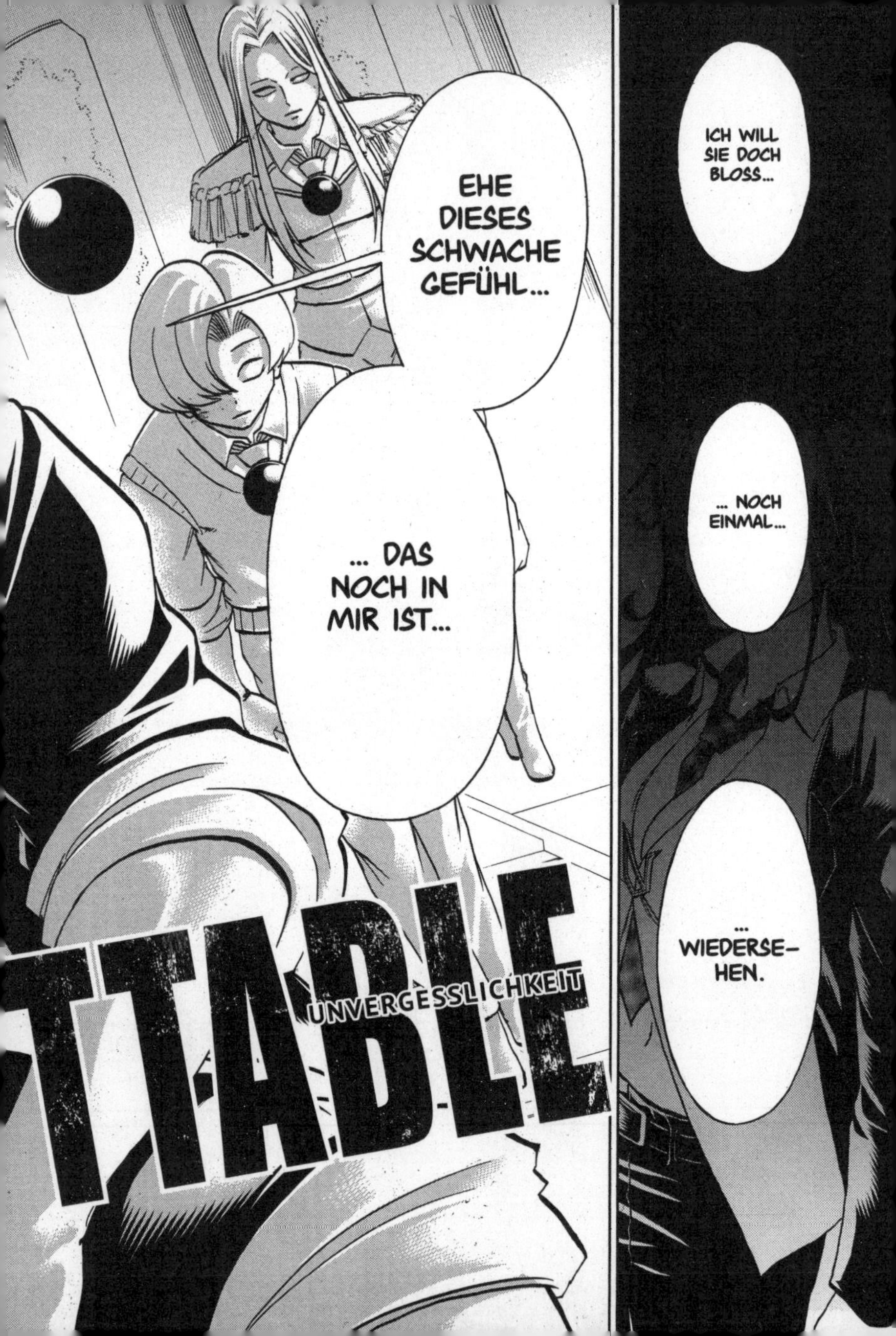
ICH WILL SIE DOCH BLOSS...
... NOCH EINMAL...
... WIEDERSE-HEN.
EHE DIESES SCHWACHE GEFÜHL...
... DAS NOCH IN MIR IST...
TABLE
UNVERGESSLICHKEIT

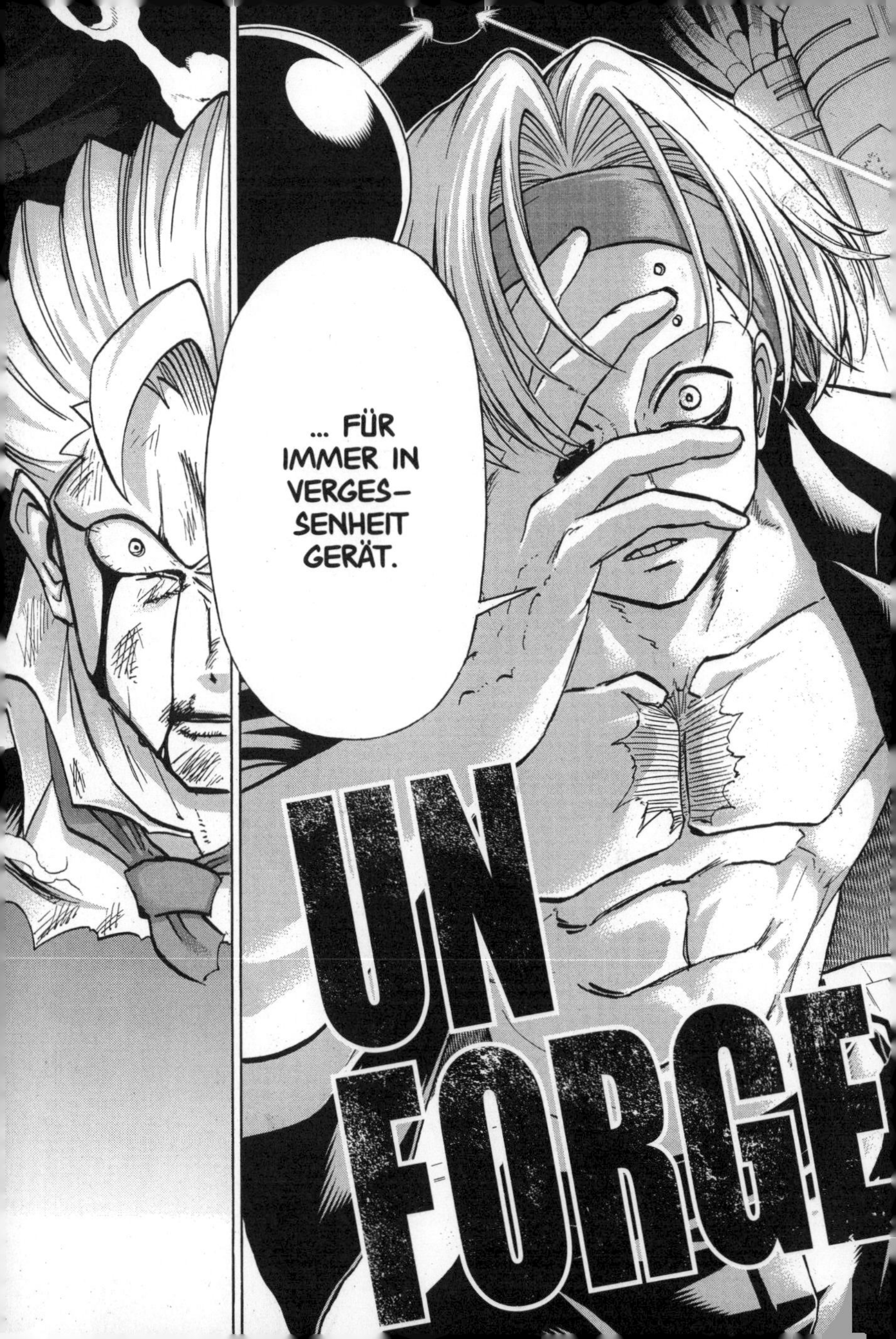
... FÜR IMMER IN VERGES-SENHEIT GERÄT.
UN
FORGE

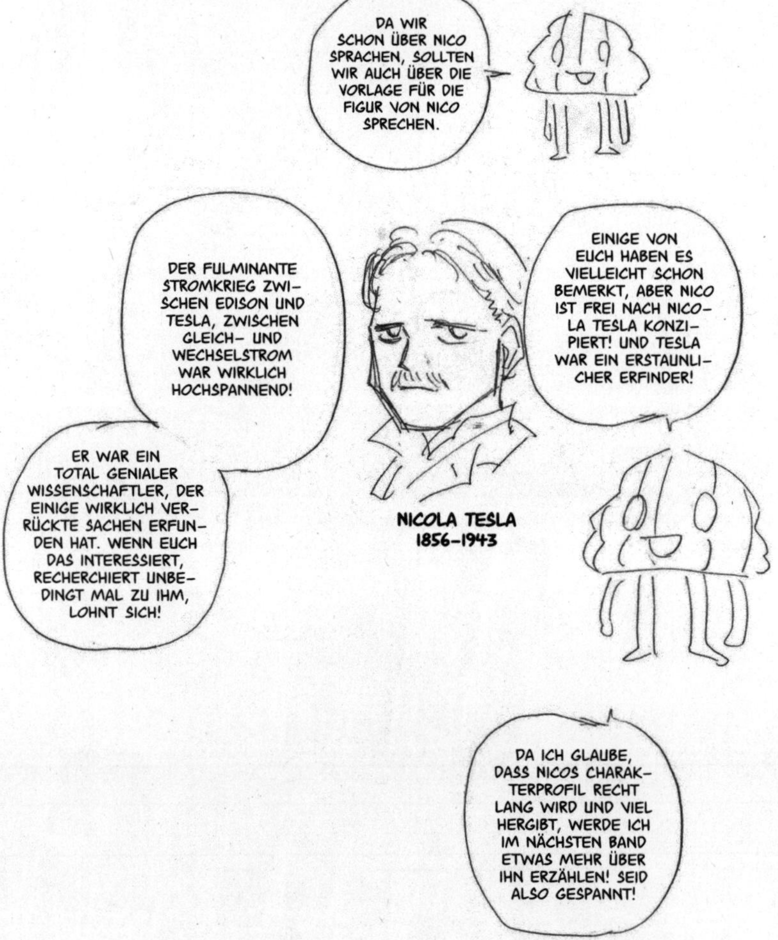
DA WIR SCHON ÜBER NICO SPRACHEN, SOLLTEN WIR AUCH ÜBER DIE VORLAGE FÜR DIE FIGUR VON NICO SPRECHEN.
EINIGE VON EUCH HABEN ES VIELLEICHT SCHON BEMERKT, ABER NICO IST FREI NACH NICOLA TESLA KONZIPIERT! UND TESLA WAR EIN ERSTAUNLICHER ERFINDER!
DER FULMINANTE STROMKRIEG ZWISCHEN EDISON UND TESLA, ZWISCHEN GLEICH- UND WECHSELSTROM WAR WIRKLICH HOCHSPANNEND!
NICOLA TESLA 1856–1943
ER WAR EIN TOTAL GENIALER WISSENSCHAFTLER, DER EINIGE WIRKLICH VERRÜCKTE SACHEN ERFUNDEN HAT. WENN EUCH DAS INTERESSIERT, RECHERCHIERT UNBEDINGT MAL ZU IHM, LOHNT SICH!
DA ICH GLAUBE, DASS NICOS CHARAKTERPROFIL RECHT LANG WIRD UND VIEL HERGIBT, WERDE ICH IM NÄCHSTEN BAND ETWAS MEHR ÜBER IHN ERZÄHLEN! SEID ALSO GESPANNT!

POST AUF X

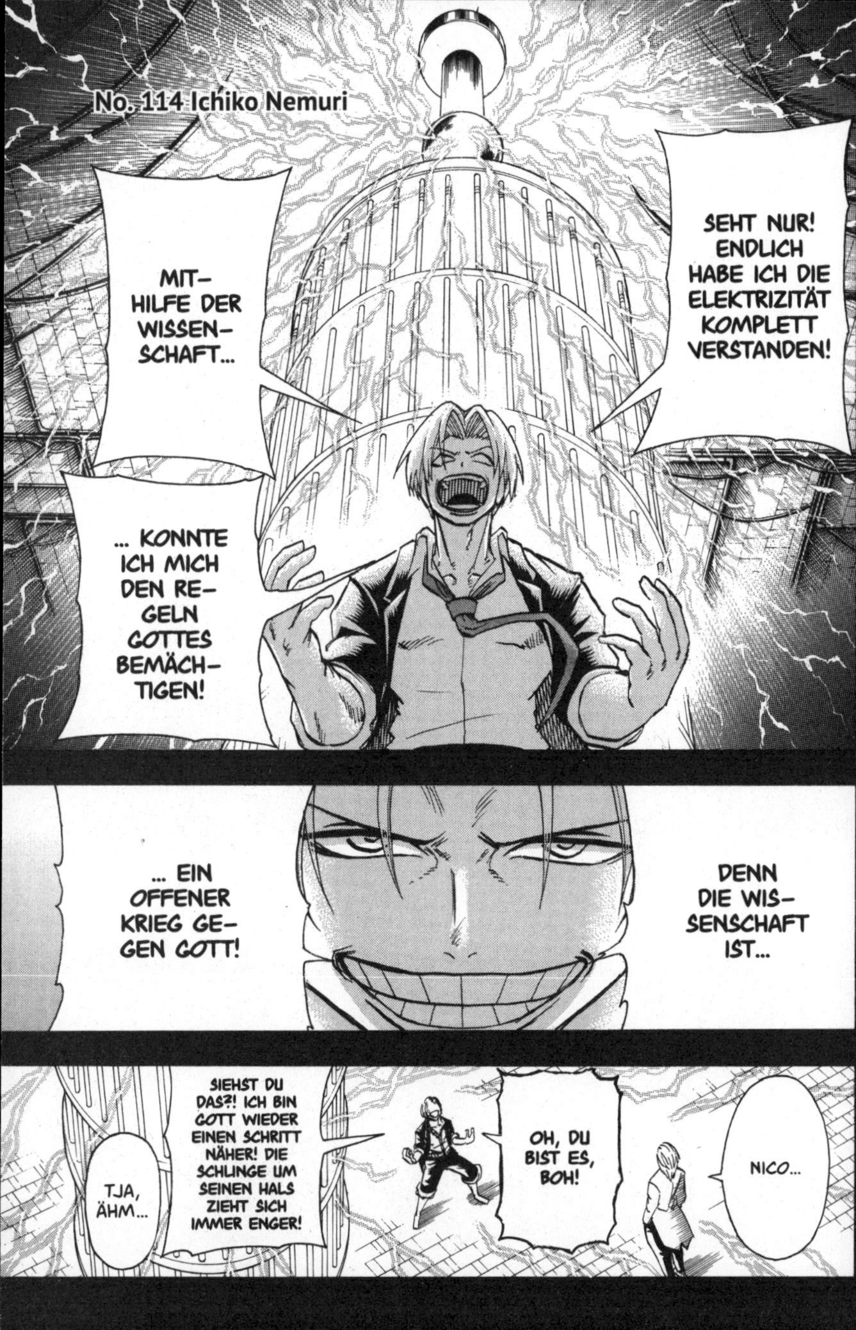
No. 114 Ichiko Nemuri
MIT-HILFE DER WISSEN-SCHAFT...
SEHT NUR! ENDLICH HABE ICH DIE ELEKTRIZITÄT KOMPLETT VERSTANDEN!
... KONNTE ICH MICH DEN RE-GELN GOTTES BEMÄCH-TIGEN!
... EIN OFFENER KRIEG GE-GEN GOTT!
DENN DIE WIS-SENSCHAFT IST...
TJA, ÄHM...
SIEHST DU DAS?! ICH BIN GOTT WIEDER EINEN SCHRITT NÄHER! DIE SCHLINGE UM SEINEN HALS ZIEHT SICH IMMER ENGER!
OH, DU BIST ES, BOH!
NICO...

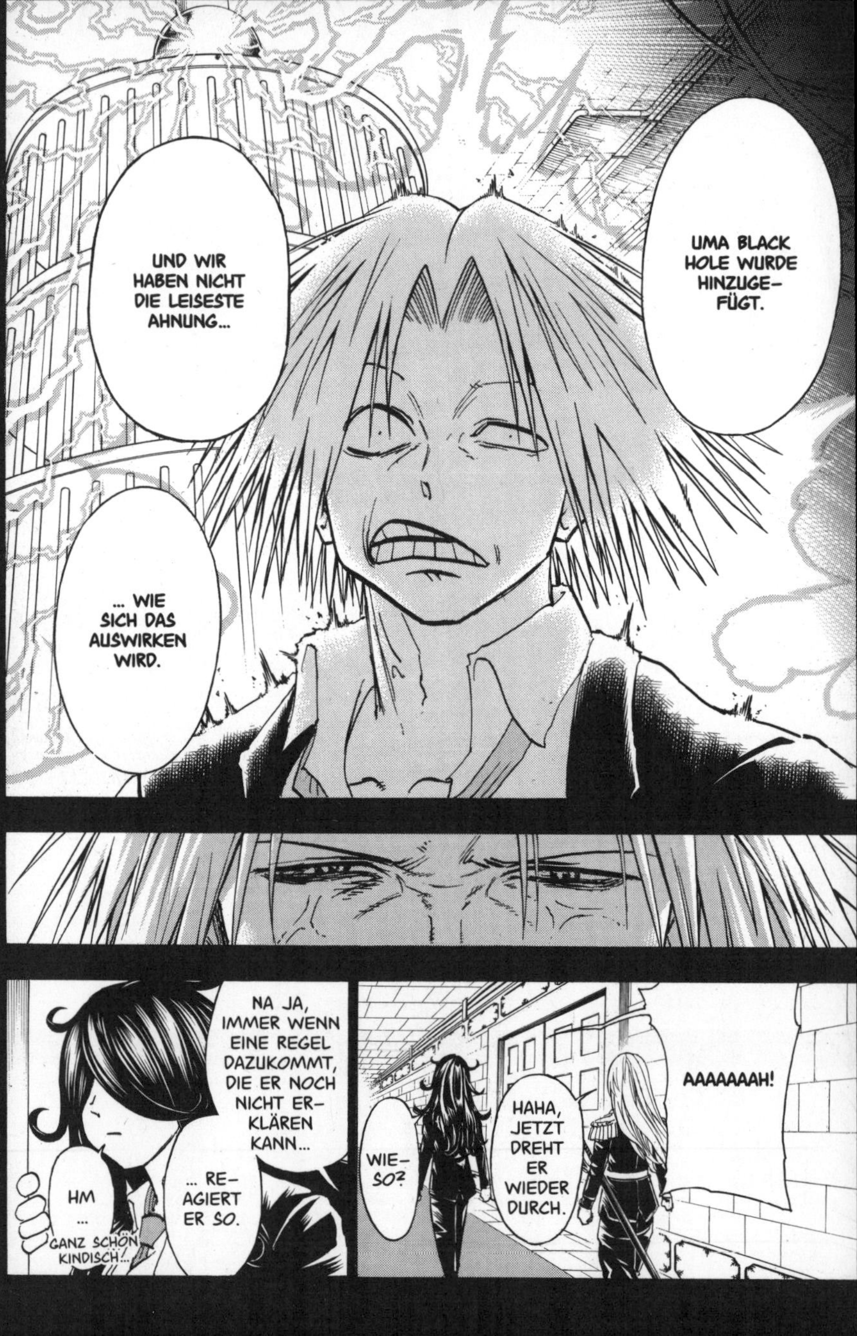
UMA BLACK HOLE WURDE HINZUGEFÜGT.
UND WIR HABEN NICHT DIE LEISESTE AHNUNG...
... WIE SICH DAS AUSWIRKEN WIRD.
AAAAAAAH!
HAHA, JETZT DREHT ER WIEDER DURCH.
WIESO?
NA JA, IMMER WENN EINE REGEL DAZUKOMMT, DIE ER NOCH NICHT ERKLÄREN KANN...
... REAGIERT ER SO.
HM ...
GANZ SCHÖN KINDISCH!...

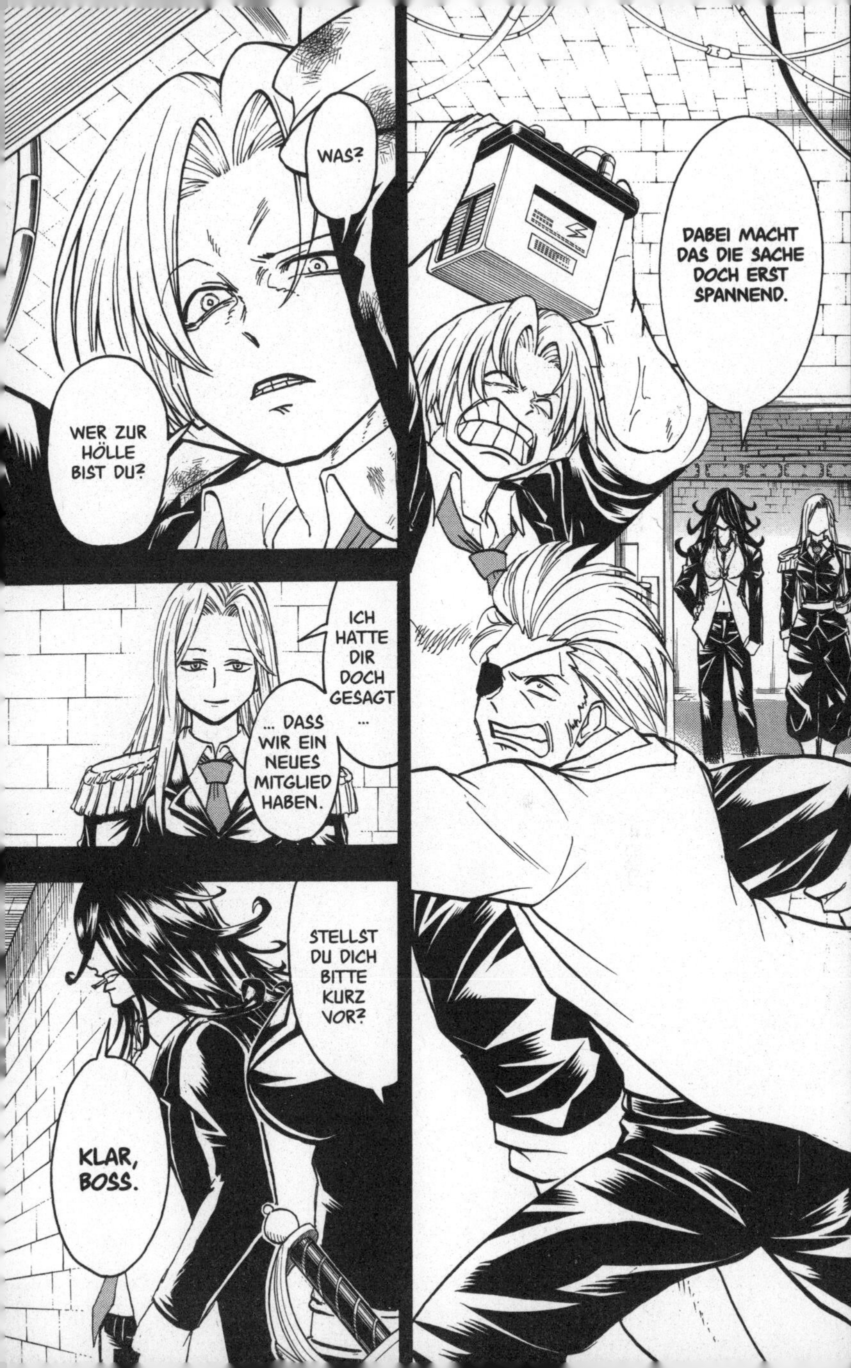
DABEI MACHT DAS DIE SACHE DOCH ERST SPANNEND.
WAS?
WER ZUR HÖLLE BIST DU?
ICH HATTE DIR DOCH GESAGT ...
... DASS WIR EIN NEUES MITGLIED HABEN.
STELLST DU DICH BITTE KURZ VOR?
KLAR, BOSS.

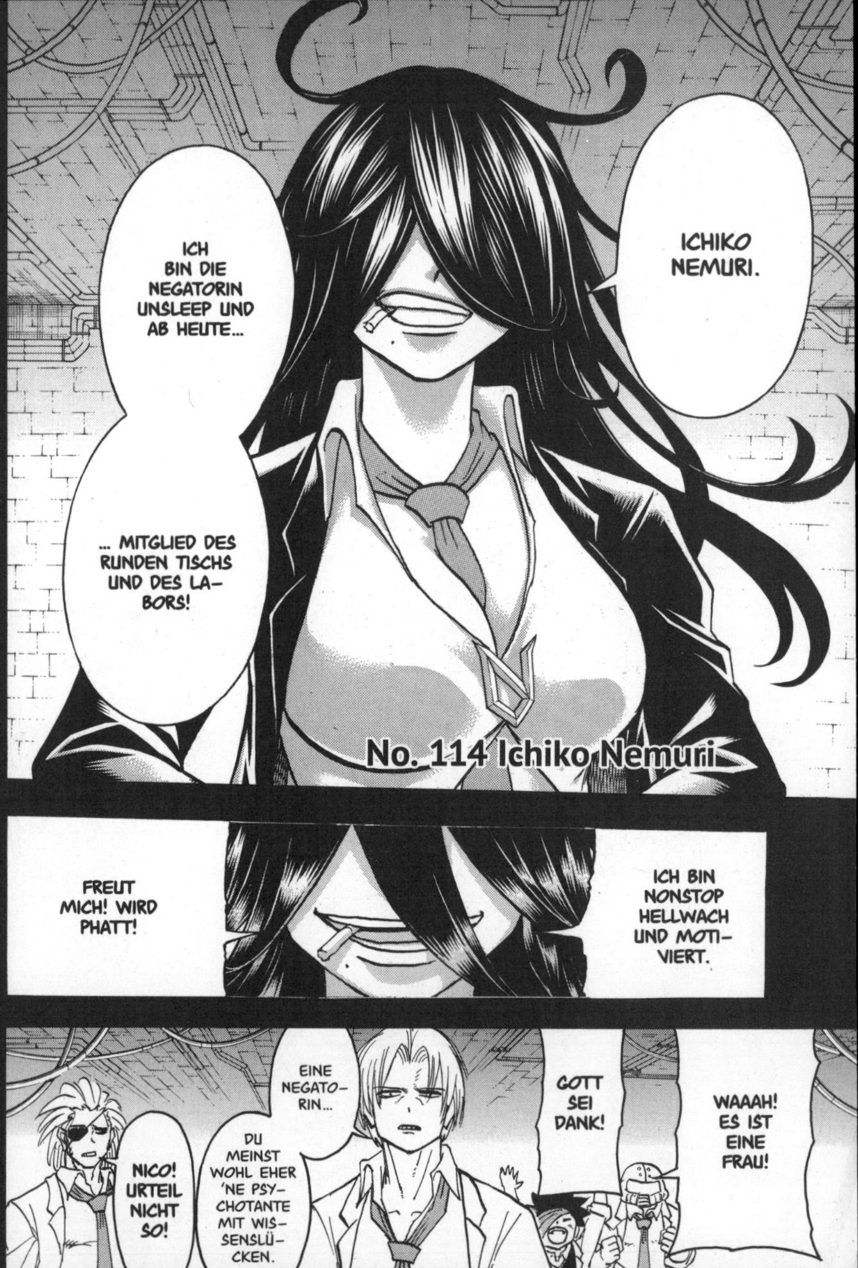
ICHIKO NEMURI.
ICH BIN DIE NEGATORIN UNSLEEP UND AB HEUTE...
... MITGLIED DES RUNDEN TISCHS UND DES LABORS!
No. 114 Ichiko Nemuri
ICH BIN NONSTOP HELLWACH UND MOTIVIERT.
FREUT MICH! WIRD PHATT!
WAAAH! ES IST EINE FRAU!
GOTT SEI DANK!
EINE NEGATORIN...
DU MEINST WOHL EHER 'NE PSYCHOTANTE MIT WISSENSLÜCKEN.
NICO! URTEIL NICHT SO!

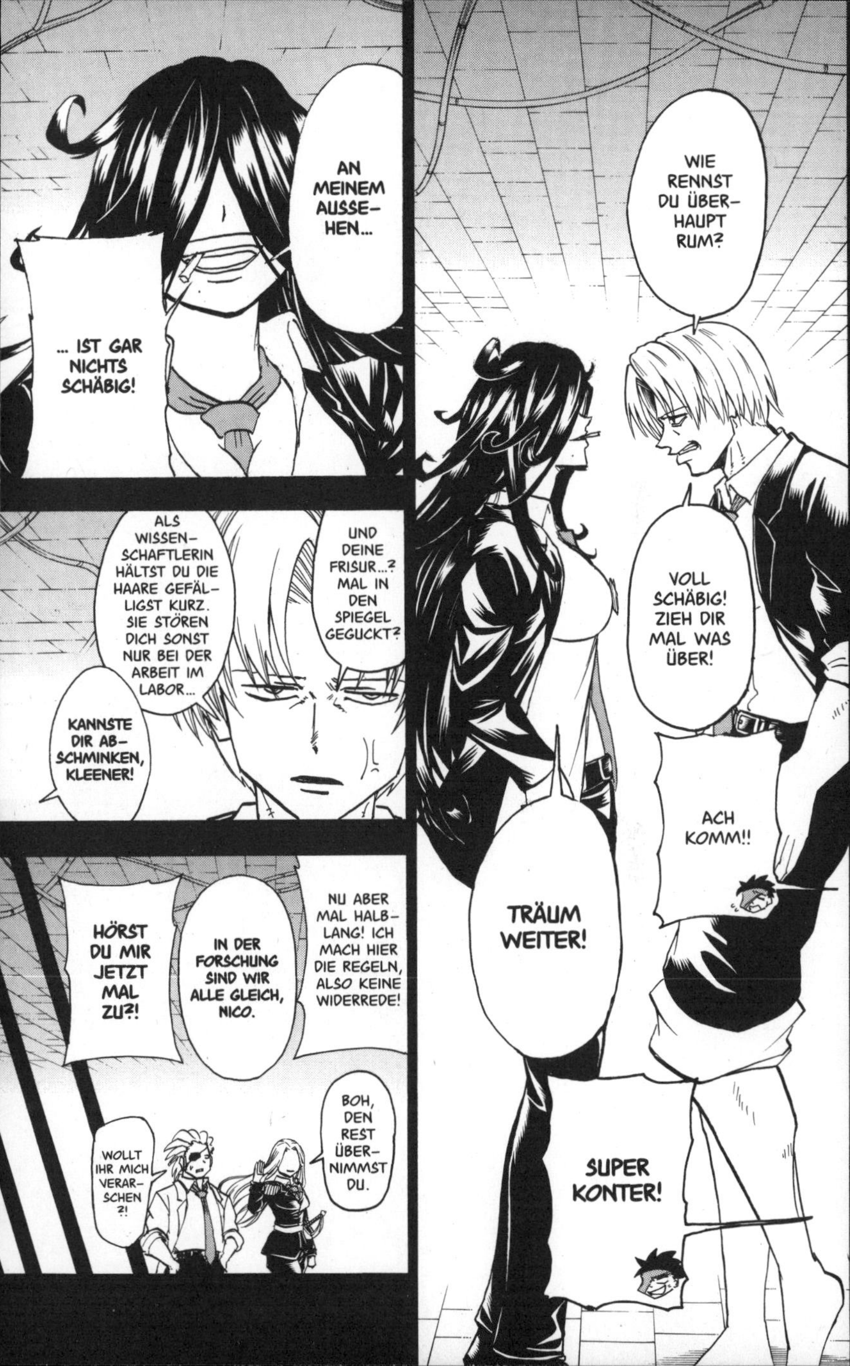
WIE RENNST DU ÜBER-HAUPT RUM?
VOLL SCHÄBIG! ZIEH DIR MAL WAS ÜBER!
TRÄUM WEITER!
ACH KOMM!!
SUPER KONTER!
AN MEINEM AUSSE-HEN...
... IST GAR NICHTS SCHÄBIG!
UND DEINE FRISUR...? MAL IN DEN SPIEGEL GEGUCKT?
ALS WISSEN-SCHAFTLERIN HÄLTST DU DIE HAARE GEFÄL-LIGST KURZ. SIE STÖREN DICH SONST NUR BEI DER ARBEIT IM LABOR...
KANNSTE DIR AB-SCHMINKEN, KLEENER!
NU ABER MAL HALB-LANG! ICH MACH HIER DIE REGELN, ALSO KEINE WIDERREDE!
IN DER FORSCHUNG SIND WIR ALLE GLEICH, NICO.
HÖRST DU MIR JETZT MAL ZU?!
BOH, DEN REST ÜBER-NIMMST DU.
WOLLT IHR MICH VERAR-SCHEN?!

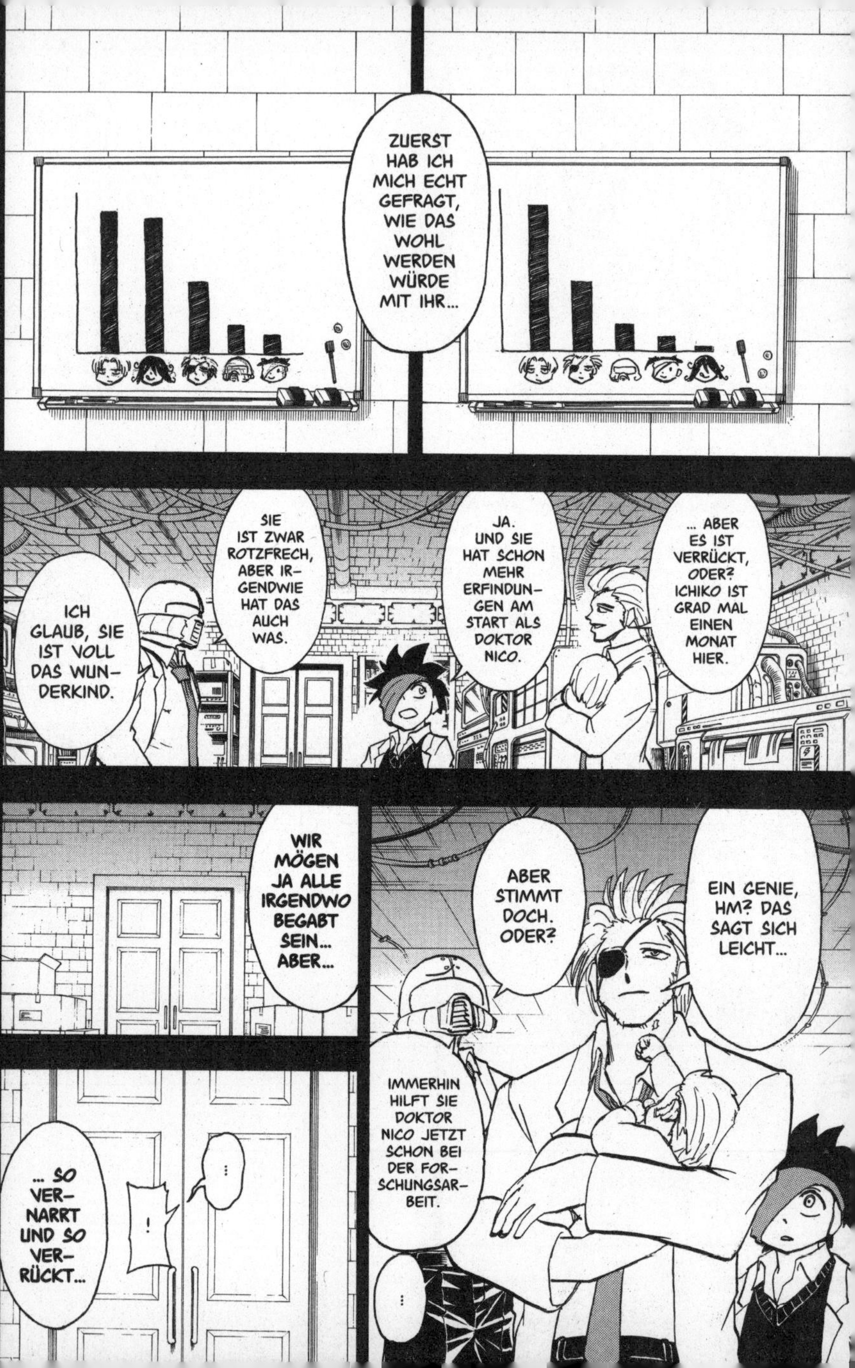
ZUERST HAB ICH MICH ECHT GEFRAGT, WIE DAS WOHL WERDEN WÜRDE MIT IHR...
... ABER ES IST VERRÜCKT, ODER? ICHIKO IST GRAD MAL EINEN MONAT HIER.
JA. UND SIE HAT SCHON MEHR ERFINDUNGEN AM START ALS DOKTOR NICO.
SIE IST ZWAR ROTZFRECH, ABER IRGENDWIE HAT DAS AUCH WAS.
ICH GLAUB, SIE IST VOLL DAS WUNDERKIND.
EIN GENIE, HM? DAS SAGT SICH LEICHT...
ABER STIMMT DOCH. ODER?
IMMERHIN HILFT SIE DOKTOR NICO JETZT SCHON BEI DER FORSCHUNGSARBEIT.
...
WIR MÖGEN JA ALLE IRGENDWO BEGABT SEIN... ABER...
...
!
... SO VERNARRT UND SO VERRÜCKT...

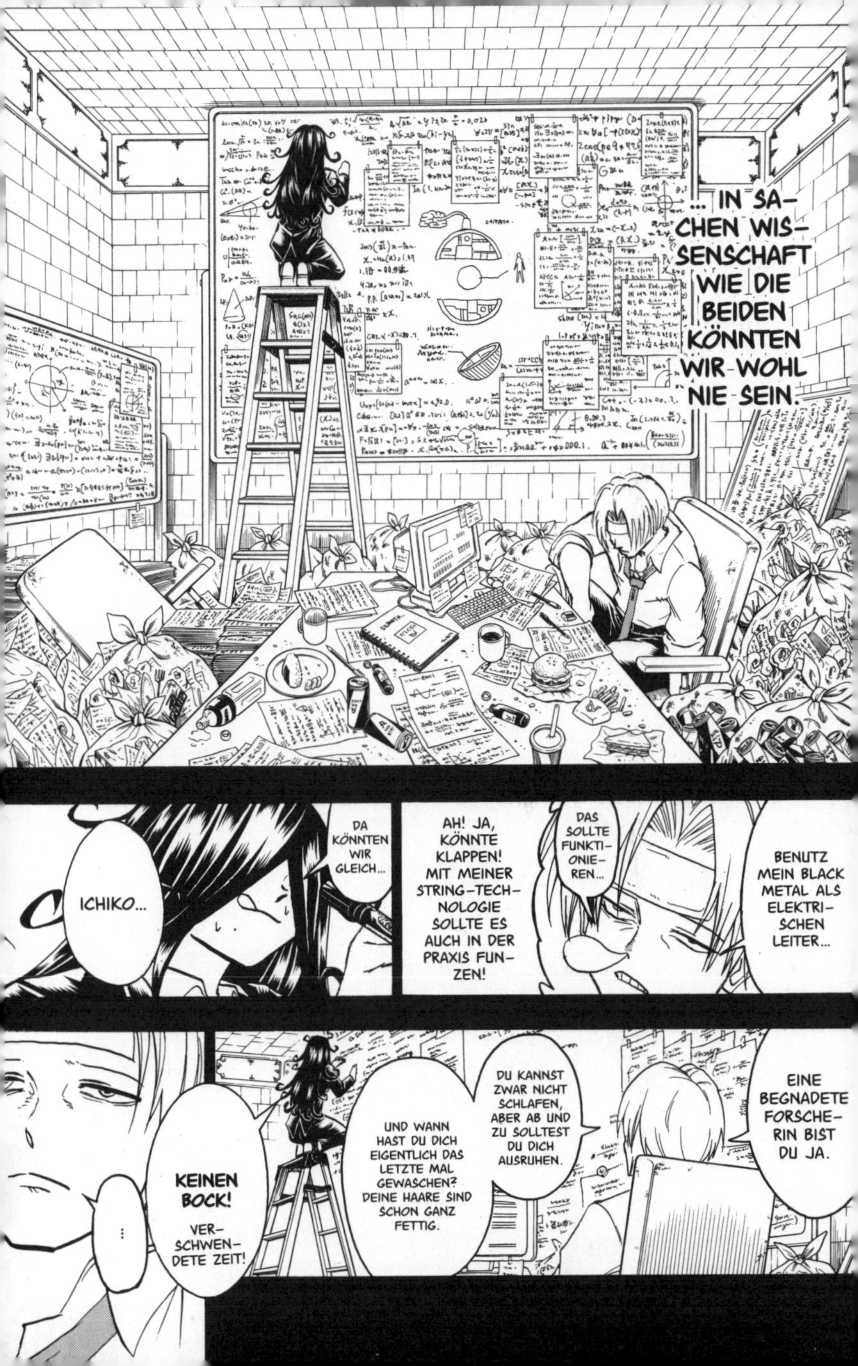
... IN SACHEN WISSENSCHAFT WIE DIE BEIDEN KÖNNTEN WIR WOHL NIE SEIN.
BENUTZ MEIN BLACK METAL ALS ELEKTRISCHEN LEITER...
DAS SOLLTE FUNKTIONIEREN...
AH! JA, KÖNNTE KLAPPEN! MIT MEINER STRING-TECHNOLOGIE SOLLTE ES AUCH IN DER PRAXIS FUNZEN!
DA KÖNNTEN WIR GLEICH...
ICHIKO...
EINE BEGNADETE FORSCHERIN BIST DU JA.
DU KANNST ZWAR NICHT SCHLAFEN, ABER AB UND ZU SOLLTEST DU DICH AUSRUHEN.
UND WANN HAST DU DICH EIGENTLICH DAS LETZTE MAL GEWASCHEN? DEINE HAARE SIND SCHON GANZ FETTIG.
KEINEN BOCK!
VERSCHWENDETE ZEIT!
...

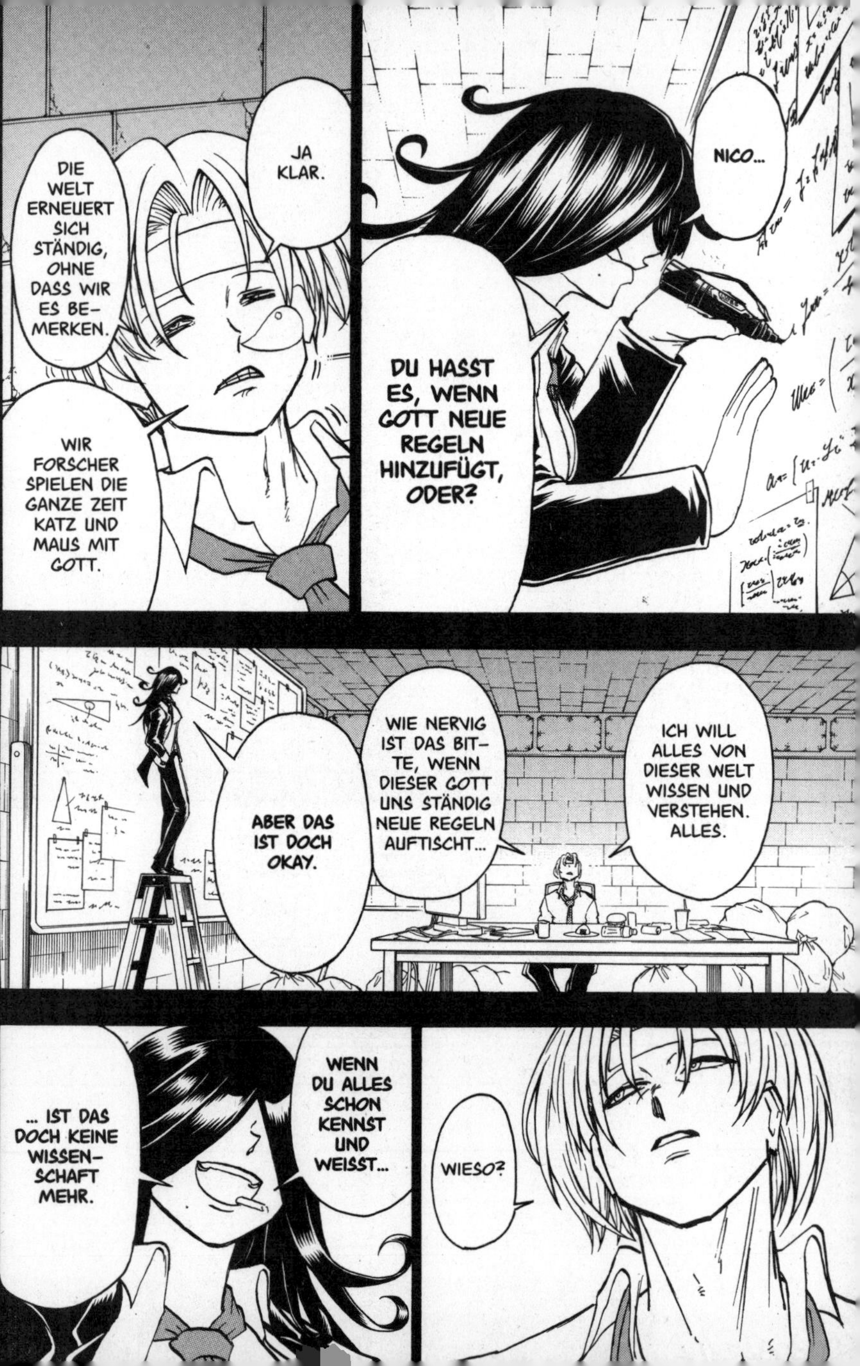
NICO...
DU HASST ES, WENN GOTT NEUE REGELN HINZUFÜGT, ODER?
JA KLAR.
DIE WELT ERNEUERT SICH STÄNDIG, OHNE DASS WIR ES BE-MERKEN.
WIR FORSCHER SPIELEN DIE GANZE ZEIT KATZ UND MAUS MIT GOTT.
ICH WILL ALLES VON DIESER WELT WISSEN UND VERSTEHEN. ALLES.
WIE NERVIG IST DAS BIT-TE, WENN DIESER GOTT UNS STÄNDIG NEUE REGELN AUFTISCHT...
ABER DAS IST DOCH OKAY.
WIESO?
WENN DU ALLES SCHON KENNST UND WEISST...
... IST DAS DOCH KEINE WISSEN-SCHAFT MEHR.

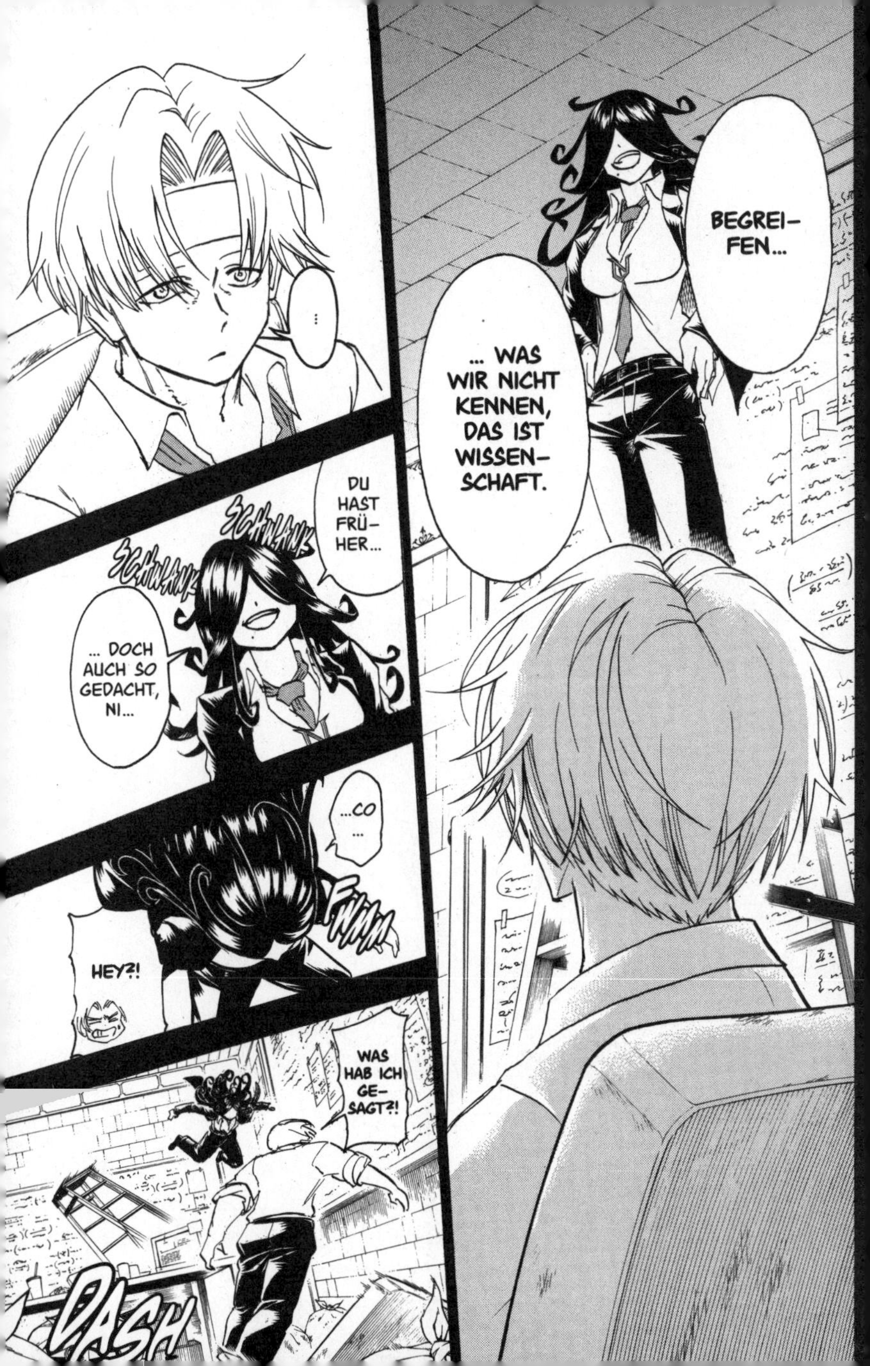
BEGREIFEN...
... WAS WIR NICHT KENNEN, DAS IST WISSENSCHAFT.
...
DU HAST FRÜHER...
... DOCH AUCH SO GEDACHT, NI...
...CO ...
HEY?!
WAS HAB ICH GESAGT?!
DASH

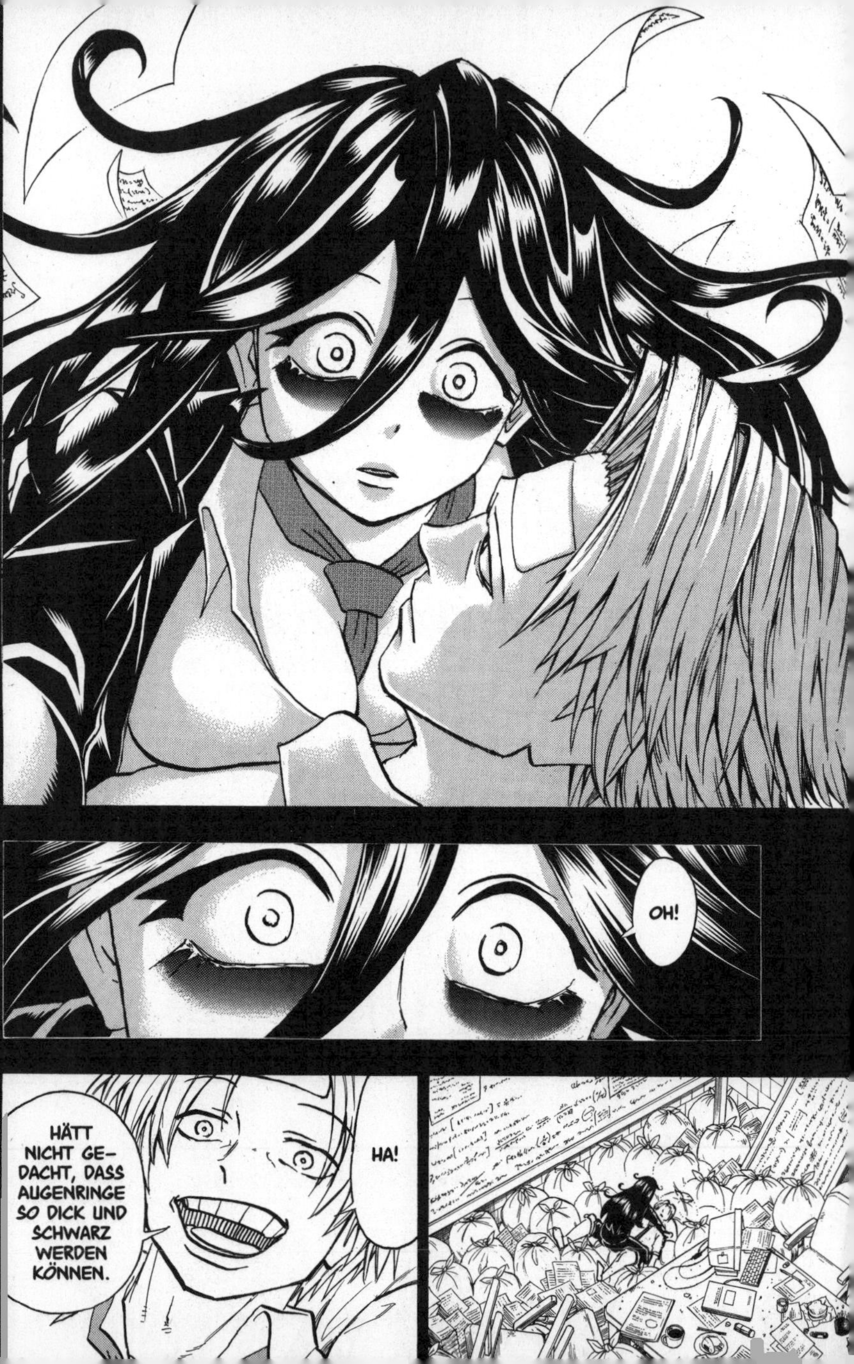
OH!
HA!
HÄTT NICHT GE-DACHT, DASS AUGENRINGE SO DICK UND SCHWARZ WERDEN KÖNNEN.

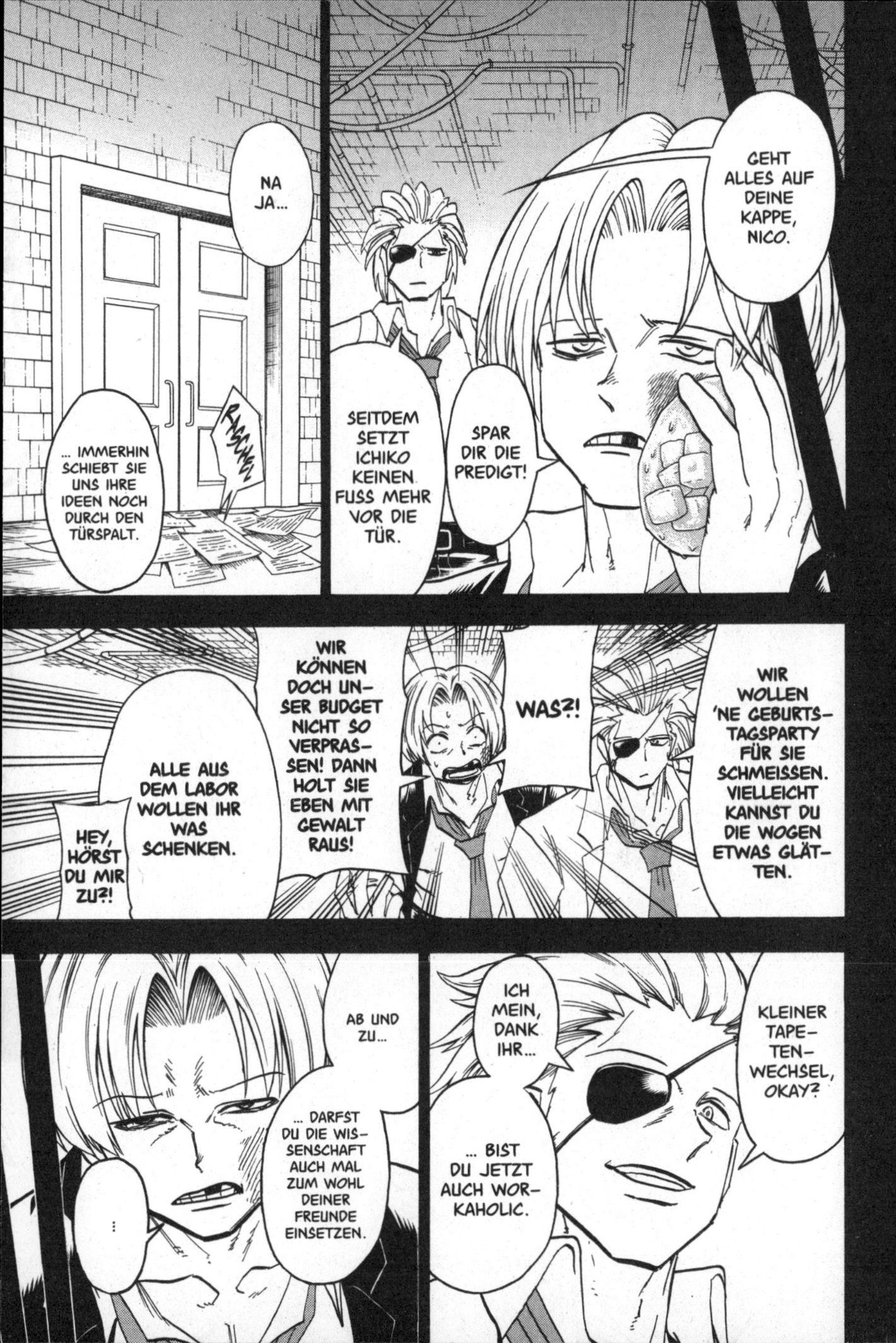
GEHT ALLES AUF DEINE KAPPE, NICO.
SPAR DIR DIE PREDIGT!
SEITDEM SETZT ICHIKO KEINEN FUSS MEHR VOR DIE TÜR.
NA JA...
RASCHEL
... IMMERHIN SCHIEBT SIE UNS IHRE IDEEN NOCH DURCH DEN TÜRSPALT.
WIR WOLLEN 'NE GEBURTSTAGSPARTY FÜR SIE SCHMEISSEN. VIELLEICHT KANNST DU DIE WOGEN ETWAS GLÄTTEN.
WAS?!
WIR KÖNNEN DOCH UNSER BUDGET NICHT SO VERPRASSEN! DANN HOLT SIE EBEN MIT GEWALT RAUS!
ALLE AUS DEM LABOR WOLLEN IHR WAS SCHENKEN.
HEY, HÖRST DU MIR ZU?!
KLEINER TAPETENWECHSEL, OKAY?
ICH MEIN, DANK IHR...
... BIST DU JETZT AUCH WORKAHOLIC.
AB UND ZU...
... DARFST DU DIE WISSENSCHAFT AUCH MAL ZUM WOHL DEINER FREUNDE EINSETZEN.
...

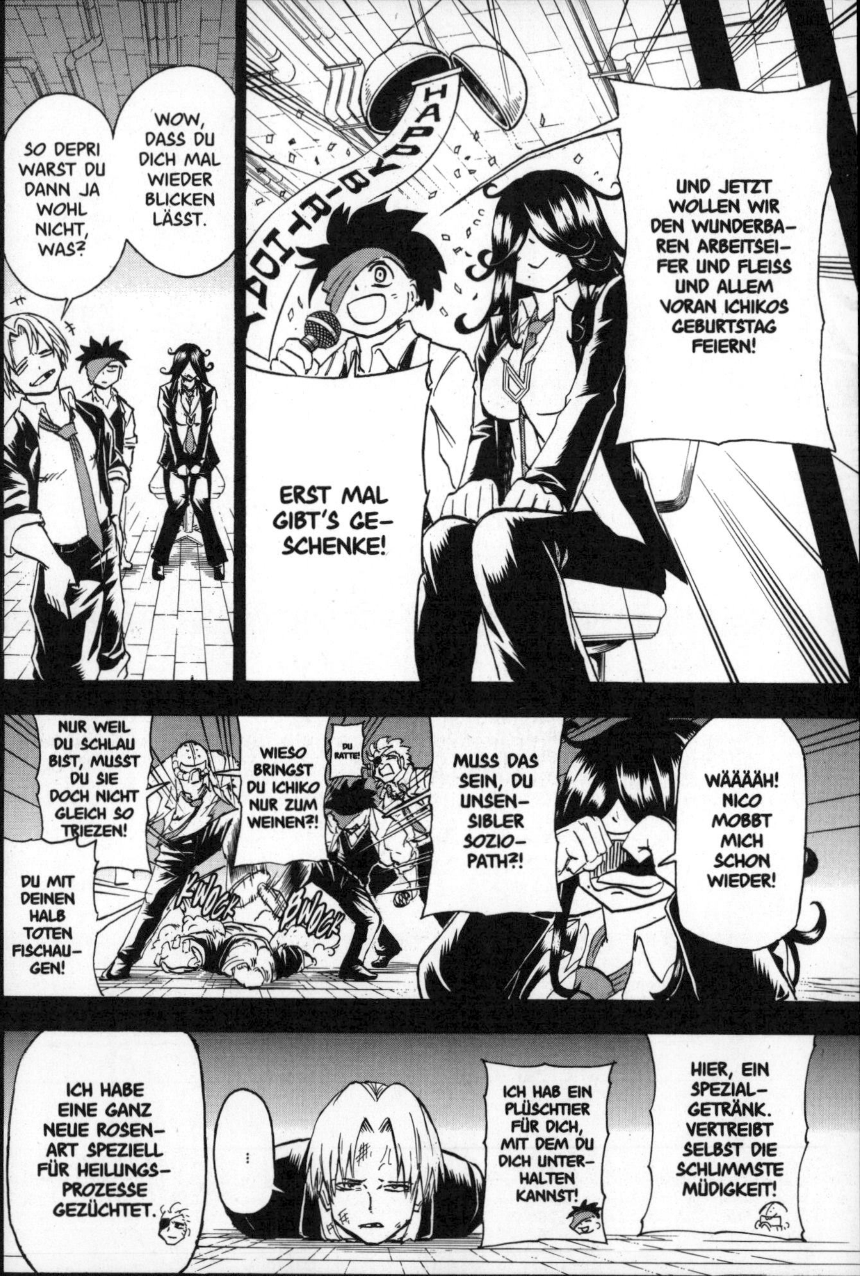
UND JETZT WOLLEN WIR DEN WUNDERBAREN ARBEITSEIFER UND FLEISS UND ALLEM VORAN ICHIKOS GEBURTSTAG FEIERN!
ERST MAL GIBT'S GESCHENKE!
WOW, DASS DU DICH MAL WIEDER BLICKEN LÄSST.
SO DEPRI WARST DU DANN JA WOHL NICHT, WAS?
WÄÄÄÄH! NICO MOBBT MICH SCHON WIEDER!
MUSS DAS SEIN, DU UNSENSIBLER SOZIOPATH?!
DU RATTE!
WIESO BRINGST DU ICHIKO NUR ZUM WEINEN?!
NUR WEIL DU SCHLAU BIST, MUSST DU SIE DOCH NICHT GLEICH SO TRIEZEN!
DU MIT DEINEN HALB TOTEN FISCHAUGEN!
HIER, EIN SPEZIALGETRÄNK. VERTREIBT SELBST DIE SCHLIMMSTE MÜDIGKEIT!
ICH HAB EIN PLÜSCHTIER FÜR DICH, MIT DEM DU DICH UNTERHALTEN KANNST!
…
ICH HABE EINE GANZ NEUE ROSENART SPEZIELL FÜR HEILUNGSPROZESSE GEZÜCHTET.

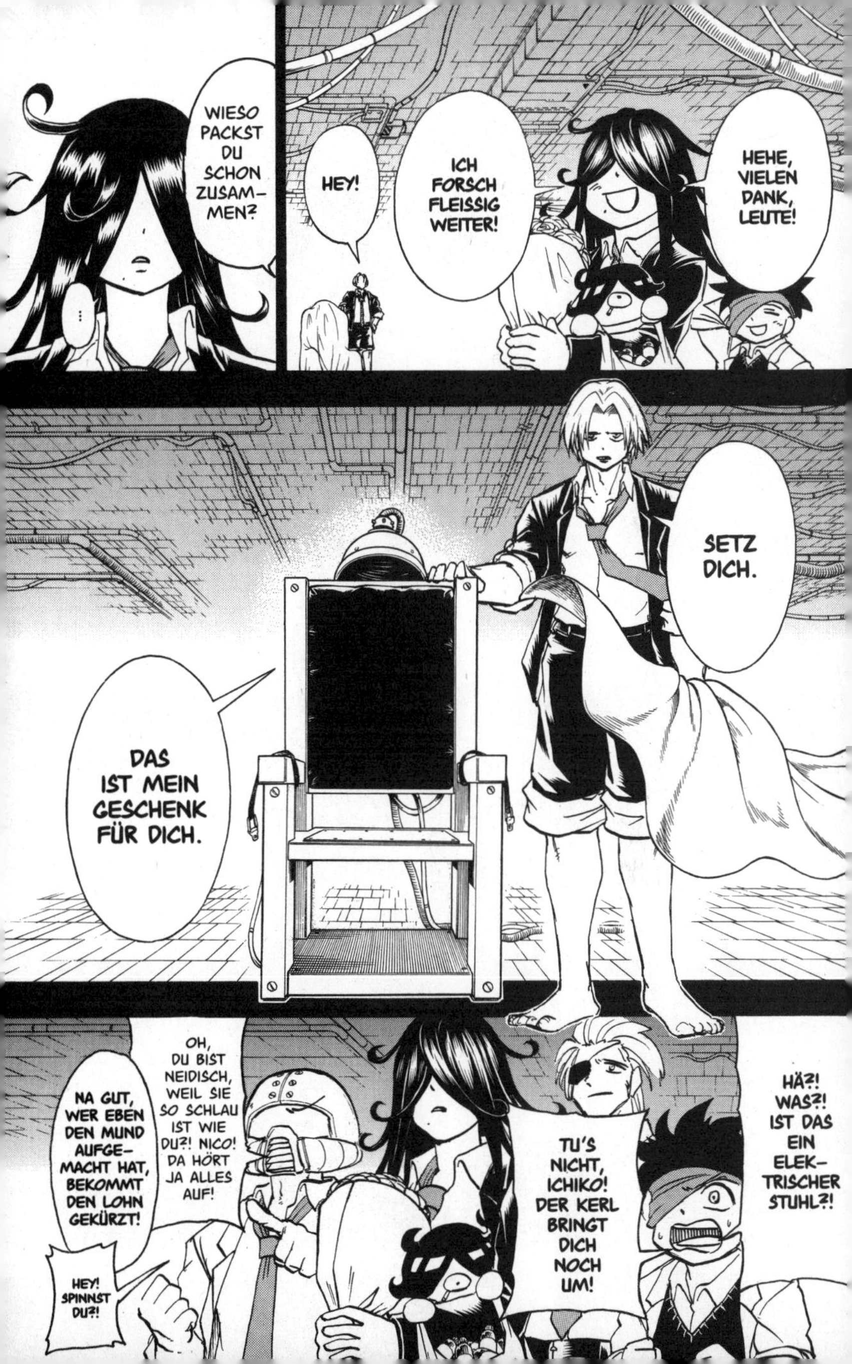
HEHE, VIELEN DANK, LEUTE!
ICH FORSCH FLEISSIG WEITER!
HEY!
WIESO PACKST DU SCHON ZUSAMMEN?
...
SETZ DICH.
DAS IST MEIN GESCHENK FÜR DICH.
HÄ?! WAS?! IST DAS EIN ELEKTRISCHER STUHL?!
TU'S NICHT, ICHIKO! DER KERL BRINGT DICH NOCH UM!
OH, DU BIST NEIDISCH, WEIL SIE SO SCHLAU IST WIE DU?! NICO! DA HÖRT JA ALLES AUF!
NA GUT, WER EBEN DEN MUND AUFGEMACHT HAT, BEKOMMT DEN LOHN GEKÜRZT!
HEY! SPINNST DU?!

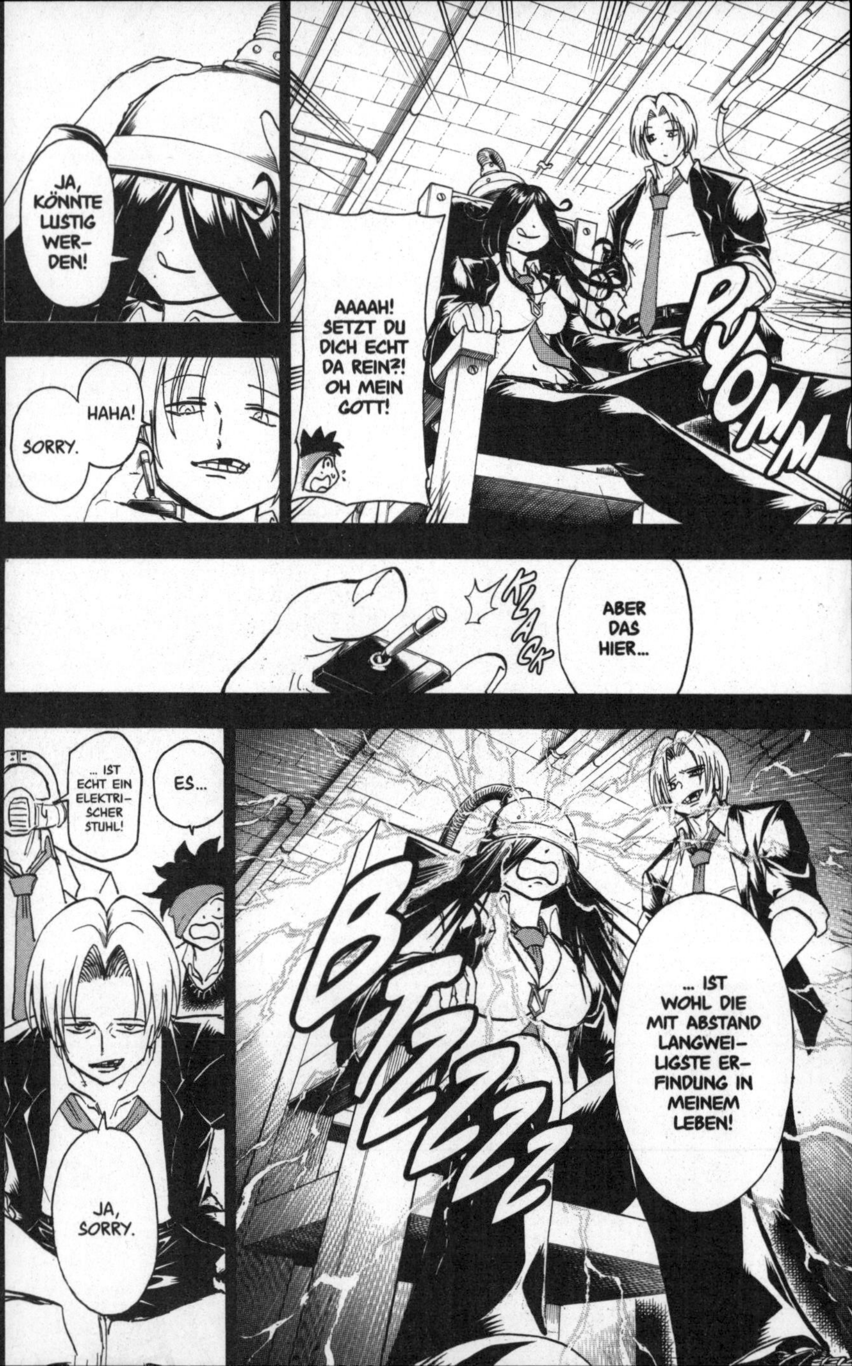
PLOMM
AAAAH! SETZT DU DICH ECHT DA REIN?! OH MEIN GOTT!
JA, KÖNNTE LUSTIG WERDEN!
HAHA!
SORRY.
ABER DAS HIER...
KLACK
ES...
... IST ECHT EIN ELEKTRISCHER STUHL!
BZZZZZ
... IST WOHL DIE MIT ABSTAND LANGWEILIGSTE ERFINDUNG IN MEINEM LEBEN!
JA, SORRY.

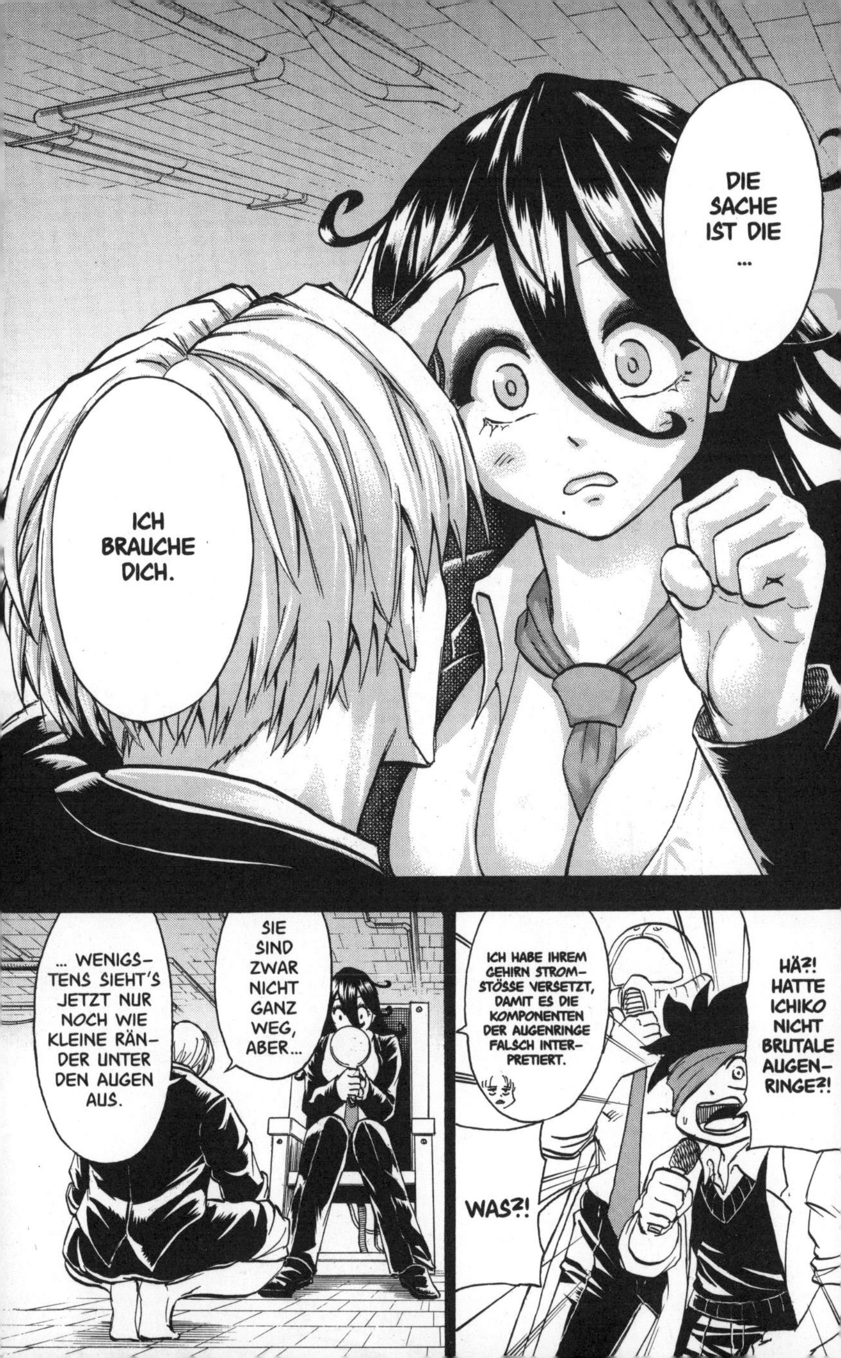
DIE SACHE IST DIE ...
ICH BRAUCHE DICH.
SIE SIND ZWAR NICHT GANZ WEG, ABER...
... WENIGS-TENS SIEHT'S JETZT NUR NOCH WIE KLEINE RÄN-DER UNTER DEN AUGEN AUS.
HÄ?! HATTE ICHIKO NICHT BRUTALE AUGEN-RINGE?!
WAS?!
ICH HABE IHREM GEHIRN STROM-STÖSSE VERSETZT, DAMIT ES DIE KOMPONENTEN DER AUGENRINGE FALSCH INTER-PRETIERT.

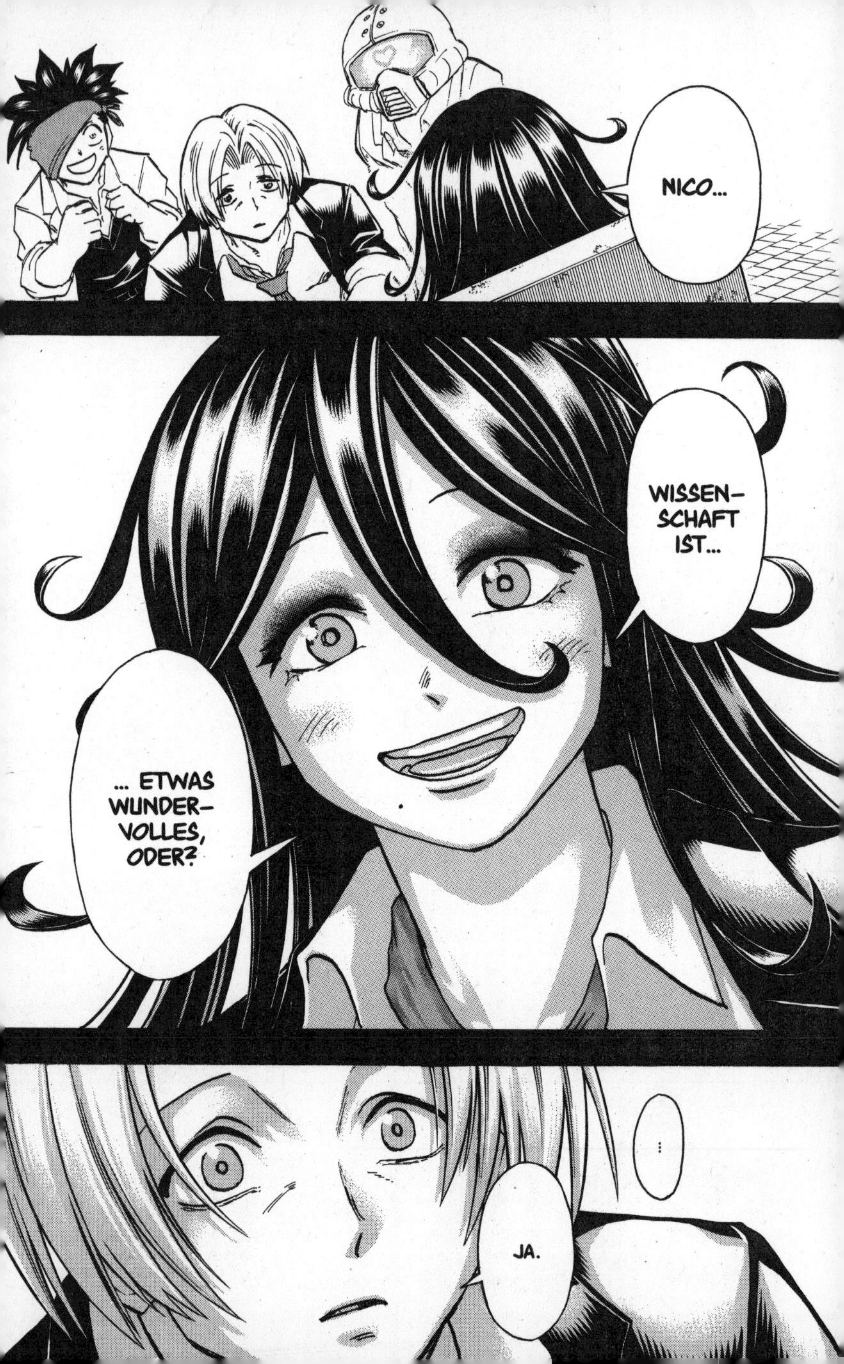
NICO...
WISSEN-SCHAFT IST...
... ETWAS WUNDER-VOLLES, ODER?
...
JA.

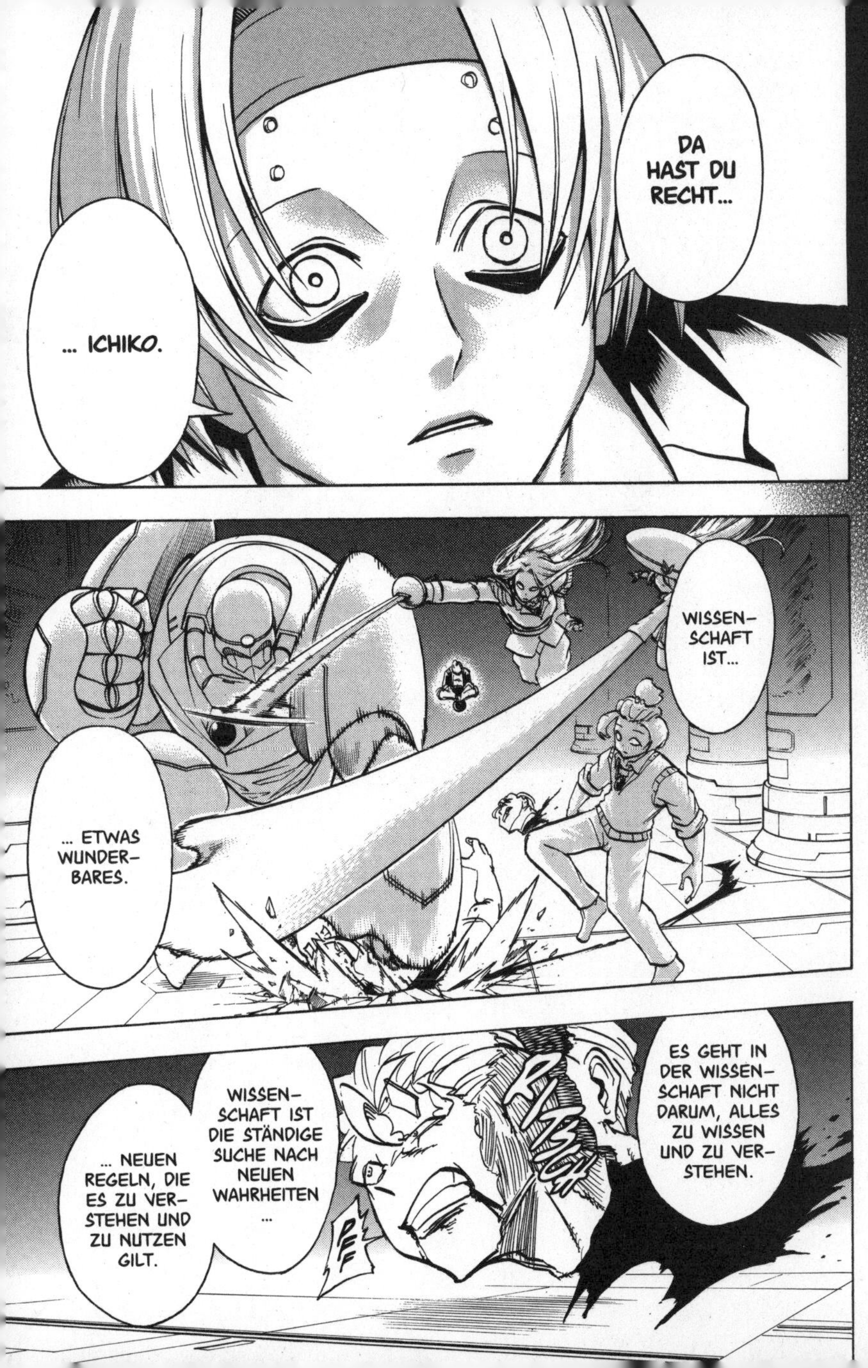
DA HAST DU RECHT...
... ICHIKO.
WISSEN-SCHAFT IST...
... ETWAS WUNDER-BARES.
ES GEHT IN DER WISSEN-SCHAFT NICHT DARUM, ALLES ZU WISSEN UND ZU VER-STEHEN.
WISSEN-SCHAFT IST DIE STÄNDIGE SUCHE NACH NEUEN WAHRHEITEN ...
... NEUEN REGELN, DIE ES ZU VER-STEHEN UND ZU NUTZEN GILT.

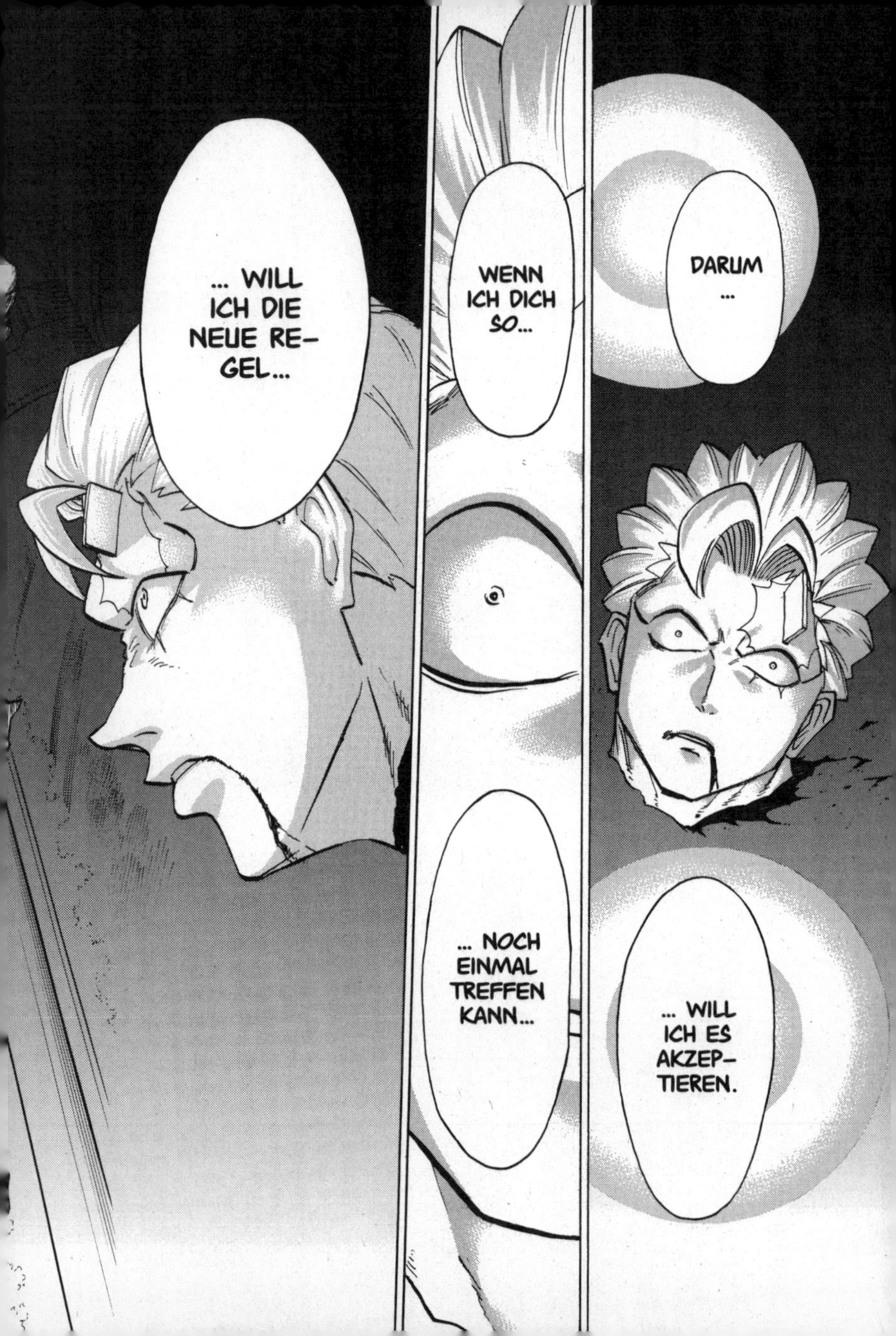
DARUM ...
WENN ICH DICH SO...
... NOCH EINMAL TREFFEN KANN...
... WILL ICH ES AKZEP-TIEREN.
... WILL ICH DIE NEUE RE-GEL...

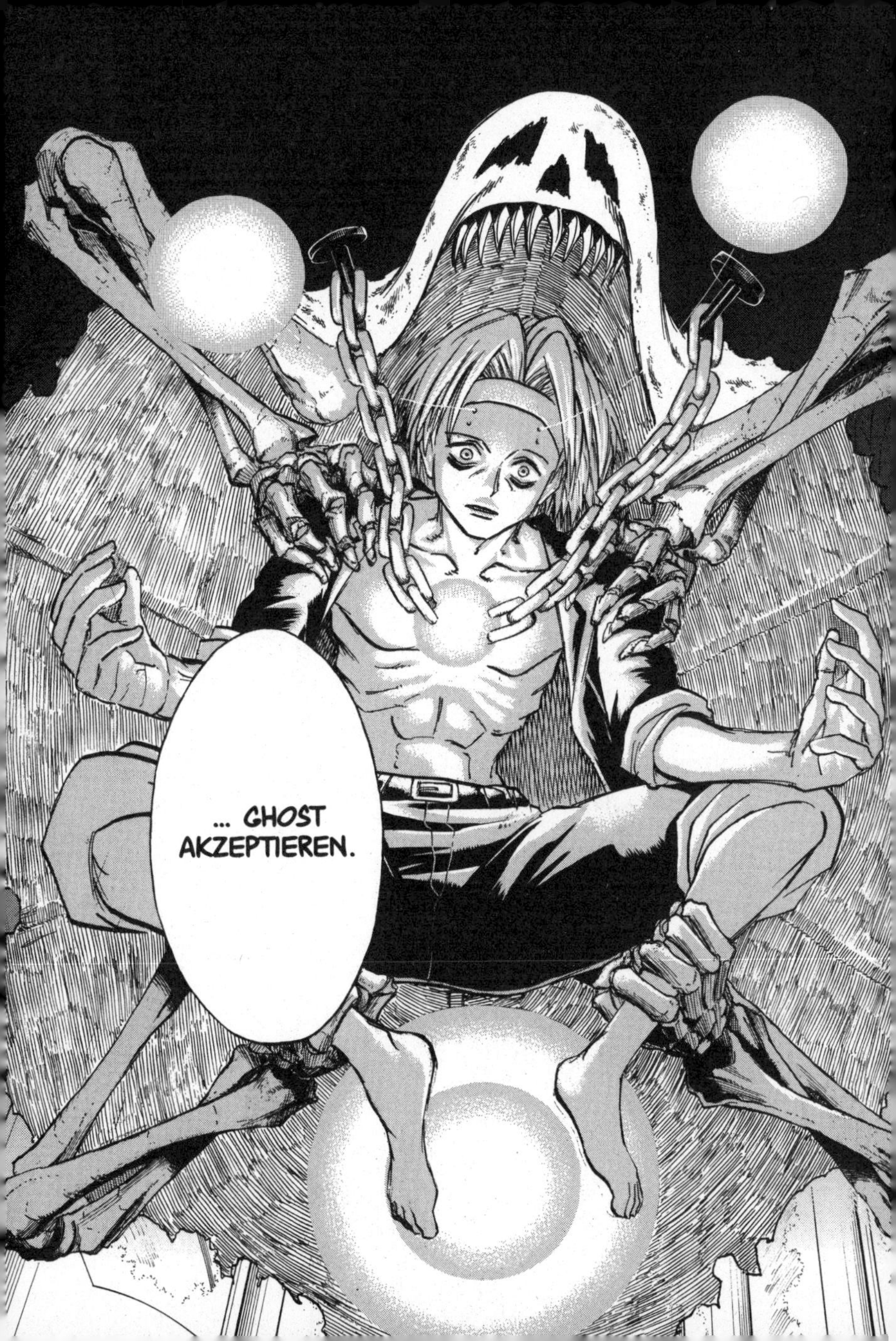
... GHOST AKZEPTIEREN.

ICHIKO NEMURI

ALTER: ACHT JAHRE JÜNGER ALS NICO
GRÖSSE: GRÖSSER ALS NICO
GEWICHT: GEHEIM
HOBBYS: NACH NEUEN, LECKEREN KAFFEESORTEN FORSCHEN, EIN BAD NEHMEN
BESONDERE FÄHIGKEIT: SICH AUSRUHEN, WÄHREND SIE WACH IST
WAS SIE MAG: JAPANISCHE SÜSSIGKEITEN

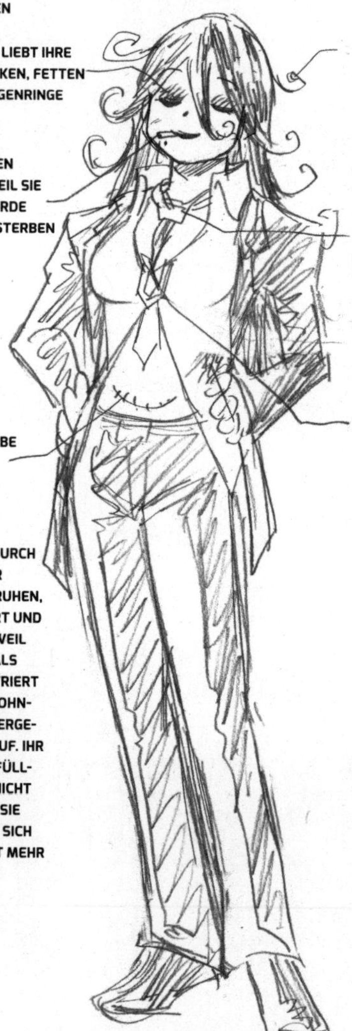

GABE: UNSLEEP
SELBSTGESTEUERTE ZWANGSAKTIVIERUNG
IHRE UNFÄHIGKEIT, DIE KÖRPERLICHEN KRÄFTE DURCH SCHLAF ZU REGENERIEREN, FÜHRT ZU EXTREMER MÜDIGKEIT. SIE IST AUSSERSTANDE SICH AUSZURUHEN, BIS SIE ALLMÄHLICH DAS BEWUSSTSEIN VERLIERT UND DER KÖRPER NACHGIBT. DIES IST NUR MÖGLICH, WEIL ICHIKO DIESEN ERSCHÖPFUNGSZUSTAND NICHT ALS SCHLAF BETRACHTET. NACH EINER WEILE REGISTRIERT IHR KÖRPER JEDOCH UNBEWUSST, DASS ER VOM OHNMACHTSZUSTAND IN EINEN SCHLAFZUSTAND ÜBERGEGANGEN IST, UND WACHT VON SELBST WIEDER AUF. IHR MOTTO LAUTET SEIT JEHER, EIN KURZES UND ERFÜLLTES LEBEN ZU LEBEN. DAHER HÄLT SIE ES AUCH NICHT FÜR TRAGISCH, FRÜH STERBEN ZU MÜSSEN. SEIT SIE ALLERDINGS NICO KENNENGELERNT HAT UND SIE SICH INEINANDER VERLIEBT HABEN, RAUCHT SIE NICHT MEHR GANZ SO VIEL WIE FRÜHER.

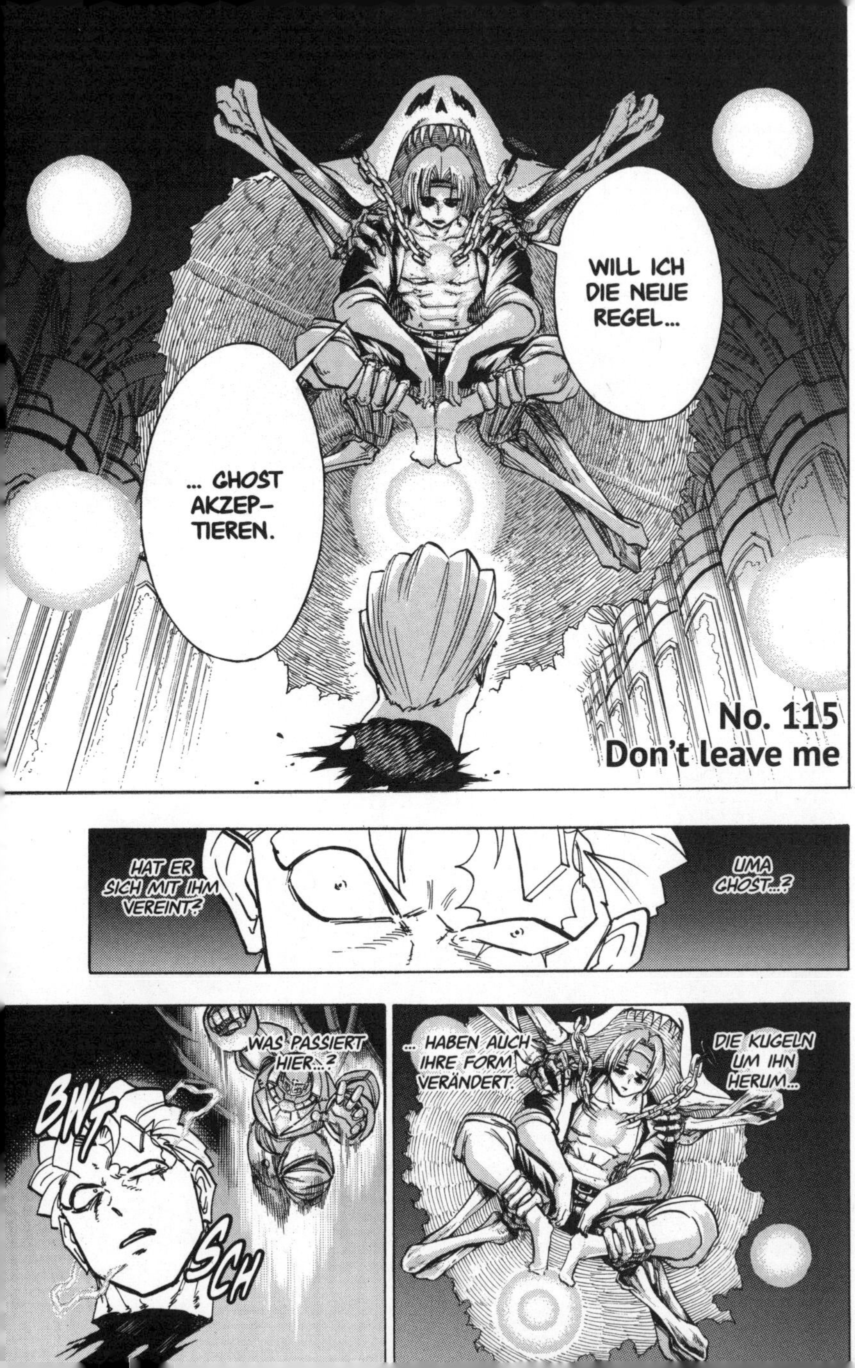
WILL ICH DIE NEUE REGEL...
... GHOST AKZEPTIEREN.
No. 115
Don't leave me
UMA GHOST...?
HAT ER SICH MIT IHM VEREINT?
DIE KUGELN UM IHN HERUM...
... HABEN AUCH IHRE FORM VERÄNDERT.
WAS PASSIERT HIER...?
BWTSCH

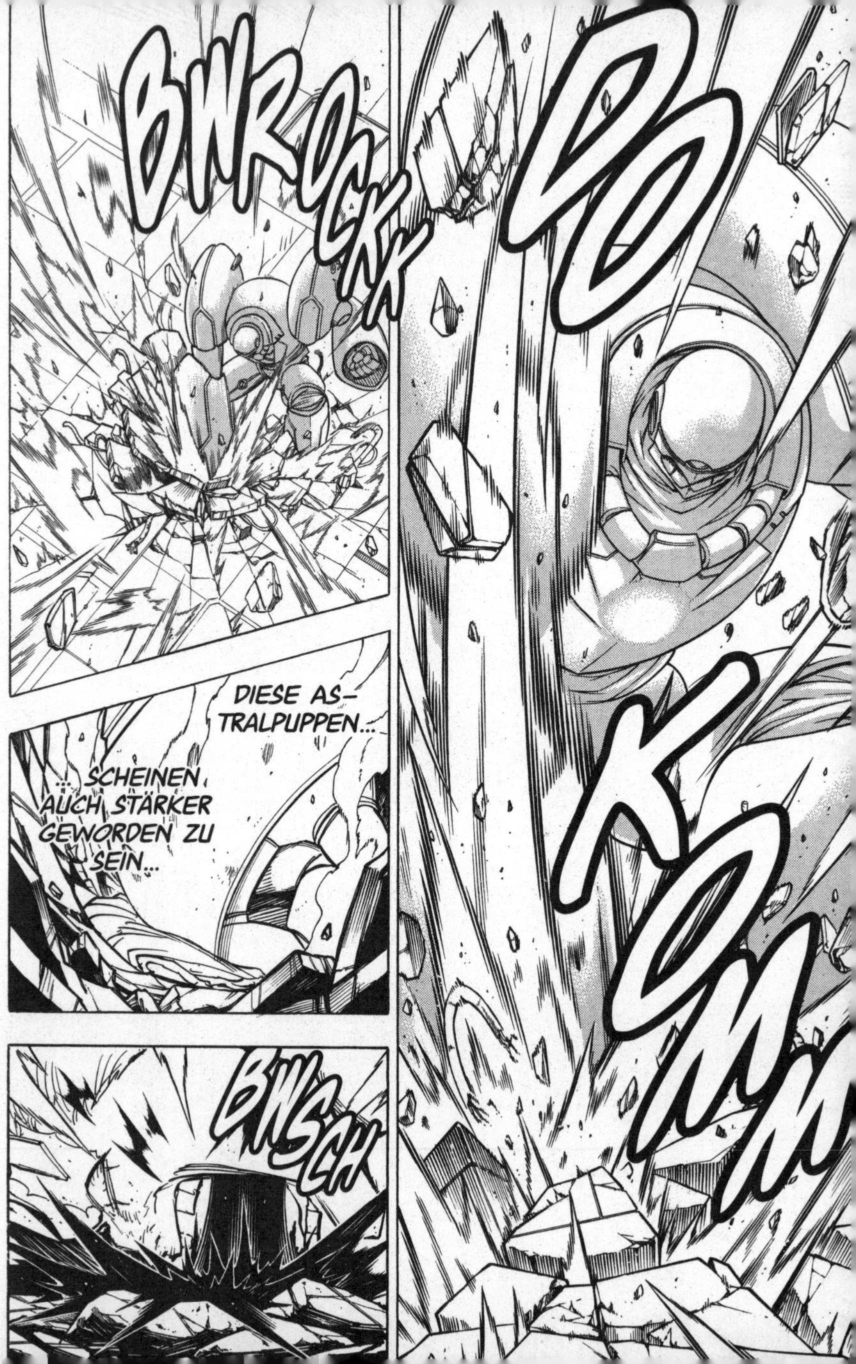
BWROCKK
DIESE AS-TRALPUPPEN...
... SCHEINEN AUCH STÄRKER GEWORDEN ZU SEIN...
BWSCH

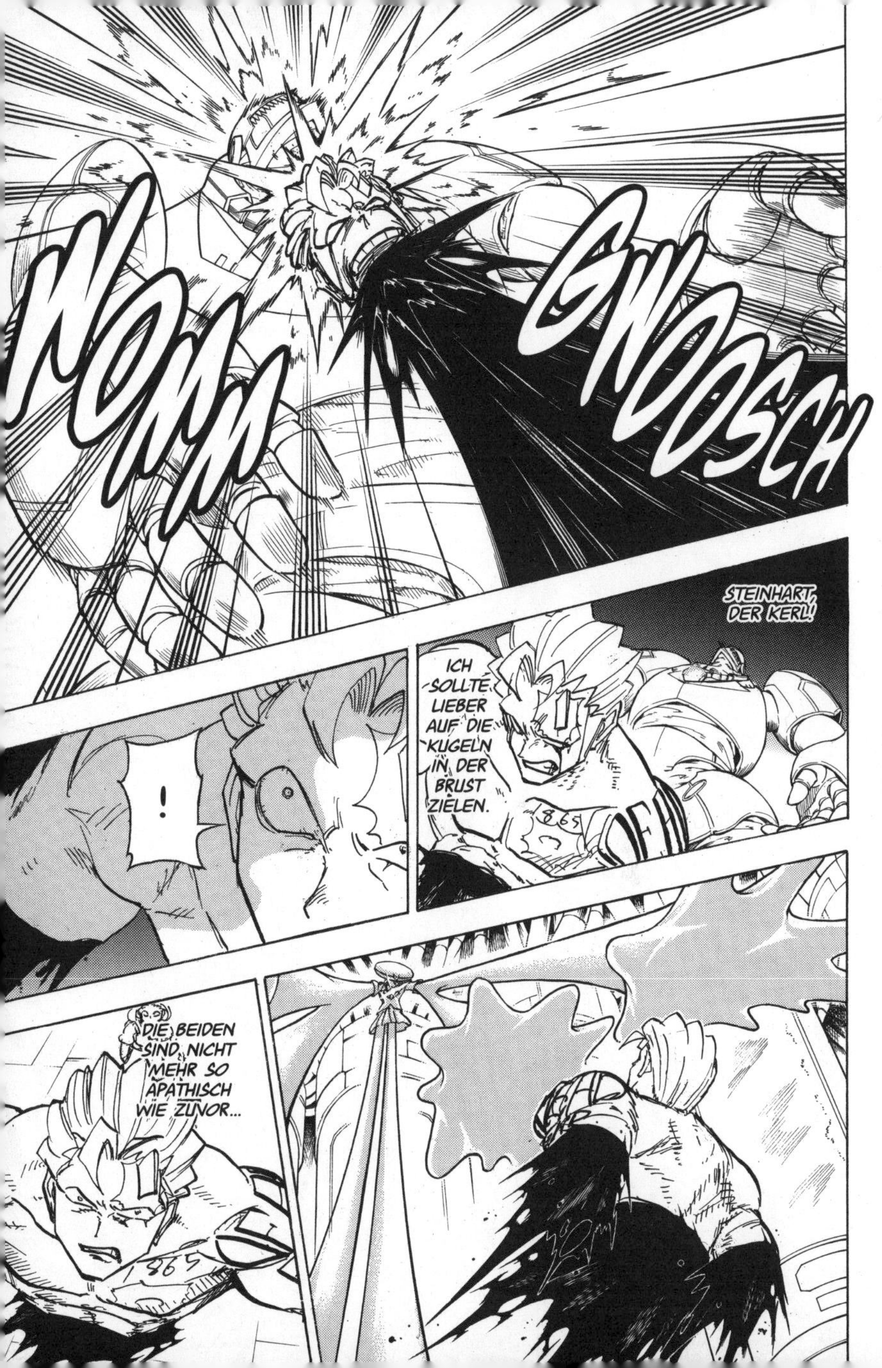
WOMM
GWOOSCH
STEINHART, DER KERL!
ICH SOLLTE LIEBER AUF DIE KUGELN IN DER BRUST ZIELEN.
!
DIE BEIDEN SIND NICHT MEHR SO APATHISCH WIE ZUVOR...

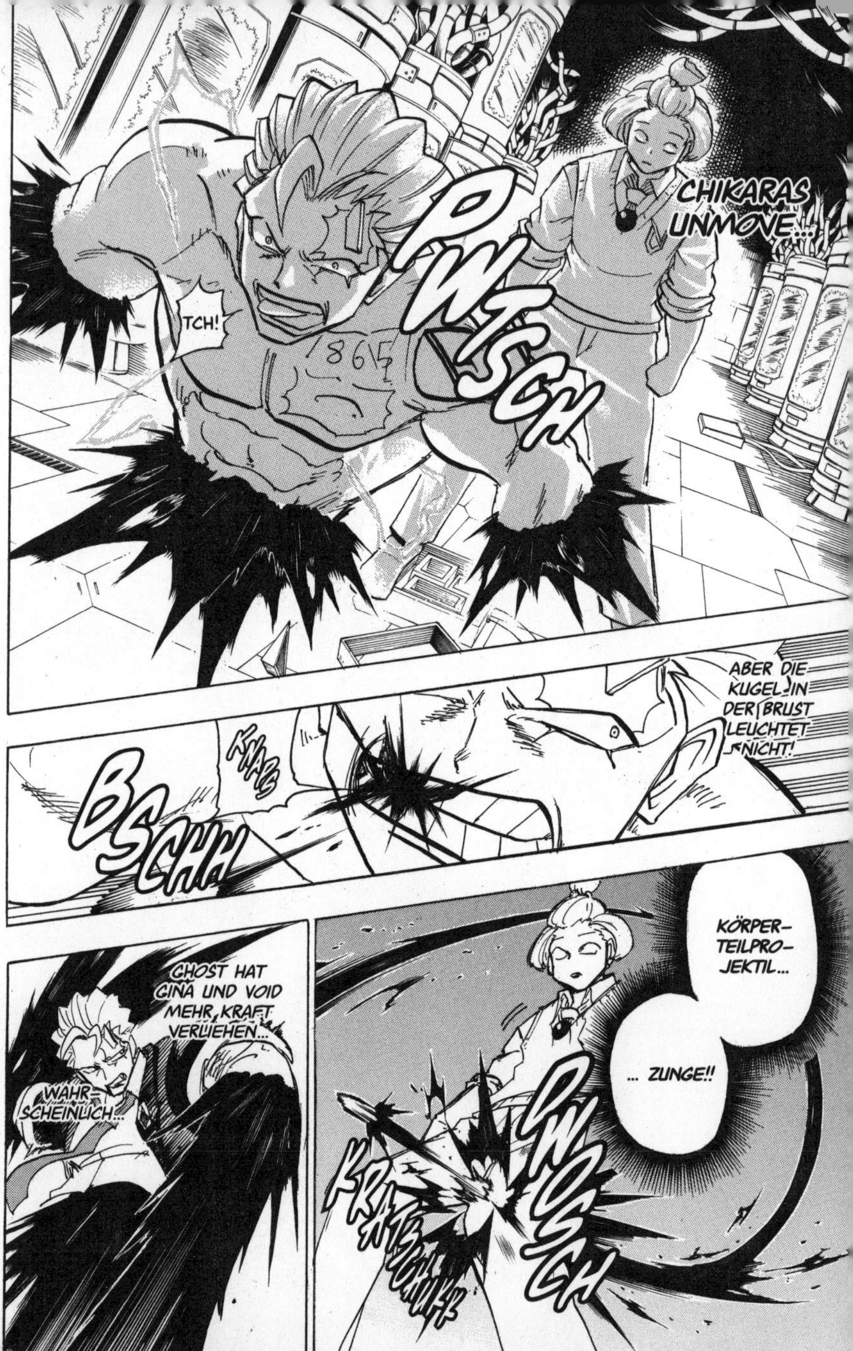
CHIKARAS UNMOVE...
PWTSCH
TCH!
865
ABER DIE KUGEL IN DER BRUST LEUCHTET NICHT!
KNACS
BSCHH
KÖRPER-TEILPRO-JEKTIL...
... ZUNGE!!
GHOST HAT GINA UND VOID MEHR KRAFT VERLIEHEN...
WAHR-SCHEINLICH...
GWOOSCH

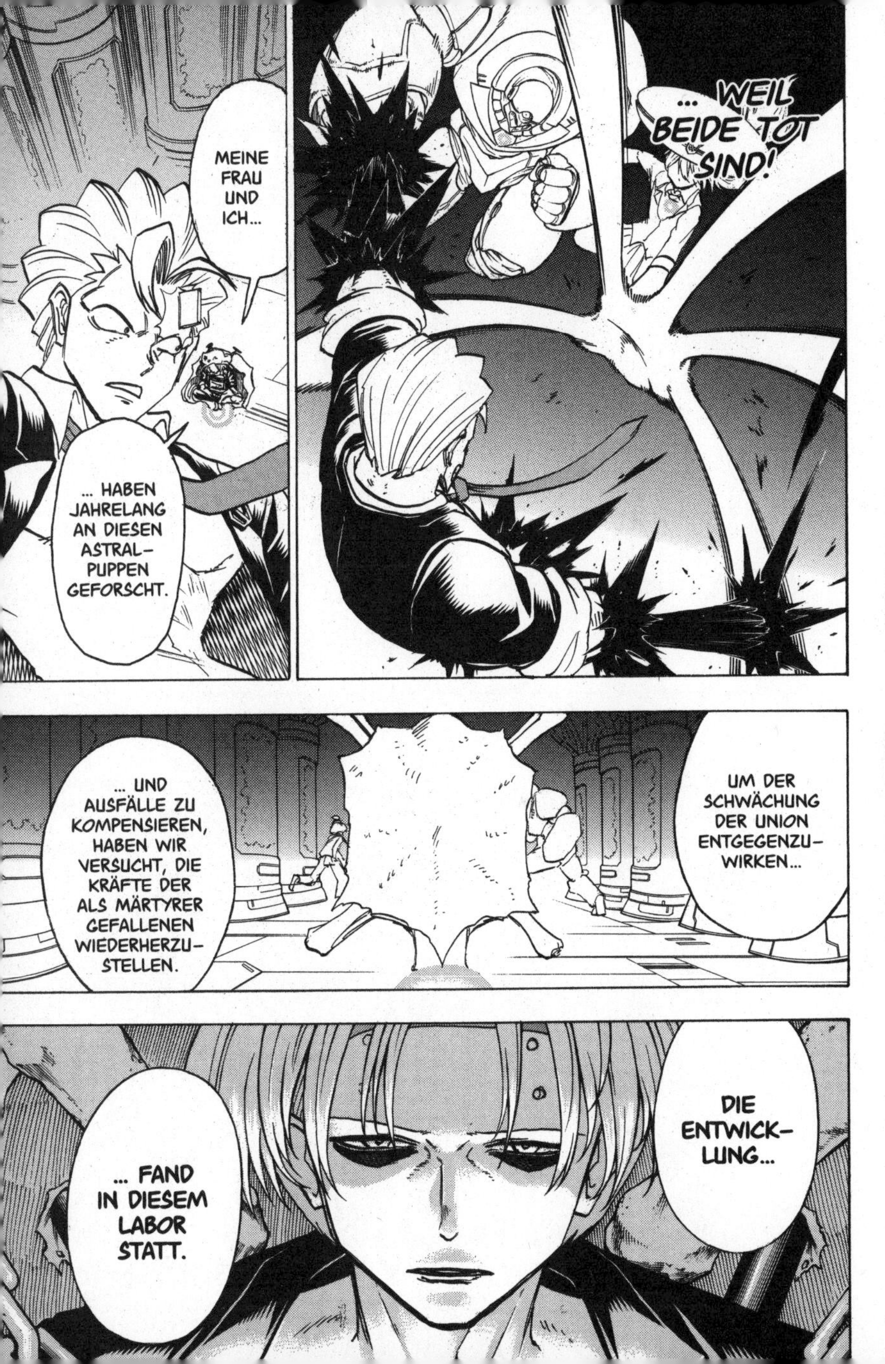
... WEIL BEIDE TOT SIND!
MEINE FRAU UND ICH...
... HABEN JAHRELANG AN DIESEN ASTRAL-PUPPEN GEFORSCHT.
UM DER SCHWÄCHUNG DER UNION ENTGEGENZU-WIRKEN...
... UND AUSFÄLLE ZU KOMPENSIEREN, HABEN WIR VERSUCHT, DIE KRÄFTE DER ALS MÄRTYRER GEFALLENEN WIEDERHERZU-STELLEN.
DIE ENTWICK-LUNG...
... FAND IN DIESEM LABOR STATT.

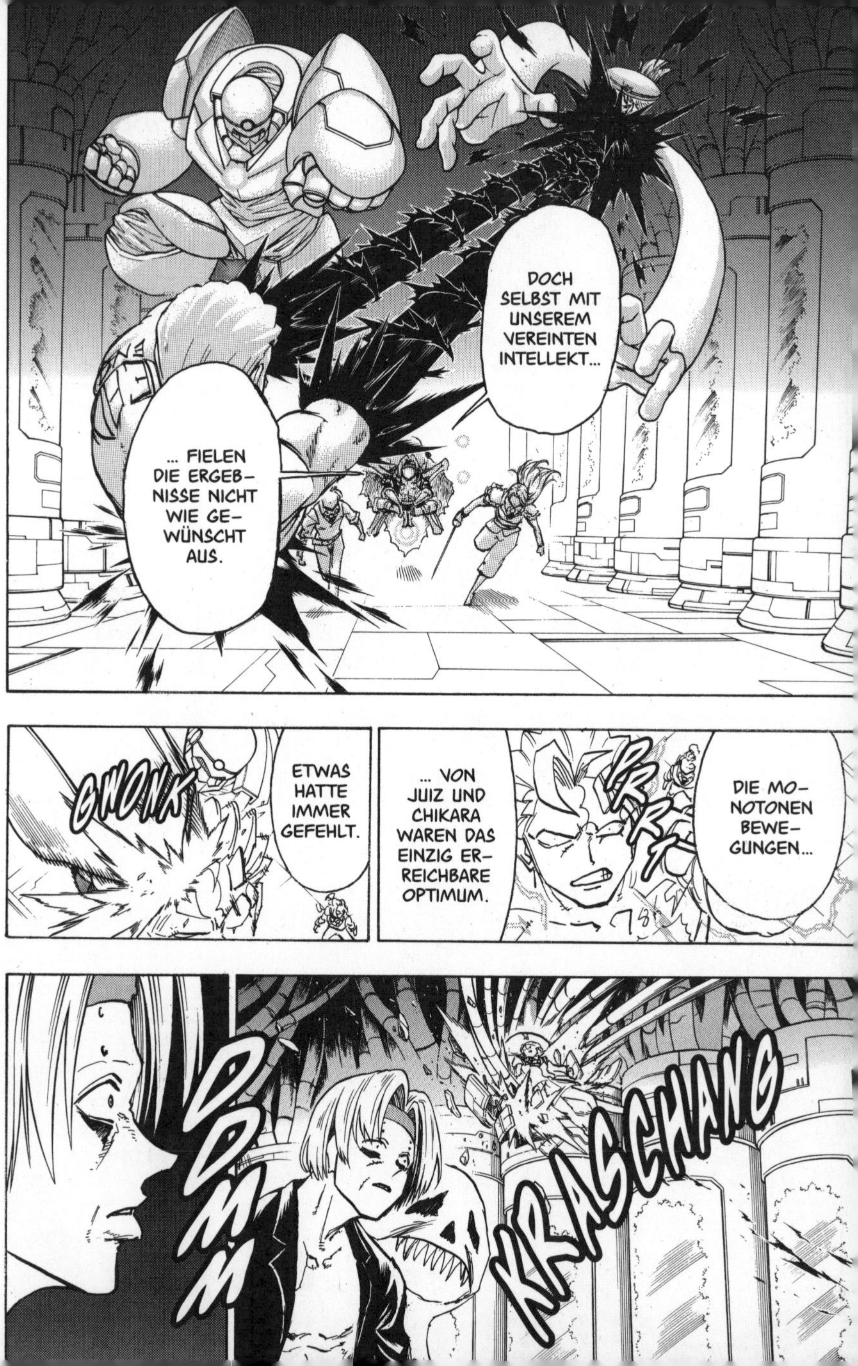
DOCH SELBST MIT UNSEREM VEREINTEN INTELLEKT...
... FIELEN DIE ERGEBNISSE NICHT WIE GEWÜNSCHT AUS.
DIE MONOTONEN BEWEGUNGEN...
... VON JUIZ UND CHIKARA WAREN DAS EINZIG ERREICHBARE OPTIMUM.
ETWAS HATTE IMMER GEFEHLT.
GWONK
KRASCHANG

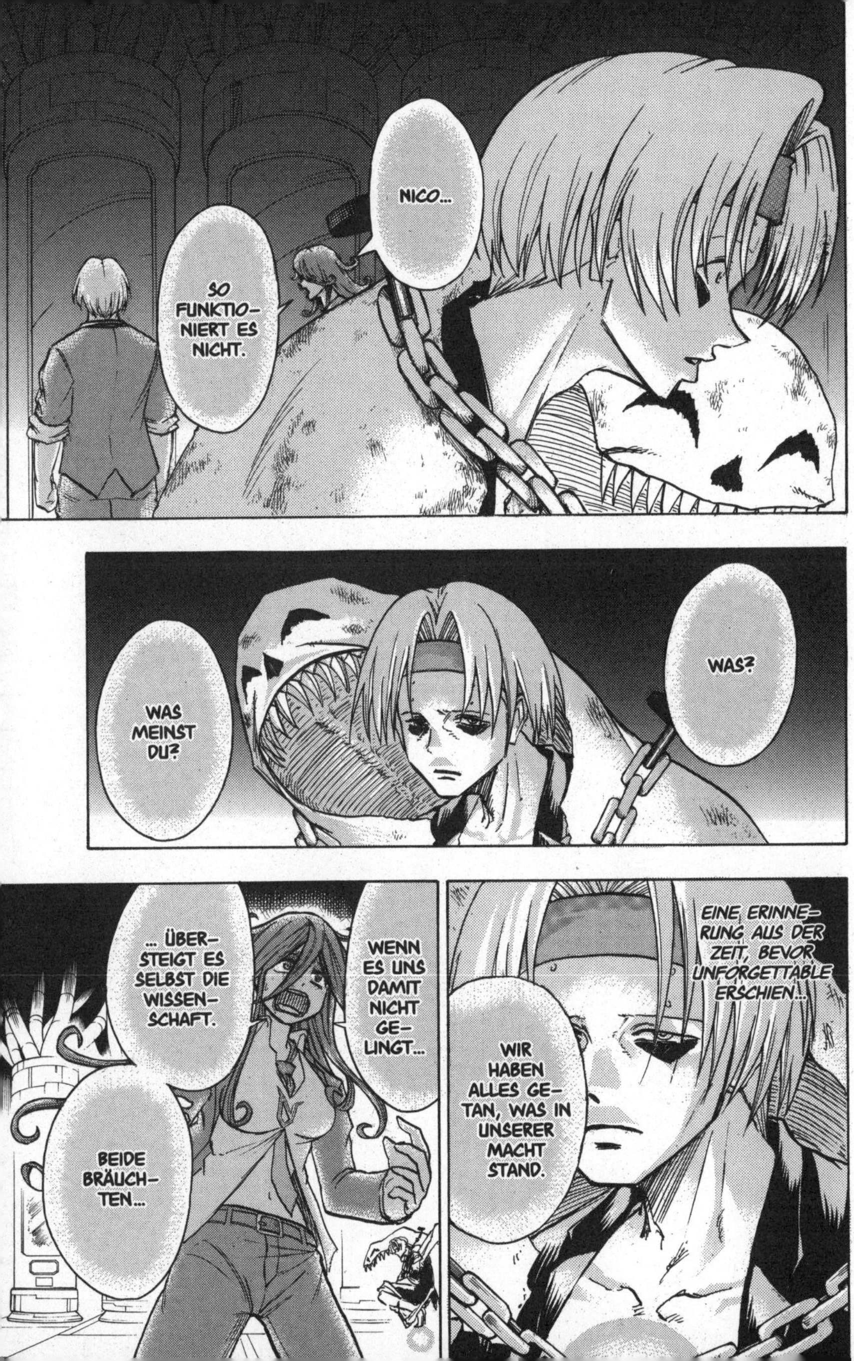
NICO...
SO FUNKTIONIERT ES NICHT.
WAS?
WAS MEINST DU?
EINE ERINNERUNG AUS DER ZEIT, BEVOR UNFORGETTABLE ERSCHIEN...
WIR HABEN ALLES GETAN, WAS IN UNSERER MACHT STAND.
WENN ES UNS DAMIT NICHT GELINGT...
... ÜBERSTEIGT ES SELBST DIE WISSENSCHAFT.
BEIDE BRÄUCHTEN...

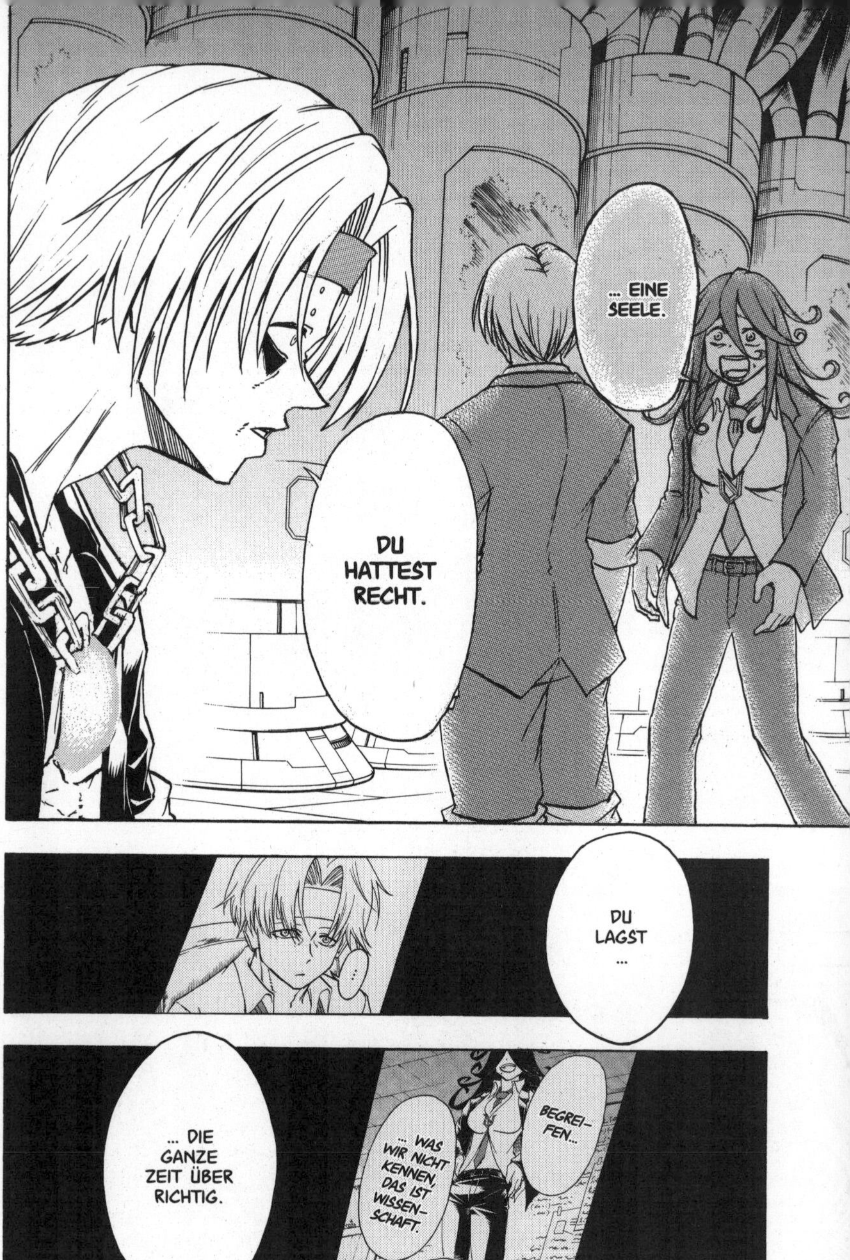
... EINE SEELE.
DU HATTEST RECHT.
DU LAGST ...
...
BEGREI-FEN...
... WAS WIR NICHT KENNEN, DAS IST WISSEN-SCHAFT.
... DIE GANZE ZEIT ÜBER RICHTIG.

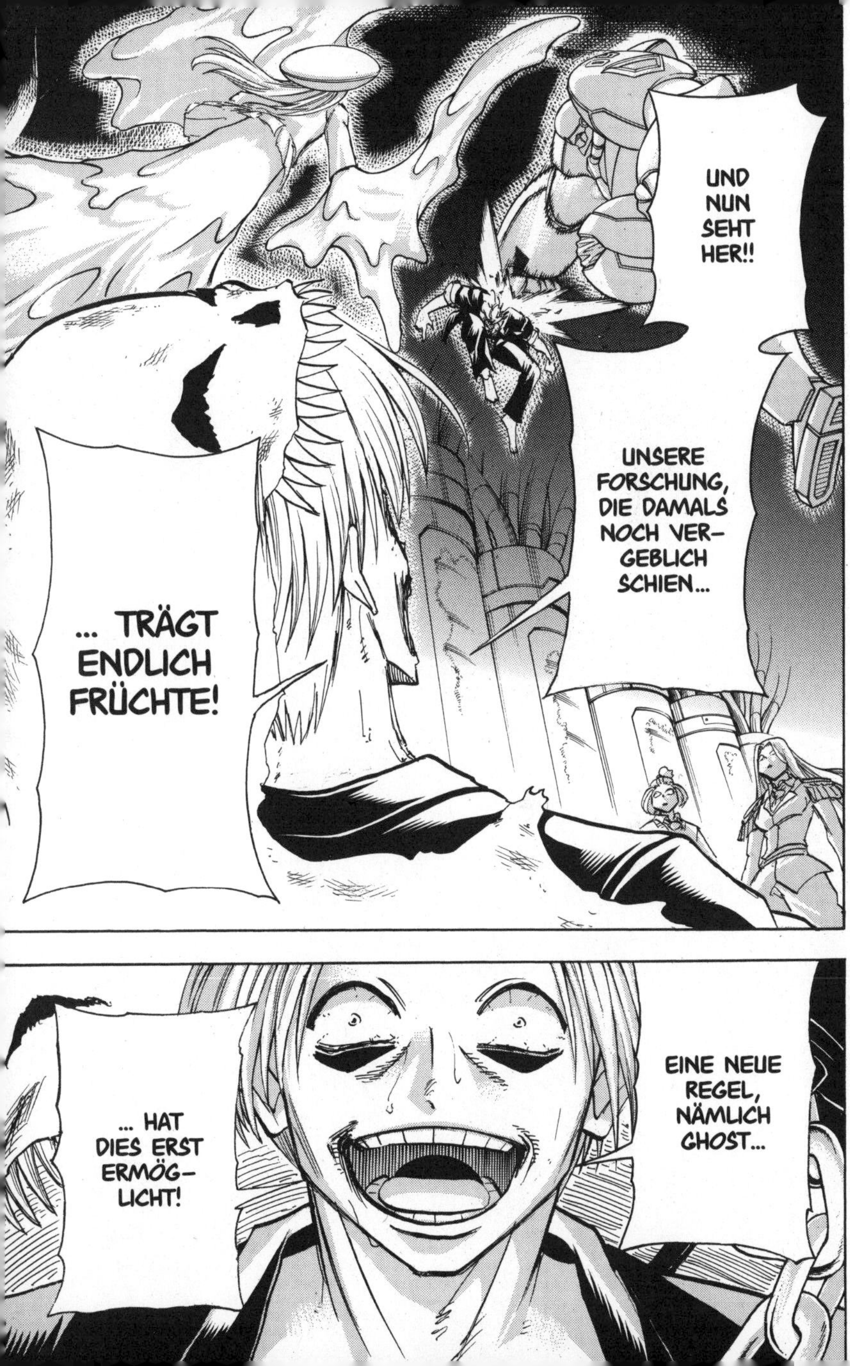
UND NUN SEHT HER!!
UNSERE FORSCHUNG, DIE DAMALS NOCH VER-GEBLICH SCHIEN...
... TRÄGT ENDLICH FRÜCHTE!
EINE NEUE REGEL, NÄMLICH GHOST...
... HAT DIES ERST ERMÖG-LICHT!

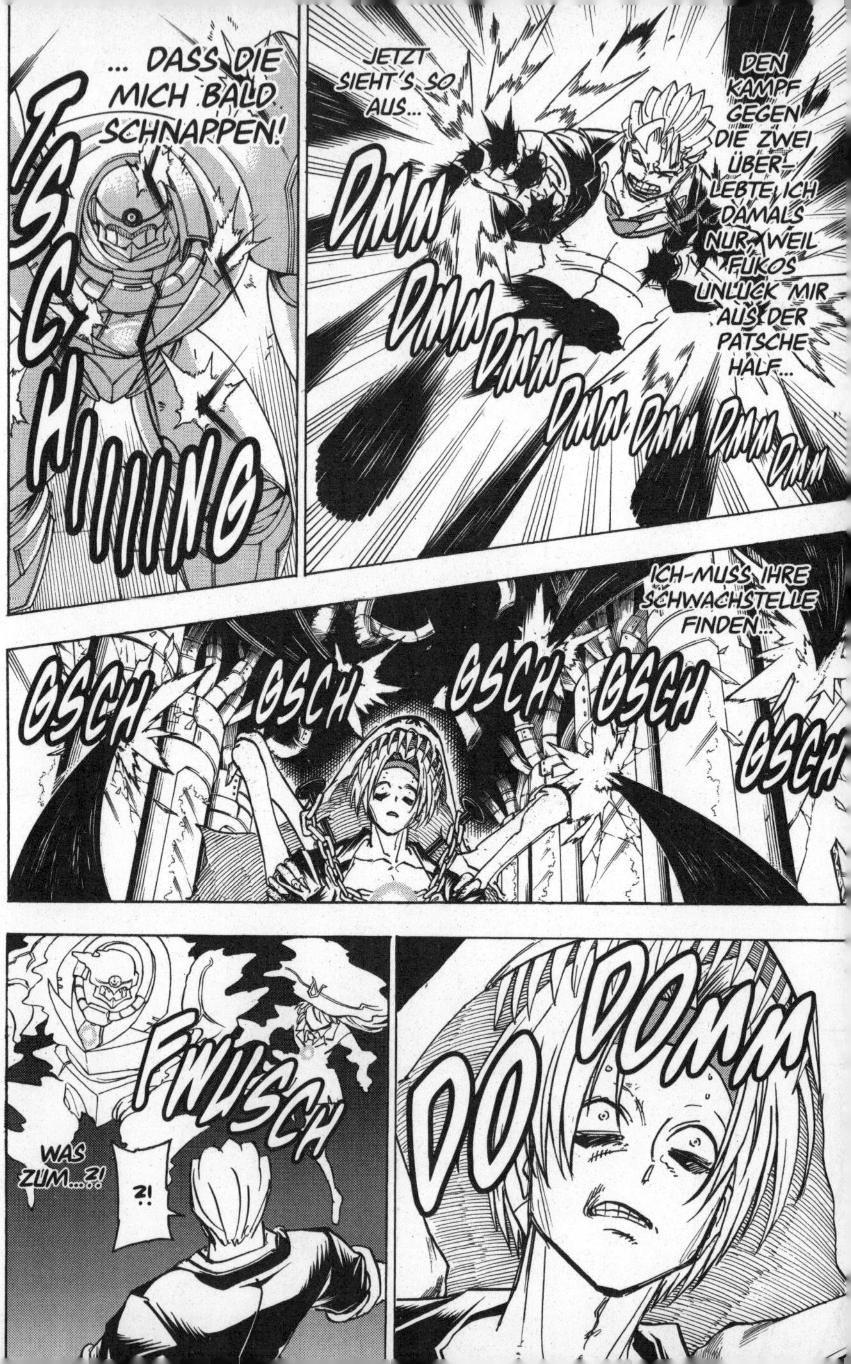
DEN KAMPF GEGEN DIE ZWEI ÜBERLEBTE ICH DAMALS NUR, WEIL FUKOS UNLUCK MIR AUS DER PATSCHE HALF...
JETZT SIEHT'S SO AUS...
DMM DMM DMM DMM DMM DMM DMM
... DASS DIE MICH BALD SCHNAPPEN!
TSCHIIIING
ICH MUSS IHRE SCHWACHSTELLE FINDEN...
GSCH GSCH GSCH GSCH GSCH
DODOMM
FWUSCH
WAS ZUM...?!
?!

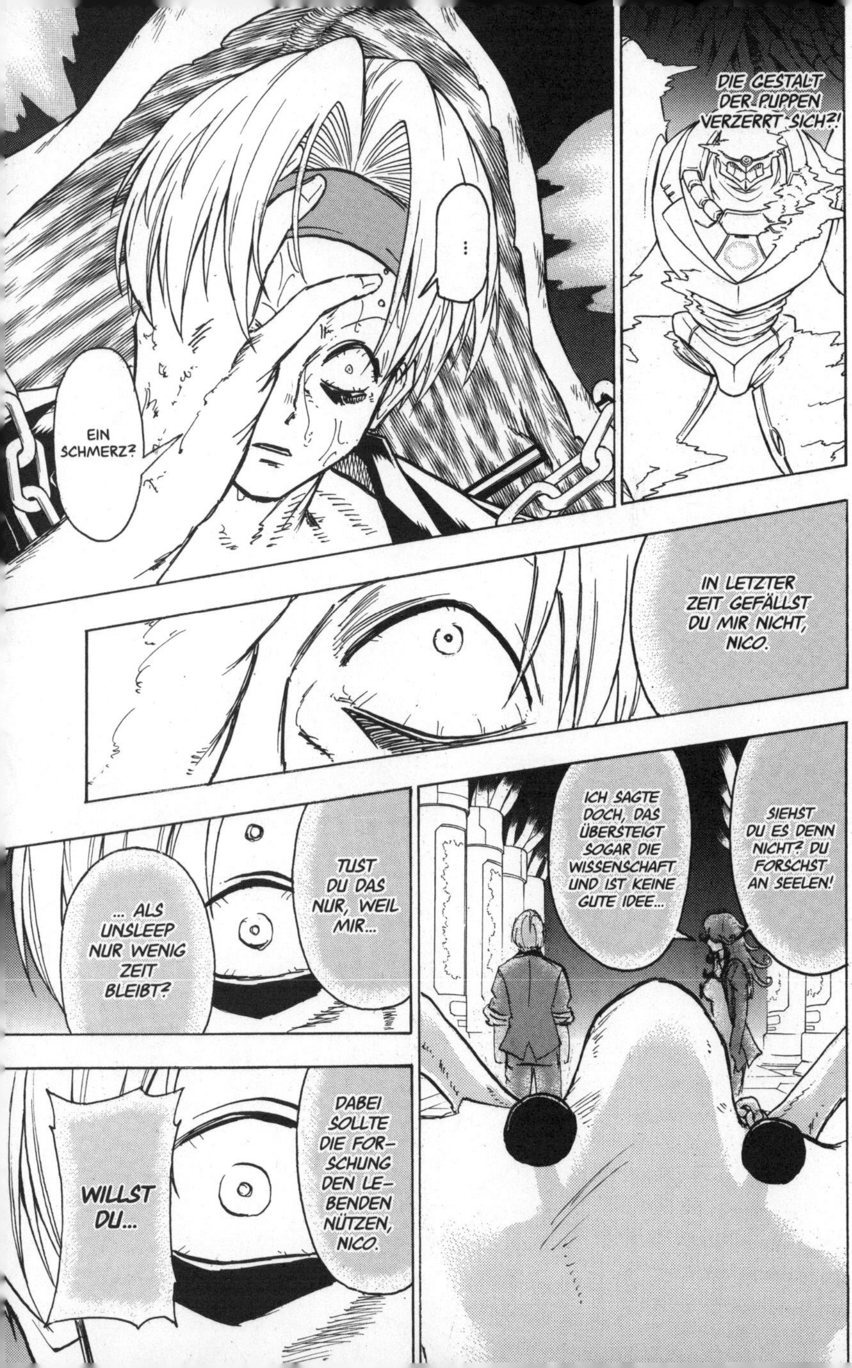
DIE GESTALT DER PUPPEN VERZERRT SICH?!
...
EIN SCHMERZ?
IN LETZTER ZEIT GEFÄLLST DU MIR NICHT, NICO.
SIEHST DU ES DENN NICHT? DU FORSCHST AN SEELEN!
ICH SAGTE DOCH, DAS ÜBERSTEIGT SOGAR DIE WISSENSCHAFT UND IST KEINE GUTE IDEE...
TUST DU DAS NUR, WEIL MIR...
... ALS UNSLEEP NUR WENIG ZEIT BLEIBT?
DABEI SOLLTE DIE FOR-SCHUNG DEN LE-BENDEN NÜTZEN, NICO.
WILLST DU...

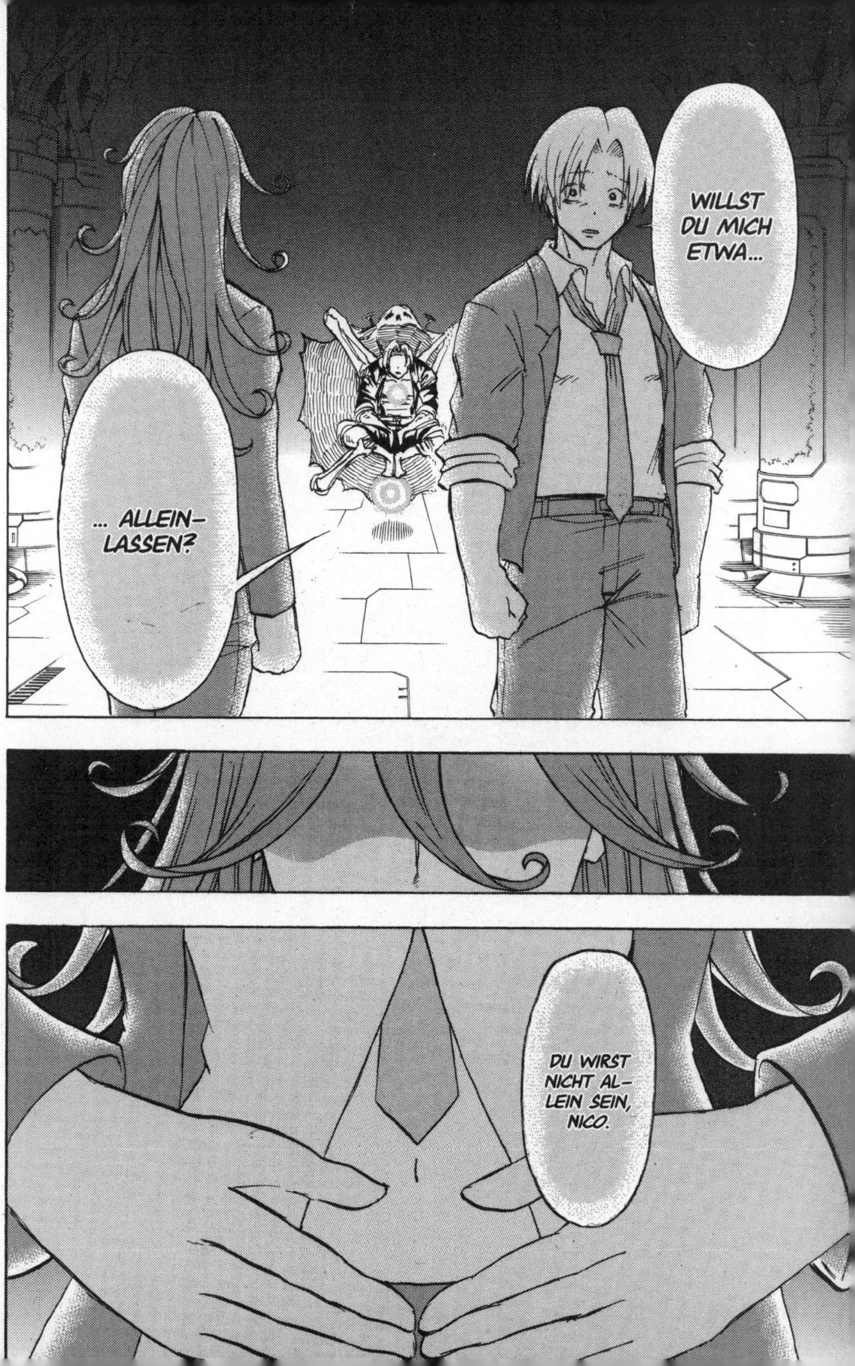
WILLST DU MICH ETWA...
... ALLEIN-LASSEN?
DU WIRST NICHT AL-LEIN SEIN, NICO.

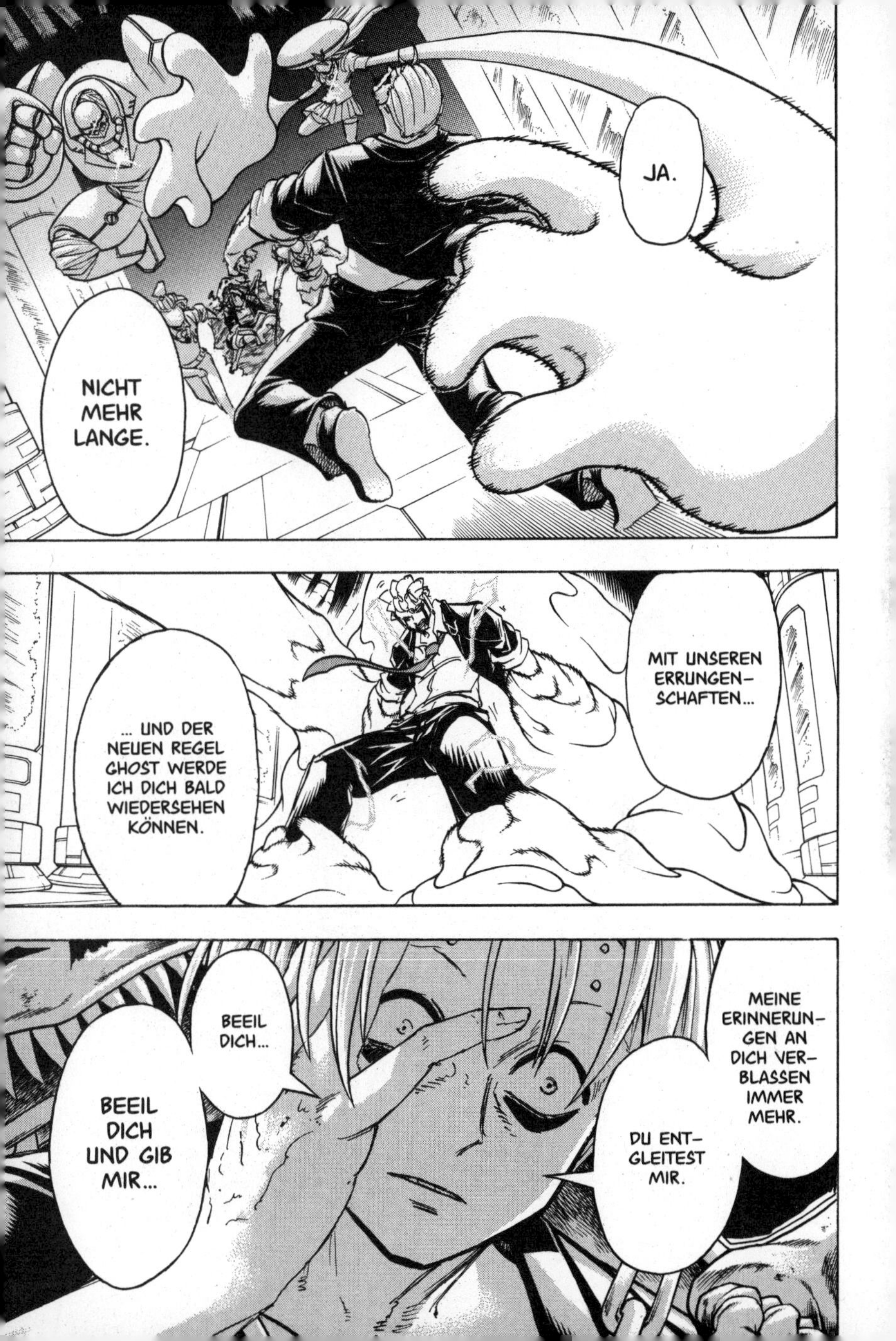
JA.
NICHT MEHR LANGE.
MIT UNSEREN ERRUNGEN-SCHAFTEN...
... UND DER NEUEN REGEL GHOST WERDE ICH DICH BALD WIEDERSEHEN KÖNNEN.
MEINE ERINNERUN-GEN AN DICH VER-BLASSEN IMMER MEHR.
DU ENT-GLEITEST MIR.
BEEIL DICH...
BEEIL DICH UND GIB MIR...

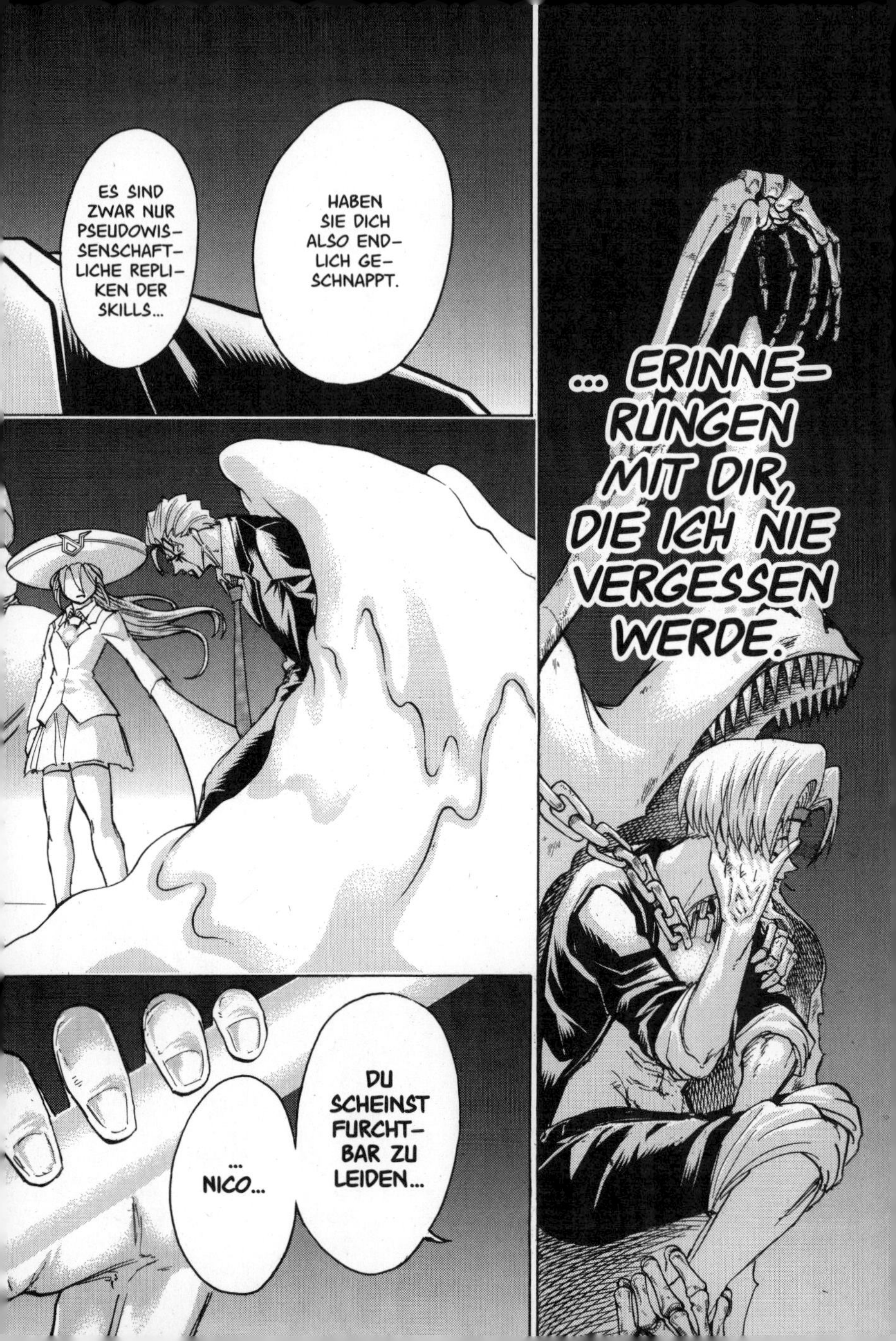
... ERINNE-RUNGEN MIT DIR, DIE ICH NIE VERGESSEN WERDE.
HABEN SIE DICH ALSO END-LICH GE-SCHNAPPT.
ES SIND ZWAR NUR PSEUDOWIS-SENSCHAFT-LICHE REPLI-KEN DER SKILLS...
DU SCHEINST FURCHT-BAR ZU LEIDEN...
... NICO...

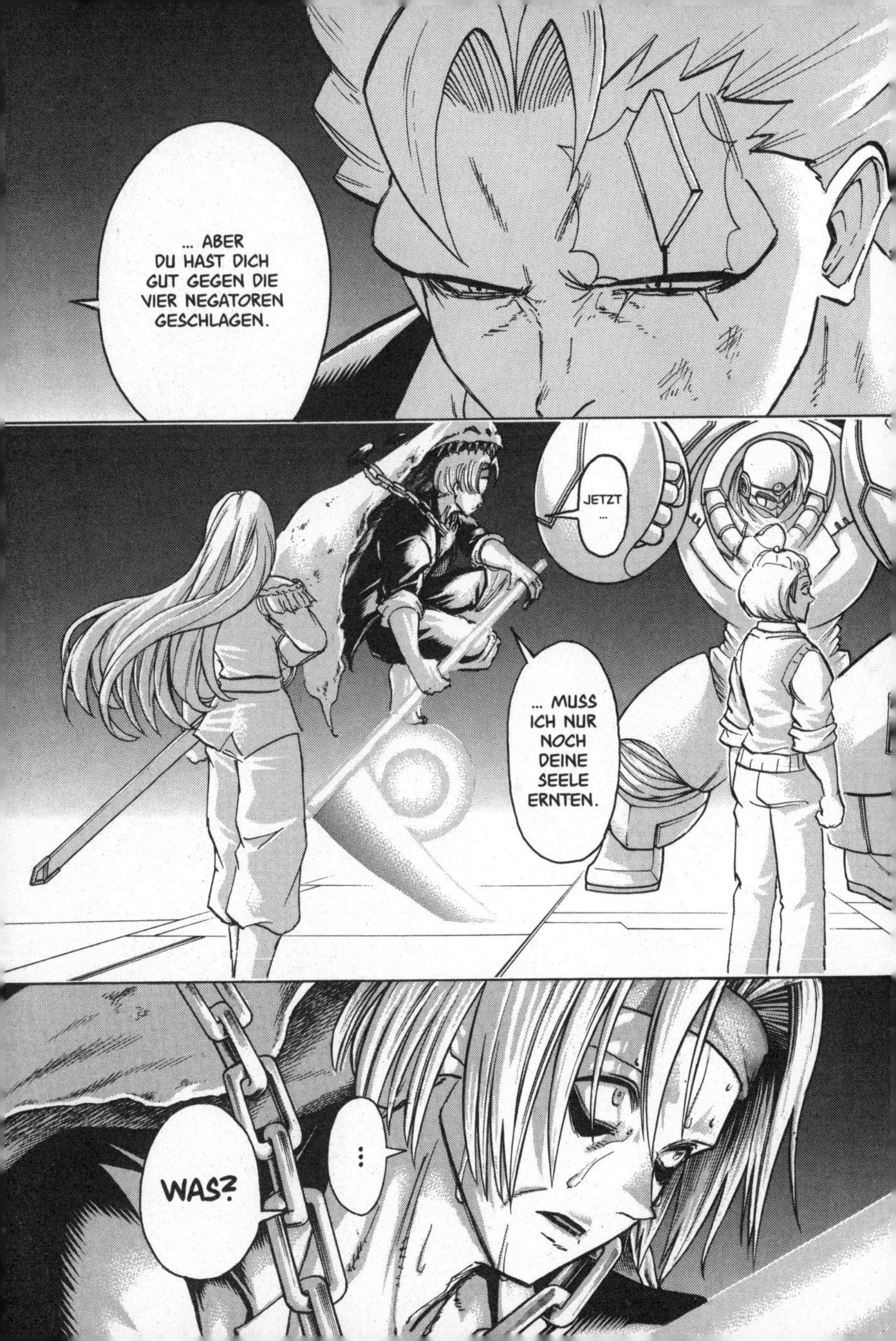

... ABER DU HAST DICH GUT GEGEN DIE VIER NEGATOREN GESCHLAGEN.
JETZT ...
... MUSS ICH NUR NOCH DEINE SEELE ERNTEN.
...
WAS?

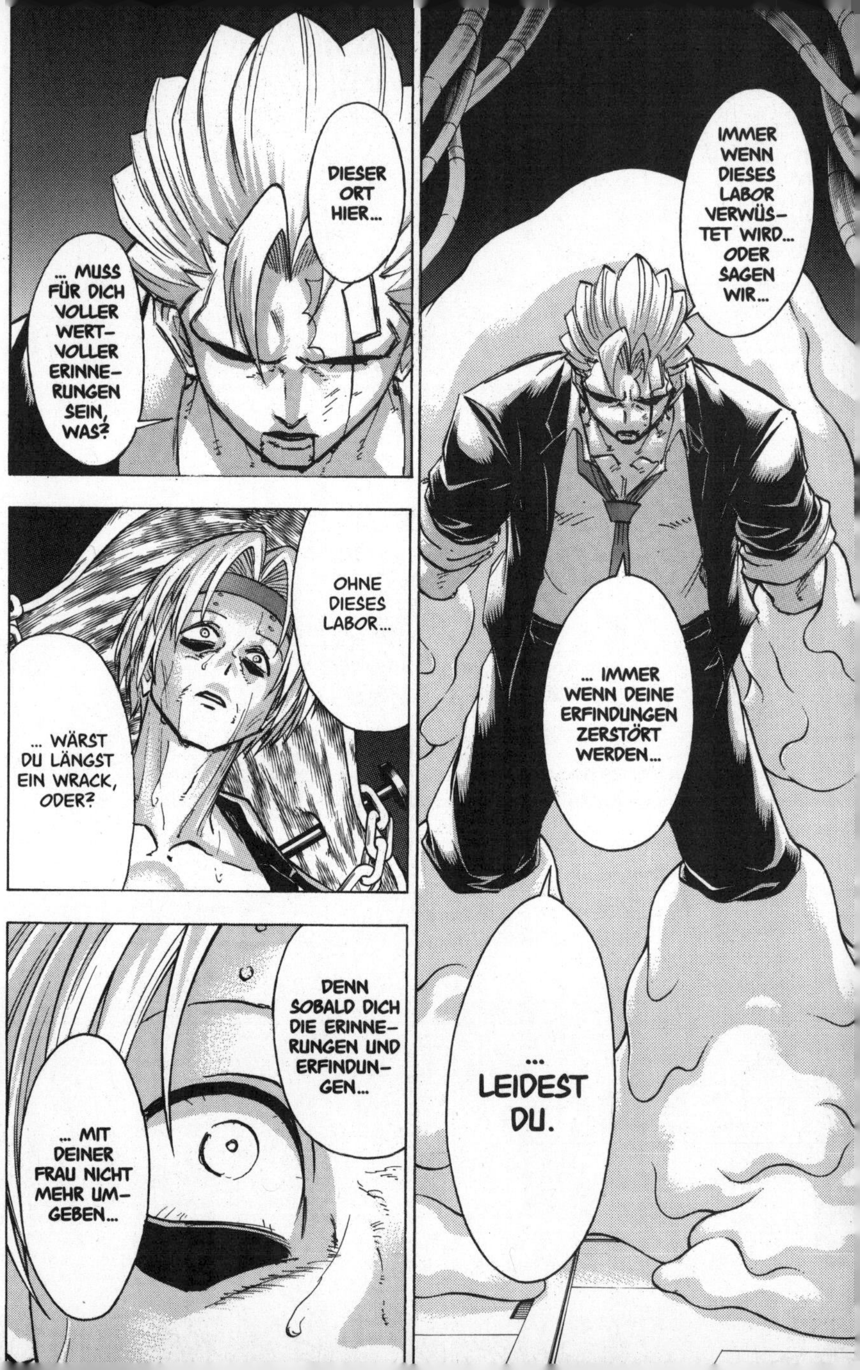

DIESER ORT HIER...
... MUSS FÜR DICH VOLLER WERT-VOLLER ERINNE-RUNGEN SEIN, WAS?
OHNE DIESES LABOR...
... WÄRST DU LÄNGST EIN WRACK, ODER?
DENN SOBALD DICH DIE ERINNE-RUNGEN UND ERFINDUN-GEN...
... MIT DEINER FRAU NICHT MEHR UM-GEBEN...
IMMER WENN DIESES LABOR VERWÜS-TET WIRD... ODER SAGEN WIR...
... IMMER WENN DEINE ERFINDUNGEN ZERSTÖRT WERDEN...
... LEIDEST DU.

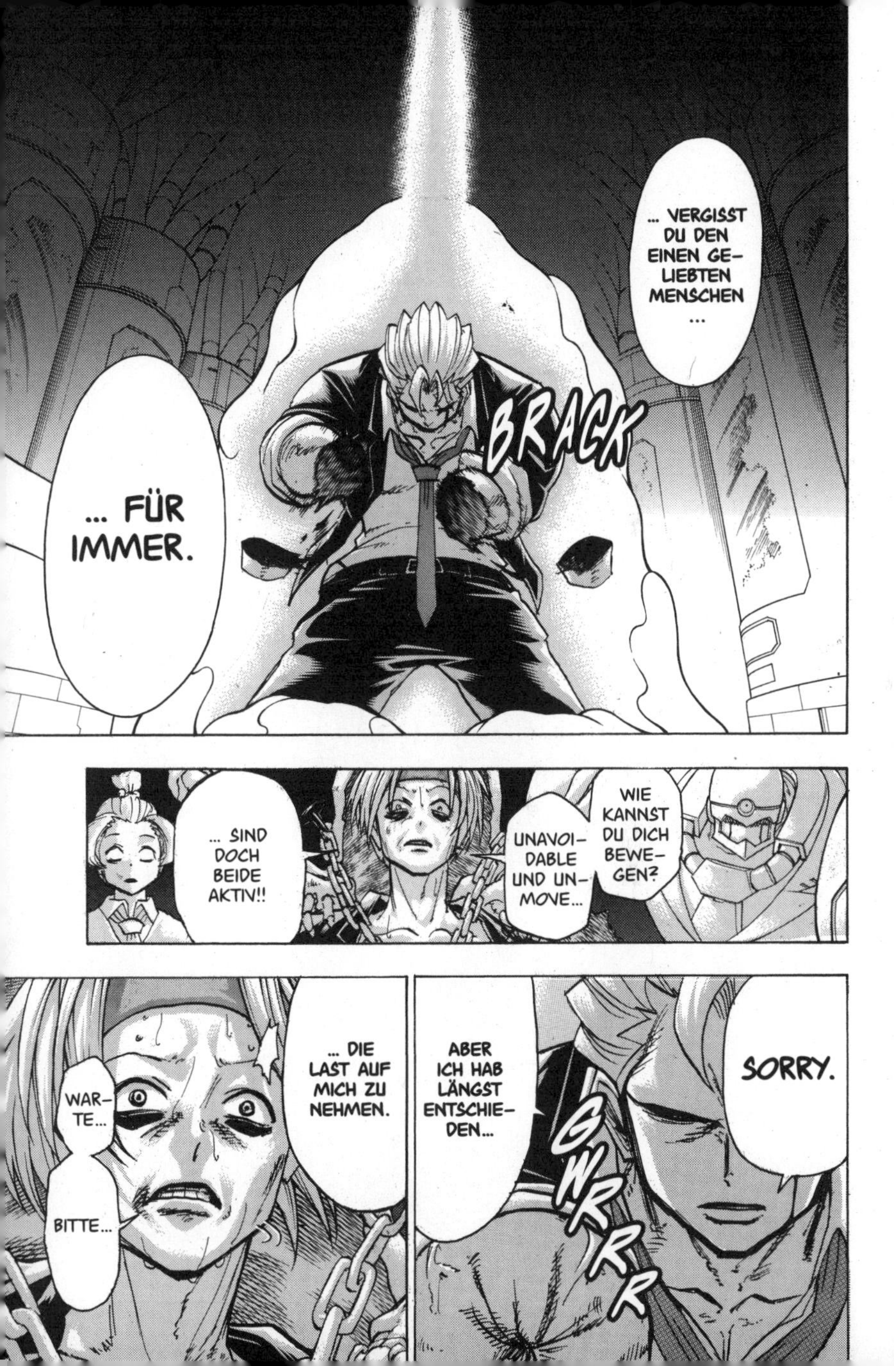

... VERGISST DU DEN EINEN GELIEBTEN MENSCHEN ...
BRACK
... FÜR IMMER.
WIE KANNST DU DICH BEWEGEN?
UNAVOIDABLE UND UNMOVE...
... SIND DOCH BEIDE AKTIV!!
SORRY.
GWRRRR
ABER ICH HAB LÄNGST ENTSCHIEDEN...
... DIE LAST AUF MICH ZU NEHMEN.
WARTE...
BITTE...

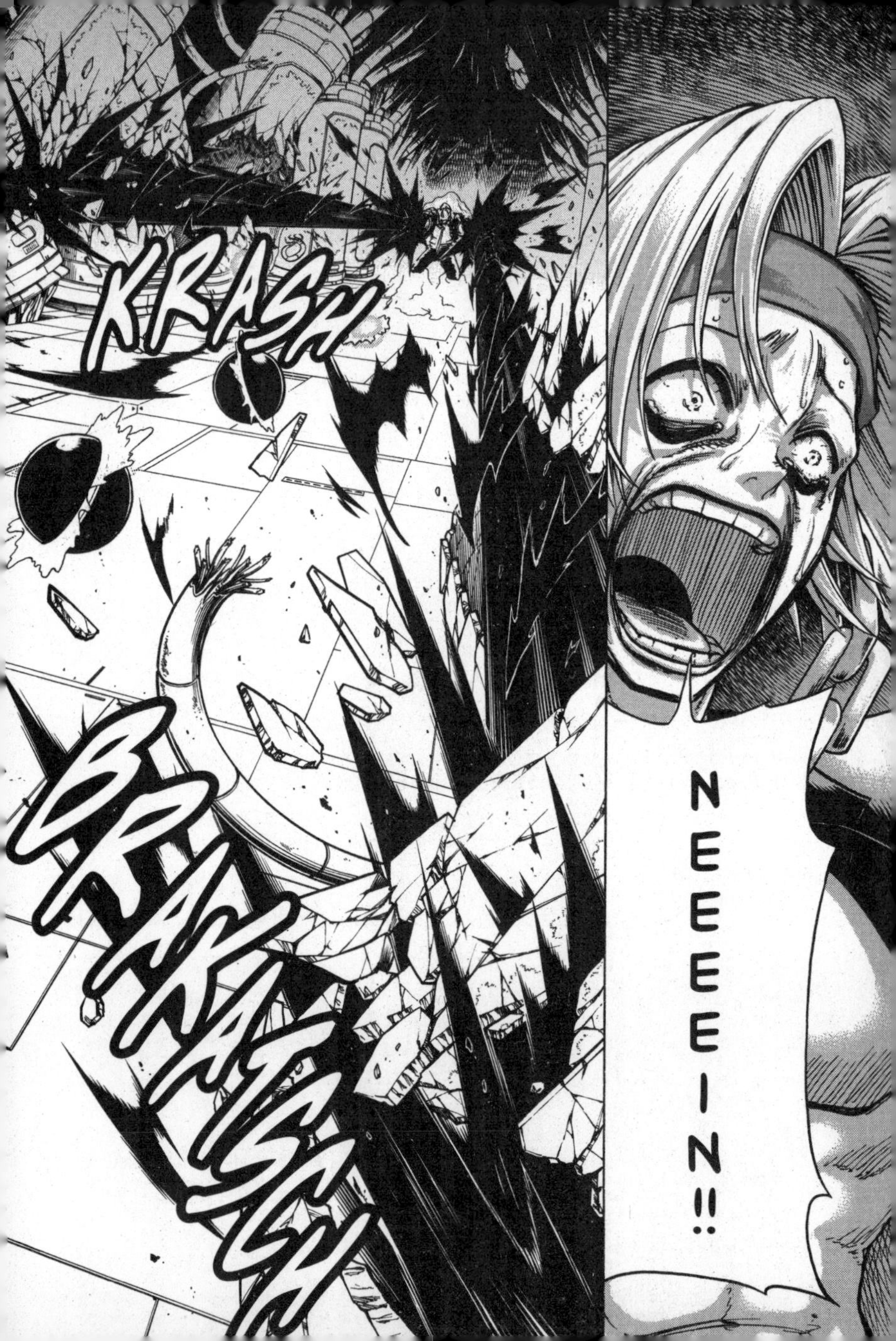
NEEEEIN!!
KRASH
BRAKATSCH

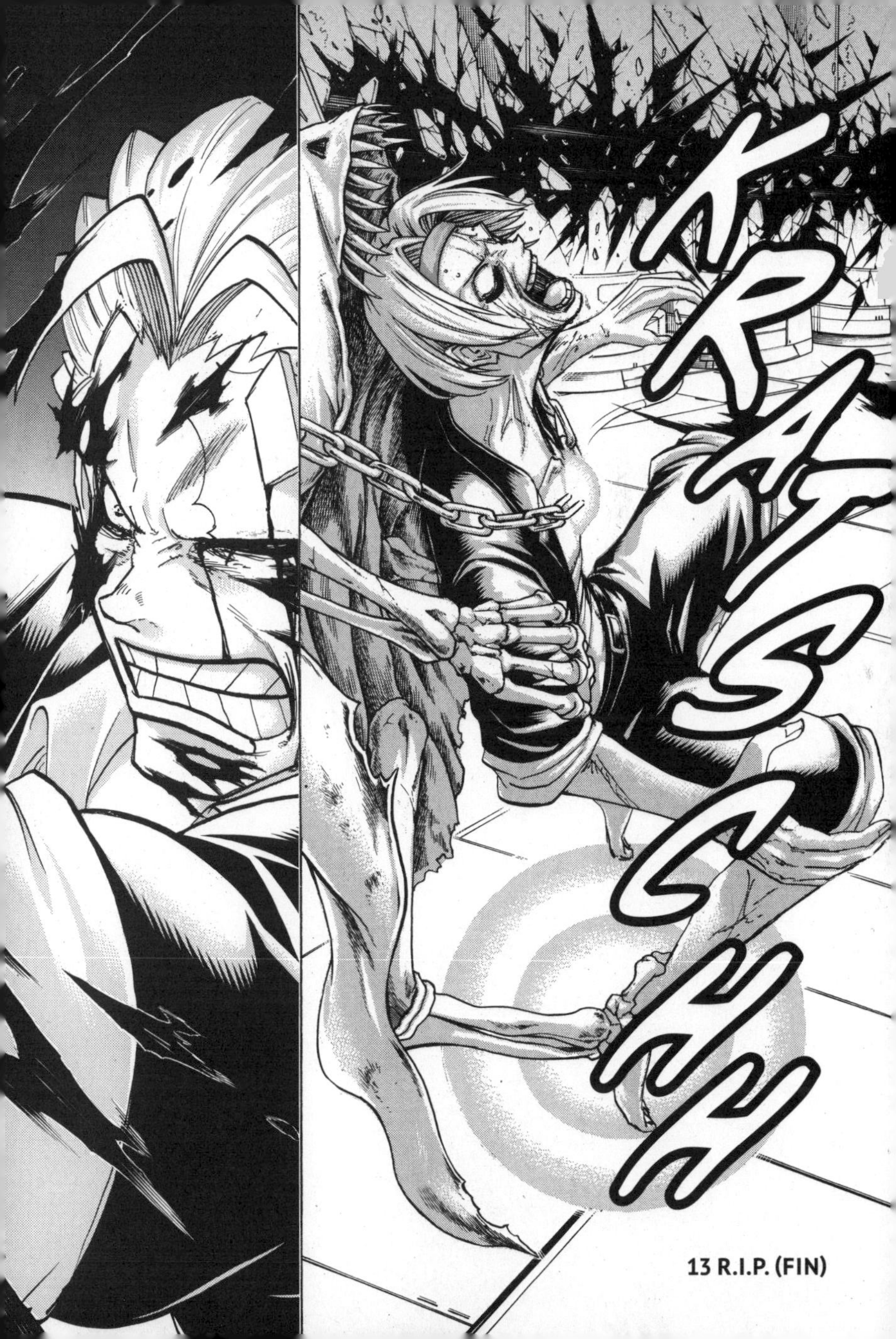

13 R.I.P. (FIN)

HALT!

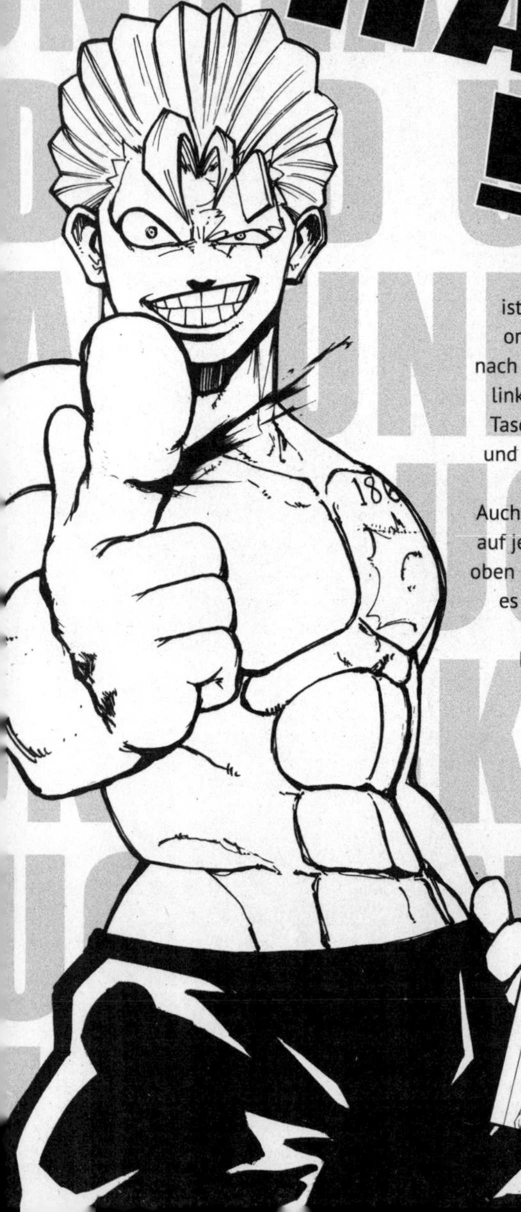

UNDEAD UNLUCK
ist eine japanische Serie, die originalgetreu von »hinten« nach »vorne« und von rechts nach links gelesen wird! Schlagt das Taschenbuch also »hinten« auf und blättert Seite für Seite nach »vorne« weiter!
Auch die Bilder und Sprechblasen auf jeder Seite werden von rechts oben nach links unten gelesen, wie es in der Grafik gezeigt wird!

Rotes Mützchen auf und Action auf Full Power!

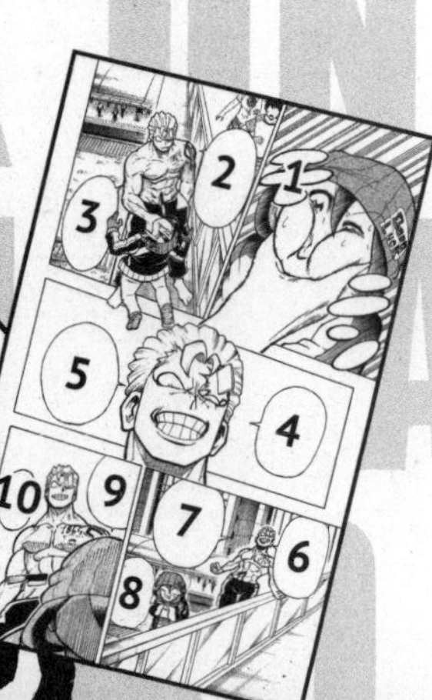